SV

Wilhelm Schmid
Dem Leben Sinn geben

Von der Lebenskunst im Umgang
mit Anderen und der Welt

Suhrkamp Verlag

Erste Auflage 2013
© Suhrkamp Verlag Berlin 2013
Alle Rechte vorbehalten, insbesondere das der Übersetzung,
des öffentlichen Vortrags sowie der Übertragung
durch Rundfunk und Fernsehen, auch einzelner Teile.
Kein Teil des Werkes darf in irgendeiner Form
(durch Fotografie, Mikrofilm oder andere Verfahren)
ohne schriftliche Genehmigung des Verlages
reproduziert oder unter Verwendung elektronischer Systeme
verarbeitet, vervielfältigt oder verbreitet werden.
Druck: CPI – Ebner & Spiegel, Ulm
Printed in Germany
ISBN 978-3-518-42373-8

Inhaltsverzeichnis

Vorwort

Ein paar Schritte nur, der Tag war anstrengend. Tausend Dinge gehen mir noch durch den Kopf, ich kann mich jetzt nicht einfach ins Bett legen. Nicht weit von meiner Wohnung strecke ich mich auf einer Wiese aus, in der grünen Stadt Berlin ist das möglich. Die vielen Lichter trüben den Blick in den Nachthimmel, und doch ist es dieser Blick, der mich beruhigt. Schon als kleiner Junge habe ich ihn geliebt, als mein Vater mir die Sterne zeigte, den Großen Wagen beispielsweise, der immer dort oben steht, als wäre er unverrückbar, obwohl jeder einzelne Stern mit unvorstellbarer Geschwindigkeit auf seiner eigenen Bahn durch die endlose Weite rast. Wer bin ich angesichts dieser Dimensionen? Wer sind wir Menschen?

Wir leben auf einem Planeten, der uns als große, weite Welt erscheint, aber aus der Perspektive der Sterne ist er nur ein verschwindend kleiner Punkt in der unendlichen Schwärze des Alls, wir selbst sind völlig unsichtbar. Das Leben, das jeder Einzelne in dieser Welt, auf der Erde, in diesem Land, an diesem Ort, in seinem persönlichen Alltag lebt, ist für den Gang der Sterne belanglos. Was ist der Sinn unserer Existenz?

Unter den eigenartigen Wesen, die die Evolution auf dem Planeten Erde im Laufe langer Zeiten hervorgebracht hat, erscheint dieses als das eigenartigste: Der Mensch ist ein Wesen, *das darüber nachdenkt, was ein Mensch ist*, kein anderes Wesen macht so etwas. Endgültige Resultate liegen nicht vor, aber provisorische Auffassungen sind möglich: Ein Mensch ist ein Körper mit all seiner Sinnlichkeit, eine Seele mit gefühlten Energien, ein Geist mit einigem Reichtum an Gedanken.

Eine Frage ist stets von Neuem, ob und wie Körper, Seele und Geist zu unterscheiden sind, wann genau das Menschsein beginnt, wann es endet. Nicht jeder Mensch ist fähig zur Reflexion und Selbstreflexion, vielmehr sind Ungeborene, Demente und Menschen mit geistiger Behinderung dazu eingeschränkt oder nur potenziell in der Lage. Aber jeder muss mit sich und seinem Leben irgendwie zurechtkommen, kein Anderer kann ihm dies abnehmen. Jeder lebt auf irgendeine Weise mit Anderen, und sei es auf Distanz, und muss auch diese Herausforderung meistern. Jeder ist in soziale und ökologische Zusammenhänge eingebunden, die er nicht beliebig verändern kann, darüber hinaus in eine kosmische und vielleicht transzendente Welt, die er nicht wirklich durchschaut.

Schon der Blick in die Sterne, den Menschen in allen Kulturen und zu allen Zeiten pflegen, lässt darauf schließen, dass es sie fasziniert, über das hinauszublicken, was vor ihren Füßen liegt, um sich in einem größeren Horizont wahrzunehmen. Es interessiert sie, immer wieder ihre momentane Wirklichkeit zu überschreiten (*transcendere* im Lateinischen) und ins Offene zu gelangen; seit ihren urzeitlichen Anfängen scheint ihnen das eigen zu sein: In diesem Sinne ist der Mensch *von Grund auf ein transzendentes Wesen*, jeder einzelne, unabhängig davon, ob er sich in irgendeiner Weise als religiös versteht. Transzendent ist sein Blick, sein Glaube, sein Traum, seine Sehnsucht, seine Hoffnung, seine Vision und Utopie, sogar noch seine Melancholie, dieser diffuse Schmerz über die Begrenztheit des Lebens auf diesem Planeten. Transzendent ist sein Bestreben, Wissen über alle möglichen Zusammenhänge zu gewinnen und sich anstelle ihres Soseins ein Anderssein im Denken vorzustellen, nie nur Wirklichkeit, immer auch Möglichkeiten zu sehen und auf ihre Verwirklichung hinzuarbeiten.

8

Der Mensch ist überhaupt, so lässt sich sagen, *ein Wesen der Möglichkeiten*. Mit ihm als Gattung und mit jedem Einzelnen wird eine Möglichkeit des Lebens wirklich. Jeder kann für sich selbst weitere Möglichkeiten finden, erfinden und erproben, und wo er nicht weiterweiß, kann er Versuche anstellen und Experimente wagen. Die gesamte Existenz des Menschen lässt sich als Experiment verstehen, das die Evolution anstellt und das jeder Einzelne noch forcieren kann: »Wir sind Experimente«, meinte schon Nietzsche (*Morgenröthe*, 1881, 453), »wollen wir es auch sein!« Und welches Experiment bin ich, welches will ich sein? Welche Möglichkeit ist meine eigene, mit der ich zur Welt gekommen bin? Welche Möglichkeiten kann ich selbst entdecken und erkunden? Wie kann ich werden, was ich sein kann?

Gleichförmigkeit ist jedenfalls kein Beitrag zur Evolution. Vielleicht ist das ein Grund dafür, dass der Mensch auch das Wesen ist, *das Probleme macht, um sich an ihrer Lösung zu versuchen.* Eigentlich hätte er ausreichend mit den Schwierigkeiten zu tun, die ihm die Bedingungen seines Lebens bereiten. Aber immer wieder stellt er haarsträubende Dinge an und überschreitet sämtliche Normen, Formen und Grenzen, vermutlich, um auch auf diese Weise Möglichkeiten des Lebens aufzutun und Unmöglichkeiten kennenzulernen. Für den Blick von außen auf den Menschen tritt diese Eigenart des Einzelnen und der Gattung deutlich hervor: Der Mensch akzeptiert nur Grenzen, die er selbst als solche erfährt, mag er dabei auch bittere Erfahrungen machen. Seinen *Eigensinn*, die ihm auferlegten und von ihm selbst gesetzten Grenzen stets von Neuem in Frage zu stellen, nennt er *Freiheit*. Die Epoche ihrer umfangreichsten Verwirklichung nennt er *Moderne*.

Eigenartigerweise geht der Gewinn von Freiheit jedoch

9

mit einem Verlust von *Sinn* einher. Dabei scheint der Mensch das Wesen zu sein, *das Sinn braucht, um leben zu können.* Sinnlos frei, beginnen Menschen erneut nach Sinn zu suchen, und der kosmische Beobachter kann bei genauerem Hinsehen aus ihrer Bewegung auf der Erdoberfläche schließen, wo sie fündig werden: Es scheint das Zueinanderhin zu sein, das Menschen mit Sinn erfüllt, das Voneinanderweg ruft Klagen über Sinnlosigkeit hervor. Wenn das als Indiz gelten kann, dann ergibt sich Sinn daraus, *in Beziehung zu sein,* sich zu kontaktieren, Handlungen miteinander und aneinander zu vollziehen. Dem Leben Sinn zu geben, erfordert dann, gegen die moderne Zerstörung von Beziehungen anzuleben, Beziehungen jeder Art zu gründen, zu pflegen und zu bewahren: *Ein sinnerfülltes Leben ist ein Leben in Beziehung.* Vom eisigen Kosmos aus gesehen ist klar, warum: Menschen suchen nach Wärme, und im Austausch und in der Reibung mit Anderen, körperlich, seelisch und geistig, ist sie am ehesten zu finden. Jede Erfahrung von Sinn eröffnet einen Zugang zu Energien, mit denen Menschen erstaunlich viel fühlen und denken, tun und ertragen können.

Ein immenses Potenzial an Sinn und somit Energie bietet das, was Menschen *Liebe* nennen. Für viele ist sie von solcher Bedeutung, dass sie sich, um nur ja nichts auszulassen, in ein Liebesleben verstricken, das komplizierter und widersprüchlicher kaum sein könnte. Sie suchen nach Liebe und nehmen jede Gelegenheit dazu wahr, fliehen sie wieder und zerstören sie, um sie im Verlust neu schätzen zu lernen und erneut nach ihr zu suchen. Die größte Sinnlosigkeit wird erfahrbar, wenn die Liebe geht und wenn sie fehlt. Auch aus diesem Grund sollte es die Liebe besser im Plural geben, statt alles vom Gelingen einer einzigen Liebe zwischen zweien abhängig zu machen: Viele *Lieben* sind nötig, um dem Leben Sinn zu geben.

Über die Liebe im engeren Sinne hinaus kommen damit viele weitere Beziehungen der Zuwendung und Zuneigung in den Blick: Zwischen Eltern und Kindern, Großeltern und Enkeln, Geschwistern, Freunden, Kollegen, »Nächsten« aller Art und sogar Feinden. Und nicht nur Menschen können geliebt werden, sondern auch Tiere und Pflanzen, Dinge der Natur und Kultur, das Leben und die Welt insgesamt und darüber hinaus das, was viele Menschen Gott nennen.

Die Liebe scheint ein durchgängiges Phänomen zu sein: In jeder Einzelliebe wird das gesamte Kontinuum erfahrbar, jeder Teil steht für das Ganze, *pars pro toto*. Bei allen Arten von Liebe zeigen sich ähnliche Elemente in variablen Arrangements: Meist treibt eine Sehnsucht Menschen um, häufig verbergen sich ganz unterschiedliche Auffassungen unter dem einen Wort »Liebe«, immer prägt Polarität auch wider Willen das gemeinsame Leben zwischen Freude und Ärger, Vertrauen und Misstrauen, Gewissheit und Eifersucht, Treue und Verrat. Hartnäckig halten sich Unterschiede in den Wahrnehmungen von Männern und Frauen, die sich dazu jedoch ungern bekennen wollen. Oft sind mehrere Ebenen der Sinngebung möglich, sinnlich, seelisch, geistig, transzendent, aber selten bewegen die Liebenden sich auf derselben Ebene. Durchweg sind sie mit dem Alltag, mit Fragen von Macht, Recht und Gerechtigkeit konfrontiert, und immer wieder flammt die Angst vor dem Ende der Liebe auf. Jede Liebe, nicht nur die zwischen zweien, eröffnet neue Möglichkeiten, mündet jedoch zum Verdruss aller in eine Wirklichkeit, die den Möglichkeiten nur teilweise entspricht. Sollte aber eine Verwirklichung gescheut werden, kommt auch keine Möglichkeit zum Zug.

Wenn trotz allem der Liebe sehr viel Sinn zu verdanken ist, dann heißt *dem Leben Sinn geben* von Grund auf, *für die Liebe zu le-*

ben. Diese Sinngebung ist nicht an eine letzte Klärung der Frage gebunden, ob »das Leben an sich« irgendwelchen Sinn hat. Und sie hängt nicht so sehr von aufwallenden Leidenschaften ab, sondern von einer willentlichen Entscheidung. Das Potenzial des Liebens für die Sinngebung so vollständig wie möglich in den Blick zu bekommen, ist das Anliegen dieses Buches, dem bereits eines über die Liebe zwischen zweien vorausging.* Beide Bücher sind Teil des Projekts, eine umfassende *Kunst des Liebens* zu begründen, als deren Basis die Selbstbeziehung und Freundschaft mit sich selbst gelten darf.** Die Kunst des Liebens als gekonnter Umgang mit sich, mit Anderen und der Welt ist das Grundelement jeder *Lebenskunst*. Eine Voraussetzung der Kunst aber ist, die Wirklichkeiten und Schwierigkeiten der Liebe möglichst gut zu erfassen, um auch ihre Möglichkeiten besser sehen zu können. Der vorliegende Versuch dazu hat keine letzten Wahrheiten zu verkünden, sondern will dem Einzelnen behilflich sein, diejenige Wahrheit für sich zu finden, die ihm ein sinnerfülltes Leben und Lieben ermöglicht.

Leitend ist dabei die Idee, die Liebe nicht in Auffassungen zu ersticken, die dem Reichtum ihrer Möglichkeiten nicht gerecht werden können. Jede Liebe soll *atmen können* zwischen einem *romantischen Grund*, der von intensiven Gefühlen geprägt ist, und einer *pragmatischen Anstrengung*, die auch mit den Zeiten zurechtkommt, in denen die Gefühle ausbleiben oder ins Negative kippen. Unendlichkeitsgefühle sind mit alltäglichen Endlichkeitserfordernissen in Einklang zu bringen. Gangbare

---

* Wilhelm Schmid, *Die Liebe atmen lassen. Von der Lebenskunst im Umgang mit Anderen*, Taschenbuch 2013. Erstpublikation unter dem Titel: *Die Liebe neu erfinden*, Berlin 2010.

** Wilhelm Schmid, *Mit sich selbst befreundet sein. Von der Lebenskunst im Umgang mit sich selbst*, Frankfurt am Main 2004, Taschenbuch 2007.

12

Wege sind zu erkunden zwischen den Hoffnungen auf vertraute Nähe und den Ansprüchen auf persönliche Freiheit, von denen moderne Menschen auch dann nicht lassen wollen, wenn dies eine unromantische Entzweiung zur Folge hat. Für alle, die lieber mit sich allein bleiben, stehen neben der Selbstfreundschaft viele andere Arten von Liebe zur Verfügung, die dem Leben Sinn geben können, die Freundschaft mit Anderen beispielsweise. Wer aber eine besondere Herausforderung sucht, findet sie in alten und neuen Formen des familiären Zusammenlebens, das in Zeiten der Diskontinuität geradezu zum Akt des Widerstands wird, um an einer neuerlichen Kontinuität zu arbeiten. Vielleicht ist mit einer neuen Anstrengung sogar die meistbedrohte Art der Liebe in moderner Zeit zu retten, die Ehe, vorausgesetzt, es interessiert sich noch jemand für ihre Rettung.

Von der Liebe in der Familie

Ist die Ehe noch zu retten?

Familie ist, wo mehr als einer ist, wenigstens zwei, die zusammenbleiben wollen, gleich welchen Geschlechts und aus welchen Gründen auch immer. Sie fühlen sich zueinander hingezogen, wollen nicht einsam sein, suchen den gedanklichen Austausch, den körperlichen Verkehr, die materielle Absicherung: Nur sie selbst entscheiden, was den Ausschlag gibt. Und nicht nur Paare können Familien sein, mit oder ohne Kinder, sondern ebenso Alleinerziehende und alle, die in Wohngemeinschaften oder sonstwie zusammenleben. Bei einem Paar, das zusammenbleiben will, kann von einer *Ehe* gesprochen werden, mit einem ausdrücklichen oder unausgesprochenen Ja zueinander, mit oder ohne Trauschein, mit einiger Verbindlichkeit und einigen psychologischen, womöglich auch juristischen Konsequenzen. Mit der offenen oder stillen Bekundung, sich zu vertrauen, wird die *Trauung* im wörtlichen Sinne vollzogen, unabhängig davon, ob sie rituell ausgeschmückt und formell dokumentiert wird.

Andere fragen sich: Ist es wahre Liebe oder kalte Berechnung? Und nach einer Weile: Lieben sie sich noch? Die Frau haucht ein *Yes*. Der Mann zieht es vor, philosophisch zu antworten: *Whatever love means* ... Ihm liegt offenbar an den unterschiedlichen Deutungsmöglichkeiten von Liebe und Ehe, die außer einer gefühlvollen *Liebesehe* auch eine kalkulierte *Vernunftehe* zulassen, bei der die Gefühle Dritten gehören können. Diejenigen, die so delikat antworteten, waren Lady

Diana und Charles, Prince of Wales. Bereits am Tag ihrer Verlobung, zum Zeitpunkt der Pressekonferenz, auf der es zu dieser Szene kam, waren ihre Differenzen nicht zu überhören. 1981 feierten sie die »Hochzeit des Jahrhunderts«. Zwei Kinder und eine Scheidung später, auf die 1997 der tragische Unfalltod Dianas folgte, legalisierte Charles 2005 dann in einer vergleichsweise bescheidenen Zeremonie seine Beziehung zu *der Anderen*, Camilla, mit der er schon seit 1971 sämtliche Wirrnisse überstanden hatte. Was beide veranlasste, offizielle Ehen mit Anderen zu schließen, selbst aber eine heimliche Ehe miteinander zu führen, behielten sie für sich. Vielleicht trauten sie ihren Gefühlen nicht, oder sie hielten es für ihre Pflicht, der Vernunft zu folgen, jedenfalls der Vernunft dessen, was ihre Familien für richtig hielten. Nun, nach so langer Zeit, war ihre Liebesehe kein Risiko mehr: Wie sich ein Zusammenleben pragmatisch einrichten lässt, das die Romantik zu bewahren versteht, musste ihnen niemand mehr erklären.

In der *Geschichte der Ehe*, die eng mit der Menschheitsgeschichte verwoben ist, spielte die formelle Ehe lange keine Rolle. Prägend war vielmehr die in jeder Hinsicht *wilde Ehe*, eine im Zweifelsfall erzwungene Verbindung zwischen Männern und Frauen ganzer Sippen zum Zweck des Überlebens und der Fortpflanzung, der Suche nach Nahrung und ihrer Zubereitung, der Aufzucht von Kindern und der Absicherung gegen Gefahren. Eine große Rolle spielte womöglich die Erfindung des Kochens mit der darauf folgenden »Arbeitsteilung zwischen den Geschlechtern«: Frauen sammeln und kochen, Männer jagen und beschützen (Richard Wrangham, *Feuer fangen. Wie uns das Kochen zum Menschen machte*, 2009, 140).

Eine Unterart der wilden Ehe war die *Raubehe*, die gewaltsame Aneignung von Frauen durch Männer, wie sie in der Erzählung vom »Raub der Sabinerinnen« in der Frühzeit Roms Niederschlag fand und selbst im 21. Jahrhundert noch in manchen Regionen der Welt, etwa in Kirgisien, praktiziert wird. Von der Idee, Regeln für das Zusammenleben der Geschlechter zu formulieren und eine *formelle Ehe* zu begründen, zeugen erstmals gesetzliche Bestimmungen im babylonischen *Codex Hammurabi* um 1750 v. Chr., wonach eine Frau per Eheschließung zum Eigentum eines Mannes wird, sowie ägyptische Verträge ab dem 9. Jahrhundert v. Chr., in denen Frauen eigene Rechte zugesprochen werden. Manche Kulturen bewahren Reste archaischer Traditionen in der Form der *Polygamie* auf, die meist als Vielehe eines Mannes mit mehr als einer Frau verstanden wird. Andere Kulturen mühen sich weiter mit der *Monogamie* ab, der Einehe zwischen zweien. Beide Varianten sind keine Naturerscheinungen, sondern kulturelle Festlegungen, deren Bewährungsprobe in der Praxis fortdauert (Marie-Luise Schwarz-Schilling, *Die Ehe – Seitensprung der Geschichte*, 2004).

Außenstehende haben in die Binnenverhältnisse einer Ehe wenig Einblick; umso größer ist die Neugierde, schon in antiker Zeit war das so, auch bei Philosophen: Sokrates gestand, sich Geschichten darüber mit größerer Lust anzuhören, »als wenn du von dem besten Zweikampf oder dem schönsten Reitturnier erzählen wolltest« (Xenophon, *Oikonomikos*, VI, 9 ff.). Xenophons Darstellung eines Gesprächs über die Ehe, das Sokrates geführt haben soll, stammt aus dem 4. Jahrhundert v. Chr. und ist ein Beleg für die frühe Unzufriedenheit mit der *Realität der Ehe* zwischen zweien: Männer vergnügten sich oft mit ihresgleichen und mit Knaben, auch mit Hetären (Freundinnen, Geliebten) und Dirnen.

Schon im 7./6. Jahrhundert v. Chr. hatte Solon die Männer in Athen per Gesetz darauf verpflichtet, wenigstens dreimal im Monat sexuelle Beziehungen zur eigenen Ehefrau zu unterhalten. Sokrates unternimmt nun erstmals den Versuch, eine *philosophische Idee der Ehe* zu entwickeln, um ihrer Realität neue Impulse zu geben. Er erörtert mit seinen Gesprächspartnern die Frage, wie Eheleute miteinander umgehen sollten, damit die Frauen nicht länger »wie Mägde« behandelt werden und sie umgekehrt ihren Männern keinen »großen Schaden« mehr verursachen. Ein besonderes Vertrauensverhältnis sollten beide zueinander unterhalten, die notwendigen Arbeiten (Hausarbeit, Feldarbeit, politische Arbeit) untereinander aufteilen, bei aller Kooperation auch miteinander konkurrieren, nämlich um das jeweils beste Können, die Exzellenz (*arete*).

Sokrates konnte seiner eigenen Ehe mit Xanthippe damit wohl nicht weiterhelfen, aber die Grundidee blieb fortan im Spiel, nämlich mithilfe von Reflexion immer wieder die Realität der Ehe zu durchbrechen und sich zu fragen: Ist es das, was wir uns vorgestellt haben? Wer hat überhaupt welche Vorstellung? Welche andere Vorstellung ist möglich? Wie ist sie zu realisieren? Die Ehe individuell reflektieren und definieren zu können, eröffnet Möglichkeiten über die natürlichen Bedingungen und kulturellen Konventionen hinaus. Auch wenn Natur und Kultur ihre Bedeutung nie verlieren, kann von nun an eine bestehende Definition in Frage gestellt und eine Veränderung zum Besseren angestrebt werden. Die ideale Vorstellung nimmt Einfluss auf die reale Rollenverteilung: Lange nach Sokrates präsentiert ein weiterer Philosoph, Plutarch, im 1. Jahrhundert n. Chr. in seiner Schrift *Erotikos* die revolutionäre Idee einer Ehe, die auf *charis*, Freude und Wohlwollen, beruht. Anders als Sokrates konnte er mit seiner Frau ein solches Verständnis der Ehe wohl auch verwirklichen, in der außerdem das erotische Begehren mitsamt Befriedigung beheimatet

17

sein kann, denn »Eros ohne Aphrodite ist wie ein Rausch ohne Wein« (*Moralia*, 752 b; Auswahlband *Die Kunst zu leben*, 2000).

Just zur selben Zeit gewinnt die *christliche Idee der Ehe* Konturen, die auf ihre Weise eine stärkere Einbindung der Lüste erreichen will, wenngleich mit ganz anderer Begründung: Jeder Mann solle eine Ehefrau, jede Frau einen Ehemann haben, um »Unzuchtsünden zu vermeiden«, formuliert Paulus im ersten *Korintherbrief*. Grundsätzlich tue ein Mann gut daran, keine Frau zu berühren; aber wenn ihm die Kraft zur Enthaltsamkeit fehle, solle er lieber heiraten. Und um keine Zweifel über die innerehelichen Verhältnisse aufkommen zu lassen, stellt Paulus im *Epheserbrief* klar, dass jeder Mann seine Frau genauso liebhaben solle wie sich selbst, »die Frau aber fürchte den Mann«.

Die Ausführungsbestimmungen dazu entwirft der Kirchenvater Clemens von Alexandrien im 2. Jahrhundert n. Chr. in seinem viel gelesenen Buch *Paidagogos*, in dem er zugesteht, dass beide Geschlechter Kinder Gottes seien. Bei der Frau aber, der Nachfolgerin der Eva, die Adam verführte, müsse »schon das Bewusstsein des eigenen Wesens Schamgefühl hervorrufen«. Den ehelichen Akt zu vollziehen, sei legitim, aber nur »auf geordnete Weise« (*kosmios*, II, 33, 5), um eine »Enthüllung des Körpers« und »sinnlose Töne« zu vermeiden. Es sei kein Problem, die an der körperlichen Vereinigung (*synousia*) beteiligten Glieder beim Namen zu nennen, die zwar des Schamgefühls würdig, aber »keine Schande« seien. Hässlich sei allein der unsachgemäße Gebrauch der Glieder, der den Samen auf »naturwidrige Wege« bringe.

Im Laufe der Geschichte machten sich jedoch in der Christenheit selbst wieder Zustände der wilden Ehe breit, im Klerus wurde die geforderte Ehelosigkeit vom Dorfpfarrer bis zum Papst untergraben (Ludwig Schmugge, *Ehen vor Gericht. Paare der Renaissance vor dem Papst*, 2008). Ein Anliegen der Reformation im 16. Jahrhundert war folgerichtig die Reformulierung der christlichen Idee der Ehe: Martin Luther sah ihren gottgegebenen Zweck weiterhin in der Zeugung, legitimierte aber das Gefühl der Liebe als Grund der Ehe gegen die von Eltern arrangierte Zwangsehe (*Vom ehelichen Leben*, 1522). Für die *neuzeitliche Idee der Ehe* spielten Gefühle dennoch keine tragende Rolle: Die standesgemäße *Vernunftehe* diente neben der Fortpflanzung der materiellen Absicherung und dem sozialen Aufstieg der Ehepartner, der Wahrung und Mehrung ihres Besitzstandes. Zeugungsakte waren Pflicht, bahnte sich aber in den oft freudlosen Ehen das sexuelle Begehren des Mannes andere Wege, durfte er in der sozialen Umwelt auf eine Nachsicht hoffen, die seiner Frau nicht zuteilwurde. Für weitere Jahrhunderte war die Ehe keine selbstbestimmte Angelegenheit der Beteiligten, sondern eine fremdbestimmte der familiären Heiratspolitik, kirchlich als »Wille Gottes« abgesegnet.

Dermaßen weltlich war diese Beziehung, dass konsequenterweise die Idee entstand, sie von religiösen Bezügen gänzlich abzulösen. Auf die entsprechende Diskussion über die Ehe als *bürgerlicher Rechtsform*, die keiner kirchlichen Legitimation mehr bedarf, bezog sich Immanuel Kants folgenreicher Aufsatz von 1784, »Beantwortung der Frage: Was ist Aufklärung?«. Weit über den unmittelbaren Anlass hinaus forderte Kant jeden und jede (»das ganze schöne Geschlecht«) zur Eigenverantwortung auf: Niemand solle sich weiterhin auf das berufen, was Seelsorger und Andere für richtig halten. Einen Beitrag zur Aufklärung der besonderen Art leistete auch seine berühmt-berüchtigte Definition der Ehe als Verbindung zweier Personen »zum lebenswierigen wechselseitigen Besitz ih-

19

rer Geschlechtseigenschaften« (*Metaphysische Anfangsgründe der Rechtslehre*, § 24). Mit den Geschlechtseigenschaften war nicht zuletzt die Sexualität gemeint, für die ausgerechnet Kant, der Junggeselle, ungewöhnlich für seine Zeit, auf Wechselseitigkeit pochte, unter mutmaßlich bewusstem Verzicht auf den üblichen Zusatz der christlichen Tradition, dass dies nur »zum Zweck der Zeugung« geschehen dürfe.

Eine ausgearbeitete, *aufgeklärte Idee der Ehe* vertritt zu dieser Zeit Adolph Freiherr Knigge in seinem 1788 erstmals erschienenen, viele Male neu aufgelegten Buch *Über den Umgang mit Menschen* (Zweiter Teil, Kapitel 3): Die Ehe ist in seinen Augen eine Beziehung der freien Wahl, zu der junge Menschen zwar mangels Erfahrung weniger gut gerüstet seien, aber eher fähig, sich einander anzupassen. Der Mann bleibt fraglos das »Haupt«, schwerer als die bloße Pflichterfüllung wiegt jetzt jedoch die Idee des Lustgewinns: Das »Glück der Ehe« bestehe darin, sich wechselseitig »das Leben süß und leicht zu machen«. Unterschiede in Temperament, Neigung, Denkweise, Fähigkeit und Geschmack könnten, wenn sie nicht allzu groß würden, sogar »mehr Glück gewähren«.

Um im alltäglichen Umgang nicht gleichgültig gegeneinander zu werden, sei es wichtig, immer neue Mittel gegen »Ekel und Abneigung« zu erfinden, bei aller Vertraulichkeit auch die Höflichkeit nicht zu vergessen und sich äußerlich nicht gehen zu lassen, ja, alles zu vermeiden, was den Anderen »zurückscheuchen könnte«. Nie solle man sich auf das Versprechen am Altar verlassen, vielmehr sich Achtung und Zuneigung des Anderen immer neu verdienen, am besten dadurch, »dass Du alle Kräfte aufbietest, besser zu sein als andre!« (*sic!*). Neuen Reiz erhält die Gemeinsamkeit durch »kleine Abwesenheiten, Reisen in Geschäften und dergleichen«. Zartfühlend spricht

Knigge das Problem an, dass einer in der Ehe manchmal »die Vorzüge andrer Leute sehr lebhaft fühlen« könne. Die Versuchung sei groß, die Rückkehr früher oder später jedoch »süß«. Auch das Respektieren von Geheimnissen gehöre zur guten Ehe, statt dem je Anderen misstrauisch hinterherzuforschen. Freundschaften sollten nach der Eheschließung weiter bestehen: Nichts sei »läppischer«, meint Knigge, als wenn Eheleute glaubten, nur noch füreinander da sein zu dürfen und für Freunde »tot« sein zu müssen. Sollten Schwierigkeiten entstehen, sind Freunde wichtig, um bei ihnen neue Kraft sammeln zu können. Um welche Freunde es sich dabei handle, müsse jedem selbst überlassen bleiben.

Parallel zu diesen Gedanken entwickeln junge Menschen zudem die *romantische Idee der Ehe*. Die Frühromantiker verabscheuen die lieblose Vernunftehe nicht nur theoretisch, sondern auch praktisch. Was Friedrich Schlegel im Roman *Lucinde* von 1799 entwirft, verwirklicht er selbst in der neuen Form einer wilden Ehe, einer Ehe ohne Trauschein, mit der noch anderweitig verheirateten Dorothea Veit, Tochter von Fromet und Moses Mendelssohn. Das ist nun endlich eine Beziehung wie ein *Sommernachtstraum* – dieses Stück William Shakespeares verehren die Romantiker nicht von ungefähr am meisten. Um der bürgerlichen Vernunftehe zu widersprechen, gehen Bettine Brentano und Achim von Arnim eine romantische *Liebesehe* ein, die sie auch formell besiegeln.

Historisch gesehen handelt es sich hier im Wortsinne um eine *Perversion*, eine Verkehrung der Verhältnisse: Gefühlt wurde traditionell außerehelich, allenfalls in Ausnahmefällen wurde den Gefühlen, erst recht den leidenschaftlichen Gefühlen, die eheliche Bindung anvertraut. In Gefühlen den wichtigsten Grund für ein gemeinsames Leben zu sehen, avanciert im

Laufe der Moderne jedoch zum Inbegriff der Ehe mit und ohne Trauschein, ein Experiment mit Folgen: »Wo die Ehe sich wandelt, wo aus der Arbeitsgemeinschaft die Gefühlsgemeinschaft entsteht, da werden die Gefühle zur Arbeit« (Ulrich Beck und Elisabeth Beck-Gernsheim, *Das ganz normale Chaos der Liebe*, 1990, 132). Und wo die Gefühle so grundlegend sind, wird ihr Schwinden zum Anlass für die Auflösung der Beziehung. Arien von Treueschwüren lösen sich fortan mit Orgien von Enttäuschungen ab, und glühend wie der Glaube an die Liebe lodert der Hass auf, wenn sie zerbricht. Bestand die Tragik der Ehe einst darin, dass nicht zueinander durfte, was zueinander gehörte, so nun darin, dass die, die zueinander gehören, es im praktischen Leben nicht miteinander aushalten. Da sie die Beziehung selbst wählten, müssen sie aber die Folgen, die einst dem Schicksal, den Eltern und Gott zuzuschreiben waren, auch selbst verantworten.

Die romantische Idee der Ehe, die auf eine Gefühlsbindung setzt, steht in scharfem Kontrast zur *Realität der Ehe in moderner Zeit*, in der die Gefühle häufig abhandenkommen. Zerbrach in vormoderner Zeit das Gefühl an der Norm, die Vorrang hatte, so in moderner Zeit die Norm am Gefühl, das kommt und geht, wie es will. Wie eine Beschwörung klingt, was der Soziologe Georg Simmel 1908 über »Die Gesellschaft zu zweien« sagt: »Was auch die Ehe sein mag, sie ist immer und überall mehr als der sexuelle Verkehr« (*Individualismus der modernen Zeit*, Sammelband, 2008, 157). In der Realität aber ist sie oft weniger, kenntlich an deprimierten Frauen, die in der Abspeisung ihrer Männer mit Essen und Sex keine Erfüllung finden, und deprimierten Männern, die im Zwang zur materiellen Versorgung ihrer Familien keinen Lebenszweck sehen (Caroline Arni, *Entzweiungen. Die Krise der Ehe um 1900*, 2004).

22

Während Männer sich, wenn möglich, in außereheliche Beziehungen flüchten, haben Frauen dazu weniger Gelegenheit: Selbst im 20. Jahrhundert sind sie noch lange ans Haus gebunden, die Ehe wird für sie zur *Endstation Sehnsucht*, ungeschönt dargestellt im 1947 uraufgeführten, 1951 verfilmten Drama *A Streetcar Named Desire* von Tennessee Williams. Aus guten Gründen wird der Prozess der fortschreitenden Moderne von immer neuen Aufständen gegen die Ehe begleitet, von der Lebensreformbewegung des Monte Verità bis zur Bewegung der sexuellen Befreiung und darüber hinaus. Die augenblickliche Aufwallung der Gefühle erscheint auch dann, wenn sie nicht vorhält, weit attraktiver als die eheliche »Pflicht zur Lebensgemeinschaft«. Die lustvoll gelebte Sexualität steht gegen die lustlose Erfüllung »ehelicher Pflichten«. In die *freie Liebe* soll sich keine Kirche, kein Staat, keine Gesellschaft mehr einmischen. Zusammengekommen aufgrund freier Wahl, hält moderne Individuen nichts mehr davon ab, sich jederzeit auch wieder voneinander zu befreien, sobald ihnen danach zumute ist. Freiheit ist, den Anderen wieder los zu sein, mit dem man mal so innig verbunden war. Die bürgerliche Gesetzgebung gibt schließlich nach und ermöglicht für die formelle Ehe die Abwahl so rasch wie die Wahl, nichts leichter als sich zu trennen, und so trennen sich zwei auch weit eher voneinander als von ihrer romantischen Idee der Ehe.

Ist die Ehe also zu einer sinnlosen Institution geworden? Kann sie »mit einem neuen Sinn versehen werden« (Marie-Odile Métral, *Die Ehe – Analyse einer Institution*, 1981, 19)? Niemand bedarf noch einer Ehe, um auf staatlich anerkannte Weise sein Begehren zu bändigen. Niemand muss heiraten, um vorzeitige Früchte der Liebe zu legitimieren. Der *Sinn der Ehe* ist nicht mehr aus früheren Vorgaben zu beziehen, vielmehr wird es zur Aufgabe der Beteiligten selbst, ihr Sinn zu geben, mit ihr wiederum dem Leben: Beispielsweise, um im *Anderssein*, das einer für den Anderen ist, eine größere Spannweite des Lebens zu erfahren, sich wechselseitig eine *Ressource*, eine immer neue Quelle von Kraft zu sein, ein *Schutz*, um mit den Stärken des Einen die Schwächen des Anderen abzuschirmen, ein *Ansporn*, um sich weiterzuentwickeln und Dinge gemeinsam zu verwirklichen, ein *Ärgernis*, um negative Energien beieinander loszuwerden, ein Anlass zu *Auseinandersetzungen*, die den eigenen Kern berühren und ihn damit spürbar machen, eine frei gewählte *Schicksalsgemeinschaft*, um den Weg durchs Leben nicht allein zu gehen. Sogar der Spötter Honoré de Balzac sah in dem Vorgang, dass zwei Wesen sich zusammentun, um gemeinsam die Schwierigkeiten des Lebens zu bewältigen, »etwas Rührendes« (*Physiologie der Ehe*, 1829, »Der Gegenstand«).

Lange Zeit in der Geschichte war in Form von *Normen* vorgegeben, was Ehe ist. Nie in der Geschichte mussten Menschen lernen, sich individuell selbst *Formen* zu geben, etwa mit einer *Ethik der Ehe*, um selbst die Werte festzulegen, an denen sie ihre Lebensführung orientieren können, und mit einer *ehelichen Lebenskunst* sie auch zu realisieren. In der Zeit ihrer größten Gefährdung wird die Ehe endgültig zur *gewagten Lebensform*, zum Experiment, befreit von Vorgaben der Religion (wie Gott es den Menschen befiehlt), der Tradition (wie es immer schon gemacht worden ist), der Konvention (wie alle es machen), und der Natur (die den Menschen die Fortpflanzung auferlegt hat).

Eine *andersmoderne Idee der Ehe* kann sich daran versuchen, Romantik und Pragmatik besser miteinander zu vereinbaren, um romantische Vorstellungen und die Realität der Ehe nicht weiter auseinanderdriften zu lassen. Das Experiment einer *pragmatischen Romantik* bedeutet für die Lebensform der

Ehe, auf gefühlvolle Anteile nicht zu verzichten, aber die Einrichtung des Lebens, auf die es im Alltag ankommt, eher der nüchternen Überlegung anzuvertrauen. Weiterhin können die Beteiligten darauf hören, was ihre Gefühle sagen, aber sie können sich mit nüchternen Überlegungen von vornherein auch um eine stabilere Basis bemühen, für den Fall, dass ihre Gefühle ins Wanken geraten. Was Vernunftehe war und zur Liebesehe wurde, kann zur *vernünftigen Liebesehe* werden, die auf die wiederkehrenden alltäglichen Fragen zwischen zweien (Geldfrage, Sexfrage, Sockenfrage, Machtfrage) und die ewige Unruhe über eine gerechte Verteilung von Gütern und Lasten mit pragmatischen Lösungen zu antworten sucht. Die Romantik ist der Reiz der Ehe, der nicht verlorengehen soll, aber die Pragmatik sichert die Voraussetzungen dafür und verleiht dem freieren Zusammensein festere Formen. Sie stellt den äußeren Rahmen bereit, der den romantischen Inhalt erst ermöglicht, der wiederum dafür sorgt, dass die pragmatische Bewältigung des Lebens nicht nur ein leeres Getriebe bleibt.

Bei allen Befreiungen stand einem praktikablen Umgang mit der Freiheit die romantische Idee im Weg, alle endlichen Probleme mit der unendlichen Kraft der Gefühle lösen zu können. Das aber hat sich in der Praxis nicht bewahrheitet, sodass es darauf ankommt, ein eigenes Können dafür zu entwickeln, nicht nur mit den Segnungen, sondern auch mit den Schwierigkeiten der Freiheit zurechtzukommen. Das kann heißen, schon auf dem Weg zur Liebe nüchterner als zu romantischen Zeiten den passenden Anderen zu suchen, vielleicht unterstützt von Internet-Partnerbörsen, um Erwartungen aneinander vorweg elektronisch abzugleichen. Das mag nicht sehr romantisch sein, kann sich in der Praxis aber dazu eignen, mit größerer Wahrscheinlichkeit die Richtige, den

Richtigen zu finden. Antworten auf neuralgische Fragen wie die, ob der Andere sich Kinder wünscht, müssen nicht mehr in einem jahrelangen Prozess erst sondiert werden, um irgendwann einsehen zu müssen, dass nichts zusammengeht. Letztlich sind allerdings so viele Gründe und Motive an der Entscheidung beteiligt, dass eine aufrichtige Antwort auf die verfänglich einfache Frage bei der formellen Eheschließung, »Ist es Ihr freier Wille?«, eigentlich etwas umfangreicher ausfallen müsste.

Mehr als je zuvor können Menschen in einer anderen Moderne sich daranmachen, die *möglichen Formen der Ehe* zu erkunden. Gefragt sind Ideen, sodann aber deren Erprobung, denn nur in der Praxis zeigen sich ihre Stärken und Schwächen. Auch aus einem Scheitern ist viel zu lernen über Möglichkeiten und Unmöglichkeiten des Lebens und der Liebe und des eigenen Selbst im Umgang mit Anderen. Nur experimentell können Menschen ihre besondere Form der Ehe finden, auch aus anderen Arten von Beziehung können sie hierfür Elemente übernehmen, die ihnen brauchbar erscheinen, um die Ehe möglichst tief *atmen zu lassen* zwischen Gemeinsamkeiten und der immer neuen Besinnung des Einzelnen auf sich selbst, widersprüchlichen Gefühlen und wechselnden Phasen einer aufflammenden Leidenschaft, ruhigeren Freundschaft, nüchternen Kooperation und gelegentlichen Konfrontation.

Eine Möglichkeit in zugespitzter Form bleibt weiterhin die *leidenschaftliche Ehe* mit den Licht- und Schattenseiten heftiger Gefühle, wie sie Clara und Robert Schumann in ihrer romantischen Künstlerehe durchlebten. Sollte es einen »unabwendbaren Konflikt zwischen Leidenschaft und Ehe« geben (Denis de Rougemont, *Die Liebe und das Abendland*, 1939, deutsch 1966, Vorwort), muss das dennoch niemanden davon abhalten, sich an einer solchen Liaison zu versuchen und ein Scheitern billigend in Kauf zu nehmen; wertvoll sind die Erfahrungen in jedem Fall. Unvereinbar ist die Ehe wohl nur mit der *Vollzeitleidenschaft*, deren Energieniveau nicht durchzuhalten ist, leicht vereinbar aber mit der *Teilzeitleidenschaft*, die phasenweise gelebt werden kann. Sie erlaubt das Leben damit, dass die Leidenschaft pausiert, wenn Alltag vorherrscht, und wieder aufflammt, wenn ihr Gelegenheit dazu gegeben wird. Sie ist der schönste Grund des Zusammenseins, aber im Alltag drängen andere Dinge sich vor, Unzulänglichkeiten und unaufhebbare Widersprüche, die besser von vornherein mit einbezogen werden, statt unaufhörlich an dieser Störung der Harmonie zu verzweifeln.

In andersmoderner Zeit könnte die *freundschaftliche Ehe* an Bedeutung gewinnen, in der gemäßigte Gefühle den Verzicht darauf erleichtern, den Anderen zu sehr einzuhegen. Freiheit und Bindung können eine glücklichere Verbindung miteinander eingehen, Auszeiten der Gefühle lassen sich besser überstehen. Möglich ist außerdem die *kollegiale Ehe*, die nüchterne Partnerschaft auf der Basis eines wechselseitigen Mögens, mit einer guten Zusammenarbeit wie unter Kollegen am Arbeitsplatz. Und diese verschiedenen Arten von Ehe können auf unterschiedliche Weise experimentell variiert werden: Eine Variante bleibt die *konventionelle Ehe* mit flexibler oder immer noch traditioneller Rollenverteilung, für die in frühromantischer Zeit die Verbindung Friedrich Schleiermachers mit der zwei Jahrzehnte jüngeren Henriette von Willich Pate stand.

Eine zweite Variante, die in geschwätziger Zeit an Reiz gewinnt, ist die *stumme Ehe*, das Zusammenleben in schweigsamer Form, wenn zwei das wollen: Der Musiker Frank Zappa, bis zu seinem Tod 1993 verheiratet mit Gail Zappa, mit der

27

er vier Kinder hatte, soll auf die Frage, was seine Ehe so haltbar mache, lapidar geantwortet haben, das liege daran, »dass wir praktisch nie miteinander reden«. Eine beinahe schon konventionell gewordene dritte Variante ist die *offene Ehe*, offen für Zusatzbeziehungen, die den Kern der Ehe nicht antasten, ähnlich dem »Liebespakt«, den Jean-Paul Sartre und Simone de Beauvoir schlossen. Eine vierte Variante in übersexualisierter Zeit ist die *keusche Ehe*, der Verzicht auf jede Sexualität, wie Lou Andreas-Salomé und Friedrich Carl Andreas dies praktizierten. Eine fünfte Variante könnte die *anderskeusche* Ehe sein, der willentliche Verzicht auf Andere, wenn bei dem Einen schon sexuelle Befriedigung zu finden ist; überschüssige Energien lassen sich umso mehr in Arbeit und Kunst investieren, Paul Klee machte davon Gebrauch: »Die Ehe faßte ich als sexuelle Kur auf« (*Tagebücher*, Eintrag Nr. 958 von 1915).

Der leidenschaftlichen, freundschaftlichen und kollegialen Ehe mit ihren Varianten stehen andere Arten gegenüber: Spätmoderne Menschen bevorzugen zuweilen die *funktionale Ehe*, eine Vertragsehe als verschärfte Form der Vernunftehe, um Abmachungen in Rechtsform zu gießen, Rollen festzuschreiben und bei der irgendwann anstehenden Trennung Streit zu vermeiden; auch die »Scheinehe« hat hier ihren Platz. Manche versuchen vor ihrem Tod noch, dem verbleibenden Partner Rentenansprüche zu sichern; bei einer Ehedauer von weniger als einem Jahr gilt diese Verbindung aber zumindest in Deutschland als »Versorgungsehe«, die nicht zählt.

Von einer beständigen Konfrontation zeugt die streitbare *Kampfehe*, wie Sofja Behrs und Lew Tolstoi sie vorführten (*Eine Ehe in Briefen*, 2010), Jahrzehnte später auch Liz Taylor und Richard Burton, nicht etwa nur im Film *Wer hat Angst vor Virginia Woolf?* (Regie Mike Nichols, USA 1966, nach einem

Bühnenstück von Edward Albee). In einer solchen Ehe wird der Streit zum Lebenselixier, wohl als notwendiger Gegenpol zu einer starken erotischen Anziehung. In der *Mobbingehe* wiederum wird der einseitige oder wechselseitige Ausschluss des je Anderen aus dem eigenen Leben bereits im Verlauf des Ehelebens selbst realisiert.

Den Verhältnissen des 21. Jahrhunderts kann aber wohl vor allem eine *Ehe auf Distanz* Rechnung tragen, mit einer gefühlten Gemeinsamkeit in realer Getrenntheit, mit leidenschaftlichen, freundschaftlichen, kollegialen, funktionalen oder streitbaren Komponenten. Das kann in der virtuellen Form der *Tele-Ehe* geschehen, einer Fernverbindung, die sich der jeweils aktuellen Medien der Telekommunikation bedient – eine Aktualisierung der einstigen *Briefehe* mit gelegentlichen persönlichen Begegnungen, wie sie Rainer Maria Rilke und Clara Westhoff, auch Anton Tschechow und Olga Knipper (*Mein ferner lieber Mensch*, Liebesbriefe, 1998) im frühen 20. Jahrhundert pflegten. Denkbar wäre ebenso eine *Leoparden-Ehe*, benannt nach den edlen Einzelgängern im Tierreich, die sich zwar selten aufsuchen, dann aber ausgiebig paaren, in drei Tagen bis zu hundertmal, bevor sie wieder ihrer Wege gehen. Die Distanz würde auch eine *Anbetungsehe* möglich machen, bei der einer den Anderen verklärt.

Eine Möglichkeit wäre darüber hinaus die *Ehe auf Zeit*, die nicht nur eine »Genussehe« gegen Geld wäre, wie sie im Iran geläufig ist und eine Stunde oder auch Jahre dauert (*Im Bazar der Geschlechter*, Regie Sudabeh Mortezai, Österreich / Iran 2010). Die Zeitehe brächte reizvolle Bedingungen mit sich, denn bevor das Verfallsdatum wirksam werden würde, müssten gegebenenfalls Anstrengungen zur Verlängerung und Erneuerung unternommen werden. Das könnte die Beziehungspflege in-

29

tensivieren, die Trennungsquote würde wohl kaum höher ausfallen als bei der Festlegung auf Lebenszeit. Sorge wäre dafür zu tragen, wie bei allen Trennungen, dass derjenige, der für den Anderen und gemeinsame Kinder eigene Vorhaben zurückstellt, keine materiellen Nachteile davonträgt. Eine freie Vereinbarung dieser Art ist jederzeit möglich, wünschenswert wäre jedoch auch eine gesetzliche Basis als Alternative zur Ehe auf unbestimmte Zeit. »Gebt uns eine Frist und kleine Ehe, dass wir zusehn, ob wir zur grossen Ehe taugen!« So sprach schon Friedrich Nietzsche in *Also sprach Zarathustra* (»Von alten und neuen Tafeln«, 24, *sic!*), denn: »Es ist ein grosses Ding, immer zu Zwein sein!«

Nie sollte dabei in Vergessenheit geraten, was Novalis für die Grundlage jeder Ehe hielt: *Die Ehe mit sich selbst.* »Nur insofern der Mensch also mit sich selbst eine glückliche Ehe führt – und eine schöne Familie ausmacht, ist er überhaupt Ehe und Familienfähig« (*sic!*, Novalis, *Über die Liebe*, Sammelband, 2001, 55 f.). Manche nehmen das wörtlich: Chen Wei Yi, Angestellte in Taiwan, gab sich Presseberichten zufolge 2010 vor einer Festversammlung selbst das Jawort, nachdem sie in erster Ehe lange mit ihrem Büro verheiratet war.

Eine gute Beziehung zu sich erleichtert auch in der Beziehung zu Anderen die *Atmung* zwischen einer großen *Nähe* mit frivoler Sinnlichkeit, starken Gefühlen und spannenden Gesprächen sowie einer erholsamen *Distanz*, in der jeder seinem eigenen Leben nachgehen kann. Die bejahende Selbstbeziehung kann ihrerseits *leidenschaftlich* sein, wenngleich sich dabei die Frage aufdrängt, wo da noch Platz für Andere bleibt. Sie kann *freundschaftlich* sein, sodass das Selbst sich aus ruhiger Selbstgewissheit heraus offenhalten kann für Andere. Und sie kann *kollegial* sein, ein einfaches Mögen seiner selbst, sodass auch Andere gemocht werden können. Wenn jeder in einer Beziehung gut mit sich selbst umgehen kann, muss keiner danach suchen, mit einem Anderen gänzlich zu verschmelzen, wie dies die romantische Idee des »Einsseins« vorsieht. Jeder kann ein Leben für sich behalten und steht für den Fall, dass die Beziehung schwierig oder unmöglich werden sollte, nicht im Nichts. Wenn aber alles nur noch gemeinsam erlebt werden darf, haben zwei sich bald nichts mehr zu sagen.

Wer eine große Herausforderung im Leben sucht, ist mit der Ehe gut bedient. In jeder Form, in der sie eingegangen wird, ist sie ein *ontologischer Übergang* von einer Weise des Seins (griechisch *on*) zu einer anderen, ein Übergang zunächst von der begrenzten Wirklichkeit des Selbst zu den vielfältigen Möglichkeiten des Lebens mit dem Anderen, sodann zurück von diesen Möglichkeiten zur begrenzten Wirklichkeit mit diesem Menschen. Der erste Übergang wird besiegelt vom Ritual der Eheschließung, das nicht selten etwas über den zweiten Übergang verrät: Je pompöser der Auftakt, desto größer die Gefahr des Scheiterns. Da muss womöglich etwas beschworen werden, dessen sich die Beteiligten nicht so ganz sicher sind. Zweifel sind zu überwinden, in der Hoffnung, mit dem festlichen Auftakt sei das Wesentliche schon getan. In himmlische Höhen werden die Erwartungen geschraubt, aber Ehen werden nicht nur im Himmel geschlossen, sondern dort auch geschieden, spottete schon Oscar Wilde (*Ernst sein ist alles*, 1895, 1. Akt). Im siebten Himmel denkt keiner mehr an die Details des Lebens auf Erden, aber entscheidend ist der irdische Alltag, und nur dann, wenn er akzeptiert wird, ist er immer wieder zu durchbrechen, um dem nachzugehen, was beide für schön halten. Am ehesten können die, die sich auf den Alltag und die Unterbrechung zwischendurch verstehen, aus der Lebens-

31

form der Ehe etwas machen, was das Leben beider steigert: »Ehe«, so noch einmal Nietzsche, »so heisse ich den Willen zu Zweien, das Eine zu schaffen, das mehr ist, als die es schufen« (*sic!*, *Also sprach Zarathustra* I, 1883, »Von Kind und Ehe«).

Familie als experimentelle Lebensform

Familie ist, wo Menschen sich nicht gleichgültig sind, beginnend, nicht endend, mit zweien. In moderner und andersmoderner Zeit muss sie keinen traditionellen, konventionellen und religiösen Normen mehr gehorchen, sondern wird zu einer Frage des Experiments, denn wie sonst sollte ausfindig zu machen sein, welche Formen sie annehmen kann? An die Stelle der »Blutsverwandtschaft« rücken dabei *Wahlverwandtschaften*, die anders als in Goethes Roman von 1809 weniger mit Spielen der Liebe im engeren Sinne zu tun haben, mehr mit Netzen der Freundschaft, die die einstige Verwurzelung der Familie in weit verzweigten Netzen der Verwandtschaft teilweise oder vollständig ersetzen.

Die Wahrnehmung von Verwandtschaft obliegt einer Wahl, denn aus der Tatsache, genetisch oder gesetzlich verwandt, also Onkel, Tante, Nichte, Neffe, Cousin oder Cousine zu sein, folgt keine Verpflichtung zu wirklichen Beziehungen mehr. Aufgrund einer möglichen Abwahl von Beziehungen und neuerlichen Wahlakten werden Beziehungsarten zur Regel, die einst eher schicksalsbestimmt waren, wie etwa Stiefeltern, Stiefgeschwister, Halbgeschwister; neue kommen hinzu, wie die oder der »Ex« aus früheren Beziehungen. Mit dem planetenweiten Verkehr zwischen Menschen aus unterschiedlichen Kulturen wächst zudem die Zahl *globaler* Beziehungen der Verwandtschaft und Wahlverwandtschaft. Und häufig sitzen *imaginäre* Familienmitglieder mit am Tisch, nicht mehr nur unvergessene Verstorbene, sondern auch Bildschirmgesichter, die wie gute Bekannte und Freunde erscheinen, das Lebensgefühl stark beeinflussen und bei ihrem Tod beweint werden (Michael Jackson), als wären nahe Angehörige verstorben.

Ein Modell von großer Beharrungskraft bleibt weiterhin die moderne *Kleinfamilie*, Vater, Mutter, Kind, auch wenn die Trennung der Eltern leicht möglich ist und in vielen Fällen wirklich wird. Aus den Bruchstücken der Kleinfamilie entstehen *Patchwork-Familien* in immer neuen Konstellationen von beträchtlicher Buntheit, die die allzu kleine Kleinfamilie sprengen und für spannende, auch spannungsreiche Versuchsanordnungen sorgen (Rosemarie Nave-Hertz, *Familie heute*, 2012).

Ein Experiment sind *Regenbogenfamilien*, gegründet von gleichgeschlechtlichen Paaren, die mit mitgebrachten und adoptierten Kindern, Kindern aus Samenspenden und künstlicher Befruchtung, ausgetragen vielleicht von Leihmüttern, zu Eltern werden. Das mag ethische Fragen aufwerfen, aber Kinder wachsen bei diesen Eltern ebenso behütet auf wie in herkömmlichen Familien, mit vergleichbaren Rollenverteilungen der Eltern und den unvermeidlichen Konflikten zwischen Eltern und Kindern. Wie in anderen Familien, in denen ein Elternteil fehlt oder andere Eltern als die leiblichen erziehen, fragen die Kinder allerdings irgendwann nach ihrer Herkunft. Unproblematisch scheint es dann zu sein, mehr als eine Mutter zu haben (etwa bei einer Eizellspende und Leihmutterschaft), problematischer, keinen Vater zu kennen, der vielleicht in einem »Samencocktail« anonymisiert worden ist (*The Kids Are All Right*, Regie Lisa Cholodenko, USA 2010). Dass die Geschichte der Familie lange Zeit von der *Groß-*

familie geprägt wurde, wirkt nach: Ein gemeinsames Leben vieler Menschen in emotionaler Wärme und Geborgenheit wird ihr zugeschrieben, ihre Zwänge sind vergessen. Aus dem Versuch zu ihrer Neuerfindung gingen im 20. Jahrhundert familienartige Gemeinschaften wie die sozialistisch inspirierte »Kommune« hervor, aus der dann, etwas nüchterner, die *Wohngemeinschaft* (WG) wurde, mit einem Zusammenleben mehrerer oder vieler Menschen in je eigenen Zimmern, um nicht allein leben zu müssen und den Wohnraum bezahlbar zu machen, eventuell mit gemeinsamer Haushaltsführung und den ewig schwierigen Folgefragen: Wer wäscht ab, wer bringt den Abfall weg? Anders als in einer Kommune bleibt die Sexualität in der WG meist Privatsache des Einzelnen.

Ein Experiment zur Erweiterung der Familie, mit getrennt oder gemeinsam gelebter Sexualität, ist im 21. Jahrhundert die *Polyamorie*, die Vielliebe, eine modernisierte Form der Polygamie, die anders als deren Tradition vielfache Variationen erlaubt, was Geschlecht und Zahl der Beteiligten angeht. Langeweile entsteht in dieser Konstellation kaum, jeder kann mit mehr als einem Anderen mehr Bedürfnisse befriedigen. Vielliebe kann auch mehr *Vielleicht* heißen: Vielleicht eine Beziehung, vielleicht auch nicht. Die Probleme der Koordination im Alltag, die unter modernen Bedingungen zwischen zweien schon groß sind, werden allerdings noch größer. Das gilt erst recht für die Probleme der Entflechtung im Falle einer Trennung.

Zum Experiment wird, was in Großfamilien einst die reinste Selbstverständlichkeit war: Das Leben mit Älteren und Alten. Beim integrierten Wohnen in *Mehrgenerationenhäusern* finden alle Altersstufen wieder zusammen, die Initiative dafür geht oft von denen aus, die »anders älter werden« wollen. Sie tun sich zusammen mit Gleichaltrigen und mit jungen Paaren mit und

34

ohne Kinder, mit Alleinerziehenden und Alleinstehenden. Gemeinsam mieten sie ein Haus oder konzipieren und finanzieren selbst eine Wohnanlage mit Einzelwohnungen und Gemeinschaftsräumen. Alle können sich wechselseitig behilflich sein, Eltern können arbeiten gehen, während die Älteren die Kinder umsorgen. Kinder lieben die Ruhe und Gelassenheit der Älteren, in deren Umfeld sie sich wohlfühlen; viele ältere Menschen lieben es, Kinder heranwachsen zu sehen und wünschen sich fürs Älterwerden oft nichts sehnlicher, als in der gewohnten Umgebung bleiben zu können, in der sie Zuwendung und Zuneigung erfahren. Hier ist die Gefahr geringer, dass die Generationen kollidieren, wenn die Gebrechen des Alters sich einstellen und die Pflegebedürftigkeit wächst: Mehr Möglichkeiten zur Unterstützung und Entlastung können zur Verfügung stehen, während eine solche Situation in der Kleinfamilie so viel Stress verursachen kann, dass es zu wechselseitigen Vorwürfen und Wutausbrüchen, ja, zur Gewaltanwendung kommt. In Alters- und Pflegeheimen wiederum muss die Zuwendung und Zuneigung der Pflegenden, falls sie bei aller Anonymität und Funktionalität noch möglich ist, mit vielen Anderen geteilt und allzu oft entbehrt werden.

Und noch auf andere Weise versuchen moderne Menschen die verlorene Großfamilie durch Gemeinschaften zu ersetzen, die größer als die Kleinfamilie sind: Mitarbeiter verstehen ihren *Betrieb* als Familie, wenn nicht Gleichgültigkeit, sondern Kollegialität und Loyalität die Arbeitsatmosphäre bestimmen. Viele *Vereine* bieten ihren Mitgliedern das Gefühl von familiärer Nähe und Zugehörigkeit. Planetenweit organisierte *Clubs* und Logen ermöglichen einen familienartigen Anschluss, egal, wo die Mitglieder sich gerade befinden. Im 21. Jahrhundert gibt die vielfache Neubildung von *Tischgemeinschaften* (»Dîner

35

en blanc«) eine Antwort auf die zunehmende Vereinzelung. Für viele, die alleine leben wollen oder müssen, ist ein familienartiger *Freundeskreis* unverzichtbar. Hinzu kommen *imaginäre Familien* wie etwa der treue Hörerkreis eines Radiosenders, ferner die *Communities* der Facebook-User oder Wikipedia-Aktivisten, auch die *Gaming-Communities*, bei denen Menschen sich, in Gilden organisiert, im Internet begegnen; das existenzielle Einstehen füreinander ist dabei freilich ungleich schwächer ausgeprägt als im realen Familienleben.

Ganz anders verhält sich dies bei althergebrachten *Klostergemeinschaften*, die seit langem eine Wahlverwandtschaft von Brüdern oder Schwestern verwirklichen, mit ausdrücklichem Vorrang vor der Herkunftsfamilie. Attraktiv an ihnen kann der klar strukturierte Rahmen sein, der dem Leben Halt gibt und nicht erst neu geschaffen werden muss. Mit dem frei gewählten Eintritt in den Orden gelten Regeln, denen jeder entnehmen kann, wie er leben soll, statt sich dies ständig selbst sagen zu müssen. Das Leben des Einzelnen wird ungemein bereichert von der Vielfalt menschlicher Erscheinungsformen, die im Kloster Platz hat. Alle gehören einer tief verwurzelten Geschichte an, niedergelegt in religiösen Schriften, überlieferten Sentenzen etwa der Wüstenväter und Regeln etwa des heiligen Benedikt: Ein Wohnen in der Weisheit von Jahrtausenden, inspiriert von einer Dimension unendlicher Weite, die als Gott bezeichnet wird. Negative Seiten des Menschseins wie Ärger, Neid, Eifersucht und Streit sind jedoch keineswegs ausgeschlossen, das Leben im Kloster ist mit ähnlichen Problemen konfrontiert wie das Leben »draußen« (Veronika Peters, *Was in zwei Koffer passt. Klosterjahre*, 2007).

Eine *futuristische Variante* der Familie rückt näher, wenn der Fortbestand der Gesellschaft ernsthaft davon bedroht sein

36

sollte, dass immer mehr Menschen sich den Mühen der Fortpflanzung und Erziehung entziehen, sodass die Reproduktion neu geordnet werden muss. Die Lebensform der Familie mit Kindern erlebt dann womöglich ein *Revival* in eigens dafür vorgesehenen *Reservaten*, in denen Freiwillige der Tätigkeit der Fortpflanzung nachgehen, teils noch traditionell, teils durch künstliche Befruchtung; zusätzlich übernehmen sie die unweigerlich folgende Arbeit der Erziehung. Einige Zeitgenossen erinnert das Ganze ungut an das nationalsozialistische Experiment der »Lebensborn«-Heime, aber die meisten stimmen mangels Alternativen zu. An Wochenenden strömen von überallher Neugierige herbei, bestaunen die exotische familiäre Lebensform und kontrollieren ganz nebenbei, was mit ihren Steuergeldern geschieht, denn die Familienarbeit wird sehr gut bezahlt. Erst nach einem umfangreichen Studium verschiedenster Kultur-, Sozial- und Naturwissenschaften kann das Familiendiplom erworben werden, das eine echte Chance auf dem Familienmarkt eröffnet. Die Fortpflanzungsraten werden in einem Zielkorridor gehalten, den die Gesellschaft für wünschenswert hält; wer nicht kooperiert, riskiert die fristlose Kündigung.

Einstweilen können aber noch andere Versuche unternommen werden, sich in der Herstellung und Pflege eines familiären Geflechts von Beziehungen zu üben. Die *Familienlebenskunst* beruht auf der individuellen Sorge für eine soziale Integrität, die den Beteiligten Lebenssinn vermittelt. Eine gute Grundlage dafür ist die Arbeit an der Integrität des eigenen Selbst und seiner Sinngebung. Dass ein Ich mit sich umgehen kann, ist die Voraussetzung dafür, umgänglicher für Andere zu werden, sich ihnen zu öffnen und sie »ins Herz zu schließen«. Die Fragen, die der Einzelne sich selbst stellt, um seinen *Kern* zu definieren und seinen inneren Zusammenhalt zu festigen, sind auch für den *gemeinsamen* Kern leitend: Was sind unsere wichtigsten gemeinsamen Beziehungen, Erfahrungen, Ideen, Werte, Gewohnheiten, Ängste, Schönheiten? Ist der gemeinsame Kern definiert, kann sich eine *Peripherie* darum herum bilden, in der vieles fluktuieren kann: Beziehungen zu guten Freunden, Bekannten, Kollegen und Verwandten, weniger bedeutsame Erfahrungen und häufiger wechselnde Meinungen und Moden. Zwischen festem Kern und fließender Peripherie *atmen* zu können, wird den Erfordernissen des Lebens besser gerecht als das strikte Beharren auf dem Kern oder das Zerfließen einer Gemeinsamkeit ohne jeden Kern. Ein reiches Maß an peripheren Begegnungen und Erfahrungen reduziert die Gefahr innerer Verarmung in der Enge eines gemeinsam gelebten Alltags und gewährt mehr Freiheit.

Es liegt am Einzelnen selbst, mit der Art seiner Selbstdefinition eine Antwort auf das zentrale Problem familiärer Beziehungen unter modernen Bedingungen zu geben: Wie lassen sich *Freiheit und Bindung* miteinander vereinbaren? Alle Arten von Familie kennen die Spannung zwischen den *Ichs*, die größten Wert auf ihr freies, ungebundenes Leben legen, und der *Gemeinschaft*, deren Erfordernisse den individuellen Spielraum zwangsläufig begrenzen. Phasenweise kann der Schwerpunkt verschoben werden, um manchmal dem Ich den Vorzug zu geben, dann wieder zugunsten der Gemeinschaft zurückzustellen, was das Ich will. Denn wenn jeder immer macht, was er will, gibt es bald nichts Gemeinsames mehr; nicht einmal mehr das scheinbar harmlose Vorhaben eines Sonntagsausflugs lässt sich dann noch realisieren.

Die Spannung zwischen Freiheit und Bindung ist nicht aufzuheben, nur abzumildern, nämlich durch eine Mäßigung der

Selbstverwirklichung, die über die negative Freiheit der Befreiung von äußeren Festlegungen nicht hinauskommt. Mäßigend wirkt die *Selbstmächtigkeit*, mit der sich das Selbst um eine positive Freiheit bemüht, Festlegungen trifft, Bindungen eingeht und sie bewahrt, wo immer es möglich ist. Jeder kann auf diese Weise der Freiheit Formen geben und aus Freiheit seine Freiheit wieder etwas eingrenzen, eine *Freiheit zweiten Grades*, ein nonkonformistischer Akt in der Zeit, in der das ewige Spiel der Befreiung konformistisch geworden ist. Auf dieser Grundlage kann den Details der Freiheit mehr Aufmerksamkeit gewidmet werden: Welche Freiheiten sind mir wichtig, wo bin ich zu einem Verzicht bereit? Welche Freiheiten kann ich dem Anderen zugestehen, wo bitte ich ihn um einen Verzicht?

Sich im Hin und Her zwischen Freiheit und Bindung aber nicht entscheiden zu können, führt zur *Erfahrung der Zerrissenheit*, die moderne Menschen beklagen: In der Bindung leiden sie an Einschränkungen der Freiheit, aus denen das Bedürfnis hervorgeht, davon wieder frei sein zu wollen. Im Zustand des Befreitseins kommen sie dann oft zur Auffassung, dass sie mit sich allein auch nicht recht glücklich sind und sehnen sich erneut nach Bindung.

Die Entscheidung für oder gegen eine familiäre Bindung betrifft das ganze Leben und will wohlüberlegt sein: *Warum überhaupt noch Familie*, in welcher Form auch immer? Gerade in der historischen und persönlichen Situation, in der Familie vielfach verloren und verlassen werden kann und ein Leben ohne sie möglich ist, tritt ihre Bedeutung deutlicher hervor.

Familie ist ein *Ort der Geborgenheit*, an dem gewöhnlich nichts zu befürchten ist, ein Wohnraum der Seelen, die wechselseitig auf ein großes Wohlwollen vertrauen können. Mit Deutungen

und Interpretationen entsteht der *hermeneutische Raum* der Familie, in dem gemeinsame Sichtweisen des Lebens und der Welt zur Vertrautheit beitragen. Der *reale Raum* der Familie, in dem alle sich bewegen können, wird mit diversen Gegenständen strukturiert. Gewohnheiten und Rituale verleihen dem gemeinsamen Raum auch eine *zeitliche Struktur* und schaffen den Rahmen, in dem das individuelle Leben eingerichtet werden kann – mit zyklisch wiederkehrenden Ritualen des Tages (Tagesabläufe, Essenszeiten) und des Jahres (Festtage, Urlaubszeiten) sowie Ritualen zu Anfängen, Wende- und Endpunkten des Lebens (anregende Beobachtungen hierzu in: Volker Wieprecht und Robert Skuppin, *Das Lexikon der Rituale*, 2010).

Je ungewisser die Verhältnisse der äußeren Welt, desto stärker das Bedürfnis, sich in diesen Kokon von Abläufen einzuspinnen, in denen jeder sich aufgehoben fühlen kann. In der großen, unübersichtlichen Welt, die verlockend, aber auch bedrohlich erscheint, ist die Familie der Bau einer kleinen, überschaubaren Welt, ausreichend in sich geschlossen, um vor äußeren Bedrohungen zu schützen, ausreichend in sich differenziert, um Bewegung und Abwechslung zu ermöglichen. Sein ganzes Leben lang kann der Einzelne von diesem Raum aus aufbrechen und zu ihm zurückkehren: Hier sind Menschen, die meine Geschichte kennen und ich ihre, die vieles mit mir erlebt haben und ich mit ihnen, Menschen, die sich aufrichtig für mich interessieren und ich mich für sie, die mir helfen und ich ihnen. Immer ist da jemand, der ansprechbar ist und wissen will, was ich erlebt habe, was ich mache, was ich vorhabe. Was unter anderen Bedingungen unerwünschte soziale Kontrolle wäre, wird nach vielen Befreiungen zur wünschenswerten Ressource. Zuweilen ist die Familie ein Irrenhaus, aber es lässt sich gut darin leben. Und wenn sie zur Hölle wird? Dann steht modernen Menschen die Möglichkeit der Trennung zur Verfügung – außer den Kindern.

Familie ist jedoch auch ein *Ort der Auseinandersetzung*, hier ist reichlich Gelegenheit dazu, ohne schon gleich unkalkulierbare Konsequenzen befürchten zu müssen. Gegensätzliche Interessen und Meinungen machen sich bemerkbar und toben sich aus. Der Wunsch liegt nahe, sich all den Ärger zu ersparen, aber wozu soll das gut sein? In der Auseinandersetzung mit Anderen und der Abgrenzung gegen sie lernt jeder seine Vorlieben und Abneigungen, die Gründe für und gegen seine Meinungen besser kennen und findet zuverlässiger zu sich und zur Definition seiner selbst. Jede heftigere Auseinandersetzung beantwortet die Frage, ob die Beziehung verlässlich und ernstgemeint ist und auch in der Gefahr noch Bestand hat. Durch alle Auseinandersetzungen hindurch ist der aufmerksame Umgang mit *Macht* zu erlernen, Macht verstanden als Möglichkeit zur Einflussnahme auf etwas oder jemanden: Wer hat welche Möglichkeiten dazu? Ist eine Wechselseitigkeit möglich oder hat immer nur einer »das Sagen«? Welche Selbstmächtigkeit brauche ich, wie kann ich sie gewinnen, um eine Dominanz Anderer und ebenso eine eigene zu begrenzen?

Als Gesellschaft im Kleinen, in der so manches versammelt ist, was die große Gesellschaft ausmacht, ist die Familie ein komplexes Geflecht von Machtbeziehungen, und auch hier stellen sich Fragen der *Gerechtigkeit*, um die Macht auszutarieren: Ist die Verteilung der Zuwendung und Zuneigung, der Aufmerksamkeit füreinander und der Sorge umeinander gerecht? Sind die Arbeiten, die anfallen, um materielle Mittel zu erwirtschaften und den Alltag zu organisieren, fair aufgeteilt? Und wenn nicht, was wäre dafür zu tun und von wem? »Menschen führen innerlich Buch« hierüber (Helm Stierlin, *Gerechtigkeit in nahen Beziehungen*, 2006, 13).

In allen Belangen ist Familie ein *Ort des Lebenlernens*, ein Übungsfeld der Lebenskunst. Jeder führt sein Leben vor den prüfenden Augen der Anderen und nimmt wahr, wie sie ihr Leben bewältigen. Jeder registriert und beurteilt für sich, was der jeweils Andere für wichtig und unwichtig hält, woran er sein Leben orientiert, wie er auf Herausforderungen antwortet und nicht nur mit Freuden und Lüsten, sondern auch mit Ängsten und Schmerzen, nicht nur mit Erfolg, sondern auch mit Misserfolg zurechtkommt. Wechselseitig verschaffen alle sich Erfahrungen, agieren und reagieren, streiten und versöhnen sich. Hier ist Menschenkenntnis zu erwerben und sind Umgangsformen wie Höflichkeit und Rücksichtnahme einzuüben, auch aufgrund einer Sanktionierung bei ihrer Missachtung. Hier entwickelt sich die Fähigkeit, Verantwortung für sich und Andere wahrzunehmen, Kompromisse einzugehen und Verabredungen einzuhalten. Mit dem umfassenden sozialen Wissen, das hier zu gewinnen ist, kommt »Sozialisierung« zustande, eine Befähigung zur Gesellschaft, die in moderner Zeit umso mehr zum Begriff geworden ist, je weniger sie sich von selbst verstand. Die kleine Zelle der Familie vermittelt einen Eindruck davon, wie schwierig es ist, Gemeinschaft zu organisieren, Fragen zu beantworten, Probleme zu lösen, Streit zu schlichten und Dinge zu verändern: Wie könnte das in größeren Gemeinschaften anders sein?

Forciert wird das Lebenlernen in der Familie durch Kinder, wenn die Erwachsenen sich darauf einlassen, mit ihnen von Neuem heranzuwachsen und das Leben und die Welt mit ihrer Entdeckungsfreude anders zu sehen. Mit ihnen ist zu lernen, wie sehr das Leben an Phasen gebunden ist, die aufeinander

42

folgen. Stressresistenz wird in diesem Leben ganz nebenbei erworben, da Kinder immer wieder unvorhergesehene Situationen entstehen lassen, die nach schöpferischen Antworten verlangen; sie selbst erweisen sich dabei als sehr findig. Sich im alltäglichen Durcheinander einer Familie mit Kindern bewegen zu lernen, setzt enorme Lebenskräfte frei, wenn sie nicht durch die innere Ablehnung dieser Lebensform gelähmt werden.

Familie kann ein *Ort des Glücks* sein, zuallererst des Zufallsglücks, das einfach darin besteht, zusammengewürfelt worden zu sein; nicht selten auch des Wohlfühlglücks: Sich miteinander wohlzufühlen, ist die Basis des Zusammenlebens. Und doch kann das Glück nicht nur aus guten Gefühlen bestehen, geradezu weltfremd sind die weltlichen Heilsvorstellungen mit Erwartungen an ein maximal lustvolles und schmerzfreies Leben, die in moderner Zeit in das Glück projiziert werden. »Ohne eine Kritik des Glücks ist der Familie nicht zu helfen« (Iris Radisch, *Die Schule der Frauen. Wie wir die Familie neu erfinden*, 2007, 80). Wider bessere Einsicht einen euphorischen Anspruch auf ungetrübtes Glück vor sich herzutragen, zwingt nur dazu, den Umgang mit Anderen immer knapper befristen zu müssen, um zu verhindern, von den ärgerlichen und schmerzlichen Seiten des gemeinsamen Lebens eingeholt zu werden. In einer Familie aber kollidieren die Interessen – schon aus diesem Grund bleibt das gemeinsame Leben nicht frei von Ärger. Je ausgeprägter die Ichs, desto entschiedener beharren sie auf ihren Vorlieben, und wenn die Vorlieben Anderer dabei zu kurz kommen, liegt die knappe Auskunft auf den Lippen: »Nicht mein Problem!« Da dies dem Wohlgefühl Anderer selten förderlich ist, bleibt aufgrund ihrer Reaktionen auch das ignorante Ich nicht völlig schmerzfrei.

43

Die Illusion des ungetrübten Glücks erfordert *Wegsehen und Weggehen* und eine immer neue Suche nach anderen, lustvolleren Möglichkeiten – mit der Gefahr, dass das Glück auf diesem Weg zum Stress wird. Das anhaltende Leben mit Anderen erfordert hingegen *Hinsehen und Dableiben*, in manchen Situationen sogar die Tapferkeit, zugunsten einer bestehenden Wirklichkeit auf andere Möglichkeiten zu verzichten, um sich nicht zum Sklaven eines Glücks zu machen, das stets anderswo zu finden ist. Dann erst wird ein Glück der Fülle mit Anderen möglich, das Gegensätze und Widersprüche nicht ausschließen muss. Selbst das Unglücklichsein, ein »negativer« Zustand, den in der Welt des Positiven kaum jemand akzeptieren will, hat im Rahmen dieser Fülle Platz.

Familie kann schließlich ein *Ort der Sinnerfahrung* sein. Das Zusammenleben kann mühsam sein, aber die Mühe wird reich entlohnt: Menschen, die in verlässlichen Bindungen leben, werden deutlich weniger von der Frage nach dem Sinn des Lebens umgetrieben. Das Leben in Familie *ist* der Sinn, keineswegs der einzig mögliche, aber ein einzigartig fest gefügter, erfahrbar in der sinnlichen Begegnung, im Austausch von Gefühlen und Gedanken und in der transzendenten Erfahrung eines Seins über das eigene Dasein hinaus. Jeder kann sich in Zusammenhänge eingegliedert fühlen, die *synchron* in den gegenwärtigen Beziehungen, darüber hinaus aber *diachron* durch die Zeiten hindurch wahrnehmbar werden, wenn die Familie die Erinnerung an frühere Mitglieder bewahrt und die eigene Geschichte kennt, möglichst auch die verborgene, sowie mögliche künftige Mitglieder vorweg mitbedenkt.

Im Moment in einem Geflecht zu leben *und* sich als Teil einer langen Kette von Generationen zu verstehen, somit ein *Sein* über die eigene *Zeit* hinaus zu erfahren, ist keineswegs das

44

Privileg von Adelsfamilien, sondern eine Möglichkeit, die jede Familie realisieren kann. Selbst diejenigen, die keine eigenen Kinder haben, können sich bewusst als Teil des Umfelds heranwachsender Generationen verstehen, als Teil des »Dorfes«, das bekanntlich für die Erziehung von Kindern erforderlich ist, auch in moderner und andersmoderner Zeit. Je reicher ein Beziehungsnetz, desto vielfältiger die Zusammenhänge, die ganze *Sinnfelder* erzeugen und Halt geben können. In der Vertrautheit und Geborgenheit, die die Menschen dabei empfinden, ist der freie Austausch von Energien möglich; es entsteht die menschliche Wärme, die das Leben intensiv spürbar macht und in der Menschen sich am besten entfalten können.

Anders als in vormoderner Zeit sind Kinder jedoch nicht mehr automatisch Bestandteil der Familie, die Frage nach ihnen bedarf einer eigenen Antwort: *Sollen zur Familie auch Kinder gehören?* Einst hatten Paare dem gottgewollten Zweck der Zeugung Genüge zu tun, die Natur trieb sie sowieso dazu an, und Religion, Tradition und Konvention setzten alles daran, die Erfüllung dieses Zwecks in die Institution der Ehe einzubinden. Vom Zeugungszweck befreit zu sein, ist eine Errungenschaft seit der Mitte des 20. Jahrhunderts, seit der Kinderzwang hormonell unterlaufen werden kann. Der Preis der Freiheit ist jedoch, wie in allen Lebensbereichen, der Zwang zu einer Wahl, die entweder vorsätzlich, *aktiv* getroffen werden kann, oder aber *passiv*, um ohne weiteres Zutun einfach geschehen zu lassen, was geschieht. Im Vorfeld der Wahl können Gründe abgewogen werden, wenngleich Kinder damit unweigerlich zum Gegenstand eines Kalküls werden: Was spricht für, was gegen sie?

Gegen Kinder spricht aus der Sicht vieler, dass sie Arbeit machen, Pläne durchkreuzen, das persönliche Wohlfühlglück stö-

45

ren, einer problematisch erscheinenden Welt ausgesetzt werden müssen und krank zur Welt kommen können. Gescheut wird die Festlegung, die mit Kindern zwangsläufig einhergeht und spürbare Einschränkungen von Freiheit und Beweglichkeit mit sich bringt, privat wie beruflich. Dass Kinder die Lebenskraft von Eltern stark in Anspruch nehmen, trifft auf die schwindende Bereitschaft vieler zu einem solchen Opfer.

Kinder können auch die Beziehung zwischen zweien belasten, da sie sehr viel Aufmerksamkeit für sich beanspruchen, und wenn die Beziehung zerbricht, bleibt vielleicht einer mit der Belastung allein zurück. Überdies kosten Kinder Geld: Je moderner die Gesellschaft, desto penibler die Berechnung der materiellen Kosten – aus romantischer Sicht ein klares Indiz für den Verfall der Liebe, denn wer liebt, rechnet nicht, wer aber rechnet, der liebt nicht. Wer auf ein Kind verzichtet, kann materielle Werte in Größenordnung eines Eigenheims gewinnen – dass der Preis dafür ist, eine Liebe fürs Leben zu verlieren, wird er nie in Erfahrung bringen. Moderne Menschen müssen ferner einer Erwerbsarbeit nachgehen, um zu leben und ihre eigenen Vorstellungen vom Leben zu verwirklichen; selbst in der Freizeit sind sie mit Sport, Reisen und Hobbys gut ausgelastet: »Wozu Kinder, wenn man dann keine Zeit für sie hat?« Frei von ihnen zu bleiben, wurde zum Motto einer ganzen Bewegung: *Childfree means free to be me!* Die amerikanische Schauspielerin Cameron Diaz sprach es bei der Präsentation ihres Films *Knight and Day* (2010) unverblümt aus: »Ich wusste immer, dass ich, wenn ich ein Kind haben würde, all die anderen Dinge nicht haben würde, die ich in meinem Leben haben wollte; also hatte ich kein Kind und bekam alle diese Dinge.«

Niemand soll darüber den Stab brechen, jeder trifft seine eigene Wahl. Allerdings scheinen die Gründe, die *für Kinder*

46

sprechen, im Laufe der Moderne zusehends ins Hintertreffen zu geraten: Es sind zuallererst *Gründe der Notwendigkeit*, denn wenn es weiterhin Gesellschaft geben soll, ist sie auf den Nachwuchs angewiesen, der den Älteren das Leben ermöglicht, das die Jüngeren selbst werden führen wollen, wenn sie ihrerseits älter werden. Auch *Gründe der Freiheit* sprechen für Kinder, wenn über die negative Freiheit *von ihnen* hinaus die positive *zu ihnen* stärker in den Blick kommt. Wo die eigene Freude am Leben groß genug ist, um das Leben weitergeben zu wollen, geht damit auch die Zuversicht einher, die Kinder mit allem ausstatten zu können, was sie für ihr Leben brauchen.

Gründe des Glücks sprechen für Kinder, denn alle Arten von Glück sind mit ihnen zu haben: Das *Zufallsglück,* das selbst im Falle einer Familienplanung im Spiel ist, da sich ihr Sosein dem Zufall der Begegnung dieses Samenfadens mit dieser Eizelle verdankt, der unvorhersehbar ist und dennoch willkommen geheißen werden kann. Sind sie da, schenken Kinder zahllose Momente des *Wohlfühlglücks,* wundervolle Erfahrungen, die auf keine andere Weise zu machen sind, was freilich wiederum nur die wissen, die sich darauf einlassen. Und Kinder repräsentieren das *Glück der Fülle,* denn mit ihnen zu leben heißt, mehrfach zu leben: Es gibt kein Leben neben ihnen her, nur ein Mitleben mit ihnen, mit ihren Freuden und Ängsten, Sorgen und Problemen. Dieses Leben in all seiner Polarität kann von größerer Intensität sein als das Leben mit sich allein.

Erst recht sprechen *Gründe des Sinns* für Kinder, denn sie können der *Sinn des Lebens* sein, eine Antwort auf die ewige Frage nach dem Woher und Wohin: Im stetig neuen Werden vollzieht sich die Evolution, im immerwährenden Kreislauf des Lebens zwischen Werden und Vergehen werden die großen Zusammenhänge erfahrbar. Das Leben selbst stirbt nie,

47

sein nie versiegender Jungbrunnen sind die Kinder, daher vermittelt die Beziehung zu ihnen sogar mehr noch als die zwischen den Liebenden einen *transzendenten Sinn*, einen Zusammenhang über die Endlichkeit des Einzelnen hinaus.

Für Kinder da zu sein, sich von ihnen gebraucht zu fühlen, schützt vor der Fixierung auf sich und ermöglicht den reuelosen Verzicht auf eigene Freiheiten. Es bereitet Freude, ihnen das Leben zu erklären und dies damit zugleich für sich selbst zu tun, ihnen die Welt zu zeigen und deren Zusammenhänge jetzt selbst erst stärker wahrzunehmen. Auch die Liebe zwischen zweien kann enorm bestärkt werden von Kindern, bereits vom Gedanken, sie zu bekommen, erst recht davon, sie gemeinsam zu erziehen. Es mag sich um eine anstrengende und konfliktträchtige Arbeit handeln, aber die gemeinsame Verantwortung vertieft die Beziehung. Die walisische Schauspielerin Catherine Zeta-Jones packte all dies bei der Präsentation ihres Films *Lieber verliebt* (*The Rebound*, 2009) in die Aussage: Mehr als eine Familie mit Kindern »kann man im Leben nicht haben wollen«.

Und doch lässt sich nicht ausschließen, dass sich bei dieser Wahl, wie bei allen anderen Wahlakten, ein Prozess durch den Einzelnen hindurch vollzieht, den er selbst nicht durchschaut, sondern der von Hintergründen beeinflusst wird, die nie völlig aufzuklären sind: Der, der wählt, steht vielleicht unbewusst unter dem Eindruck einer *Überzahl von Menschen* und ihrer unweigerlich dichter werdenden Konzentration im Raum, die zu unlösbaren sozialen und ökologischen Problemen führen kann, sodass es sinnlos erscheint, weiterhin Kinder in die Welt zu setzen. Vielleicht begrenzt auch ein *Übermaß an Wohlstand* sich selbst, indem Menschen die »Reproduktionsquote« unterschreiten, die zur Wohlstandswahrung nötig wäre: Das Leben lässt sich nicht am Punkt seines größtmöglichen Wohls stillstellen. Auf verschwiegene Weise könnte sich zudem die Grundausrichtung der Moderne rächen, eine *Linearität des Wachstums* anzustreben und daher von einer Zyklizität des Lebens nichts mehr wissen zu wollen. In der um sich greifenden Fremdheit gegenüber vitalen Kreisläufen zwischen Geburt, Tod und neuer Geburt verliert sich jeder Sinn für ein Denken und Fühlen über das eigene Leben hinaus und es wird schwerer, sich für Kinder zu entscheiden. Nicht zuletzt nimmt es wohl einige historische Zeit in Anspruch, bis Menschen sich nach der Befreiung vom Zwang zur Fortpflanzung von der Bedeutung einer eigenen *Formgebung der Freiheit* überzeugen, um auch in dieser Hinsicht den Umgang mit der Freiheit zu erlernen: In andersmoderner Zeit erst kann eine wachsende Zahl von Menschen die neuerliche Sorge um Familie zu einem Element ihrer bewussten Lebensführung, ihrer Lebenskunst machen.

Die Liebe zwischen Eltern und Kindern

Familie im engeren Sinne ist, wo Kinder sind. Diese Erweiterung der Familie war zu allen Zeiten riskant: Bis in die Moderne hinein war bereits die Geburt mit Risiken für das Leben von Mutter und Kind verbunden, die Kindersterblichkeit war hoch, und eine Familie mit vielen Kindern ernähren zu müssen, war ein absolutes Armutsrisiko. In fortgeschrittener moderner Zeit besteht das Risiko darin, das eigene Leben einer unwägbaren Veränderung auszusetzen, Beruf und Familie nicht gut miteinander vereinbaren zu können, zumindest teilweise auf Einkommen und Karriere verzichten zu müssen, und viele Alleinerziehende sind noch dazu von einem relativen Armutsrisiko bedroht.

Von Vorteil ist, wenn Eltern je nach individuellen Möglichkeiten und familiären Notwendigkeiten Erwerbsarbeit und Familienarbeit untereinander aufteilen können. Die Elternliebe kann besser *atmen*, wenn sich Spannungen zuhause mit einer spannenden Erwerbsarbeit, Spannungen am Arbeitsplatz mit einem anders spannenden Zuhause ausbalancieren lassen. Mehr Flexibilität wird ermöglicht von Arbeitszeitregelungen, betrieblichen und staatlichen Angeboten zur Kinderbetreuung. Eine Familienpolitik »von oben«, die das nicht im Blick hat, zielt vergeblich auf eine Verbesserung unzureichender Geburtenraten. Letztlich ist ohnehin die Familienpolitik »von unten« entscheidend, die individuelle Bereitschaft zur Familie, mit der Männer mehr als Frauen Schwierigkeiten zu haben scheinen: So mancher will lieber »das Leben noch genießen«, sich nicht nerven lassen vom »Baby-Geschrei« und ein Leben frei von solchen Pflichten führen. Man müsse »zu viel aufgeben von sich« und das doch nur dafür, dass sich dann »alles nur noch ums Kind dreht«, das man sich schon rein finanziell »gar nicht leisten kann« (Dieter Thomä, *Eltern. Kleine Philosophie einer riskanten Lebensform*, 1992).

Schon vor ihrer Geburt, ja, lange vor ihrer Zeugung sind Kinder *ontologische Katalysatoren*. In ihnen verdichten sich *Möglichkeiten*, Vorstellungen, Wünsche, auch Befürchtungen, die die potenziellen Eltern dazu veranlassen, ihre eigene *Wirklichkeit* und die der möglichen Kinder zu überdenken. Lassen die Kinder dann den Zustand der Möglichkeit hinter sich, verteidigen sie ihre entstehende Wirklichkeit vom Moment der Zeugung an impulsiv: Der Embryo, der sich in die Gebärmutterschleimhaut einnistet, überlistet das mütterliche Immunsystem, bevor die Körperabwehr ihn als Fremdkörper erkennen kann. Um mehr nährstoffreiches Blut in die Plazenta zu lenken, erhöht er mit Substanzen, die den Genen des Vaters entstammen, den Blutdruck der Mutter (Forschungen David Haigs zum »Imprinting«, *Current Biology*, 2008). Schon aus diesem Grund ist die Schwangerschaft nicht immer das harmlose, harmonische Geschehen, das der Anblick eines sich rundenden Bauches vermittelt. Wenn das Kind »unterwegs ist«, erst recht, wenn es »da ist«, verwandelt es von einem Moment zum anderen alle Wirklichkeit um sich herum, versperrt Möglichkeiten und eröffnet andere. Mit magischer Kraft zieht es sämtliche Aufmerksamkeit auf sich und ordnet das Leben um sich herum neu.

Die Eltern erleben hautnah mit, wie dieses komplexe Wesen namens Mensch entsteht, erst verborgen im Mutterleib, dann direkt vor den eigenen Augen. Wer im Leben noch nicht staunen gelernt hat, kann jetzt nicht mehr anders. Schon aus diesem Grund kann zwischen Eltern und Kindern eine *starke Bindung* entstehen, äußerst sinnerfüllend. Aber sie bringt auch *Einschränkungen der Freiheit* mit sich, die einschneidender ausfallen als bei der Liebe zwischen zweien, die jetzt auf eine harte Probe gestellt wird: Von Stund an gilt die Sorge immer und überall dem Kind, das in jedem Augenblick Ansprüche geltend macht, die so existenziell sind, dass es unmöglich ist, sich ihnen zu entziehen.

Ohne Unterlass für das Kind da sein zu müssen, kaum noch ausruhen zu können, beeinträchtigt die Gemeinsamkeit der Eltern spürbar, sie haben kein Leben mehr für sich allein oder zu zweit. Nicht selten kommen Paare nicht damit zurecht, dass sie nicht mehr im selben Maße wie zuvor füreinander da sein können, gerade jetzt, wo es doch am nötigsten wäre (Gabriele

51

Peitz und Andere, *Paare werden Eltern*, 2002). Die intime Nähe schwindet ausgerechnet in dem Moment, in dem die Energie früherer Leidenschaft in inkarnierter Gestalt zwischen den Eltern liegt. Insbesondere in den ersten Tagen, Wochen und Monaten müssen Nächte durchwacht und lästige neue Arbeiten bewältigt werden: Kein Weg führt daran vorbei, mehrmals am Tag an Windeln zu schnüffeln. Endlos ist zu interpretieren und zu diskutieren, was das Kind braucht, was ihm fehlt, was zu tun und zu lassen ist. Sobald es sich zappelnd, dann krabbelnd selbst bewegen kann, ist die ständige Frage: Wo ist es, was macht es? Das Kind ist nicht nur sinnerfüllend, sondern auch anstrengend, nicht nur ein niedliches, kleines Wesen, sondern auch eines, das seine Bedürfnisse lautstark artikulieren und unnachsichtig Befriedigung fordern kann.

Dass vielen Müttern jetzt alles unwichtig erscheint, was nicht mit der Sorge für das Kind zu tun hat, ist eine Folge hormoneller Veränderungen; mit oder ohne Grund fühlen sie sich dabei oft mangelhaft unterstützt. Viele Väter wiederum sind jetzt von der Sorge um die materielle Absicherung der Familie umgetrieben, sehen sich selbst aber nicht selten vernachlässigt, insbesondere was die nachrangiger werdende Rolle der Sexualität angeht. Bevor die Eltern danach fragen, wie sie ihre Beziehung wieder genießen können, tun sie erst einmal gut daran, sich bei möglichst vielen Arbeiten abzuwechseln, um den jeweils Anderen zeitweilig zu entlasten. Liebesdienste füreinander reduzieren sich bis auf Weiteres darauf, dem Anderen die Atempausen zu verschaffen, in denen sie oder er der dringend nötigen Selbstsorge nachgehen kann, um die Kräfte für die Zuwendung und Zuneigung zum Kind zu regenerieren.

Dann erst kommen die Monate und Jahre, die der üppige Lohn der Mühe sind: Mitzuerleben, wie das kleine Wesen kriechend, gehend, rennend sich und die Welt entdeckt, wie aus einem Schwall von Lauten Sprache wird und das entstehende eigene Denken zu verblüffenden Schlüssen führt. Aber das Kind muss auch durch viele Krankheiten hindurch, um Widerstandskräfte zu entwickeln, und unweigerlich die Eltern mit ihm. In Trotzphasen muss es seinen Willen entdecken und am besten beizeiten schon die Erfahrung machen, dass es an Grenzen stößt, wenn die Durchsetzung des eigenen Willens zum Terror für Andere wird (Remo H. Largo, *Babyjahre*, 1993; *Kinderjahre*, 1999).

Familie mit Kindern bedeutet zwangsläufig *Familienstress*. Kurzzeitiger Stress belebt, anhaltender Stress macht krank und untergräbt Beziehungen, denn die Schwächen der Beteiligten treten stärker hervor, die Nachsicht füreinander schwindet, wechselseitige Vorwürfe häufen sich (Guy Bodenmann, *Stress und Partnerschaft*, 2004). *Stress*, vom lateinischen *distringere* und englischen *distress* für Beanspruchung, Anspannung, Enge, Druck, kommt aus diversen Gründen zustande:

1. Die Anforderungen sind zu hoch und die anstehenden Arbeiten werden nicht gut gekonnt. Aber ein *Können* lässt sich erwerben und verbessern durch Austausch von Erfahrungen mit Anderen, durch Aus- und Weiterbildung, durch Seminare und Lektüre von Fachbüchern.

2. Das, worum es geht, wird nicht alleine gekonnt, also ist es sinnvoll, *Anderen* die Situation zu schildern, gemeinsam mit ihnen nach Lösungsmöglichkeiten zu suchen und Hilfsangebote anzunehmen. Ansonsten droht die Gefahr, in der Überforderung unterzugehen.

3. Zu wenig Zeit steht zur Verfügung, ständig ist zu viel auf einmal zu tun, aber vielleicht lassen sich die Dinge in eine zeitliche *Abfolge* bringen, um sie nacheinander zu tun, das

Unaufschiebbare zuerst. Ist zu viel Zeit für vergessene und verlegte Dinge aufzuwenden, hilft eine bessere Organisation.

4. Zu wenig Raum steht zur Verfügung, aber vielleicht lässt sich die räumliche *Aufteilung* ändern, damit die Nähe nicht zum Zwang wird und die Wege sich nicht ständig überkreuzen. Die wachsende Familie bräuchte mehr Raum, aber dafür müssen die Mittel erst erwirtschaftet werden.

5. Zu wenig Kraft steht zur Verfügung, aber dafür gilt: Wo auch immer die Kräfte verausgabt werden, inner- oder außerhalb der Familie – auf keinen Fall sollte ihre *Regeneration* vernachlässigt werden. Eine nie versiegende Kraftquelle ist das Schöne im Sinnlichen, in Gefühlen, Gedanken und Begegnungen; daher die Frage an sich selbst: Was ist für mich schön? Und eine beständige Kraftquelle ist der Sinn, der aus Zielen und Zwecken resultiert; daher die eigene Klärung: Wofür mache ich das?

Die Beziehung zwischen Eltern und Kindern hat ihre eigene *Geschichte*, aus der heraus die Gegenwart verstanden werden kann (Johann August Schülein, *Die Geburt der Eltern*, 1990). Lange galten Kinder nicht als eigenständige Wesen, sondern als Eigentum der Eltern, die beliebig über sie verfügen konnten. Die große Anzahl von Kindern in einer Familie und die Erfordernisse der Arbeit, um zu überleben, machten es schwer, Kindern auch nur ein wenig Aufmerksamkeit zu widmen; bei ihrer hohen Sterblichkeitsrate war die Bereitschaft dazu wohl auch nicht sonderlich ausgeprägt.

Da sie oft als Übel, Last und Plage erschienen, konnte die prinzipielle Hochschätzung von Nachkommen mühelos mit ihrer Züchtigung vereinbart werden: »Das Ohr eines Jungen sitzt auf seinem Rücken; er hört, wenn man ihn schlägt« (*Papyrus Anastasi III*, Ägypten, Neues Reich, 2. Jahrtausend v. Chr.).

Nachgerade populär wurde in der abendländischen Geschichte der alttestamentarische *Spruch Salomos* (13, 24): »Wer seine Rute schont, der hasst seinen Sohn; wer ihn aber liebhat, der züchtigt ihn bald«, ins *Neue Testament* aufgenommen im *Brief an die Hebräer* (12, 7), »denn wo ist ein Sohn, den der Vater nicht züchtigt?«. Dass dabei einseitig vom männlichen Nachwuchs die Rede ist, verweist nur auf die soziale Bedeutung, die ihm zugemessen wurde, nicht etwa darauf, dass der weibliche Nachwuchs in irgendeiner Weise geschont worden wäre.

Einen Wendepunkt in der Beziehung zu Kindern markierte die Idee, ihnen und ihrer Entwicklung komme ein eigener Wert zu, 1762 von Jean-Jacques Rousseau in seinem Bildungsroman *Émile* formuliert, Höhepunkt eines historischen Prozesses der »Entdeckung der Kindheit« (Philippe Ariès, *Geschichte der Kindheit*, 1960, deutsch 1975). Fortan wird die Eltern-Kind-Beziehung allmählich modernisiert, an die Stelle scheinbar *objektiver*, religiöser, traditioneller und konventioneller Vorgaben treten *subjektive*, gefühlsbetonte Beziehungen: Kinder gelten immer mehr als zerbrechliche Wesen, die größter Aufmerksamkeit bedürfen, sodass an die Stelle der *Tragik des Kindes*, das von Geburt an schlimmen Bedingungen ausgesetzt war, ein *Kult des Kindes* tritt, dessen Entwicklung bereits vorgeburtlich keinem Zufall mehr überlassen bleiben soll. Mit der *autonomen Aufmerksamkeit*, die in moderner Zeit erst Karriere macht, versuchen Eltern all das im Leben des Kindes zu bewerkstelligen, was *heteronome Mächte* zuvor schicksalhaft von außen lenkten. Anders als diese Mächte verschleißt die Aufmerksamkeit aber eigene Kraft und braucht Erholungspausen: Niemand kann unentwegt aufmerksam sein; wer es dennoch versucht, verausgabt sich bis zur Erschöpfung. Die neue Aufmerksamkeit ermöglicht immerhin, überkommene Vorstellungen des Elternseins zu überdenken und alte Rollen auf neue Weise zu definieren:

Schließ deine Augen
Hab keine Angst
Das Monster ist weg
Es rennt davon
Und dein Papa ist hier

In John Lennons zauberhaftem Lied für seinen kleinen Sohn, *Beautiful Boy* (1980), kommt eine *Vaterliebe* zum Vorschein, die so ganz anders ausfällt als die historisch lange vorherrschende distanzierte Beziehung, die, wenn überhaupt mit Gefühlen, mehr mit Zorn, weniger mit Zärtlichkeit zu tun hatte. »Väterlichkeit« mag zum Teil etwas sein, das von *Natur* aus entsteht, etwa als unbewusste Reaktion auf die riechbaren Hormone (Pheromone), die die werdende Mutter abgibt. Ein anderer Teil entstammt der *Kultur* mit den Üblichkeiten der jeweiligen sozialen Umgebung und der gegenwärtigen Zeit.

Aber auch das *Individuum* hat seinen Anteil daran und muss keineswegs nur Vorgaben folgen, sondern kann selbst auf Natur und Kultur der Vater-Kind-Beziehung einwirken, die Vaterliebe neu finden und erfinden, wenn ihm dies sinnvoll und wünschenswert erscheint. Von Bedeutung dafür ist die *Idee des Vaters*, an deren Zustandekommen positive und negative Aspekte der persönlichen Vatererfahrung, individuelle Überlegungen und Diskussionen mit Anderen, gesellschaftliche Diskussionen, mediale Darstellungen, soziologische, psychologische und neurobiologische Erkenntnisse beteiligt sind. Die Umformung einer bestehenden kulturellen Praxis kann daraus hervorgehen, in überschaubarer Zeit: Als immer mehr Väter darauf drängten, bei der Geburt ihrer Kinder zugegen zu sein, wurde dies im selben Maße normal, wie es zuvor ihr Fernbleiben war. Dem Entstehen einer intensiven Beziehung zwischen Vater und Kind scheint das Erleben der Geburt förderlich zu sein, denn »mütterliche« Hormone wie Oxytocin und Prolaktin werden dabei ausgeschüttet, die auch väterlichen Gefühlen zugrunde liegen. Über die Geburt hinaus erfreute es sich bald ebenso großer Beliebtheit, die Kinder mit sich herumzutragen, wie es zuvor verpönt war, und Forschungen zeigten, dass die Art, wie Väter mit Kindern umgehen, für die kindliche Entwicklung von Bedeutung ist (Horst Petri, *Väter sind anders*, 2004; Dieter Thomä, *Väter. Eine moderne Heldengeschichte*, 2008).

Wie die Vaterliebe ist die *Mutterliebe* eine Angelegenheit von Natur, Kultur und individueller Interpretation. Lange Zeit galt sie als *naturgegebener Instinkt*, dem zuwiderzuhandeln soziale und juristische Sanktionen nach sich zog, auch als *kulturelle Pflicht*, die selbst diejenigen zu erfüllen hatten, die kein mütterliches Gefühl in sich verspürten. Ein genetisch oder auch nur situativ bedingter Mangel des Hormons Oxytocin reicht aber für eine »postpartale Bindungsstörung« von mehr oder minder langer Dauer aus. Zugleich kann die menschliche Art, Mutter zu sein, die sich in einem langen, vorgeschichtlichen Prozess herausgebildet hat, die einzelne Mutter leicht überfordern. Seit jeher stehen ihr daher *Allomütter*, andere Frauen, mit Rat und Tat zur Seite (Sarah Blaffer Hrdy, *Mütter und Andere*, 2010).

Für moderne Mütter wird daraus eine Frage der Selbstorganisation, und auch Männer könnten sich häufiger als Allomütter verstehen, statt immer neue Ansprüche an die »Mütterlichkeit« zu stellen, bestärkt von Psychologen, die der Mutterbindung die alleinige Verantwortung für die Entwicklung des Kindes zuweisen: Lange genug wurde Müttern allein

Einfühlung, Mitgefühl und Fürsorge zugeschrieben und ein Verzicht auf eigene Rechte und Freiheiten abverlangt, um bedingungslose Geborgenheit zu geben und sich geradezu für ihre Kinder aufzuopfern. Es ist aber Sache der Frauen selbst, gemeinsam und individuell die *Idee der Mutter* zu definieren, um die Mutterliebe immer wieder neu zu finden und zu erfinden. Mit der Unmöglichkeit, äußeren Normen gerecht zu werden, nehmen ansonsten innere Schuldgefühle und Selbstvorwürfe überhand, die weder Müttern noch Kindern guttun. Allzu anspruchsvolle Vorstellungen treiben Versagensängste hervor, und die Bereitschaft, ganz für die Kinder da zu sein, begünstigt die Abhängigkeit von einem Ernährer, der dann womöglich auf Distanz geht, um seine eigene Freiheit nicht zu verlieren (Yvonne Schütze, *Die gute Mutter. Zur Geschichte des normativen Musters »Mutterliebe«*, 1986; Elisabeth Badinter, *Die Mutterliebe*, 1981).

Gemeinsam ist der Vater- und Mutterliebe, dass sie entgegen einer verbreiteten Auffassung nicht allein von *Gefühlen* abhängen muss, sondern eine Entscheidung und bewusst gewählte *Haltung* sein kann, aus der ein großes *Wohlwollen* hervorgeht, wie bei anderen Arten der Liebe. Das ermöglicht, auch dann bei den Kindern zu bleiben, wenn die Gefühle aussetzen und die Beziehung schwierig wird, sowohl zwischen den Eltern als auch zwischen Eltern und Kindern. Die individuelle Haltung bildet den Kern der *elterlichen Ethik*, die das Leben mit Kindern bejaht und in der Sorge für sie ihren Ausdruck findet, manchmal ängstlich, immer fürsorglich. Grundsätzlich kann die Eltern-Kind-Beziehung, wie alle Beziehungen, verschiedene Formen annehmen, mit Ausnahme einer *virtuellen* Beziehung, die es zu Kindern nur geben kann, wenn ihr eine reale Beziehung vorausgeht. Möglich, aber selten ist die *funk-*

58

tionale Beziehung am Rande der Gleichgültigkeit, zu der die wenigsten Eltern in der Lage sind, jedenfalls bei ihren eigenen Kindern. Lediglich im Zustand der Verzweiflung kann es zu einer *ausschließenden* Beziehung kommen: »Ich will dich nie mehr sehen!« Wer so weit geht, will vermutlich eine *agonale* Beziehung beenden, die zwar fern von jeder Gleichgültigkeit war, aber von unerträglichen Auseinandersetzungen durchzogen wurde.

Größerer Beliebtheit erfreut sich die *kooperative* Beziehung, die sich schon in den Jahren zwischen Trotz und Pubertät einstellen kann, sowie die *freundschaftliche* Beziehung, die sich in vielen Fällen von selbst ergibt, wenn die Kinder erwachsen sind: Im Laufe der Jahre werden sie »immer mehr zu den Leuten, mit denen du am allerliebsten zusammen bist«, sagt der alternde Bob zur jungen Philosophin Charlotte (Bill Murray und Scarlett Johansson in *Lost in Translation*, Regie Sofia Coppola, USA/Japan 2003). Häufig ist sogar eine *leidenschaftliche* Beziehung möglich, Liebe in ihrer stärksten und reinsten Form.

Der Traum von einer romantischen Liebe erfüllt sich am ehesten in der Beziehung zu Kindern, die bedingungslos geliebt werden können, ohne jedes Kalkül, mit einer unvergleichlichen Intensität der *Hingabe*, vor allem bei kleinen Kindern. Die Liebe zu ihnen erfordert zuweilen ein wenig Zurückhaltung, um nicht gänzlich in der Hingabe an sie aufzugehen, denn eine Selbstaufopferung nützt niemandem. Kinder können ihre Eltern in gleicher Weise lieben und bereit sein, alles für sie zu tun, in solchem Maße, dass die elterliche Ethik Sorge dafür tragen muss, dies nicht auszunutzen. Auch diese leidenschaftliche Beziehung bedarf einer *Kunst des Liebens*, eines Könnens, das nicht von selbst schon da ist, sondern mit Wissen und Erfahrung erst zu erwerben ist. Um diesen Prozess zu unterstüt-

59

zen, wäre eine *Schule der Liebe* nicht nur für die Liebe zwischen zweien, sondern auch für die Elternliebe wünschenswert, die in moderner Zeit mit Anforderungen konfrontiert ist, die andere Zeiten, in denen Religion, Tradition und Konvention das »richtige« Verhalten festlegen konnten, nicht kannten.

Die elterliche Liebe setzt erstaunliche Energien frei, in der die Kinder aufleben; die Kinder wiederum halten mit beträchtlichen Energien ihre Eltern in Schwung. Mehr als bei jeder anderen Liebe werden den Eltern jedoch auch Kräfte abverlangt für die *Hinnahme* etwa von Ärger und Frust, die regelmäßig die Freude und Lust des Lebens mit Kindern konterkarieren. Kinder sind nicht nur *Energiespender*, sondern auch *Energieräuber*. Ähnlich wie andere Lieben lebt auch die Liebe zu ihnen von der Fähigkeit, zwischen Zeiten, in denen die freudigen Gefühle überwältigend sind, und Zeiten, in denen sie pausieren und Alltag vorherrscht, *atmen* zu können.

Atmen kann die Liebe, wenn sie dem Hin und Her Rechnung trägt zwischen den Zeiten der Nähe, in denen das Bedürfnis nach Bindung, und den Zeiten der Distanz, in denen das Bedürfnis nach Freiheit zur Geltung kommt – schwierig allerdings für Alleinerziehende, die nicht einfach mal weggehen können. Für die Atmung in größeren Zeiträumen ist das Einverständnis entscheidend, dass sich mit veränderten Bedürfnissen in der jeweiligen Lebensphase auch die Beziehung verändern kann. Die symbiotische Beziehung der ersten Jahre dauerhaft konservieren zu wollen, kann die Entwicklung der Kinder stark beeinträchtigen (Wolfgang Bergmann, *Die Kunst der Elternliebe*, 2005).

Die Liebe zu Kindern kann leidenschaftlicher sein als die der Eltern zueinander. Wenn darunter die Liebe zwischen den Eltern leidet, wirkt dies jedoch auf die Kinder zurück. Die

Hingabe an sie sollte daher dort eine Grenze finden, wo die elterliche Beziehung in Frage steht, die doch erst die Voraussetzung dafür schafft, dass die Kinder im Kraftfeld zwischen den Eltern gedeihen können. »Unsere Kinder (so sehr ich sie liebe) *dürfen nicht* zwischen uns kommen«, mahnt James Joyce im Brief vom 31. August 1909 seine Frau Nora. Die Liebe zwischen Eltern und Kindern wie auch die der Eltern untereinander ist bedroht, wenn *Eifersucht* aufkommt, Eifersucht des Vaters oder der Mutter auf das Kind, dem mehr Aufmerksamkeit zuteilwird, oder auf den Anderen, der mehr Zuneigung vom Kind erfährt, auch des Kindes auf den, der mehr als es selbst geliebt wird. Umso größer ist die Eifersucht, je mehr es wirkliche oder gefühlte Gründe dafür gibt, um die Beziehung zu fürchten. Eine mögliche Antwort darauf ist, demjenigen, der sich benachteiligt fühlt, zumindest für eine Weile *Privilegien* zu gewähren: Seine Nähe zu suchen, wenn er sie braucht, seine Verteidigung zu übernehmen, wenn er in Bedrängnis gerät, und mit ihm allein etwas zu unternehmen, um ohne Rivalität mit Anderen Zeit füreinander zu haben. Auch die Eltern sollten ihrer Beziehung zwischendurch wieder Vorrang einräumen und sich willentlich um *Inseln der Zweisamkeit* bemühen, wenn für Kontinente einstweilen noch kein Platz ist.

Kinder sind ein *Schicksal für ihre Eltern*, ein Naturereignis vom Moment der Zeugung an. Möglichkeiten kommen mit ihnen zur Welt und werden Wirklichkeit, aber mit den üblichen *ontologischen Einbußen*, denn nicht alles, was möglich ist und Eltern sich erträumen, kann wirklich werden. Die Eltern können keine »Bestellung« aufgeben und auch nicht erste Blicke riskieren, wie sie es in ihrer Beziehung zueinander vielleicht anfänglich hielten. Erst recht ist es ausgeschlossen, erst einmal probehalber mit den Kindern zusammenzuleben, um

61

zu sehen, was daraus wird. Die bestehende Konstellation der Familie wird mit dem Zuwachs nicht nur erweitert, sondern von Grund auf verändert, nach dem Grundsatz *more is different*, »was mehr wird, wird anders«: Was der Nobelpreisträger Philip W. Anderson 1972 für physikalische Systeme formulierte, gilt auch für familiäre. Mit Kindern wird Familie endgültig zur komplizierten Angelegenheit, so spannend wie spannungsvoll, und es entsteht ein Geflecht von Beziehungen, das nicht mehr zu entflechten ist, denn selbst wenn die Eltern sich trennen, bleiben sie für immer Eltern. Angesichts der Schwierigkeiten, die sie durchstehen, und der Mühen, die sie auf sich nehmen, lässt sich sagen: *Eltern sind Helden*, selbstlos ohnegleichen, und doch tun sie es nicht nur für die Kinder, sondern auch für sich selbst, für ihre Erfüllung, die sich jedenfalls dann einstellt, wenn aus den Kindern »etwas wird«. Und wenn nicht? Dann können sich die Eltern irgendwann noch von der alleinigen Verantwortung dafür lossagen.

Eltern sind ihrerseits ein *Schicksal für ihre Kinder*, unabänderlich für alle Zeiten. Sie geben ihnen nicht nur ihre Gene mit, sondern wirken mit ihrem ganzen Leben auf sie ein; ein Leben lang bleiben sie bei aller Bewegung ein Fixpunkt für sie. Schicksalhaft sind bereits Zeugung und Geburt, ohne jede eigene Wahlmöglichkeit für die Kinder, über deren Leben dabei entschieden wird. Sie haben es sich nicht ausgesucht, in diese Welt zu kommen, und sie wachsen unter Umständen heran, über die sie nicht bestimmen können. Die bestehende Konstellation der Familie nimmt Einfluss auf jeden Einzelnen, der sich diesem Einfluss erst wird entziehen können, wenn er in der Lage ist, das Elternhaus zu verlassen, und sollte die Beziehung der Kinder zu den Eltern irgendwann zerbrechen, bleiben sie dennoch deren Kinder. Das Bestimmtsein durch die

Eltern ist so existenziell, dass einer wie Nietzsche sich nachgerade verzweifelt davon zu befreien versuchte: »Man ist *am wenigsten* mit seinen Eltern verwandt« (*Ecce Homo*, 1888, »Warum ich so weise bin«, 3). Zumindest kann diese Vorstellung befreiend wirken, um anstelle unliebsamer familiärer Bindungen ein eigenes Netz von Freundschaften zu knüpfen und sich in der Welt zusammenzusuchen, was zuhause nicht zu haben war, im Falle Nietzsches wohl die geistige Auseinandersetzung, und doch bleibt er zeitlebens dankbar für die warmen Socken, die seine Mutter ihm beharrlich hinterherschickt.

Nicht immer ist die Liebe zwischen Eltern und Kindern *wechselseitig*, sie kann, wie andere Lieben, *einseitig* sein, von beiden Seiten her: Manche Kinder, die ihre Eltern lieben, hoffen vergeblich auf Resonanz. Manche Eltern, die ihre Kinder lieben, treffen auf keine Gegenliebe. Sie erhoffen sich wenigstens Dankbarkeit für ihre Zuwendung und Zuneigung und sind verbittert über die Undankbarkeit, die sie schmerzt.

Einseitige oder wechselseitige Auszeiten erlebt die Liebe in Trotzphasen, erst recht aber in der *Zeit der Pubertät*, die meist im Alter von elf, zwölf Jahren einsetzt und unbestimmte Zeit für sich in Anspruch nimmt. Es ist eine Zeit der Auseinandersetzung, vorzugsweise der Jungen mit den Vätern, der Mädchen mit den Müttern. In dieser Zeit verstehen die Eltern ihre eigenen Kinder nicht mehr, halten sie für absolut unvernünftig, für hoffnungslos unerziehbar und glauben psychotische Schübe an ihnen zu bemerken: Die Kinder machen »einfach alles falsch«. Die Heranwachsenden wiederum finden, dass die Eltern beginnen, schwierig zu werden, und absolut nicht auf der Höhe der Zeit sind, hoffnungslos antiquiert, »nur noch peinlich«. So bitter wie die Enttäuschung der Eltern fällt ihre eigene aus, denn die Eltern wollen einfach nichts kapieren und

63

leben auch nicht richtig, wo doch das richtige Leben so einfach ist: »Auf jeden Fall nicht so wie die!«

Im Grunde sind die Phänomene gut erklärbar: Körperlich, seelisch und geistig sind die Heranwachsenden im Umbruch, keine Kinder mehr, noch keine Erwachsenen. Sie werden sich ihrer Kräfte bewusst, ohne schon eine Verwendung dafür zu haben. Alle vorherigen Gewissheiten stehen für sie in Frage, ohne schon über neue zu verfügen. Die Suche nach dem Sinn im Leben setzt ein und den möglichen Antworten nähern sie sich erst einmal von der Seite der absoluten Negation her (Janne Teller, *Nichts. Was im Leben wichtig ist*, 2010). Die Region im Gehirn, in der viele Sinn-Zusammenhänge hergestellt werden und ein kluges und soziales Verhalten seinen Platz hat, der *präfrontale Cortex*, wird jetzt erst ausgebildet. Das einzig Brauchbare in dieser Zeit scheint Musik zu sein – sofern es nicht die der Eltern ist.

Jetzt oder nie wird das Leben zum eigenen: Das ist der *Sinn der Pubertät*. Die Beziehung zu den Eltern muss verloren gehen, um eine eigenständige Beziehung zu sich und Anderen zu gewinnen. So wie die Liebe der Liebenden auf das Zusammenbleiben zielt, so die Liebe zwischen Eltern und Kindern auf das Auseinandergehen, das ist der Sinn brachialer Attacken: »Ich habe es satt«, sagt mein 13-jähriger Sohn, »immer nur das liebe Kind zu sein.« Meinen Versuch zur Ehrenrettung der Eltern, es gebe im Leben wenigstens zwei Menschen, denen er absolut vertrauen könne, kontert er kühl: »Nein, gerade denen nicht.« Der Schmerz der Loslösung voneinander ist so groß wie bei einer großen Liebe, die zerbricht, aber es ist die zerbrochene Liebe, die es den Eltern erleichtert, das Kind gehen zu lassen, und dem Kind, dies früher oder später auch wirklich zu tun.

64

Pubertät ist die Modernisierung des Kindes, der persönliche Nachvollzug der Moderne, die *Befreiung* von allen Vorgaben, die die Erfahrung des Grundproblems der Moderne nach sich zieht: Der erlangten Freiheit nicht auch schon eigene *Formen* geben zu können. Das Freiwerden von familiären Regeln hat nicht sofort zur Folge, nach selbstgesetzten Regeln leben zu können. Einstweilen ist es wichtig, sich vom Gegebenen zu lösen und mit frischer Kreativität neue Wege zu entdecken, mag es auch noch an Wissen und Können fehlen, sie wirklich zu gehen. Es ist die Aufgabe junger Menschen, Möglichkeiten und Unmöglichkeiten ihrer selbst und des Lebens zu erkunden und zu erproben, nach Antworten auf die Fragen der Zeit zu suchen, in der sie leben, und sie letztlich auch zu finden. Die Antworten sind nicht unbedingt die, die die Eltern sich vorstellen, aber es ist unsinnig, dies den Heranwachsenden aus der Sicht derer, die das alles »hinter sich haben«, vorzuwerfen (Jesper Juul, *Pubertät. Wenn Erziehen nicht mehr geht*, 2010).

Jetzt wird aus der Liebe zuweilen Hass, aber es ist nur eine Lebensphase, in der es darauf ankommt, den Faden der Beziehung nicht gänzlich abreißen zu lassen. Eltern können ihren Kindern trotz allem sagen, was sie für richtig halten; sie sollten nur nicht erwarten, damit jetzt auf Resonanz zu stoßen. Erst in künftigen Zeiten wird es zur Orientierung im Leben beitragen, jetzt bleibt nur, sich durchzulavieren. Die Zeit ist am ehesten durchzustehen mit der Gewissheit, dass sie vorübergeht und dass, mit sehr wenigen Ausnahmen, großartige Menschen aus denen werden, die im Moment völlig zu missraten drohen.

Die Eltern können den größten Nutzen für sich aus der Herausforderung ziehen, wenn sie bereit sind, weiter mit ihren Kindern zu wachsen. Kinder bieten jedem, der mit ihnen lebt, auf Lebenszeit die Möglichkeit, die Hand am Puls der Zeit zu halten, die in der Auseinandersetzung mit ihnen fassbarer wird. Mag die Welt auch immer die gleiche sein, dieselbe bleibt sie nie. Mithilfe der Kinder können die Eltern die Veränderungen mitvollziehen, um nicht eines Tages verzweifelt bemerken zu müssen, dass ihnen die Welt, die sie nicht mehr verstehen, abhandengekommen ist und unsägliche Einsamkeit sich breit macht: Schicksal des Älterwerdens in einer Zeit, in der die permanente Veränderung zum Programm geworden ist.

Mit dem Übergang von der Kindheit zum Erwachsenwerden lassen die Heranwachsenden die Wirklichkeit des elterlichen Lebens hinter sich und richten den Blick auf die Möglichkeiten ihres eigenen Lebens. Mit den Möglichkeiten, die sie im Laufe der Jahre realisieren, verfestigen sie ihre eigene Wirklichkeit, auf die sie stolz sind, wenngleich sie beim Blick zurück den Verlust anderer Möglichkeiten bedauern. Irgendwann erreichen sie den Punkt der weitestmöglichen Entfernung von den Eltern, von dem aus sie in mehr oder weniger großem Bogen zu ihnen zurückkehren. Es kann noch einmal zum Konflikt kommen, wenn die erwachsenen Kinder sich nach gescheiterten Beziehungen oder Karriereabschnitten in die Geborgenheit des Elternhauses zurückziehen wollen (*Boomerang Kids*), wo sich die Eltern gemeinsam oder getrennt neu eingerichtet haben und im wiedergefundenen eigenen Leben nicht gestört werden wollen. Sind alle Konflikte überwunden, bricht die Zeit der Entspannung an. »Anfangs lieben Kinder ihre Eltern noch; wenn sie älter werden, urteilen sie über sie, machmal vergeben sie ihnen« (Oscar Wilde, *Eine Frau ohne Bedeutung*, 1893, 2. und 4. Akt).

Sobald aber die Eltern körperlich, womöglich auch seelisch und geistig an Beweglichkeit einbüßen, älter und alt werden, erlebt die Liebe der Kinder zu ihnen ihre eigentliche Bewährungsprobe (Tahar Ben Jelloun, *Yemma. Meine Mutter, mein Kind,* 2007). Wie damit umgehen, wenn die Eltern älter und womöglich lästig werden? Einen Anhaltspunkt dafür liefert die Antwort auf die Frage an sich selbst: Wie hoffe ich von meinen Kindern behandelt zu werden, wenn ich selbst einmal für sie zur Belastung werde? Daraus ergibt sich eine Orientierung für den Umgang mit den eigenen Eltern beim Älterwerden. Und eine Orientierung für den Umgang der Eltern mit den Kindern beim Heranwachsen: Sie so zu behandeln, wie die Eltern von ihnen behandelt werden wollen, wenn sie beim Älterwerden vielleicht selbst wieder zum Kind werden. Wie die Kinder sich später verhalten, hängt auch von der Prägung ab, die ihnen in der Erziehung mitgegeben wird.

Liebe und Erziehung: Anleitung zu einem sinnerfüllten Leben

Wo Kinder sind, steht Erziehung in Frage. *Warum und wozu überhaupt Erziehung?* Mehrere Antworten sind möglich: Aus *altruistischen Gründen*, dem Anderen zugewandt, der erzogen werden soll, um ein sinnvolles, schönes Leben führen zu können, in dem er sich so entfalten kann, dass er Freude daran hat. Und aus *egoistischen Gründen*, auf das eigene Ich bezogen, das zur Entfaltung des heranwachsenden Lebens beiträgt und daran Freude hat, insgeheim aber auch daran interessiert ist, sich die Zumutungen zu ersparen, die ein unförmiges Wachstum mit sich bringen könnte.

So oder so ist eine anfängliche Bevormundung kaum zu vermeiden, und doch kann das *Ziel der Erziehung* nur sein, dass der Heranwachsende davon frei wird und mit seiner Freiheit auch etwas anfangen kann (*Erziehung zur Freiheit*); dass er sein Leben mit eigener Urteilskraft führen und ihm selbst Sinn geben kann (*Erziehung zur Lebenskunst*); dass er den Umgang mit sich selbst erlernt, um gut mit sich zurechtzukommen (*Erziehung zur Selbstfreundschaft*), ebenso den Umgang mit Anderen in der sozialen und ökologischen Welt erlernt, um ein umgänglicher Mensch und aufmerksamer Weltbürger zu werden (*Erziehung zur Bürgerlichkeit* im vollen Sinne des Wortes).

Immer ist Erziehung eine Arbeit an den Erinnerungen der Zukunft: Woran die Heranwachsenden sich künftig im Rückblick auf ihre Kindheit erinnern werden, soll eine nie versiegende Quelle der Kraft und Inspiration für sie sein, ein Kompass für ihr Leben. Nicht immer ist Erziehung dabei ein expliziter Akt, implizit erzieherisch wirken vielmehr Haltung und Verhalten aller, die mit den Heranwachsenden befasst sind. Auch der Verzicht auf Erziehung erzieht, denn alles wird vom sich entwickelnden Gehirn »eingespiegelt«. Sinnvoll wäre daher, die Erziehung als Teil der eigenen Lebenskunst zu verstehen, sie gerne zu tun und nicht als lästiges Beiwerk abzutun.

Die Voraussetzung für Erziehung ist Liebe in angemessener Form, zumindest in der Form des Mögens: *Erziehung braucht Beziehung*, keine Gleichgültigkeit. Fehlt es an Beziehung, stoßen erzieherische Forderungen und gelegentliche Zumutungen von vornherein auf Ablehnung; das wiederum verleitet die Erzieher zum Einsatz unangemessener Mittel. Da Beziehung die Basis ist, ist Erziehung in erster Linie eine Aufgabe der Eltern und geschieht primär in der Familie. Zur Klugheit der Eltern gehört jedoch, damit einverstanden zu sein, dass nicht sie allein erziehen, sondern dass auch Gleichaltrige und Medien, Betreuer und Lehrer maßgeblich daran beteiligt sind und dass alle Beteiligten, vorneweg die Eltern selbst, kaum je einer Meinung sein können. Die unterschiedlichen Stile und Ziele der Erziehung sind nicht wirklich zu harmonisieren, auch der Einzelne selbst kann ja nicht völlig stringent erziehen. Das muss kein Problem sein, denn auch für die Erziehung ist es von Vorteil, wenn sie *atmen* kann – etwa zwischen nachsichtiger Milde und weniger nachsichtiger Strenge, zwischen passivem Lassen und aktivem Eingreifen. Vor allem die Eltern verkörpern in ihrer Unterschiedlichkeit und Gegensätzlichkeit die Vielfalt und Polarität des Lebens für ihre Kinder und führen mit ihrem Verhältnis zu sich selbst und zueinander vor, wie daraus eine spannungsvolle Harmonie entstehen kann. Und was soll im Zweifelsfall Vorrang haben? Der Stil dessen, der im Augenblick am meisten mit den Kindern zu tun hat, und das, was ihm gegenwärtig erforderlich erscheint. Im Übrigen tut es dem wechselseitigen Verständnis gut, die Rollen auch mal zu tauschen. Alle Kommunikation über Erziehung ist nichts gegen die Erfahrung selbst, vor allem dann, wenn es um grundsätzliche Fragen geht: Erziehung ist keine Arbeit? Es genügen ein paar Tage der alleinigen Verantwortung dafür, um eines Besseren belehrt zu werden.

Wie aber entsteht Beziehung? *Beziehung braucht Berührung,* zuallererst die *körperliche Berührung* durch diejenigen, die dazu befugt sind, in den Grenzen, die ihnen gesetzt sind, mit allen Sinnen: Mit Hinschauen und Zuhören, Riechen und Küssen, Betasten und Umarmen. Von Geburt an macht der *Tastsinn* den Unterschied: Säuglinge mit viel Hautkontakt erweisen sich als wacher und aktiver und nehmen schneller an Gewicht zu. Ein Mangel an Berührung kann sich hingegen tödlich auswirken: Das war noch zu Anfang des 20. Jahrhunderts eine Erfahrung in Waisenhäusern, in denen es aus hygienischen Gründen und wohl auch aus religiös motivierter Körperfeindlichkeit geboten erschien, Berührung zu vermeiden. Berührung trägt, wie viel später erst entdeckt wurde, über komplexe biochemische Wirkungsketten entscheidend zum Aufbau des Immunsystems bei, und es ist gut vorstellbar, dass auch bei Erwachsenen so manche Erkrankung aus einem Mangel an Berührung resultiert. Die *Magie der Berührung*, die in der gesamten Kulturgeschichte geläufig ist, zeigt sich in der beruhigenden Wirkung einer dargebotenen Hand oder in der heilenden Wirkung des Handauflegens. Viele Verhaltensweisen können das Bedürfnis nach Berührung stillen, beginnend beim Baby, das am Körper getragen, gestreichelt und massiert wird. Die ganze Kindheit hindurch wirkt es tröstend und heilend, das Kind in den Arm zu nehmen. Mit der Pubertät geht das Berührungsspiel von den Eltern auf Freunde und Liebende über, gerade dann aber erweisen sich diejenigen als Berührungskünstler, die von klein auf ein angemessenes Maß an Berührung erfahren haben.

Über die körperliche Berührung hinaus beruht eine Beziehung erst recht auf *seelischer Berührung*, auf dem Austausch von Gefühlen in ihrer reichhaltigen und gegensätzlichen Fülle etwa von Freude und Ärger, Fröhlichkeit und Traurigkeit, Lust und Schmerz, Gewissheit und Angst, Zärtlichkeit und Zorn, Begeisterung und Langeweile. Was Psychologen schon lange wussten, konnten Neurobiologen bestätigen: »Versuche, Kinder ohne emotionale Zuwendung, sondern ausschließlich ›rational‹ oder ›vernünftig‹ zu erziehen, haben schwere seelische Beeinträchtigungen zur Folge« (Joachim Bauer, *Prinzip Menschlichkeit*, 2006, 213).

Und schließlich begründet *geistige Berührung* Beziehung durch den Austausch von Gedanken und Ideen: Je umfangreicher das geschieht, desto mehr wird die Beziehung vertieft und eine große Vielfalt gedanklicher Verknüpfungen und sprachlicher

Ausdrucksmöglichkeiten lässt sich entfalten. Mit Berührung in jeder Hinsicht kann ein Mensch wachsen und gedeihen.

Unweigerlich wird das heranwachsende Leben durch Beziehung und Berührung geformt: *Erziehung ist Formgebung*, Bildung in diesem Sinne. Freiheit braucht Formen, Formen aber brauchen Grenzen: Sie bilden den äußeren Rahmen, in dem ein sinnerfülltes Leben mit sich und Anderen möglich wird. Dazu dient die Begrenzung von Möglichkeiten des Verhaltens, um ein Kind davon abzuhalten, jedem beliebigen Impuls zu folgen, etwa umstandslos auf die Straße zu rennen oder sich jede beliebige Lust zu verschaffen, erst mit zu vielen Süßigkeiten, später mit problematischen Drogen. Grenzen sind im Zweifelsfall eine Frage der Festlegung durch die Erziehenden, die sie nach bestem Wissen und Gewissen für richtig halten, auch wenn sie letztlich nur durch subjektive Überzeugung zu begründen sind. Es ist ihre Aufgabe, Regeln zu formulieren, Vereinbarungen vorzuschlagen und auf deren Einhaltung zu achten, zu sagen, was möglich ist und was nicht und »wann es reicht«. Fällt ihnen das schwer, hilft ihnen etwa ein »Systematisches Training für Eltern und Pädagogen« (STEP), Grenzen so zu setzen, dass Kinder in diesem Rahmen lernen können, eigenständig zu wählen, sich an Abmachungen zu halten und sich schließlich selbst Regeln zu geben. Wo aber kein Rahmen geschaffen wird, kann nichts mehr so recht wirklich werden, es droht die *ontologische Paralyse*, die Auflösung jeglicher Wirklichkeit im Meer der Möglichkeiten. Dann können Überforderung und Desorientierung irgendwann dazu führen, nicht mehr leben zu wollen, während sich für diejenigen, die sich auf die Realisierung ausgewählter Möglichkeiten, somit aufs Lebenkönnen verstehen, die Frage des Lebenwollens nicht mehr stellt.

Die Formgebung beruht darauf, Einfluss zu nehmen, al-

71

so Macht auszuüben: *Erziehung ist Machtausübung.* Der Machtfrage ist im Prozess der Erziehung nicht zu entkommen, sie stellt sich bereits in früher Kindheit bei Grenzfragen, wenn nicht jedem Wunsch umstandslos entsprochen werden kann, etwa an der Kasse des Supermarkts, wo die Leckereien lauern. Auch die ewige Arbeit, verstreutes Spielzeug wieder einzusammeln, hat kaum ein Kind jemals von selbst getan. Eine sanfte Machtausübung stützt sich auf Anregungen, Anreize und Angebote: »Ich will, dass du das hier machst. Du darfst es machen, wann du willst« (Jesper Juul, *Elterncoaching*, 2011, 31). Eine weniger sanfte Machtausübung wirft Fragen auf, die nur die Erziehenden selbst beantworten können: Anders als einst verbietet sich nach der Überzeugung vieler jegliche Anwendung körperlicher Gewalt, aber was ist mit seelischer und geistiger Gewalt, also mit dem Entzug von Gefühlen, Aufmerksamkeit und Kommunikation, dem so genannten »Liebesentzug«? Wo sind hier die Grenzen? Ist ein »schiefer Blick« schon Gewaltanwendung? Ist er wirklich vermeidbar?

Die Erziehenden kommen nicht umhin, sich diese Fragen zu stellen und sich selbst Grenzen zu setzen, die von außen nicht immer wirksam zu ziehen und zu überprüfen sind. Eine allgemeine Verbindlichkeit ist wünschenswert, aber zuallererst liegt es am Einzelnen, sich selbst Grenzen aufzuerlegen und auf sie aufzupassen. Eine *Ethik der Erziehung* ist in erster Linie die Haltung, die der Erziehende selbst sich aneignet, seine eigene Bindung an Werte, an denen er sein praktisches Verhalten in Fragen der Erziehung immer wieder neu orientiert. Die Grundlage dafür ist, sich über die eigenen Werte klarer zu werden, ausgehend von der Frage: Was ist in meinen Augen schön und bejahenswert, was nicht? Was kann ich vor mir selbst verantworten, was nicht?

Macht tendiert zum Missbrauch, das veranlasste den Machttheoretiker Montesquieu im 18. Jahrhundert zu politischen Überlegungen, die auch für persönliche Machtverhältnisse von Belang sind: *Machtausübung braucht Mäßigung*. »Damit die Macht nicht missbraucht werden kann, muss die Anordnung der Dinge so sein, dass die Macht die Macht zügelt« (*Vom Geist der Gesetze*, 1748, 11, 4). Die zügelnde Macht kann hier nur die Macht der Reflexion und Selbstreflexion sein, die der Ethik der Erziehung zugrunde liegt und einen Wechsel der Perspektive ermöglicht: Wie würde ich mich fühlen, wenn ich in der Situation des Kindes wäre und ein Anderer so mit mir umgehen würde, wie ich mit ihm?

Ausgerechnet die *egoistische Ich-Perspektive*, die den meisten Menschen naheliegt, führt interessanterweise zu *altruistischen Konsequenzen*, zu einem achtsamen Umgang mit Anderen, in diesem Fall mit dem Kind. Denn klugerweise kann ich für meinen Umgang mit Anderen nur das bejahen, was ich auch für deren Umgang mit mir bejahen kann. Das Eigeninteresse, das damit ins Spiel kommt, mündet in die *Goldene Regel*, dem Kind grundsätzlich zuzugestehen, was auch mir in seiner Situation zupasskäme, und ihm nur das zuzumuten, was auch mir unter vergleichbaren Umständen abverlangt werden dürfte. Mit Erfahrung und immer neuer Besinnung verfeinert sich das *Gespür* für das jeweils Gute und Richtige, sodass ich schließlich auch ohne lange Überlegung zu sicheren Schlüssen kommen kann und Willkür unwahrscheinlicher wird.

Eine große Rolle bei jeder Mäßigung spielt zudem der *Zeitfaktor*. Je länger eine Machtausübung anhält, desto schwerer fällt der Verzicht darauf. Gelingt ihre zeitliche Begrenzung im Kleinen, dann auch eher im Großen. Jede Macht, die sich zur Gewohnheitsmacht verfestigt, läuft Gefahr, zementiert zu werden. Das kann geschehen, wenn das heranwachsende Leben zu sehr und zu lange als Teil des eigenen Lebens betrachtet wird, das Kind also zum permanenten Gegenstand von Gestaltung, zum »Projektkind« (Jesper Juul) gemacht wird, als wäre es das eigene Selbst: Soll dies ein ganzes Leben so bleiben?

Einige *Grundelemente einer Ethik der Erziehung* erleichtern die Mäßigung und Begrenzung der Macht: Jede Machtausübung, auch die der Erziehung, braucht *Legitimität*, um akzeptiert zu werden. Die wiederum kommt am ehesten durch die *Glaubwürdigkeit* der Erziehenden zustande, die sich um das Richtige, das sie propagieren, selbst bemühen und das, wozu sie erziehen, selbst vorleben. Will ich dazu anleiten, aufmerksam auf Andere zu sein, muss ich dies selbst unter Beweis stellen, eine wirksame Selbsterziehung zur Ethik. Sollen die Kinder lernen, selbstkritisch zu sein, muss ich selbst es sein. Will ich Grenzen setzen, muss ich mich selbst an sie halten. Soll es nicht erlaubt sein zu lügen, darf ich selbst nicht lügen, Kinder achten sehr genau darauf: »Du hast aber gesagt...« Ist die Forderung nicht durchzuhalten, sollte ich sie nicht mit absolutem Anspruch erheben; ein gelegentliches Flunkern kann dann erlaubt sein, etwa wenn ein Anrufer nach mir verlangt: »Ich bin gerade nicht da...« Erziehung kann eine *Anleitung zum Richtigen im Falschen* sein, wenn der Erziehende selbst dem, was er nach bestem Wissen und Gewissen für richtig hält, auch in einem Umfeld folgt, in dem ihm manches, vieles oder alles falsch zu sein scheint. Glaubwürdig ist der, der sich bemüht, mit seinem eigenen Leben »die Existenzform vorwegzunehmen, die die eigentlich richtige wäre«, auch wenn dies einen Widerspruch gegen bestehende Verhältnisse erfordern sollte und zum Scheitern verurteilt sein könnte: Das meinte jedenfalls Theodor W. Adorno (Vorlesung zur Moralphilosophie vom 28. Fe-

74

bruar 1957, Adorno-Archiv, Frankfurt am Main), der damit auf die Frage antwortete: »Wie hat man eigentlich zu leben?«

Legitimität gewinnt eine Machtausübung ferner, wenn sie gerecht erscheint. Die Ethik der Erziehung trägt dem starken Empfinden für *Gerechtigkeit* Rechnung, das Kindern eigen ist, die sich gerecht beurteilt sehen wollen und sehr bald schon, nach anfänglichem Egoismus, auf einer gerechten Verteilung von Gütern bestehen, beginnend bei Bonbons. Aber was ist mit einer gerechten Verteilung von Lasten? In einer Familie gilt: *Einer muss immer der Esel sein*, das Lasttier, das Dinge herbeischleppt und wegschleppt, bereitstellt und aufräumt. Es ist sinnvoll, Kinder altersgemäß daran zu beteiligen, um sie nicht an einen *All-Inclusive-Service* zu gewöhnen, der zu immer neuen Ansprüchen ermuntert, ohne an die Arbeit zu denken, die damit verbunden sein könnte. Ungerecht ist aus der Sicht vieler Kinder, immer tun zu müssen, was die Eltern sagen, nicht immer Pommes mit Ketchup essen zu dürfen, am Tisch nicht durcheinanderschreien zu sollen, am Abend viel zu früh schlafen gehen zu müssen (amüsante Darstellung in freier Auslegung des Klassikers von Erich Kästner: *Emil und die Detektive*, Regie Franziska Buch, Deutschland 2001). Aber ist es gerecht, dass Eltern immer tun sollen, was die Kinder wollen; dass es immer nur ihr Problem ist, sich um ein gesundes Essen zu kümmern, am Tisch ihr eigenes Wort nicht mehr zu verstehen und auch abends keine Ruhe zu finden? Gerechtigkeit lebt von der Einübung in den *Perspektivenwechsel*, den die Eltern vorleben, wenn sie sich in die Kinder hineinversetzen, ihnen aber auch die Perspektive der Eltern nahebringen. Gerechtigkeitsansprüche lassen sich ausbalancieren durch die Einsicht, dass es noch andere Sichtweisen gibt und jede Ich-Gerechtigkeit eine Ungerechtigkeit für Andere sein kann; dass

75

aber auch dann, wenn absolute Gerechtigkeit unmöglich ist, jede Ungerechtigkeit, die einer als solche empfindet, von Anderen wieder abgemildert werden kann. Wenn es gelingt, die Verhältnisse so einzurichten, dass sie nicht zum Davonlaufen sind, sind sie halbwegs gerecht und es lässt sich einstweilen gemeinsam weiterleben.

Unerträglich erscheint eine Macht, wenn sie zur einseitigen Herrschaft wird, daher gehört die *Wechselseitigkeit* der Machtausübung zu den Grundelementen einer Ethik der Erziehung. Eltern verfestigen eine einseitige Herrschaft, wenn sie eine »Einheitsfront« gegen ihre Kinder bilden, um sich nicht gegeneinander ausspielen zu lassen. Aber ihre Aufgabe kann nicht die Frontstellung sein, sondern das Bemühen um Verständnis: Da die Kinder den Verhältnissen im Zweifelsfall ausgeliefert sind, verfügen sie über ein feines Sensorium für Macht und versuchen jedes Ungleichgewicht zwischen den Elternteilen dazu zu nutzen, sie gegeneinander antreten zu lassen, um Freiräume für sich zu gewinnen. Und was ist, wenn die Kinder ihrerseits einseitig zu herrschen beginnen und mit Machtmitteln wie Schreien, Verweigern, Umsichschlagen die Eltern terrorisieren? Dann wäre es sinnvoll, ihnen andere Methoden der Machtausübung anzubieten, damit sie erstreben können, was sie wollen, ohne es immer und überall zu bekommen. Dazu dient etwa die Einrichtung eines *freien Tages*, an dem jeder machen kann, was er will, sowie eines *Kindertages*, an dem die Kinder darüber bestimmen dürfen, was die Erwachsenen machen, die sich allerdings widerständig zeigen können, sodass sie überzeugt werden müssen. So oft wie möglich sollte für die Kinder erfahrbar werden, dass die Erziehenden nicht immer nur *erziehen wollen*, sondern sich auch *erziehen lassen*; dass sie Vorschlägen der Kinder folgen und ihnen zuhören, wenn sie

76

von ihren Ideen, Erfahrungen, Beobachtungen, Befürchtungen und Überlegungen berichten. Zuhören ist Aufmerksamkeit und signalisiert, dass nichts von dem, was in den Kindern vorgeht und was sie erleben, gleichgültig erscheint. Endlich erfahren sie, dass Erwachsene offen sind für ihre Sichtweisen, statt immer nur eigene Sichtweisen zum Besten zu geben.

Grundelement einer Ethik der Erziehung ist außerdem die *Selbstmächtigkeit* der Erziehenden, die es ihnen ermöglicht, eine Machtausübung über die Kinder zu begrenzen und an Autorität zu gewinnen, ohne autoritär zu werden. Selbstmächtigkeit beruht auf dem gekonnten Umgang mit eigenen Schwächen, Gegensätzen und Widersprüchen. Sie macht es möglich, eine eigene Macht nicht zu verharmlosen und zu leugnen, sondern sensibel für ihre Auswirkungen zu sein. Gerade bei dem, der über mehr Macht verfügt, kommt es umso mehr auf die Fähigkeit zur Zurückhaltung an. Selbstmächtigkeit kann die Erziehenden davon abhalten, jedem Impuls zu folgen, der in ihnen wach wird, sodass sie beispielsweise eine unangemessene *körperliche* Berührung, und sei es in wohlwollender Absicht, vermeiden können. Auch im Hinblick auf *seelische* Berührung müssen Kinder nicht mit jeder Gefühlsaufwallung der Eltern konfrontiert werden. Die größeren Möglichkeiten zur *geistigen* Berührung mit Gedanken und Ideen müssen nicht dazu missbraucht werden, die Kinder »zuzutexten«. Und wo ein allzu großer Ernst entsteht, lässt er sich mit etwas Humor und alltäglichem Dadaismus, mit schrägem Blick auf die Situation und einem befreienden Lachen wieder austarieren.

Um das ins Auge gefasste *Ziel der Erziehung*, die Befähigung zu Freiheit und Lebenskunst, zum Umgang mit sich und Anderen zu erreichen, bedarf es einer Selbstmächtigkeit auch auf der Seite der Kinder und Heranwachsenden: *Erziehung ist*

Ermächtigung. Sie brauchen eine Macht, mit der sie ihre eigene Macht über Andere begrenzen, aber auch eine eigene Macht gegenüber Anderen geltend machen und beispielsweise die Machtausübung der Erziehung mäßigen können. Zur Ermächtigung dienen *Rechte der Kinder,* mit denen sie vertraut gemacht werden und deren Realisierung die Erziehenden selbst, sodann aber die gesamte Gesellschaft und ihre Institutionen im Blick behalten. Die Kodifizierung der Rechte geht aus einer Ethik hervor, um die anfänglich Einzelne sich bemühen, bevor über die politischen Wahlakte vieler Menschen Gesetze daraus werden, die einer Machtausübung über Kinder von Rechts wegen Grenzen setzen. Eine weitreichende Ermächtigung der Kinder stellt die *Kinderrechtskonvention* der Vereinten Nationen dar, die 1989 beschlossen wurde, mit der Erklärung eines Rechts auf Leben und eines Verbots von Diskriminierung, eines Rechts auf Umgang mit den Eltern und auf Meinungs- und Informationsfreiheit, auf Gesundheitsvorsorge und soziale Sicherheit, auf Schutz vor Ausbeutung und vor sexuellem Missbrauch. An der Umsetzung in den verschiedensten Mitgliedsländern wird noch gearbeitet.

Um den Umgang mit der eigenen Macht erlernen zu können, gehört zur Ermächtigung der Kinder jedoch auch die Ausbildung ihres *Gespürs für Macht.* Die erforderlichen Erfahrungen machen sie, wenn sie in wachsendem Maße an Entscheidungsprozessen beteiligt werden und die Auswirkungen eigener Handlungen kennenlernen. Sie brauchen Gelegenheit dazu, Probleme auf ihre Weise zu lösen, auch wenn die Erziehenden nicht die beste Lösung darin sehen, und über ein mit ihnen mitwachsendes Budget selbst zu bestimmen, um sich in den Umgang mit der Macht des Geldes einzuüben, auch wenn den Erziehenden manche Entscheidung falsch erscheint: Nur

Umwege, Abwege und Irrwege ermöglichen ein vielfältiges Lernen, eine Vorbereitung auf die Zeit der Wahl, die unweigerlich auf die Kinder zukommt.

Zu mehr Freiheit und Lebenskunst, zum gekonnten Umgang mit sich und Anderen verhilft ferner die Vermittlung von Wissen: *Erziehung ist Aufklärung,* um altersgemäß mit der Wirklichkeit vertraut zu machen, wie sie subjektiv und nach gegenwärtigem Stand des objektiven Wissens erscheint. Der, der weiß, wie etwas funktioniert, kann besser damit umgehen. Welche Macht ein Wissen über Leben und Welt verleiht, wird bereits bei der Aufklärung über sexuelle Dinge erfahrbar, und diese Erfahrung lässt sich auf andere Bereiche des Lebens übertragen. Ein aufgeklärtes Verhältnis ist auch zu Illusionen möglich, wie Medien sie erzeugen, ein Popstar wie Kylie Minogue ist dabei behilflich, wenn sie offen gesteht: »Wir gaukeln ein wunderbares Leben vor, das es so nicht gibt« (Interview, 2010). Dass ein Wissen über Wirklichkeiten und alternative Möglichkeiten zum Ausgangspunkt für Veränderungen und Verbesserungen werden kann, davon waren die Aufklärer aller Zeiten überzeugt. Einer Aufklärung bedarf jedoch auch die Auffassung, dass nichts zu akzeptieren, alles zu optimieren, besser noch zu perfektionieren sei, wie manche Eltern dies mit ihrer Lebensführung und ihrem Erziehungsstil vertreten. In Wahrheit sind Dinge zum Teil veränderbar, zum Teil nicht: Erziehung kann dazu anleiten, diese Unterscheidung immer wieder neu zu treffen und mit beiden Varianten leben zu lernen.

Auf Aufklärung setzt die Erziehung außerdem, wenn sie, anstatt das kindliche Eigeninteresse zu bekämpfen, zu einem *aufgeklärten Eigeninteresse* ermuntert. Sie regt zur Einsicht an, dass ein engstirniger Egoismus dem Ich selbst am meisten schadet, denn wie könnte ich erwarten, dass Andere mir zur

Seite stehen, wenn ich ihnen nicht zur Seite stehe? Wie fühle ich mich selbst, wenn Andere so mit mir umgehen wie ich mit ihnen? Der Sinn der Goldenen Regel, Andere so zu behandeln, wie ich von ihnen behandelt werden will, erschließt sich bereits durch Überlegungen, ansonsten aber durch Erfahrungen.

Aufklärung ist hilfreich, um Möglichkeiten zu erschließen, auf die es für Heranwachsende ankommt: *Erziehung ist Ermöglichung*. Um dieses Anliegens willen sieht der liebende Blick der Erziehenden durch die Wirklichkeit eines Kindes hindurch die Möglichkeiten, die »in ihm stecken«. Die erzieherische Liebe ist mehr als jede andere eine *ontologische*, alle Erziehung und Bildung dient dazu, Möglichkeiten zur Entfaltung zu verhelfen, die Heranwachsenden aber auch damit vertraut zu machen, dass nicht alles umstandslos Wirklichkeit werden kann. Damit sie sich nicht in Möglichkeiten verlieren, aus denen nie etwas wird, kommt es darauf an, einzelne Schritte zur Verwirklichung wieder und wieder gemeinsam mit ihnen zu gehen. Es ist sinnlos, ihnen abzuverlangen, was zu tun ist, ohne ihnen praktisch zu zeigen, »wie es geht«. Ohne das zugehörige *Können* geht alles Wünschen und Wollen ins Leere, kein Können aber versteht sich von selbst: Nur durch Einübung und Wiederholung kommt es zustande und verhilft zu Erfolgserlebnissen, die ihrerseits neue Möglichkeiten aufscheinen lassen.

Viele Möglichkeiten des Lebens mit Anderen wiederum tun Kinder und Heranwachsende selbst für sich auf: Sie gehen zusätzliche Beziehungen ein, die ihren Interessen entsprechen, und schließen Freundschaften, die ihnen andere Horizonte eröffnen. Der Umgang mit Gleichaltrigen macht andere Dinge möglich als der Umgang mit Erwachsenen, und in anderen Familien werden andere Welten erfahrbar als zuhause. Andere Welten erschließt auch der Gebrauch von Medien aller Art, sofern sie reich an Anregungen sind und nicht dazu verleiten, dem Leben nur noch von ferne zuzusehen und sich damit Möglichkeiten zu verschließen.

Die Schritte der Ermächtigung, Aufklärung und Ermöglichung auf dem Weg zu Freiheit und Lebenskunst werden ergänzt von der Sinngebung: *Erziehung ist Sinngebung.* Von Bedeutung sind dabei die verschiedenen Ebenen, die dafür zur Verfügung stehen. Sehr viel *körperlicher Sinn* entsteht durch die volle Entfaltung der Sinnlichkeit, die durch einfache Übungen der fünf Sinne im Alltag angeregt wird: »Hast du das schon gesehen? Hörst du die Vogelstimmen? Wie riecht dieser Morgen? Wie schmeckt das? Wie fühlt sich diese Oberfläche an?« Auch der sechste Sinn für Bewegung lebt von Anregungen: »Wollen wir gemeinsam rennen?« Der siebte Sinn für die innere Wahrnehmung von Energien ist auf eine Feinjustierung der zugehörigen Sensoren angewiesen: »Was sagt dir das Gefühl in deinem Bauch?«

Seelischer Sinn wiederum geht daraus hervor, die gesamte Bandbreite von Gefühlen kennenzulernen und ihnen Ausdruck geben zu können: »Zeig mir, wie du lachen kannst und wie du zornig bist!« Ganz von selbst entsteht seelischer Sinn in gefühlvollen Beziehungen, die aber eine Frage der Pflege sind: Erziehung vermittelt eine Wertschätzung von Beziehung, indem die Erziehenden selbst Beziehungen wertschätzen. Von Sinn erfüllt ist der, der in Beziehungen lebt, in denen er sich immer wieder als freudigen Glanz in den Augen Anderer wahrnehmen kann.

Auf geistiger, gedanklicher Ebene regt Erziehung dazu an, sich für abstrakte Zusammenhänge zu interessieren und sie durch Deutung selbst zu erzeugen: »Was denkst du darüber? Woher kommt das? Wie funktioniert das? Was könnte dahin-

81

terstecken?« Der vielgerühmte Sinn des Vorlesens und Selbstlesens besteht darin, gezeigt zu bekommen und selbst zu erfahren, wie *geistiger Sinn* entsteht, wie aus Gedanken Wörter und Sätze werden und diese sich zu Geschichten fügen; wie beim Vorlesen von Geschichten noch dazu ein Zusammenhang zwischen den Beteiligten fühlbar wird. Geistige Sinngebung heißt, *wirkliche* Zusammenhänge des Lebens und der Welt im Denken zu erfassen, ohne dass dieser Prozess je abschließbar wäre, und *mögliche* sich auszudenken, ohne dass allen Möglichkeiten eine Wirklichkeit entsprechen könnte. Zu den erdachten Möglichkeiten gehören Ziele, etwa ein Glück, das erstrebenswert erscheint, aber Erziehung macht auch damit vertraut, dass allzu hohe Glückserwartungen eine höhere Anfälligkeit für Enttäuschungen mit sich bringen; dass es verschiedene Arten von Glück gibt und dass zum Menschsein ein Unglücklichsein gehören kann, sei es in Einsamkeit oder Gemeinsamkeit. Zur geistigen Sinngebung, um die Erziehung sich bemüht, zählt außerdem das Offenhalten eines *umfassenden Sinns*, eines *möglichen* Zusammenhangs über das endliche Leben hinaus, sodass eine große Vielfalt von Sinn auf allen Ebenen erfahrbar wird, sinnlich, seelisch, geistig und womöglich transzendent.

Um viele Möglichkeiten des Lebens und des Sinns für sich erschließen zu können, brauchen die Heranwachsenden Mut; daher gilt von Grund auf: *Erziehung ist Ermutigung.* Ermutigend ist die Zuversicht der Erziehenden, in der die Kinder aufblühen, bei ihrem Ausbleiben aber dahinwelken (Jürg Frick, *Die Kraft der Ermutigung*, 2011). Ermutigend ist das Vertrauen darauf, Herausforderungen meistern zu können, und eine gute Voraussetzung dafür ist die Auffassung, dass ein Leben ohne sie wohl kaum wünschbar wäre, denn wie spannend könnte so ein Leben sein? Ermutigend ist vor allem der Erwerb von *vieler-*

lei Können unter Anleitung der Erziehenden: Sinnlich sein können, fühlen können, mit Anderen umgehen können, Gedanken ausdrücken können, Wissen erarbeiten können, wählen können, handwerklich und technisch etwas können, kochen und aufräumen können ... Das Einzelkönnen summiert sich zum Lebenkönnen, entmutigend aber ist, *nichts zu können* und mit unerfüllbaren Forderungen konfrontiert zu sein. Ermutigend bei der Entwicklung eines Könnens ist, eigene Stärken zu entdecken und auszubilden, aber auch die Schwächen zu kennen, um sie teils zu akzeptieren, teils an ihnen zu arbeiten. Um immerzu nacharbeiten zu können, befähigt Erziehung zur Selbsterziehung. Für die Erziehenden selbst ist es ermutigend, die Kinder heranwachsen zu sehen und etwas gelingen zu sehen, das zwischendurch zu misslingen schien. Stolz schreibt James Joyce an seine Frau Nora (Brief vom 31. August 1909): »Wenn sie gut geraten und edelmütig sind, dann haben sie das von *uns*, Liebe.« Zum Teil jedenfalls, zu anderen Teilen von Anderen, Gleichaltrigen, Freunden, Erziehern, Lehrern. Und Geschwistern.

Geschwisterliebe, Geschwisterhass

Familie, das sind auch Geschwister, sofern da überhaupt noch welche sind. Die Beziehungen zu ihnen müssen nicht erst mühsam begründet werden, sie sind vielmehr immer schon da und können auch das ganze Leben hindurch erhalten bleiben. Der wechselseitige Beistand, die Solidarität, die diese Beziehungen auszeichnen kann, fand eine bemerkenswerte Würdigung in der Trinität der Werte der Französischen Revolution, die außer Freiheit und Gleichheit auch Brüderlichkeit (*fraternité*) als Ideal des Menschseins propagierte. Bereits 1785 goss Friedrich Schiller den Traum der angehenden Revolutionäre mit der *Ode an die Freude* in Verse, 1824 von Ludwig van Beethoven im Schlusssatz der 9. Symphonie in Töne gesetzt: »Alle Menschen werden Brüder«. Es dauerte geraume Zeit, bis mit der Brüderlichkeit auch Schwesterlichkeit gemeint sein konnte, im weiteren Verlauf der Moderne aber geriet der *dritte Wert* gemeinsam mit dem zweiten der Gleichheit ins Hintertreffen gegenüber der Freiheit, die attraktiver erschien und als Befreiung von überkommenen Bindungen erheblich leichter zu realisieren war. An den Geschwistern selbst ging dieser Prozess nicht spurlos vorbei: In den aufgrund von Befreiung fragmentierten und neu zusammengesetzten modernen Familien ist es nicht mehr selbstverständlich, noch Geschwister zu haben, und wenn doch, dann nicht, dieselben Eltern zu haben oder bei denselben Eltern gemeinsam aufzuwachsen.

Über Jahrtausende hinweg war die Geschwisterbeziehung naturgegeben, ihre Pflege kulturell vorgegeben. Aber auch für die Geschwister gilt, dass ihre Beziehung in moderner Zeit zu einer Frage der *individuellen Wahl* wird. Selbst im Falle einer genetischen Verbundenheit hängt es vom Einzelnen ab, dieser Bindung Bedeutung zuzumessen, sie wahrzunehmen, ernst zu nehmen und mit Leben zu erfüllen, sie zu bejahen oder eben nicht. Alle Geschwister werden somit zu *Wahlgeschwistern*, und auch Freunde und Freundinnen können dazu erklärt werden, um mit ihnen das Leben zu teilen, nicht mit rechtlichen Folgen (etwa beim Erbrecht), aber mit einer gefühlten Bindung, die womöglich enger ist als die an die angestammte Familie.

Einst bewirkten Gründe der *Notwendigkeit* ein Festhalten an der Geschwisterbeziehung: Das Leben der Individuen war auf diesen wechselseitigen Beistand angewiesen. Aber diese

Gründe entfallen in moderner Zeit, und so kann sich die Beziehung der Geschwister freier als je zuvor entfalten: Gründe der *Freiheit* treten in den Vordergrund, da nach aller Befreiung auch diese Beziehung zur Angelegenheit einer Formgebung der Freiheit wird, die die Geschwisterlichkeit zur frei wählbaren Bindung fürs Leben macht.

Gründe des *Glücks* sprechen dafür, sich um diese Beziehung zu kümmern, schon weil sie dem schicksalhaften Zufallsglück zu verdanken ist, das dem Einzelnen diesen oder jenen Anderen zur Seite stellt. Das Wohlfühlglück können Geschwister miteinander genießen, und gerade dann erscheint ihnen die Beziehung bejahenswert, wenn sie die Freude am Leben und an Beziehungen miteinander teilen können. Aus ihren Unterschieden und Gegensätzen, auch aus gelegentlichen gegensätzlichen Gefühlen, resultiert darüber hinaus ein Glück der Fülle: Freude und Ärger sind in dieser Beziehung reichlich zu erfahren und bei einem gemeinsamen Heranwachsen lernen Geschwister früh, diese Polarität in ihr Leben zu integrieren. Gemeinsam können sie auch ein mögliches Unglücklichsein besser bewältigen und auf diese Weise ein erfülltes Leben verwirklichen.

Vor allem aber sprechen Gründe des *Sinns* dafür, diese Beziehung zu pflegen: Sie ist eine Möglichkeit, dem Leben Sinn zu geben, denn sie verbürgt einen starken Zusammenhang durch das gesamte Leben hindurch und bietet selbst dann noch Halt, wenn sonst nichts mehr hält – aus dieser Einsicht geht auch die therapeutische Forderung nach mehr »Geschwisterarbeit« hervor (Hans Sohni, *Geschwisterdynamik*, 2011, 131). Aus all diesen Gründen suchen Geschwister immer wieder nach einander und bleiben einander bemerkenswert nahe, wie groß die räumliche und sonstige Ferne auch sein mag.

Die Geschwisterliebe ist Teil einer Kunst des Liebens, die Beziehung kann sich im Laufe des Lebens jedoch mehrfach wandeln (Hartmut Kasten, *Geschwister – Vorbilder, Rivalen, Vertraute*, 2003). Was in den Entwicklungsphasen der Kindheit zuweilen symbiotische Liebe, dann wieder rivalisierende Beziehung war, setzt sich durchs Leben hindurch fort: Aus Liebe kann Hass werden, womöglich eine unversöhnliche Feindschaft, aus Feindschaft wiederum eine ungetrübte Freundschaft, ein Anker der Stabilität in allen Lebenslagen. Eine *leidenschaftliche Liebe* ist möglich, bei der einer ohne den Anderen nicht leben will, wie etwa zwischen den Dichter-Geschwistern Bettine Brentano, verheiratete von Arnim, und ihrem Bruder Clemens (Hartwig Schultz, *»Unsre Lieb aber ist außerkohren«*, 2004). Die Möglichkeiten der leidenschaftlichen Liebe reichen dabei vom innigen seelisch-geistigen Austausch bis zur inzestuösen, erotischen, auch sexuellen Anziehung. Probleme scheint nur der tatsächliche Inzest mit sich zu bringen, aus psychischen und genetischen Gründen: Die Verschmelzung der Ichs ist der individuellen Entwicklung abträglich, und genetisch bedingte Krankheiten treten bei Kindern aus dieser Verbindung mit signifikanter Häufigkeit auf.

Eine andere Art der Geschwisterliebe mit großer Vertrautheit und Zuneigung ist die *wahre Freundschaft*, wie sie etwa zwischen den Komponisten-Geschwistern Fanny Mendelssohn Bartholdy, verheiratete Hensel, und ihrem Bruder Felix möglich war (*Briefwechsel*, 1997). Der und die Andere wird zum besten Freund, zur besten Freundin, mit dem oder der nicht um Macht gerungen werden muss, wie das vielleicht in der Kindheit noch Alltag war. Die *Geschwisterfreunde* können sich alles anvertrauen und sehr freimütig miteinander umgehen. Und wenn schon nicht Liebe oder Freundschaft, dann ist we-

86

nigstens eine vertrauensvolle Zusammenarbeit und *Kooperation* möglich, auf der Basis eines einfachen Mögens, das eine wechselseitige Aufmerksamkeit und Hilfe in einer unproblematischen Beziehung unter Gleichen ermöglicht, auch wenn die Charaktere und Interessen sehr ungleich ausgeprägt sind.

Gleichgültigkeit herrscht hingegen vor, wenn der *bloßen Funktion*, Geschwister zu sein, nur äußerlich Rechnung getragen wird, um lustlos, aber unangreifbar einer Konvention Genüge zu tun. Die Gleichgültigkeit kann eine betonte, vorsätzliche, oder eine beiläufige, nachlässige sein.

Absolut nicht von Gleichgültigkeit gekennzeichnet ist demgegenüber die Beziehung, in der *häufiger Streit* dominiert, der in der Kindheit noch sinnvoll erscheint: Der eigene Kern bildet sich in der Auseinandersetzung mit dem nahen Anderen klarer heraus, und die Relativierung, die das Ich erfährt, begünstigt sein Absehenkönnen von sich, eine gute Basis für einen problemlosen Umgang mit Anderen. Der Auseinandersetzung ist die frühe Erfahrung von Grenzen zu verdanken, die der jeweils Andere setzt, und das Vertrautwerden mit gegensätzlichen Interessen fördert die Einübung in eine Kompromissbereitschaft, die das ganze Leben hindurch brauchbar ist. Schwieriger ist der häufige Streit im Erwachsenenalter, wenn jeder auf seinen ausgeprägten Ansichten beharrt, wie etwa die Brüder Heinrich und Thomas Mann, die, gespiegelt von den Schwestern Carla und Julia, zeitlebens miteinander haderten und zwischendurch nichts mehr voneinander wissen wollten.

Im schlimmsten Fall aber, wenn der Streit das gesamte Leben hindurch wiederkehrt und nicht mehr zu schlichten ist, kann ein *rigider Ausschluss* des Anderen aus dem eigenen Leben die Folge sein, womöglich für immer, nicht immer zum Wohle der Beteiligten, die auf Dauer Bitterkeit mit sich herumtragen.

Und in Zeiten der elektronischen Kommunikation ist eine *partielle Virtualisierung* auch für die Beziehung der Geschwister möglich, die einen mehr oder weniger intensiven Kontakt miteinander pflegen wollen. Das erinnert an die einstige Beziehungspflege per Brief, von der etwa der Briefwechsel zwischen Friedrich Nietzsche und seiner Schwester Elisabeth zeugt, mit einem endlosem Hin und Her zwischen Liebe, Freundschaft, Kooperation, Funktion, Streit und Ausschluss: Der Philosoph sah eher in Lou von Salomé sein »Geschwistergehirn«, wenngleich ohne die Resonanz, die er sich wünschte.

Innerhalb der Familienkonstellation kommt Geschwistern von Geburt an eine Position zu, die schicksalhafte Konsequenzen in sich birgt und für die dennoch niemand irgendwelche Verantwortung trägt: Älteste(r), Mittlere(r), Jüngste(r) zu sein. Konträre Meinungen und Theorien ranken sich um diese *Geschwister-Ordnungen*. Manche lieben die ihnen zugefallene Rolle und fühlen sich in ihr wohl, Andere hassen sie und halten sie für eine untragbare Bürde. Die Position kann sich auf die Perspektive auswirken, unter der das Leben gesehen wird, und sie beeinflusst Antriebskräfte oder deren Fehlen. Der Ältere, dem schon früh die Verantwortung für die jüngeren Geschwister übertragen wird, kann versucht sein, ein wenig rechthaberisch und besserwisserisch durchs Leben zu gehen, wie beispielsweise Frederick, eine Zeichentrickfigur in Kindergeschichten von Elke und Dieter Loewe: Das ausgewachsene Schwein soll seinem kleinen Bruder Piggeldy das Leben erklären (»nichts leichter als das«), offenbart dabei aber ein ums andere Mal seine eigene Unwissenheit. Das Mittelkind fühlt sich in der *Sandwich-Position* zwischen Älteren und Jüngeren bestens eingebettet und übt sich schon mal als diplomatischer Vermittler – oder sieht sich dermaßen eingekeilt, dass es zu Freunden ausweicht

88

und zügig nach Selbstständigkeit strebt, um mehr Freiraum für sich zu gewinnen. Dem Jüngsten wiederum wird die Rolle des *Nesthäkchens* zuteil, von allen geliebt, aber nicht von allen ganz ernst genommen, noch dazu regelmäßig darauf reduziert, »die kleine Schwester, der kleine Bruder von…« zu sein (Alfred Adler, *Menschenkenntnis*, 1927; Jürg Frick, *Ich mag dich – du nervst mich! Geschwister und ihre Bedeutung für das Leben*, 2009).

Eine eigene Art von Psychodynamik bringt der Umstand mit sich, Trennungskind mit *Halbgeschwistern* oder Adoptivkind mit *nicht-leiblichen Geschwistern* zu sein, verschärft von einer ungleich verteilten Liebe der Eltern, selbst wenn sich dies nur nach subjektivem Empfinden so verhalten sollte. Demgegenüber hat ein *Einzelkind* alle Ressourcen der Eltern für sich und kann Geschwister problemlos entbehren – oder sehnt sich erst recht nach ihnen, schon um der permanenten Beobachtung durch die Eltern zu entgehen, der es als einzelner Bezugspunkt ausgesetzt ist.

Zwillinge und Mehrlinge erleben das Glück, immer einem Anderen nahe sein zu können, auch auf Distanz, immer bei ihm Verständnis zu finden, auch ohne Worte, sich immer mit ihm auseinandersetzen zu können, ohne jemals eine Entfremdung befürchten zu müssen. Das Schicksal, bereits im Mutterleib gemeinsam herangereift zu sein, begründet eine starke Bindung, und es wird zur zweiten Natur, sich auf den Anderen einzustellen, mit ihm zu fühlen, ihn im Blick zu haben. Dennoch kennt auch diese innige Art der Geschwisterliebe ein Phänomen wie Eifersucht und die Geschwister ärgern sich darüber, vom sozialen Umfeld zu sehr als Einheit, zu wenig als Individuen wahrgenommen zu werden. Insbesondere eineiigen Zwillingen widerfährt das, aber die Entwicklung einer eigenen Persönlichkeit ist ihnen genauso wichtig wie anderen Menschen.

Manche Geschwister verstehen sich bestens, andere gar nicht, ohne dass je gänzlich zu klären wäre, warum das so ist. Die unterschiedlichen Temperamente obliegen nicht der freien Wahl, sie sind von Natur aus angelegt und werden von der sozialen Umgebung weiter ausgeformt. Allenfalls ist es mit einem willentlichen Eingreifen und langen Einüben möglich, eine Anlage oder Ausformung abzumildern oder umgekehrt noch zu verstärken. Vorstellbar ist, dass der ausgeprägte Charakterzug des Einen eine gegenteilige Ausprägung bei seinem Gegenüber herausfordert, dem Gesetz der Polarität folgend, das in einer gegebenen Konstellation von Personen die Wahrnehmung gegensätzlicher Rollen geradezu erzwingt.

Im familiären *Theaterstück* spielt jede und jeder eine Rolle, die sie oder er sich nicht unbedingt ausgesucht hat, sodass es nicht sinnvoll ist, sie sich wechselseitig vorzuwerfen. Das Stück, das alle gemeinsam aufführen, kann beim »Familienstellen«, einer Art der *Systemaufstellung*, tatsächlich auf eine Bühne gestellt werden. In den Darstellern und ihrer räumlichen Position wird sichtbar, welche Energien in ihnen und zwischen ihnen im Spiel sind. In Gefühlen und Gedanken finden die Energien ihren Ausdruck und offenbaren erstaunliche Muster, die im real gelebten Leben erfahrbar sind. Loyalitäten, Brüche, Verletzungen und Verstrickungen kommen zum Vorschein; sie vor sich zu sehen, ermöglicht jedoch auch Veränderungen.

Bei Geschwistern, die wenig Sympathie füreinander empfinden, hat der *Neid* leichtes Spiel, Resultat eines unwiderstehlichen Bedürfnisses, sich miteinander zu vergleichen, wobei mindestens einer das Gefühl hat, »zu kurz zu kommen«. Die Ächtung des Neids als »Todsünde« in der christlich geprägten Kulturgeschichte konnte dem Phänomen nichts anhaben, sodass auf ein existenzielles Neidbedürfnis geschlossen werden darf, das umso mehr hervortritt, je weniger ein Mensch mit sich zufrieden ist. Mit seinem Neid zeigt ein Mensch zuverlässig an, dass er das Gefühl für den eigenen Wert nicht hinreichend aus sich selbst bezieht, sodass er auf den Vergleich mit Anderen angewiesen ist, die im Verdacht stehen, mehr zu haben, wovon auch immer: Ideelle, materielle, sexuelle oder sonstige Ressourcen. Andere haben etwas, das ich nicht habe, und das kann auf keinen Fall mit rechten Dingen zugegangen sein. Neid ist im Grunde immer *Lebensneid*, sein Nährboden ist die *ontologische Kluft* zwischen den Seinsebenen von Wirklichkeit und Möglichkeit, schmerzlich empfunden von dem, dessen Wirklichkeit sich allzu sehr verengt, während Anderen attraktive Möglichkeiten offenstehen, von denen sie einige auch verwirklichen.

Einen Stammplatz besetzt im Verhältnis von Geschwistern außerdem die *Eifersucht*, hervorgetrieben von der Befürchtung, der jeweils Andere könnte lebenswichtige Ressourcen rauben; Indizien reichen dafür völlig aus, und seien sie noch so trügerisch. Das gilt vor allem für die Ressourcen der elterlichen Liebe, aus diesem Grund buhlt auch ein Oscar Wilde mit seinem älteren Bruder Willie um die Gunst der Mutter. Die angeblich unwichtigen Äußerlichkeiten, um die es dabei meist geht, repräsentieren die innerlichen Energien, die aus subjektiver Sicht immer zu knapp bemessen sind und daher zusätzlich von Anderen bezogen werden müssen.

Um sich die Bezugsquelle zu sichern, kann die Liebe der Geschwister, wie jede andere, von *Machtfragen* durchzogen sein, vom Kampf um Aufmerksamkeit mit allen Mitteln, die in einer solchen Beziehung zur Verfügung stehen. Nur wenige machen dabei von *sanften* Machtmitteln Gebrauch, um etwa mit Freundlichkeit, Liebenswürdigkeit und Kooperation zu ei-

91

nem Arrangement mit dem Konkurrenten zu gelangen. Größerer Beliebtheit erfreuen sich die *unsanften* Machtmittel der Beschimpfung und Erpressung, des zeitweiligen oder nachhaltigen Liebesentzugs, womöglich mit der Androhung physischer Gewalt und ihrem wirklichen Einsatz, jedenfalls in der Kindheit, wenn die Eltern für einen Moment nicht hinsehen. Die Rivalität der Geschwister scheint von klein auf maßvoller auszufallen, wenn ihr Altersabstand größer ist als die ein, zwei Jahre, die viele Eltern bei der Familienplanung bevorzugen, um mit der Kindererziehung in überschaubarer Zeit »fertig zu sein«.

Regelmäßig entzünden sich Konflikte am großen Familienthema *Recht und Gerechtigkeit*, insbesondere an Fragen wie: Wer hat das Recht, wem was zu sagen? Wer hat für wen was getan und wie ist das angemessen zu würdigen? Wer hat wem was angetan und wie ist das wiedergutzumachen? Wer hat wovon zu wenig oder zu viel bekommen? Wer hat wem was zurückzugeben? Wer wird ständig ungerecht behandelt? Wer wird zu viel, zu wenig oder gar nicht geliebt? Die Unruhe darüber durchzieht nicht etwa nur die Kindheit, sondern hält bei manchen das ganze Leben hindurch an (Horst Petri, *Geschwister – Liebe und Rivalität*, 1994). Immer wieder kommen längst vergangene, nie vergessene Sentenzen und Szenen im Verhältnis zwischen Eltern und Kindern sowie zwischen den Geschwistern zum Vorschein, die beweisen sollen, wer schon immer benachteiligt wurde, wer »der Liebling war« und wer damals schon »Anderen nichts gönnte«.

Diese Probleme gar nicht erst entstehen zu lassen, ist kaum möglich. Die energetischen und materiellen Ressourcen vollkommen gerecht zu verteilen, ist bereits bei den leiblichen Kindern schwierig, schwieriger noch bei Kindern unterschiedlicher Herkunft in Patchworkfamilien, und mit jedem Kind, das hinzukommt, wächst die Komplexität. Den Eltern bleibt nur, die möglichen Probleme bei ihrer Art der Zuwendung und Zuneigung im Blick zu behalten und sich immer wieder von Neuem zu fragen: Wenden wir angemessene Aufmerksamkeit auf jedes Kind? Wie können wir jedem auf seine Weise gerecht werden? Können wir unbedachte Vergleiche zwischen den Kindern vermeiden, die, ausgesprochen oder nicht, mit Lob und Tadel verbunden sind und von den Betroffenen als äußerst ungerecht empfunden werden?

Schwierig ist die *Verteilungsgerechtigkeit*, da sie nach Grundsätzen fairer Gleichbehandlung nicht nur der *Gleichheit*, sondern auch der *Ungleichheit* der Beteiligten Rechnung tragen soll. Wie ist beispielsweise den unterschiedlichen, hormonell grundierten, von mehr oder weniger Testosteron beeinflussten Bedürfnissen von Jungen und Mädchen gerecht zu werden? Wie den Talenten und den Altersstufen? Kleine Kinder können Zuwendung und Aufmerksamkeit sehr wirksam auf sich ziehen, ältere Kinder reagieren darauf, indem sie in einen ähnlichen Zustand »regredieren«, um sich eine adäquate Portion zu sichern. Nicht mehr im Mittelpunkt zu stehen, kann ein Trauma der »Entthronung« (Alfred Adler, *Der Sinn des Lebens*, 1933, 151) zur Folge haben, aus dem Mordphantasien hervorgehen.

Eine ständige Unruhe sollte ebenso der *Verfahrensgerechtigkeit* gelten: Werden alle so an Entscheidungen beteiligt, dass bei keinem das Gefühl entsteht, es werde ständig über seinen Kopf hinweg entschieden? Dennoch kann das Resultat aller Mühen keine makellose Gerechtigkeit sein, vielmehr kommt es im späteren Erwachsenenleben auf die Fragen des Einzelnen an sich selbst an: Bemühe ich mich mit meiner Arbeit an mir und Sorge für Andere darum, frühere Verletzungen

93

zu heilen und Ungerechtigkeiten zu überwinden? Übe ich genügend Nachsicht gegenüber Eltern und Geschwistern, die unterschiedliche Seiten an sich haben wie ich selbst? Um mir nicht eines Tages wehmütig sagen zu müssen (Veits Lied in Albert Lortzings Oper *Undine* von 1845):

Vater, Mutter, Schwestern, Brüder
Hab' ich auf der Welt nicht mehr
Kehrt' ich auch zur Heimat wieder
Fänd' ich alles öd und leer

Ein zentrales Familienproblem und Problem von Recht und Gerechtigkeit zwischen Geschwistern ist das Erben: *Erben ist des Teufels,* es kann Streit bis hin zum dauerhaften wechselseitigen Ausschluss aus dem Leben verursachen. Eigentlich könnten ererbte Güter das Leben der Beteiligten erleichtern und für entspannte Verhältnisse sorgen, abgesehen davon, dass vielleicht eine Erschlaffung des Lebens aufgrund des anstrengungslosen Wohlstands droht. Der Streit aber erscheint attraktiver und kann die Familie in kürzester Zeit zersprengen. Eltern, die etwas zu vererben haben, sollten daher alle erdenkliche Vorsicht walten lassen, möglichst mit notarieller Hilfe, um bis in alle Verästelungen des Erbrechts hinein vorzusorgen und keine Sprengsätze zu hinterlassen. Die Erben wiederum sollten sich darauf besinnen, dass restlose Gerechtigkeit nicht zu erreichen ist, schon gar nicht beim Erben: Ungleiche Dinge können nicht in gleiche Teile zersägt, unschätzbare Dienste nicht grammweise gegeneinander aufgewogen werden, und sowieso fühlen sich immer alle benachteiligt.

Wenn es um das Erben geht, ist keine Niedrigkeit zwischen Menschen ausgeschlossen. Gerade jetzt, wo es darauf ankäme, bei allen zwiespältigen Gefühlen die kluge Rücksicht, Umsicht, Vorsicht und Voraussicht nicht zu vergessen, lässt sich auf übliche menschliche Umgangsformen nicht mehr setzen. Die Beteiligten erleben Eigenschaften und Emotionen an sich und Anderen, die sie nie zuvor kannten: Nicht etwa nur Ärger, Neid und Eifersucht, sondern auch Hass, Ruchlosigkeit und Gnadenlosigkeit. Gerade diejenigen, die gerne den »Weltfrieden« beschwören, schaffen es noch nicht einmal, den Familienfrieden zu bewahren. Gerade der, der privat und politisch die mangelnde Wertschätzung der Familie beklagt, fühlt sich in dieser Situation nicht mehr für sie verantwortlich. Gewöhnlich hochgehaltene Werte sind plötzlich gegenstandslos, so mancher Christ entsinnt sich der Ethik der Bergpredigt nicht mehr. Die Nächstenliebe scheint außer Kraft gesetzt zu sein, wenn der Nächste zu nahe kommt und die Interessen frontal kollidieren. Liebe deinen Nächsten wie dich selbst? »Jeden, aber den nicht!« Du siehst den Splitter im Auge deines Bruders, den Balken im eigenen Auge aber siehst du nicht? »In meinem Auge ist kein Balken!« Kann es sein, dass die Gewissheit des Glaubens außer der Selbstgewissheit auch die Selbstgerechtigkeit stärkt?

Mit einem Mal wird klar, woher große Tragödien wie die *Sieben gegen Theben* des Aischylos und Shakespeares *King Lear* ihren Stoff haben. Wer einmal selbst erfahren hat, wie sich die bildhaften »Stiche ins Herz« bei solchen Konflikten ganz real anfühlen, zweifelt nicht mehr daran, dass üble Krankheiten davon verursacht werden können. Ein wesentlicher Grund für die Heftigkeit von Erbauseinandersetzungen ist abseits alter Rechnungen sicherlich die verzweifelte Hoffnung, im Leben doch noch »zu etwas zu kommen«, nachdem andere Gelegenheiten dazu ungenutzt geblieben oder unglücklich verstrichen sind: *Erben als letzte Chance.* Allenfalls ein Mensch, der mit sich und seinem Leben im Reinen ist, kann das nackte Eigeninteresse zugunsten der Bewahrung von Beziehungen zurückstellen und ein Erbe auch dann ausschlagen, wenn mehr als nur Schulden zu erben sind. Die Interessen stoßen sich nur dann hart im Raum, wenn sie zu dicht beieinander liegen. Sie zu entzerren, nimmt ihnen jede Möglichkeit zur Überkreuzung, entspannte Verhältnisse stellen sich ganz von selbst ein. Irgendwann können die Beteiligten sich vielleicht sogar wieder zu einem gemeinsamen Mahl verabreden, denn: »Nach einem guten Essen« kann man jedem verzeihen, selbst den eigenen Verwandten« (Oscar Wilde, *Eine Frau ohne Bedeutung,* 1893, 2. Akt).

Besonderheiten der Liebe zwischen Großeltern und Enkeln

So problematisch Geschwisterbeziehungen sein können, so unproblematisch ist eine weitere Beziehung, die häufig glückt: Die Liebe zwischen Großeltern und Enkeln. Die moderne Freiheit konnte dieser Beziehung erstaunlich wenig anhaben: Wenige wollen sich von ihr befreien, das springt dem Beobachter der Beziehungen ins Auge. Eher ist ihr neue Bedeutung zugewachsen in der Zeit, in der Beziehungen nicht selten missglücken: Wenn die Eltern sich zerstreiten, werden die Großeltern zur rettenden Oase. Selbst der von seiner Mutter und anderen guten Geistern verlassene Michel Houellebecq fand, seinen späteren Romanhelden recht ähnlich, bei der Großmutter Glück und Geborgenheit. Seit jeher und in allen Kulturen kommt Großmüttern eine Unterstützerrolle bei der Sorge für den Nachwuchs zu, zusätzlich sind Großväter mehr als je zuvor dazu bereit.

Dabei wird die Beziehung zu den Enkeln sehr wohl von modernen Herausforderungen tangiert: Aufgrund moderner Arbeitsverhältnisse und Lebensmöglichkeiten wohnen die Großeltern meist nicht mehr unter demselben Dach oder im »Austragsstüberl« nebenan oder sonstwie in leicht erreichbarer Nähe. Sie führen ein aktiveres Leben als die Großeltern früherer Zeiten, fühlen sich lange jung und unternehmen viel dafür, körperlich und geistig fit zu bleiben. Stress resultiert für sie nach dem Ausscheiden aus dem Arbeitsleben noch aus der schwierigen Koordination von Verabredungen, allerlei Tätigkeiten, ehrenamtlichen Engagements, Kreuzfahrten und anderen Reisen.

Einige Faktoren widerstehen jedoch jeder Modernisierung: Kein noch so erfolgreiches, mit natürlichen und sonstigen Mitteln betriebenes *Anti-Aging* kann am faktischen Älterwerden etwas ändern. Das allmähliche Nachlassen der Kräfte hat zur Folge, nicht mehr im selben Maße agil und mobil sein zu können wie die Jüngeren. Was die kleineren Kinder noch nicht kennen, beginnen die Großeltern schrittweise hinter sich zu lassen: Die moderne *Kultur der Zeit*, in der die Eltern leben, geprägt von einer vergehenden, *linearen Zeit*, die ständig in Minuten und Sekunden gemessen wird. Der Eindruck der Atemlosigkeit, den diese Zeit vermittelt, ergibt sich aus dem ontologisch fragwürdigen Versuch, immer mehr Möglichkeiten in einer immer enger erscheinenden Wirklichkeit unterbringen zu wollen. Immer neue Techniken werden dafür genutzt, in schneller Abfolge möglichst viel zu realisieren: Rasch noch ein Meeting abhalten, telefonisch eine Verabredung treffen, einkaufen gehen, die Kinder von der Schule abholen, sie zum Sport bringen, bei einer Freundin vorbeischauen, Essen machen, vielleicht dank eines Babysitters ins Kino gehen, immer

97

mit dem Gefühl, noch viel mehr, Anderes, Neues müsste möglich sein.

Für diese schnelle Zeitwelt der Eltern sind Kinder stets zu langsam, unentwegt müssen sie angetrieben werden. Sie bleiben aber gerne am Wegrand stehen, vollauf damit beschäftigt, die Wirklichkeit zu entdecken, die voller Wunder und Rätsel ist; für die vielen Möglichkeiten darüber hinaus steht ihnen das gesamte künftige Leben zur Verfügung. Kinder sind nicht modern, die moderne Welt hat sich von Anfang an damit schwergetan, einen Platz für sie zu finden. In einem langwierigen Prozess erst ist es gelungen, Schutzräume für sie zu schaffen, Kinderspielplätze, Kinderhorte, Kindergärten, in denen sie vor den Bedrohungen durch technische Errungenschaften der Moderne sicher sind.

In der Grundstruktur ihres Lebens sind die Älteren, die sich aufgrund eingeschränkter Mobilität ihrerseits vor Techniken der Beschleunigung in Acht nehmen müssen, den Jüngsten nahe. Gerade weil die zeitliche Distanz zwischen den Generationen so ausgeprägt ist, passen ihre Zeiten gut zueinander, die gefühlte Nähe wirkt nicht erdrückend. Großeltern bewohnen mit ihren Enkeln die geruhsamere *Kultur des Raumes*, in der Dinge und Menschen verharren können, statt ständig fluktuieren zu müssen. Ihre gemeinsame Wirklichkeit kann sich zeitlich ausdehnen und wird nicht mehr von Möglichkeiten zu Tode gehetzt. Sie können Stunden für einen kurzen Weg brauchen, der auf Schritt und Tritt aufregend ist. Liebevoll gepflegte, vertrauenswürdig wiederkehrende Gewohnheiten und Rituale, die einen ruhigeren Atem erlauben, bilden Inseln einer *zyklischen Zeit* im Meer der modernen Hektik.

Mag sein, dass Begegnungen mit den Enkeln seltener sind als in vergangenen Zeiten, dann aber haben Großeltern Zeit, ihnen zuzuhören und die Dinge der Welt zu erklären, ihnen vorzulesen und mit ihnen etwas zu unternehmen, spektakuläre Ausflüge ebenso wie alltägliche Arbeiten, an denen sie teilhaben können. Einige Jahre später werden die Großeltern, sofern sie nicht von selbst schon mit den neuesten Techniken vertraut sind, von den Heranwachsenden in sie eingeführt. Moderne Kommunikationsmittel erlauben ihnen, auch über große Entfernungen in Verbindung mit den Enkeln zu bleiben, für die es weiterhin ein Ereignis bleibt, wenn die Großeltern an sie denken, sich nach ihnen erkundigen und ihnen Mut zusprechen.

Dafür, dass der Wunsch nach Kontakten von beiden Seiten anhaltend groß ist, gibt es Gründe: Die Beziehung unterliegt keinem Zwang, sie ist keine lästige Notwendigkeit, sondern eine schöne Möglichkeit. Die *starke Bindung*, die diese Liebe ermöglicht, geht mit *großer Freiheit* einher, denn anders als den Eltern mit den Kindern steht es den Großeltern frei, mit den Enkeln umgehen zu wollen oder nicht; ebenso verhält es sich für den Umgang der Enkel mit den Großeltern. Anders als die Eltern, deren *ontologische Interessen* denen der Kinder im Weg stehen können, konkurrieren die Großeltern mit den Enkeln nicht um Lebensmöglichkeiten: Ihre Möglichkeiten haben sie zum größeren Teil bereits gelebt und die verbleibenden sind nicht die, die für die heranwachsende Generation von Interesse wären. Die Eltern hingegen werden naturgemäß sehr stark von eigenen Interessen umgetrieben, da sie ihre Lebensmöglichkeiten meist noch nicht hinreichend realisieren konnten. In dem Maße, in dem sie selbst noch »jung sein wollen«, können sie den Heranwachsenden, die bereits die Realisierung ihrer eigenen Möglichkeiten beanspruchen, ins Gehege geraten.

Anders als die Beziehung zwischen Eltern und Kindern wird die zwischen Großeltern und Enkeln auch nicht von der alltäglichen Wirklichkeit dominiert, sondern als höchst erwünschte *Unterbrechung des Alltags* erfahren. Mit dem unvermeidlichen Ärger im Alltag sind die Großeltern nicht befasst, und wenn doch einmal, können sie großzügig darüber hinwegsehen. Die Enkel bemerken das und empfinden es als äußerst wohltuend. Zuhause sind sie in das Regelgerüst der Eltern eingespannt, bei den Großeltern aber gilt eine andere Ordnung. Hier sind die Verrücktheiten erlaubt, die die Kinder lieben und zu denen die Eltern im Stress der Alltagsbewältigung weder Zeit noch Lust haben. Zwar sind die Eltern nicht immer damit einverstanden, dass ihre Kinder ungewöhnliche Dinge bei den Großeltern tun dürfen, aber sie könnten sich daran erinnern, wie sehr sie dies selbst einst genossen. Der entstehende Freiraum ist in einem Maße frei vom Müssen, wie dies ansonsten nur in Freundschaften erfahrbar ist.

Die Großeltern repräsentieren eine *Idylle des Wohlwollens*, denn sie lassen die Enkel gutmütig gewähren und verzichten auf jede unsanfte Machtausübung, die ihrer Erfahrung nach ohnehin nichts bringt. Dass ihre Gelassenheit groß sein kann, kommt vom Lassen: Sie müssen nicht ständig eingreifen, korrigieren und kontrollieren, und dies nicht etwa nur aus der Einsicht heraus, dass es sich nicht lohnt, sondern auch, weil die erforderlichen Kräfte zur ewigen Intervention nicht mehr zur Verfügung stehen. In diesem Klima, wie es etwa Bettine Brentano in ihrer Kindheit in besonderem Maße erfuhr, da sie nach dem Tod der Mutter bei ihrer Großmutter, der Schriftstellerin Sophie von La Roche aufwuchs, kann sich ein sehr eigenständiges Denken entfalten. Das heranwachsende Ich kann sich mit seinen Talenten in einer Weise entwickeln, die im Elternhaus, in dem eine bestimmte Konstellation von Notwendigkeiten die Räume besetzt hält, nicht immer möglich ist. Womöglich mehr als die Eltern können sich Großeltern auf die Interessen und Bedürfnisse des Kindes einlassen, ihm ungewöhnlich viel Aufmerksamkeit widmen und es damit »in seiner Entwicklung entscheidend fördern« (Peter Schwob, *Großeltern und Enkelkinder*, 1988, 8).

Aus der Sicht von Kindern stehen Eltern grundsätzlich unter *Erziehungsverdacht*, die egoistischen Interessen ihrer Erziehungsversuche sind nicht zu überhören (»ich will auch mal meine Ruhe haben«), und selbst ihre ethischen Interessen (»ich will nur dein Bestes«) machen nichts besser, denn Kinder sehen ihr Bestes tendenziell darin, ihren eigenen Interessen folgen zu können, die Eltern stören dabei nur. Frei von der Letztverantwortung für die Erziehung können die Großeltern den Kindern zusehen, ohne ständig alles beurteilen zu müssen, was sie machen. Ihr Blick auf den Nachwuchs ist von jenem »interesselosen Wohlgefallen« geprägt, das Immanuel Kant in anderem Kontext als charakteristisch für die Wahrnehmung von Schönem bezeichnete (*Kritik der Urteilskraft*, 1790).

Während Eltern dazu neigen, ihren Kindern Irrwege ersparen zu wollen, wissen Großeltern, dass die Zeit des Heranwachsens eine Zeit des Ausprobierens ist, und sie strahlen die Zuversicht aus, dass auch Um- und Abwege letzten Endes weiterführen. Ihre *Zurückhaltung im Erziehungsprozess* zeitigt letzten Endes eine größere erzieherische Wirkung als die unmittelbare elterliche Einflussnahme. Die entstehenden kindlichen Auffassungen davon, was schön und bejahenswert ist, die Wertvorstellungen, die sich daraus ergeben und auf lange Sicht für Orientierung sorgen, werden gerade von denen beeinflusst, die den Einfluss nicht offen anstreben und schon gar nicht offensiv beanspruchen. So können die Großeltern zu Vorbildern werden, ohne es unbedingt sein zu wollen.

Wie jede Liebe vermittelt auch die zwischen Großeltern und Enkeln eine enorme *Erfahrung von Sinn,* und der Prozess der Sinngebung ist wechselseitig. Bereits der Sinn aus *körperlicher Sinnlichkeit* prägt sich den Enkeln tief ein: Wie gemütlich es bei den Großeltern aussieht, wie heimelig die Dielen knarren, wie es bei ihnen riecht und wie alles, was zuhause ungenießbar erscheint, hier schmeckt – eine märchenhafte Welt, die für immer unvergesslich bleibt! Die Großeltern ihrerseits können dem heranwachsenden Leben in Gestalt der Enkel nahe sein und es in den Arm nehmen. Noch einmal erleben sie, unterstützt von Hormonen wie damals, als sie selbst Eltern wurden, die Entwicklung des Lebens mit seiner anfänglichen Unbefangenheit und erwachenden Neugierde, das beste Anti-Aging-Programm, das sich denken lässt (Birgit Jackel, *Enkel und Großeltern,* 2010).

Auf seelischer Ebene ist es die *gefühlte Wärme,* die Sinn spendet: Sie ergibt sich aus überwiegend positiven Gefühlen und ist für beide Seiten weniger als im alltäglichen Zuhause von momentanen Launen abhängig, weniger auch von Auseinandersetzungen beeinträchtigt. Die Enkel müssen um diese Beziehung nicht fürchten, nicht bei schlechten Schulnoten und nicht bei strittigen Lebensentscheidungen. Mit großer Beständigkeit sind die meisten Großeltern großzügig, liebevoll, gastfreundlich, humorvoll und tolerant, jedenfalls werden sie von den Enkeln so wahrgenommen und zuweilen idealisiert, um ein Gegenbild zur gewöhnlichen Wirklichkeit vor Augen zu haben.

Mit erfundenen, nacherzählten und selbst erlebten Geschichten stellen Großeltern auch *gedanklichen Sinn* her. Kinder sind besonders neugierig auf Erzählungen von »damals«, und

102

solange sie ihnen nicht aufgedrängt werden, können sie endlos wiederholt werden: »Erzähl mir von früher!« In den erzählten Geschichten wird Vergangenheit lebendig, sie wecken bei den Enkeln das Bewusstsein für ihre Herkunft, nicht nur familiär, sondern auch historisch. Die Großeltern verknüpfen die »kleine« Geschichte der Familie mit der »großen« Geschichte zurückliegender Zeiten, die sie zumindest teilweise selbst erlebt haben. Mit Erzählungen aus ihrer Kindheit und aus der Zeit, als die Eltern der Enkel selbst noch Kinder waren, vergegenwärtigen sie sich die Zusammenhänge ihres Lebens und schwelgen in Nostalgie. Mit dem Blick auf das gesamte Leben können sie momentane Geschehnisse besser einschätzen, Situationen und Probleme der Gegenwart vor diesem Hintergrund stärker relativieren. Großeltern können vieles verstehen, da sie selbst vieles erlebt haben, schon aus diesem Grund erscheinen sie weise. Sie selbst waren nicht immer die Muster des Verhaltens, zu denen die Eltern die Kinder erziehen wollen, und auf den Unsinn, den sie einst machten, sind sie im Rückblick nicht wenig stolz. Mit den Großeltern können die Enkel außerdem so manches besprechen, was mit den Eltern schwierig ist, wenn es um heikle Dinge geht. Ganz zwanglos geschieht das, ohne jede Zudringlichkeit und unter Wahrung der Diskretion, um das allzu Intime für sich zu behalten. Die Gespräche können offen sein, ohne Konsequenzen befürchten zu müssen. Alle Gespräche tragen wiederum zur Sinngebung bei, denn ein Sinn-Zusammenhang entsteht allein schon dadurch, dass der Gesprächsfaden nicht abreißt.

Wie von selbst öffnen die Großeltern schließlich den Horizont für *transzendenten Sinn*. Mit dem Blick füreinander fühlen sich die Generationen dem großen *Zyklus des Lebens* näher, denn zwischen dem werdenden Leben, das die Enkel sind,

103

und dem vergehenden, das die Großeltern repräsentieren, schließt sich der Kreis. Eine Fülle von Sinn ergibt sich daraus, sich eingegliedert zu sehen in diesen umfassenden Zusammenhang, in die Unendlichkeit des in sich kreisenden Lebens: Das Leben ragt nicht mehr in ein Nichts hinaus, und für diese unvergleichliche Erfahrung ist nicht die häufige Begegnung, sondern die stille Präsenz füreinander im Hintergrund entscheidend. Die Großeltern gewinnen ein Bewusstsein dafür, dass das Leben nach ihnen weitergeht, ohne dass es dafür einer Metaphysik bedürfte: Im Gedächtnis der Enkel werden sie weiterleben. Den Enkeln rückt die Einsicht näher, dass ein Leben irgendwann zu Ende geht, auch wenn die Vergänglichkeit jetzt so fern erscheint, als wäre sie an die Älteren und Alten gebunden und könne dem eigenen Ich nie widerfahren. Und wohin gehen die Großeltern, wenn sie sterben? Das beschäftigt alle Kinder, für die dieser Abschied meist die erste Begegnung mit dem Tod ist. Als der Großvater gestorben ist, bekommt der sechsjährige Cenk zu hören, es verhalte sich mit einem Menschen ganz ähnlich wie mit den Aggregatzuständen des Wassers: Was zunächst in starrer Form Eis ist, setzt sich mit der Erwärmung in Bewegung und beginnt zu fließen und zu leben. Beim Erreichen der Siedetemperatur aber bilden sich Wasserdampfblasen, die nach oben steigen und das Wasser in unsichtbares Gas verwandeln. Messerscharf schließt Cenk, sein Großvater müsse also »verdampft« sein (*Almanya*, Regie Nesrin und Yasemin Şamdereli, Deutschland 2010).

Nur wenige Menschen haben, wie Umfragen zeigen, schlechte Erfahrungen mit den Großeltern gemacht, jedenfalls in der Erinnerung ist das so. Die Großelternliebe kann so intensiv sein, dass sie einen wirklichen oder vermeintlichen Mangel an Elternliebe ausgleichen kann. Zur *schwierigen Liebe* kann sie jedoch werden, wenn es für die Großeltern zum schmerzhaften Prozess wird, das Leben hinter sich lassen zu müssen. Das Leiden am Älterwerden beginnt sich auf die Haltung zum Leben und das Verhalten im Umgang mit den Jüngeren und Jüngsten auszuwirken: Die Beziehung ist nicht mehr frei vom Lebensneid, wenn der Blick auf die Enkel fällt, die das Leben mit einem unabsehbar weiten Horizont von Möglichkeiten, dessen Grenzen kaum absehbar sind, noch vor sich haben, während das eigene Leben zu Ende geht. Geradezu »ungenießbar« werden Großeltern, wenn sie aufgrund ihrer Erfahrungen die einzig mögliche Wirklichkeit zu kennen glauben und anhand dieses Maßstabs die Abweichungen der nachwachsenden Generation in Weltsicht, Verhalten, Kleidung und Haarschnitt messen und beurteilen. Nicht immer verfügen Großeltern über ein großes Zutrauen zur gegenwärtig sich entwickelnden Welt und ihren Möglichkeiten, während die Heranwachsenden ganz selbstverständlich ihre angestammte Heimat darin sehen.

In der Beziehung zwischen *Eltern und Großeltern* sind Konfliktherde angelegt, die auch die Beziehung zu den Enkeln beeinträchtigen können. Die Großeltern fühlen sich gebraucht, wenn sie den Eltern Entlastung bei der Mehrfachbelastung mit Familie und Beruf verschaffen können, missbraucht jedoch, wenn sie sich *ausgenutzt* sehen, da ihre Dienste zu sehr in Anspruch genommen werden. Diesem Problem können sie entgehen, wenn sie klar sagen, wozu sie etwa hinsichtlich der Zeiten der Kinderbetreuung bereit sind. In Fragen der *Erziehung* können sie Konflikten aus dem Weg gehen, wenn sie die »Bestimmerrolle« der Eltern anerkennen und darauf verzichten, sich die Liebe der Enkel mit augenzwinkernder Kumpanei gegen den Erziehungsstil der Eltern zu sichern und mit allzu üppigen Geschenken zu erkaufen. Vom Standardproblem der

105

Eifersucht bleibt die Beziehung zwischen Eltern und Großeltern nicht verschont: Eifersucht empfinden die Eltern, wenn der Eindruck entsteht, die Liebe der Kinder gelte mehr den Großeltern, die alles erlauben, als den geplagten Eltern, die auch mal Nein sagen müssen. Manchmal provoziert dies den Vorwurf der Eltern, die Kinder zu sehr zu verwöhnen, während den Großeltern der Vorwurf auf den Lippen liegt, sie zu streng zu behandeln (seltener umgekehrt). Weniger häufig wird die Eifersucht zwischen den Großeltern selbst zum Problem, die sich in unterschiedlichem Maße von den Enkeln geliebt fühlen können, häufiger deren Eifersucht untereinander, wenn sie sich benachteiligt sehen (Adelheid Müller-Lissner, *Enkelkinder! Eine Orientierungshilfe für Großeltern*, 2006).

Und was ist, wenn keine Beziehung zwischen Großeltern und Enkeln zustande kommt, weil die Großeltern unter modernen Bedingungen ihr eigenes Leben leben wollen oder sehr fern sind oder schon nicht mehr unter den Lebenden weilen? Dann lassen sich die zahlreichen Möglichkeiten elektronischer und anderer Netze nutzen, um *Wahlgroßeltern* zu finden. Auch auf diese Weise können Beziehungen fürs Leben entstehen, mit den experimentellen Familienformen nimmt die Zahl *sozialer* Großeltern ohnehin zu. Statistische Erhebungen zeigen allerdings, dass *biologisch* begründete Beziehungen zwischen Großeltern und Enkeln etwas krisenfester und haltbarer sind, und dies nachweislich vor allem dann, wenn biologische Zweifel ausgeschlossen sind: Das ist beim Umgang der Großmutter mit den Kindern ihrer Tochter der Fall, während die Kinder ihres Sohnes prinzipiell »Kuckuckskinder« sein könnten, da der Vater immer ungewiss ist, *pater semper incertus*, wie dies im Lateinischen hieß; August Strindberg machte, ganz Zeuge seiner Zeit, ein Drama daraus: *Der Vater* (1887).

Schier unlösbar ist das Problem der ungern gesehenen oder gar *torpedierten Liebe* zwischen Großeltern und Enkeln. *Schwierige Schwiegerverhältnisse* werden häufig über die Kinder ausgetragen, die nicht verstehen können, was da geschieht. Einem Elternteil ist vielleicht die Beziehung der Enkel zu den Großeltern, die die Eltern des anderen Elternteils sind, ein Dorn im Auge, etwa weil die familiäre Konstellation davon zu eigenen Ungunsten verschoben wird. Die Beziehung wird unmöglich, wenn nach einer Trennung der Eltern die Großeltern ihre Enkel überhaupt nicht mehr sehen dürfen und jeder Kontakt zwischen ihnen unterbunden wird. Aus dieser leidvollen Erfahrung ging 2002 in Deutschland die *Großeltern-Initiative* hervor, die sich dafür stark macht, die Beziehungen zwischen Großeltern, Enkeln und Eltern auch nach Trennung und Scheidung nicht abbrechen zu lassen. Ein *Umgangsrecht* der Großeltern mit den Enkeln kann zum Bestandteil eines Scheidungsurteils werden, aber in der gelebten Praxis kann es dennoch unterlaufen werden. – Die schwierigste Situation für Kinder entsteht gleichwohl erst dann, wenn jeder feste Bezugspunkt fehlt, wie Eltern, Geschwister und Großeltern ihn darstellen können, sodass alles entbehrt werden muss, was kleine Menschen zuverlässig groß werden lässt.

Und wenn Kinder Liebe entbehren müssen?

Nicht oder jedenfalls nicht auf förderliche Weise geliebt zu werden, kann zur traumatischen Erfahrung werden, da es die Gewissheit der Geborgenheit in der Welt erschüttert, bei Kindern weit mehr noch als bei Erwachsenen. Die Beziehung des Selbst zu sich, zu Anderen und zur Welt steht von Grund auf in

Frage: Auf wen oder was kann ich bauen, wem vertrauen? Die *fehlende Liebe zum Kind* kann zur Folge haben, dass es psychisch und somatisch daran erkrankt. Die fehlende körperliche Nähe und der mangelnde Austausch von Gefühlen und Gedanken beengen die Seele mit Ängsten und beeinträchtigen den Körper schwer. Was der britische Kinderarzt John Bowlby seit 1951 (Studie für die Weltgesundheitsorganisation WHO) über die Bedeutung kindlicher Bindung und die Folgen ihres Fehlens sagte, wurde seither vielfach bestätigt: »Frühe Erfahrungen von Einsamkeit oder Verlust können eine lebenslange Empfindlichkeit neurobiologischer Systeme zur Folge haben« (Joachim Bauer, *Prinzip Menschlichkeit*, 2006, 65). Bleibt es bei Lieblosigkeit und Gleichgültigkeit, werden Vernachlässigung und Verwahrlosung wahrscheinlicher, mit gravierenden Konsequenzen für die Kinder, die die Sorge für sich noch nicht selbst wahrnehmen können. Verzögerungen in der Entwicklung und Fehlentwicklungen sind in vielen Fällen nicht wieder wettzumachen. Wie sich das auswirkt, zeigt sich etwa daran, dass bei seelisch vernachlässigten Kindern die Körperzellen deutlich schneller altern: Durch frühzeitig verkürzte Chromosomen-Enden (Telomere) wird die Regeneration der Zellen fehlerhaft reguliert, ein Vorgang, der mit schweren Erkrankungen in Verbindung gebracht wird (*Molecular Psychiatry*, Mai 2011).

Die innere Bereitschaft, Kinder zu bekommen und zu erziehen, kann bei niemandem vorweg getestet werden. Dafür, dass ein Mensch sein Kind nicht liebt, kann es Gründe geben, denen er sich nicht in jedem Fall entziehen kann. In manchen Fällen stellt die Liebe sich einfach nicht ein, in anderen beruht der Mangel daran auf einer bewussten oder unbewussten Ablehnung des Kindes: Der Andere, mit dem es gezeugt worden ist, wird vielleicht nicht oder nicht mehr geliebt. Oder das

Kind engt, ohne es wissen und wollen zu können, das Leben der Eltern in einer Weise ein, die erwünschte und erträumte Lebensmöglichkeiten ausschließt, möglicherweise für immer: Nie mehr unbeschwert ausgehen, nie mehr Karriere machen! Offen oder insgeheim machen die Eltern ihm sein Dasein zum Vorwurf; sie sträuben sich dagegen, dass mit dem Kind Möglichkeiten wirklich werden, die sie nicht wirklich wollten, und dieses *ontologische Ressentiment* macht Liebe unmöglich.

In ärmlichen Verhältnissen kann das Kind als zusätzlicher »Esser« die familiären Lebensgrundlagen spürbar einschränken, sodass der Wunsch aufkommt, Andere, die Gesellschaft und der Staat mögen sich darum kümmern, was auch immer das konkret heißen soll. Aber selbst dort, wo nichts knapp ist, wird nicht selten auf die lästigen Seiten des Umgangs mit Kindern verzichtet: Andere, Kindermädchen und Internate sollen sich damit befassen, ein *Outsourcing* der besonderen Art, das Erfolg hat, wenn die Kinder dabei tatsächlich neue Zuwendung finden. Ansonsten werden sie ihren Eltern irgendwann verbittert vorwerfen, sie abgeschoben und einer Wirklichkeit ausgesetzt zu haben, die nicht wirklich lebenswert ist.

Viele Heranwachsende, die fundamentale Bindungen entbehren, versuchen die Leerstelle sehr früh durch intime Beziehungen aufzufüllen; ihre Suche nach Nähe und Verständnis vermengt sich dabei oft mit sexuellen Motiven: Fehlende Liebe und die vermisste familiäre Einbindung haben vermutlich mit dem Phänomen zunehmender Teenager-Schwangerschaften zu tun. In den neuen Beziehungen aber führen Probleme rasch zu Angst und Stress, denn die äußerst fragile Selbstbeziehung ist vom Mangel an Wertschätzung durch Andere bedroht. Aggressionen fungieren als Selbstschutz und stellen eine verzweifelte Reaktion dar, wenn die Beziehungen, denen das eigene Leben anvertraut wird, bedroht sind oder verloren gehen.

Neben der fehlenden wirkt sich eine *gewaltsame Liebe zum Kind* traumatisch aus, auch wenn es befremdlich erscheint, hier überhaupt von Liebe zu sprechen. Die Gewalt kann Ausdruck einer fehlenden Liebe, einer Gleichgültigkeit sein, die es ermöglicht, das wehrlose Kind zum bloßen Objekt zu machen und Aggressionen an ihm abzureagieren wie an einem Sandsack. Vielleicht ist es auch nur das Gefühl der Überforderung, das zur Gewalttätigkeit führt: Nicht zu wissen, was zu tun ist, nicht zu können, was erforderlich wäre – aber es läge zuallererst an den Überforderten, nach Hilfe zu suchen und sie auch anzunehmen. Die Gewalt kann darüber hinaus Ausdruck einer *fehlgeleiteten* Liebe sein, sei es einer sadistischen Liebe, die in Gewalt ihre Erfüllung findet, oder einer einstigen Liebe, die aus irgendwelchen Gründen in Hass umschlägt.

Alle diese Motive spielten wohl eine Rolle, als die gewaltsame Beziehung zum Kind in alten Zeiten und in verschiedensten Kulturen nicht etwa nur akzeptiert, sondern geradezu gefordert wurde. Selbst in der modernen Kultur konnten viele Kinder auch noch im 20. Jahrhundert zuhause und in der Schule Züchtigungen am eigenen Leib erfahren; die meisten hielten sie für schicksalhaft gegeben, bisweilen sogar für gerechtfertigt. Erst im Gefolge der Studentenbewegung von 1968 geriet das Züchtigungsrecht in westlichen Ländern kulturell ins Abseits. Untersuchungen konnten nachweisen, dass Misshandlungen antisoziale Symptome hervorbringen, und aufgrund veränderter politischer Wahlergebnisse gingen die Gesetzgeber dazu über, Kindern und Jugendlichen die Achtung von Menschenrechten, Würde und körperlicher Unversehrtheit zu garantieren.

Vielfach mit Schweigen übergangen wurde jedoch bis ins 21. Jahrhundert hinein eine weitere Art von fehlender und fehlgeleiteter Liebe, die aller Erfahrung nach traumatische Folgen hat: Die *missbräuchliche Liebe zum Kind*, mit oder ohne Anwendung von Gewalt. Beim sexuellen Missbrauch wird aus dem Kind ein gefügiges oder gefügig gemachtes Objekt, mit dem der Täter, der in vielen Fällen aus dem familiären und sozialen Umfeld kommt, leichtes Spiel hat. Er folgt seinem Geltungsbedürfnis, will eigene Macht erfahren, Frustration abreagieren, sich Lust besorgen, seiner Selbstliebe frönen und sich Wünsche nach »wahrer Liebe« erfüllen, die für ein Kind aber auch dann zur schweren Belastung wird, wenn es daran zunächst nichts auszusetzen hat: Davon erzählt Margaux Fragoso in ihrem autobiographischen Roman *Tiger, Tiger* (2011). Mit den Problemen der unangemessenen oder gar verbrecherischen Liebe zum Kind, der *Pädophilie* in diesem Sinne, setzte sich Platon bereits im 4. Jahrhundert v. Chr. auseinander: Diese Probleme hatte er im Blick, als er in seinem Werk über die Liebe, *Symposion*, die Abwendung von der körperlichen und seelischen Ebene der Liebe, als Ersatz dafür aber auch die Hinwendung zu einer geistigen Ebene entwarf, fortan »platonische Liebe« genannt.

Ausgerechnet der *pädagogische Eros*, ohne den eine Erziehung von Kindern kaum gelingen kann, ist der Nährboden der Pädophilie. Wird der Eros mit körperlicher Erotik verwechselt, ist die Tür zum Missbrauch offen. Ein freies intimes Verhältnis kann es nur auf der Basis von Zustimmung geben, die in einem erzieherischen Verhältnis jedoch erschlichen und erzwungen werden kann. Selbst die *willentliche* Zustimmung kann keine *wissentliche* sein, denn ein Kind kann zwar ein emotionales, aber kein bewusstes Wissen von den fraglichen Zusammenhängen und Folgen haben. Was Vertrauenspersonen mit ihm anstellen, hält es zwar nicht unbedingt für normal, kann deren Absichten aber kaum durchschauen, wenn sie spielerisch kaschiert sind. Mit Versprechungen kann es gelockt, mit Drohungen unter Druck gesetzt werden. Wenn es sich nicht wehrt, dies körperlich und seelisch auch gar nicht kann, wird es irgendwann noch sich selbst die Schuld am Missbrauch zuschreiben, sich vor sich ekeln, sich attackieren, sich hilflos fühlen, niemandem mehr vertrauen und mit einem gestörten Verhältnis zum eigenen Körper und zu den trügerischen Gefühlen tiefe Wunden fürs Leben davontragen.

Auf Prävention zielt eine *pädagogische Ethik*, die den Eros auf die seelisch-geistige Ebene konzentriert. Auch dem »Kinderliebenden« kann die Anstrengung zugemutet werden, seine Leidenschaft darauf auszurichten und den »Rest« für sich zu behalten. Wo aber die Gefahr eines so genannten Impulsdurchbruchs besteht, bleibt nur, ihn unter Androhung von Sanktionen von Anreizen und erst recht von Kindern fernzuhalten. Bei Besitz und Nutzung von Kinderpornographie von einem *mittelbaren Missbrauch* auszugehen, ist gut zu rechtfertigen, denn wer dieses »Material« konsumiert, unterstützt mit seiner Nachfrage dessen Produktion, also unmittelbaren Missbrauch.

Für den Umgang mit dem Täter ist es letztlich entscheidend, ob die Hauptströmung seiner seelischen Energien in seine Neigung fließt: Da die sexuelle Präferenzstruktur kaum zu ändern ist, hält sich seine Therapierbarkeit in Grenzen, wie dies auch bei anderen Präferenzen zu beobachten ist, die aus biologischen, sozialen und sonstigen Gründen zustande kommen. Dann bleibt über eine Bestrafung hinaus nur noch die Sicherungsverwahrung, um ihn dauerhaft von Opfern fernzuhalten.

Dem Opfer aber ist am ehesten mit einer Therapie zu helfen, die sein Selbst stärkt und seine Selbstbefreundung fördert, sodass ein Leben mit der traumatischen Erfahrung möglich wird, statt das Geschehene nur erneut wachzurufen, in Gedanken und Gefühlen zu wiederholen und durchzuarbeiten (Klaus M. Beier und Kurt Loewit, *Praxisleitfaden Sexualmedizin*, 2011).

Es ist zuallererst Aufgabe der Menschen in *nächster Umgebung*, sich bei fehlender und fehlgeleiteter, gewaltsamer und missbräuchlicher Liebe bemerkbar zu machen und die Betroffenen nicht damit allein zu lassen. Zur nächsten Umgebung zählen der jeweils andere Elternteil, Geschwister, Großeltern und alle sonst, die mit den Kindern befasst sind: Verwandte und Freunde, Paten und Bekannte, Eltern von Freunden, Erzieher und Lehrer, Betreuer und Sozialarbeiter, Therapeuten und Mediziner, Hebammen und Pflegende. Sie alle können überforderten Eltern einen Rat geben, ihnen die private oder professionelle Hilfe anbieten, die sie brauchen, um mit Problemen besser zurechtzukommen, ihnen zeitweilig den Umgang mit dem Kind abnehmen und fehlende Liebe vielleicht durch eigene Zuwendung und Zuneigung auffangen. Im Gegenzug müssten die Eltern freilich bereit sein, Erziehung nicht mehr als ausschließlich privates Hoheitsgebiet zu betrachten, sondern Andere miterziehen zu lassen. Wo die individuelle Initiative nicht ausreicht, ist es Aufgabe der im Auftrag der Gesellschaft arbeitenden *Institutionen des Staates*, dem Kind die Umgebung zu vermitteln, in der die existenziell erforderliche Zuwendung und Zuneigung eher möglich ist, etwa durch die Unterbringung in einer Pflegefamilie oder die Freigabe zur Adoption.

Eine *Pflegefamilie* bietet zumindest vorübergehend Ersatzbeziehungen, *Adoption* bedeutet neue Eltern für immer. Die

Unterbrechung oder der Abbruch der bestehenden familiären Bindung ist in jedem Fall eine tiefgreifende Erfahrung, die sich auf das ganze Leben auswirkt. Das entscheidende Kriterium für einen solchen Eingriff in das Leben des Kindes kann nur die Gewissheit sein, dass eine auch nur halbwegs gesunde Entwicklung bei einem Verbleib in der Herkunftsfamilie unmöglich wäre. Die Eingliederung in eine Pflegefamilie kann besser gelingen, wenn die Bindung an die Herkunftsfamilie bewahrt werden kann, das bisherige Leben also nicht abgespalten werden muss und keine Konkurrenzsituation zwischen den Familien entsteht. Zum Problem in der Pflegefamilie kann jedoch eine unterschiedliche Liebe der Pflegeeltern zu leiblichen Kindern und Pflegekindern werden. Hilfreich ist ein Wissen über die möglichen Komplikationen, die Phasen des Übergangs, die Altersabhängigkeit, die es Kleinkindern leicht macht, Pflegeeltern als Eltern zu akzeptieren, während ältere Kinder sich häufiger damit schwertun, da sie sich vor neuerlichen Enttäuschungen schützen wollen (Monika Nienstedt und Arnim Westermann, *Pflegekinder*, 2007).

Um Kindern die Liebe zukommen zu lassen, die sie ansonsten entbehren müssen, gründete Hermann Gmeiner 1950 in Österreich die Dachorganisation der *SOS-Kinderdörfer*. Ursprünglich für Waisenkinder gedacht, sind bereits ein halbes Jahrhundert später die meisten Kinder in Hunderten von Kinderdörfern weltweit »Sozialwaisen«, die nicht bei ihren Eltern bleiben können, da sie von ihnen vernachlässigt oder misshandelt werden. Der Kontakt zur Herkunftsfamilie wird aufrechterhalten, wo immer dies möglich ist, aber zum dauerhaften Zuhause wird die neu zusammengefügte Familie in einem Dorfhaus, das meist von einer Kindermutter, seltener von einem Kindervater geführt wird. Die Familien werden nicht beliebig zusammengewürfelt, sondern Schritt für Schritt aufgebaut. Bei Bedarf werden Therapeuten hinzugezogen, um körperliche, seelische, sprachliche und soziale Fähigkeiten der Kinder zu verbessern, für die halbjährlich ein Entwicklungsbericht erstellt wird.

Wirkungsvolle individuelle Hilfe können freiwillige Mentoren und *Paten* bieten. Sie sind als Lesepaten an Schulen gefragt, wo sie Kindern nicht nur vorlesen, sondern auch zuhören und manchmal besser mit ihnen ins Gespräch kommen als Eltern und Lehrer, die dafür weniger Zeit haben. Ausbildungspaten können sich um den schulischen und beruflichen Werdegang der ihnen anvertrauten Kinder kümmern. Bei einer Initiative wie *Rock Your Life*, 2009 an der privaten Zeppelin-Universität in Friedrichshafen am Bodensee gegründet, übernehmen Studenten das *Coaching* für Hauptschüler, geben ihnen Nachhilfe in schwachen Fächern und gute Tipps bei der Suche nach einem Praktikum oder einer Arbeitsstelle, bis sie ihr Leben selbst in die Hand nehmen, es also *rocken* können.

Sozialpaten stehen Familien bei, die aus dem sozialen Netz zu fallen drohen und mit ihrem Leben nicht mehr zurechtkommen. »Große Freunde für Kleine« (*Big Friends for Youngsters*) springen Alleinerziehenden zur Seite, um deren zeitliche und nervliche Belastung aufzufangen und ihrem Leben an einem kritischen Punkt eine Wendung zum Besseren zu geben. Mit der Selbstverpflichtung, Kinder und Heranwachsende auf dem Weg ins Leben, Erwachsene auf dem holprig gewordenen Weg durchs Leben zu begleiten, können Sozialpaten traditionelle Patenschaften ergänzen und sie dort, wo sie verschwinden, ersetzen. Mit einer besonderen menschlichen Beziehung und ihrem Engagement geben Paten denen, die in Schwierigkeiten sind, das Gefühl, das in moderner Funktionalität allzu häufig entbehrt werden muss: Dass da wenigstens einer ist, der nicht von Amts wegen nur eine Funktion erfüllt, sondern sich für sie interessiert.

Fehlende, gewaltsame, missbräuchliche Liebe: Die meisten »Risikokinder«, die mit Armut, Alkoholismus, Drogenkonsum oder Gewalt der Eltern konfrontiert sind, werden jedoch trotz allem *nicht* in ihrer Entwicklung gestört. Selbst unter unguten Umständen entwickeln sie sich gut, zeigen eine Widerstandsfähigkeit und Robustheit, eine *Resilienz*, von lateinisch *resilire*, »zurückspringen«, wie ein Baum, der sich dem Sturm beugt und danach wieder aufrichtet. Resilienz versetzt Kinder unter schwierigsten Bedingungen in die Lage, sich zu behaupten und trotz allem ein schönes Leben zu verwirklichen, das ihnen bejahenswert erscheint. In die psychologische Begrifflichkeit eingeführt von Jack Block in der Mitte des 20. Jahrhunderts, lenkten vor allem Forschungen von Emmy Werner die Aufmerksamkeit auf das Phänomen der Resilienz, untermauert von der 1985 begonnenen Mannheimer Risikokinder-Studie.

Am Entstehen einer resilienten Lebenshaltung ist die *natürliche Ausstattung* eines Menschen beteiligt, aber es scheint auch regelrechte *Resilienz-Kulturen* zu geben, die die Fähigkeit zur Selbstbehauptung fördern und fordern: Großstadtkulturen vorneweg, ebenso jedoch regionale (denkbar wären die bayerische, die rheinische ...) oder nationale Kulturen (die britische, die irische ...).

Entscheidend ist allerdings die Frage: Wie lässt sich die Resilienz bei den von Natur und Kultur weniger begünstigten Kindern *individuell* stärken? Welche Anregungen können ihnen gegeben werden? Was können sie selbst tun? Ressourcen der Resilienz verdanken sich dem *Glück*, um das sich ein Mensch bemüht, und erst recht dem *Sinn*, den er im Leben sieht und dem Leben gibt. Die Kräfte, die sich daraus schöpfen lassen, wirken wie ein Immunsystem, körperlich, seelisch und geistig.

Nicht nur zu hoffen ist auf das *Zufallsglück*, Menschen zu begegnen, die helfen können, bessere Umstände fürs Leben zu finden. Die glückliche Fügung hängt auch von der Haltung ab, die ein Mensch einnimmt: Offen zu sein für solche Begegnungen, vielleicht sogar offensiv danach zu suchen und in ihnen, wenn sie sich ergeben, *schicksalhaften Sinn* zu sehen, wenngleich sich nicht klären lässt, wer oder was hier jemanden »schickt«. Wenigstens im Film erweist sich das als möglich, wenn der zornige zwölfjährige Cyril (Thomas Doret) aus dem Jugendheim ausreißt, um nach seinem Vater zu suchen, der aber nichts mehr von ihm wissen will. In einer verzweifelten Situation wirft er sich an die Brust der Friseurin Samantha (Cécile de France), die ihn nicht abweist und mit großem Wohlwollen das schwierige Leben mit ihm durchsteht, bis er neues Vertrauen gewinnt: Ein modernes Märchen (*Der Junge mit dem Fahrrad*, Regie Jean-Pierre und Luc Dardenne, Belgien, 2011).

Sehr viel lässt sich in jedem Fall für das *Wohlfühlglück* tun, das zur Widerstandsfähigkeit verhilft, da es erholsame Momente verschafft. Für diese Momente kann der Einzelne sich offenhalten, sie jeden Tag aber auch selbst suchen und finden und dabei die starke Erfahrung machen, dass sich allein ihretwegen schon das Leben lohnt.

Oft ist *sinnlicher Sinn* damit verbunden: Schönes zu sehen, Musik zu hören, etwas Leckeres zu essen, eine Umarmung zu genießen, ein »Kribbeln im Bauch« zu spüren. Anfassbare schöne Dinge sind wichtig, wie jedes Kind sie liebt und von denen es sich wiederum geliebt fühlen kann, in dessen Phantasie sie sogar die Stelle von Menschen und anderen Wesen vertreten können: Eine Puppe oder ein Stofftier kann zum treuen Begleiter in allen Lebenslagen werden. Zum Scheitern verurteilt ist jedoch der Versuch, das reale sinnliche Erleben vollständig durch virtuelle Erfahrungen zu ersetzen, die allenfalls eine reduzierte Sinnlichkeit freigeben. Alle Sinne sind erforderlich, um die körperlichen, seelischen und geistigen Fundamente des Daseins voll auszubilden und sich mit ihrer Hilfe in der wirklichen Welt zu bewegen und zu orientieren.

Sehr viel *seelischen Sinn* vermitteln gefühlte Zusammenhänge, in denen die Energien zu fließen beginnen, mit deren Hilfe Schwierigkeiten und Bedrohungen aller Art zu parieren sind. Dieses Element der Resilienz gedeiht zunächst in der gefühlten Beziehung zu sich selbst: Den eigenen Narzissmus ein wenig zu pflegen und sich selbst zu umsorgen, fördert die Fähigkeit, mit sich gut umgehen und auf sich bauen zu können. Ein Mensch gewinnt Sinn aus seinem *inneren Zusammenhalt*, wenn er über einen »sense of coherence« verfügt (Aaron Antonovsky, *Salutogenese*, 1987, deutsch 1997). Seine individuelle Kohärenz stärkt er mit einer realistischen Einschätzung seiner selbst, seiner Stärken und Schwächen, seines Könnens und Nichtkönnens. Mit Gewohnheiten und festen Tageszeiten für seine Tätigkeiten kann er sein alltägliches Leben selbst strukturieren. Dem Entstehen der Kohärenz ist es förderlich, Kunst zu machen, ein Instrument zu erlernen, zu singen, zu tanzen, zu schreiben, zu malen, Theaterrollen zu spielen und sonstwie kunstvollen Ausdruck für die bedrückte Seele zu finden, auch Sport zu treiben und damit bereits körperlich eine Selbstmächtigkeit zu erfahren. Von dieser Basis aus gelingt es besser, Situationen aktiv anzugehen, statt sich ihnen passiv ausgeliefert zu fühlen: »Ich werde das irgendwie bewältigen.«

Sodann sind es gefühlte Zusammenhänge in der Vernetzung mit Anderen, die dem Leben Sinn geben und die soziale

Kohärenz, den *äußeren Zusammenhalt* bilden, der sich nicht nur momentan, sondern über ganze Zeitspannen hinweg und vielleicht das ganze Leben hindurch bewährt. Er wird von gemeinsamen Erfahrungen, Interessen und Werten befördert und kommt in wechselseitiger Aufmerksamkeit, Wertschätzung und Unterstützung zur Geltung. Kinder erleben diesen Zusammenhalt in einer Familie oder Gruppe, in der sie bestärkt werden, aber auch außerhalb, wo sie aus eigenem Antrieb nach vertrauenswürdigen Anderen suchen, wenn sie innerhalb nicht zu finden sind. Bei einer Kunstausübung, beim Sport und anderen Unternehmungen und Herausforderungen können sie Anderen begegnen, Freunde finden, ihr Sozialleben selbst organisieren und daraus den Sinn gewinnen, der ihr Leben bejahenswerter macht. Steht kein wirklicher Freund zur Verfügung, dann vielleicht ein vorgestellter. Kraft resultiert auch aus der Hoffnung, im späteren Leben die Liebe zu finden, an der es jetzt fehlt, und am ehesten wird das möglich sein, wenn sie niemandem abverlangt wird. Und schließlich birgt der gefühlte Zusammenhang mit der *Natur* sehr viel Sinn in sich: Von klein auf finden Menschen Trost in der Erfahrung von Natur, häufig beim Umgang mit Tieren, denen sie vertrauen und sich anvertrauen können, um daraus Kraft zu schöpfen.

Darüber hinaus hängt die Resilienz von Gedanken ab, die Kraft geben, von Deutungen, mit denen einer objektiven Gegebenheit ein subjektiver, *geistiger Sinn* abzugewinnen oder gegen die Fakten geltend zu machen ist. Das kann eine bestimmte Sichtweise sein (»ich sehe das so«), eine Neugierde auf alles, was den eigenen Horizont sprengt (»mal sehen, was es sonst noch gibt«), eine Auffassung, dass im Leben alles voller Zusammenhang ist (»alles hat einen Sinn«), eine Phantasie (»vielleicht ist alles ganz anders«), ein provisorischer Sinn, der misslichen Verhältnissen zugeschrieben wird (»für irgendetwas wird es gut sein«). Die Resilienz wird in Gedanken gestärkt durch selbst gesetzte Ziele und Zwecke: Für etwas und für Andere da zu sein, eine Aufgabe wahrzunehmen, eine Verpflichtung einzugehen, eine Verantwortung zu übernehmen. Sogar von der geistigen Fähigkeit zur *Dissoziation* kann Gebrauch gemacht werden, die gewöhnlich für pathologisch gehalten wird: Das jetzige Ich von einem früheren, das innere Ich von einem äußeren abzuspalten, überhaupt jede Art von »Selbstrelativierung« und »Selbstdistanz« hilft dabei, sich von einer allzu belastenden Geschichte und Umgebung abzusetzen (Ulrich Sachsse, »Sinngebung bei schweren Persönlichkeitsstörungen«, *Handbuch der Borderline-Störungen*, 2011).

Im Übrigen müssen nicht alle Probleme bewusst bewältigt werden, vieles kann dem Unbewussten und dem Schlaf überlassen bleiben, denn der menschliche Geist arbeitet auch, wenn er scheinbar ruht. Vieles lässt sich »verträumen«, in Träumen verarbeiten, die die beunruhigenden Erfahrungen und belastenden Gefühle so lange durchspielen, bis mit neuen Verknüpfungen neuer Sinn entsteht, eingekleidet in Bilder und Geschichten, ohne dass das bewusste Selbst daran mitgewirkt hätte.

Von Vorteil ist, wenn in Gedanken die Gegensätze, Widersprüche und Widrigkeiten des Lebens als Elemente eines *Glücks der Fülle* betrachtet werden können. Das wird erleichtert von der Auffassung, dass schwierige Situationen zum Leben gehören und dass es möglich ist, sich in ihnen zu behaupten. Es wird erschwert vom Versuch, dem Leben einen Sinn zu geben, den es nicht erfüllen kann, beispielsweise immer nur positive Erfahrungen bereitzuhalten. Die *Polarität des Lebens* als Gegebenheit zu akzeptieren, liegt Kindern ohnehin nahe, nur bei Erwachsenen wird eine Frage der bewussten Haltung daraus, um außer Freuden auch Belastungen, außer Erfolgen auch Misserfolge, außer dem angenehmen Wohlgefühl auch ein Unwohlsein, außer Lüsten auch Schmerzen, außer der Oberfläche auch Abgründigkeit besser verkraften zu können.

Selbst das *Unglücklichsein* kann ins Leben integriert werden, wie dies beispielsweise die irische Schriftstellerin Ethel Voynich, geborene Boole, vermochte, die bald nach der Geburt ihre Eltern verlor und mit ihren Schwestern bei einem Onkel aufwuchs, der sie missbrauchte. Als Jugendliche trug sie Schwarz als Ausdruck ihrer Trauer, bevor sie ein abenteuerliches Leben quer durch Europa zu führen begann, in Berlin Musik studierte und 1897 den Bestseller *Die Stechfliege* (*The Gadfly*) publizierte, 1955 mit Musik von Dmitri Schostakowitsch verfilmt. 1960 starb sie 96-jährig in New York.

Zuletzt kann es wichtig sein, über die Endlichkeit und Wirklichkeit der menschlichen Existenz hinaus eine andere Dimension zumindest für möglich zu halten: Eine Frage der Deutung und Interpretation. *Transzendenter Sinn* erwächst bei Kindern aus einer naiven, natürlichen Religiosität, bei Heranwachsenden und Erwachsenen aus einem bewussten Fühlen und Denken. Sehr viel Kraft kann daraus bezogen werden, das eigene Leben in einen größeren Horizont eingebettet zu sehen.

Aber um Widerstandsfähigkeit zu erlangen, ist nicht das volle Programm von Glück und Sinn erforderlich, es genügt ein Stück vom Glück, ein Quäntchen von Sinn. Sollten Menschen nicht von selbst ihren Anteil daran wahrnehmen und gestalten können, ist es die Aufgabe privater oder professioneller Therapeuten, ihnen dabei behilflich zu sein. Die wiederum sind am besten dazu in der Lage, wenn sie Glück und Sinn aus eigener Erfahrung kennen. Dann können sie einem Kind und Heranwachsenden, auch einem Erwachsenen den Weg zu einer liebevollen Beziehung zu sich und zum Leben aufzeigen, um auf dieser Grundlage liebenswert für Andere zu werden und im Gegenzug das Geliebtwerden zu erfahren, das Menschen nun mal fürs Leben brauchen. Die besten privaten Therapeuten jedoch sind, außer den Liebenden, die Freunde. Wenn es sie denn gibt.

Von der Liebe zu Freunden

Von der Bedeutung der Freundschaft

Beim Blick von außen auf das menschliche Leben fällt auf, dass nicht alle mit allen in Beziehung stehen, sondern jeder mit vergleichsweise wenigen Anderen und mit jedem auf eigene Weise. Einige Beziehungen bestehen von Geburt an, andere kommen im Laufe des Lebens zustande, wenn einer einem Anderen begegnet und dann in kürzeren oder längeren Abständen immer wieder. Für den Röntgenblick sind die Energiequanten der Information und Kommunikation sichtbar, die hin- und herströmen. Zwischen den meisten, die in Beziehung stehen, werden sie auch dann ausgetauscht, wenn sie sich nicht sehen, zwischen einigen aber selbst dann nicht, wenn sie zusammenleben. Viele, die in einer energiereichen Verbindung zueinander stehen, ohne ständig zusammen zu sein, nennen sich *Freunde*. Sie behaupten mit großer Selbstverständlichkeit, einander zu mögen, ja, zu *lieben*, ohne ein Missverständnis zu befürchten. Diese Liebe scheint anders zu sein als die zwischen Liebenden oder Mitgliedern einer Familie, wenngleich es Überschneidungen gibt. Ist es wirklich Liebe?

Jedenfalls handelt es sich um eine Art der *Zuwendung und Zuneigung* auf allen Ebenen des Menschseins, die dafür zur Verfügung stehen, also muss es Liebe sein. *Körperlich* wird dies deutlich, wenn zwei die Nähe zueinander suchen, die Köpfe zusammenstecken und sich gelegentlich umarmen. *Seelisch* zeigt sich die Zuwendung und Zuneigung in den Gefühlen füreinander, die keine einmalige Erfahrung bleiben, sondern zur anhaltenden seelischen Berührung werden. *Geistig* lebt die Zuwendung und Zuneigung vom Austausch der Gedanken und Ideen im wirklichen oder imaginären Gespräch miteinander.

Die *Freundesliebe*, wie die Freundschaft auch genannt wird, gehört zu den vielen Lieben, die dem Leben Sinn geben und einen Menschen davon entlasten, zu sehr vom Gelingen einer einzigen Liebe abhängig zu sein. Im Rahmen einer umfassenden Kunst des Liebens ist sie das *andere Glück*, anders als das der Familie und der Liebe zwischen zweien, denn sie beruht auf anderen Grundlagen, offeriert andere Möglichkeiten und bringt andere Schwierigkeiten mit sich. Ein spürbarer Unterschied betrifft die *Freiheit*, auf die moderne Menschen so großen Wert legen, etwa die Bewegungsfreiheit, jederzeit ohne Angabe von Gründen irgendwohin gehen zu können. In der Freundschaft ist das weitgehend unproblematisch, sodass sie den individuellen Bedürfnissen nach größtmöglicher Freiheit Rechnung tragen kann. Zugleich bietet sie eine *Bindung*, mit der sie auf die ebenso großen Bedürfnisse nach Verlässlichkeit und Beständigkeit antworten kann. Während Liebende sich zwischen Freiheitsansprüchen und Bindungsbedürfnissen hin- und hergerissen fühlen, können Freunde mit ihrer *freien Bindung* beidem gerecht werden und die soziale Vereinsamung auffangen, in die Menschen beim Prozess der modernen Vereinzelung zu driften drohen. In der Zeit zerbrechender Beziehungen suchen daher viele nach Freundschaft, die mehr Bestand hat als so manche Liebe, wie die Comedian Harmonists schon 1930 sangen (*Ein Freund, ein guter Freund*):

Liebe vergeht, Liebe verweht,
Freundschaft alleine besteht.

124

Ein markanter Unterschied ist außerdem, dass bereits beim Zustandekommen der Beziehung keine übertriebenen Anstrengungen unternommen werden müssen, um dem Anderen zu gefallen. Kein unstillbares *Begehren* treibt zur Freundschaft an, keine Leidenschaft, der nicht zu widerstehen ist, sondern das einfache *Interesse* am Anderen. Die Freunde müssen nicht unbedingt zusammenleben, sondern können ihr je eigenes Leben mit allen Launen und Gewohnheiten beibehalten, die den Anderen wenig stören, da er sie nicht im Alltag ertragen muss. Selten erhebt ein Freund den Anspruch, »der Einzige« für den Anderen zu sein, eher gilt (wenngleich nicht immer) der Grundsatz, »der Freund meines Freundes ist auch mein Freund«.

So kommen weitläufige *Freundeskreise* zustande, in denen jeder für die verschiedensten Interessen Ansprechpartner finden kann: Einer teilt gerne die Leidenschaft fürs Kino, ein Anderer die für Gespräche, ein Dritter ist der beste Kompagnon auf Reisen, ein Vierter weiß bei allen elektronischen Fragen Rat. Erotische Momente sind möglich, aber die Frage der Sexualität entfällt meist ersatzlos. Das dürfte der Grund dafür sein, dass auch Machtspiele in Freundschaften kaum vorkommen und keiner darauf aus ist, den Anderen zu »besitzen«. Selbstbestimmung und Selbstmächtigkeit müssen nicht erst erkämpft werden, vielmehr ermutigen sich die Freunde wechselseitig dazu, ihr Selbst voll zu entfalten. Konflikten gehen sie aus dem Weg (Männer mehr als Frauen?), wenigstens diese Beziehung soll frei davon sein. Wenn es dennoch sein muss, wird die Auseinandersetzung durchgestanden, ohne Angst vor einer drohenden Trennung, die bedauerlich wäre, aber das Leben nicht in Frage stellen würde: Ein Leben ohne diese Beziehung ist jederzeit möglich.

Beim Blick über ganze Epochen hinweg kommen jedoch Veränderungen in der Beziehung der Freundschaft zum Vorschein. In der *antiken* Kultur war wohl ein wesentlicher Grund für ihr Zustandekommen das Bestreben, den Zwängen einer sozialen Umgebung zu entfliehen, die kaum freie Beziehungen kannte. Etliche Freunde formten »Schulen«, geschart um eine zentrale Gestalt wie Pythagoras, Sokrates, Platon, Aristoteles, Epikur, Zenon. In ihrer Geschichte betrachteten Philosophen von Anfang an die Freundschaft als anspruchsvolle Art der Beziehung zwischen Menschen, bewusst gewählt und von geistigem Austausch geprägt. Das weitaus Größte, das die Weisheit (*sophia*) zur Glückseligkeit des Lebens beitragen könne, sei der Gewinn von Freundschaft (*philia*), meinte Epikur im 4. Jahrhundert v. Chr. (*Entscheidende Lehrsätze*, Fragment 27, in: Epikur, *Briefe, Sprüche, Werkfragmente*, 1982). Er selbst versammelte in Athen in seinen Besitzungen, »Garten« genannt, eine große Gruppe von Menschen zu einer ganz auf Freundschaft ausgerichteten Lebensweise. Frauen galten in diesem abgeschlossenen Raum als gleichberechtigt und Sklaven waren frei – für das Zusammenleben in größeren Gesellschaften blieb dies noch für lange Zeit nur Utopie.

Über viele Jahrhunderte hinweg war in *vormodernen* Kulturen die Freundschaft für die meisten Menschen, von rühmlichen Ausnahmen abgesehen, allerdings keine Beziehung der Wahl, sondern eine soziale Selbstverständlichkeit. Die Freunde kannten sich gewöhnlich von Kindesbeinen an und verloren sich nicht mehr aus den Augen. Im Deutschen wird bis ins 17. Jahrhundert hinein nicht eindeutig zwischen Freundschaft und Verwandtschaft unterschieden, denn jene ist wie diese quasi angeboren, Menschen kommen damit zur Welt, von Generation zu Generation werden Freundschaften (wie auch Feindschaften) weitervererbt: Die Kinder einer Familie sind mit den Kindern einer seit langem befreundeten Familie weiterhin befreundet. Erst im 18. Jahrhundert vollziehen Menschen in größerer Zahl den Übergang zu einer anderen Zeit, charakterisiert durch die allmähliche Befreiung von der fraglosen Einbindung in das Geburtsmilieu und das gegebene soziale Umfeld, zugunsten einer freien Wahl und Gestaltung von Beziehungen, wozu sich die Freundschaft offenkundig besonders gut eignet, die zunächst viele Intellektuelle als Lebensform für sich entdecken (Jost Hermand, *Freundschaft. Zur Geschichte einer sozialen Bindung*, 2006).

Im 18. Jahrhundert, dem Jahrhundert der *Aufklärung*, die die moderne Kultur vorbereitet, wird die Freundschaft geradezu zum *Kult*. Zahllose Freundschaftsbünde entstehen, offen oder in Geheimgesellschaften wie den Freimaurern, um in einer aristokratisch dominierten Gesellschaft ein bürgerliches, freies Leben zu realisieren. Nicht Nützlichkeit und bloße Gewohnheit sollen für die frei gewählten Beziehungen ausschlaggebend sein, sondern die reine Freude an Geselligkeit.

Zum Medium der Freundschaft wird außer dem persönlichen Gespräch, das in Nahbeziehungen möglich ist, häufig der *Brief*, da die Freundschaft immer mehr zur Fernbeziehung wird. Um dennoch von Angesicht zu Angesicht mit den Freunden kommunizieren zu können, lässt ein Freundschaftskünstler wie Johann Wilhelm Ludwig Gleim, Domsecretarius in Halberstadt am Harz, Porträts von ihnen malen. Wenn er Briefe schreibt und liest, platziert er einen eigens angefertigten Schreib- und Lesestuhl direkt vor dem jeweiligen Bild. Etwa 150 Porträts umfasst seine Sammlung im »Freundschaftstempel«, wohnstubenartigen Räumen in einem verwinkelten Haus. Auf Reisen machen viele seiner Freunde bei ihm

Station, berühmte und weniger berühmte Männer und einige Frauen, Johann Gottfried Herder und dessen Frau Maria Karoline, Friedrich Gottlieb Klopstock und dessen Mutter Anna Maria, Jean Paul, Christoph Martin Wieland und Sophie von La Roche.

In der fortschreitenden *modernen* Kultur ergibt sich Freundschaft aber immer weniger von selbst, und am anderen Ende geht sie allzu leicht ganz von selbst wieder verloren, wenn der Kontakt im Laufe häufiger werdender Ortswechsel abreißt. Zur selben Zeit wächst ihr die Aufgabe zu, die traditionellen und konventionellen Beziehungen der Liebe, Ehe und Familie in dem Maße zu ersetzen, in dem diese der modernen Bewegung der Befreiung zum Opfer fallen. Von den Anfängen der Moderne an kommt der selbstgewählten Freundschaft die Rolle zu, ein Gegengewicht zur zunehmenden Singularisierung zu bilden. Mehr oder weniger lose Freundeskreise und Gruppierungen wie die Frühromantiker werden zum Modell für viele weitere, zahlreiche Künstlerbünde kommen so im 19. und 20. Jahrhundert zumindest auf Zeit zustande: Etwa die Präraffeliten, die Impressionisten, die Darmstädter Jugendstilkolonie Mathildenhöhe, Der Blaue Reiter, Die Brücke, die Dadaisten, die Surrealisten und viele mehr.

Im 20. Jahrhundert wird Freundschaft zur sozialen Basis zahlloser Gruppen, die Musik machen, von Vokalgruppen wie den Comedian Harmonists über Swing-Combos wie dem Duke Ellington Orchestra bis hin zu Bands von globalem Bekanntheitsgrad: Beatles, Beach Boys, Rolling Stones, The Who, Simon & Garfunkel, Queen und endlos viele weitere Rock- und Pop-Gruppen. Vielfach zeigt sich dabei allerdings, dass Zerbrechlichkeit nicht nur ein Problem der modernen Liebe im engeren Sinne, sondern auch der Freundschaft ist:

Auslöser des anhaltenden Schmerzes, den viele nach dem Zerbrechen der Beatles empfanden, war nicht etwa nur der Verlust einer genialen Musik, sondern auch einer Utopie der Freundschaft.

Erst eine *andersmoderne* Kultur kann Aufschluss darüber geben, ob Freundschaft trotz allem in der Lage ist, dem Zerbrechen von Beziehungen etwas entgegenzusetzen. Das hängt davon ab, in welchem Umfang Menschen sich individuell und über historische Zeiten hinweg darauf einstellen können, dass diese Beziehung nicht ohne Anstrengung zu haben ist, dass die *Arbeit an Freundschaft* vielmehr zur Aufgabe wird, die bewusst zu leisten ist, um diese Art von Bindung zu begründen und zu bewahren. Freundschaft lässt sich nicht erzwingen, nur erarbeiten, mit existenzieller Investition, um einem Anderen nahezukommen, ihm zur Seite zu stehen, ihm sehr viel zu geben und einen unvergleichlichen Reichtum, ein anderes Leben durch ihn zu erfahren.

Die entsprechende Tätigkeit des *Freundens* (Harald Lemke, *Freundschaft*, 2000, 90 ff.) kann ebensolche Bedeutung wie die des *Liebens* im Verhältnis der Liebenden für sich beanspruchen. Sie besteht darin, an den Anderen zu denken, immer wieder Kontakt zu ihm zu suchen, Verabredungen mit ihm zu treffen, um zusammenzukommen, zu plaudern, von Erfahrungen zu erzählen, die Erfahrungen des Anderen zu kommentieren, gemeinsam mit ihm etwas zu unternehmen und je nach Intensität der Beziehung auch dann für ihn da zu sein, wenn es »jetzt nicht so gut passt«, zur Not inmitten der Nacht.

Dafür, dass die Freundschaft sehr viel Aufmerksamkeit im Leben verdient, sprechen schon *existenzielle Gründe*, denn ein Leben ohne Liebe im engeren Sinne ist möglich, nicht jedoch ohne Freundschaft, jedenfalls nicht auf Dauer. Das Selbst bleibt arm und verzweifelt einsam, wenn es ohne Freunde bleibt, »frei, aber einsam, f – a – e«: Die Buchstaben werden zu Noten in der so genannten FAE-Sonate für Violine und Klavier, mit der Johannes Brahms, Robert Schumann und Albert Dietrich 1853 dem gemeinsamen Freund Joseph Joachim die Bedeutung der Freundschaft hörbar machen wollen.

Für die Lebensbewältigung, erst recht für ein erfülltes Leben bedürfen Menschen der Nähe Anderer, ihrer Zuwendung und Zuneigung, um die Seele von ihnen berühren zu lassen und mit der eigenen Seele wiederum sie zu berühren. In Gedanken können Freunde beieinander wohnen und auf diese Weise in der Welt beheimatet sein. Welche Bedeutung das hat, wird spürbar, wenn unter den vielen Gesichtern, denen ich alltäglich begegne, eines aus der Anonymität hervortritt, an dem mein Blick haften bleibt, das mich anspricht und das ich ansprechen kann: Es verwandelt meine Haltlosigkeit in Halt, meine gefühlte Verlorenheit in der Welt in Geborgenheit. »Was ich aber immer wieder am nöthigsten brauchte, zu meiner Kur und Selbst-Wiederherstellung, das war der Glaube, *nicht* dergestalt einzeln zu sein, einzeln zu *sehn*, – ein zauberhafter Argwohn von Verwandtschaft und Gleichheit in Auge und Begierde, ein Ausruhen im Vertrauen der Freundschaft« (*sic!*, Nietzsche, *Menschliches, Allzumenschliches* I, 1878, Vorrede).

Bedeutung hat die Freundschaft zugleich aus *ethischen Gründen*. Nicht von ungefähr enthält die aus dem 4. Jahrhundert v. Chr. stammende *Nikomachische Ethik* des Aristoteles zwei Kapitel (Buch 8 und 9) über die Freundschaft. Aus dem eigenartigen Verzicht auf dieses Thema in modernen Ethiken resultiert das »Desiderat«, die Freundschaft wieder in die Ethik zu integrieren (Hans Krämer, *Integrative Ethik*, 1992, 293).

Ob Beziehungen zu Anderen überhaupt eingegangen und

wie sie schön und bejahenswert gestaltet werden können, um daraus Werte fürs Leben zu gewinnen: Beinahe mehr noch als in der Familie geschieht das ethische Lernen von Kindheit an in der Freundschaft (Monika Keller, *Moralische Sensibilität: Entwicklung in Freundschaft und Familie*, 1996). In einer Familie herrscht nicht selten die Meinung vor, sich alles erlauben und die eigene Willkür in aller Wildheit ausleben zu können, da die Beziehungen unkündbar erscheinen. In der Freundschaft aber können Beleidigungen und Verletzungen die Beziehung umstandslos in Frage stellen. Die Freiheit des Weggehens steht jedem jederzeit offen, und so lernt jeder, aus Eigeninteresse darauf zu achten, was er dem Anderen zumuten kann.

Eine praktische, nicht bloß theoretische Begründung der Ethik ergibt sich daraus: Eine Bindung des individuellen Handelns an Werte sowie eine Begrenzung der Beliebigkeit des Verhaltens, das sich destruktiv auf das Leben mit Anderen und im Gegenzug auf das eigene Selbst auswirken könnte. In allen Beziehungen ist erfahrbar, wie schwierig der Umgang miteinander sein kann, in der Freundschaft aber sind am ehesten Formen dafür zu finden, einen allzu engstirnigen Egoismus zu verhindern. So kommt eine wechselseitige Kultivierung zustande, die die Freunde umgänglicher, menschenfreundlicher, geselliger, zivilisierter, »zahmer« macht. Dass Freunde sich *zähmen*, ist der Begriff, den Antoine de Saint-Exupéry in seinem berühmten Buch dem Fuchs in den Mund legt: »Wenn du einen Freund willst, so zähme mich« (*apprivoise-moi*, *Der kleine Prinz*, 1946, Kapitel 21).

Und aus *politischen Gründen* ist die Freundschaft von Bedeutung: Wohl in der Hauptsache aus diesen Gründen hebt Aristoteles diese Beziehung in einer Zeit hervor, in der traditionelle Bindungen an Bedeutung verloren, denn eine solche

Situation kannte in lokalen und regionalen Grenzen schon die antike Zeit. In der *Polis*, die aufgrund immer größer werdender Ichs in immer kleinere Teile zersplittert, wird in der Antike wie später in der Moderne auf Beziehungen der Freundschaft zurückgegriffen. Die Art und Weise, in der ein Einzelner im überschaubaren Bereich persönlicher Beziehungen sein Sozialleben gestaltet, stellt auch eine Arbeit an der Entstehung und Bewahrung von Gesellschaft dar und begründet, um ein Wort von Jacques Derrida aufzunehmen, eine *Politik der Freundschaft*. Angesichts der Dominanz bloßer Funktionalität im modernen sozialen Leben kann die Freundschaft dazu beitragen, die Bindungskräfte zwischen den Individuen wieder zu stärken und ihre »Desintegration zu kompensieren« (Ursula Nötzoldt-Linden, *Freundschaft*, 1994, 55).

Am Einzelnen selbst liegt es, sich um die *Geselligkeit* mit Anderen zu bemühen, auf deren Grundlage *Gesellschaft* Tag für Tag von Neuem zustande kommt. Die *soziale Kunst*, diese Lebenskunst im Umgang mit Anderen, besteht darin, sich das nötige Können hierfür anzueignen und bewusst davon Gebrauch zu machen. Jeder Einzelne kann an der *sozialen Plastik*, der *sozialen Skulptur* arbeiten und durch sein kreatives Handeln auf die Gesellschaft einwirken: Bereits in diesem Sinne ist »jeder Mensch ein Künstler«, wie Joseph Beuys postulierte (Wolfgang Zumdick, *Joseph Beuys als Denker*, 2002, 12).

Auch die Veränderung und Erneuerung von Gesellschaft geschieht auf diese Weise, denn Freunde ermutigen sich dazu, unkonventionelle Lebensmöglichkeiten zu erproben, die wiederum Andere inspirieren, sodass die Gesellschaft irgendwann eine andere wird. Als beispielsweise die Frühromantiker Friedrich Schlegel und Dorothea Veit mit ihrem Zusammenleben ohne Trauschein Skandal machten, war es ihr Freund

Friedrich Schleiermacher, der sich öffentlich vor sie stellte; viele Jahre später erst wurde diese unkonventionelle Art der Ehe selbst zur Konvention.

Für viele Menschen ist die Freundschaft das Ideal einer schönen, bejahenswerten Beziehung, der sie einen *Wert fürs Leben* zusprechen. Für Arme und Machtlose, meinte schon Aristoteles, stelle sie die einzige Zuflucht dar, während Reiche und Mächtige ohne sie keine Chance hätten, ihre Position zu festigen. Den Heranwachsenden ermögliche sie, voneinander zu lernen, den Erwachsenen, das ganze Leben hindurch sich wechselseitig zu bestärken, und den Älteren und Alten, die schwindenden Kräfte durch den Beistand füreinander aufzufangen.

Im 21. Jahrhundert gewinnt Epikurs euphorische Aussage, die Freundschaft tanze »rings um den Erdkreis« (*Weisungen*, Fragment 52), auf überraschende Weise erneut an Aktualität: Rund um den Planeten werden im Zuge der Globalisierung Freundschaftsnetze geknüpft, ermöglicht von Techniken der Kommunikation, die es erlauben, immerzu miteinander »in Verbindung zu bleiben« (*to keep in touch*). Die *persönliche* Globalisierung des Selbst und seiner Beziehungen stellt eine Antwort auf die *allgemeine* Globalisierung dar und ist zugleich ihr Antrieb, denn viele Menschen wollen den globalen Austausch.

Wird damit die ganze Erde zum epikureischen Garten? Zu einer solchen Verbreitung eignet sich die funktionale, auch die kollegiale Art der Beziehung, nicht jedoch die Freundschaftsbeziehung. Nicht alle Menschen können mit allen befreundet sein, und daran ist nichts zu bedauern: Dass die Freundschaft eine Ausnahmebeziehung bleibt, trägt zu ihrem hohen Wert bei. Mit der Zahl der Kontakte wird immerhin die Chance größer, gute und beste Freundinnen und Freunde zu finden.

Was Freundschaft ist, wird zunächst von herkömmlichen und gegenwärtig gängigen Vorstellungen im sozialen Umfeld bestimmt. Durchweg spielen das Vertrauen zueinander, das Verständnis füreinander, Mitgefühl, Wahrhaftigkeit und Verlässlichkeit eine große Rolle. Unterschiedlich fallen jedoch die Akzentsetzungen aus: Soll es eine Freundschaft fürs Leben sein, sollen die Freunde das zumindest anstreben? Oder sind sie stillschweigend damit einverstanden, dass es sich wohl nur um eine zeitweilige Beziehung handeln kann? Soll die Eigenständigkeit der Beziehung abseits der Familie betont werden? Oder ist es selbstverständlich, dass die Freunde zur Familie gehören? War die Art und Weise der Freundschaft in vormoderner Zeit weitgehend *kulturell definiert*, nehmen sich die Freunde in moderner und andersmoderner Zeit die Freiheit, *individuell zu definieren*, was Freundschaft für sie ist, welche Bedeutung sie ihr zumessen, auf welche Weise sie die Beziehung pflegen wollen, was ihnen wichtig ist, was sie aneinander schätzen, was sie voneinander erhoffen, was sie sich wechselseitig zugestehen, wo ihre Empfindlichkeiten liegen.

Auffällig an der Freundschaft ist, dass sie sowohl bei traditioneller als auch bei individueller Definition meist *gleichgeschlechtlich* zustande kommt: Männerfreundschaft, Frauenfreundschaft. Die andersgeschlechtliche Freundschaft ist möglich und wird dennoch nicht im selben Maße wirklich, aus verschiedenen Gründen: Mit der Nähe der Geschlechter kommen, meist von männlicher Seite her, *sexuelle Aspekte* ins Spiel, die die Freundschaft unterminieren können: »Dann geht es doch wieder nur um das Eine!« Konsequenterweise ist es bei gleichgeschlechtlichen Liebesbeziehungen die andersgeschlechtliche Freundschaft, die deutlich entspanntere Züge trägt, da sexuelle Aspekte in ihr eine geringere Rolle spielen.

Ein weiterer Grund für die Bevorzugung gleichgeschlechtlicher Freundschaften ist die Art des Fühlens, Denkens und Lebens, die zu einem nicht genau bestimmbaren Teil kulturell und von Natur aus *geschlechtlich bestimmt* ist: Es ist einfach zu mühsam, einem Vertreter des anderen Geschlechts immer wieder die Unterschiede erklären zu müssen, die der Andere trotz allem nicht so recht nachvollziehen kann. Umgekehrt fühlt es sich gut an, als Frau von der Freundin, als Mann vom Freund ernst genommen zu werden und eine Bestärkung der eigenen Seinsweise zu erfahren. Bei vielen Problemen wirkt es entlastend zu wissen, dass es sich nicht um persönliche, sondern um geschlechtstypische Probleme handelt, etwa bei den physischen und psychischen Veränderungen, die die Pubertät, später das Älterwerden mit sich bringen. Es entfällt der latente Druck, den Ansprüchen des anderen Geschlechts genügen zu sollen, für das eigene Denken, Fühlen und Handeln um Verständnis bitten zu müssen, sich keine Fehler erlauben zu dürfen, die jedenfalls in den Augen des Anderen welche sind.

Die Unterschiede könnten, neben Einflüssen der sozialen Umwelt, mit der Ausdifferenzierung von Hirnstrukturen zu tun haben, die genetischer Steuerung unterliegen, oft geleugnet und dennoch wirksam, kulturell und individuell modifizierbar, aber nicht beliebig veränderbar. Die Prägung geschieht bei vielen auf sehr charakteristische Weise, bei einigen abgewandelt oder genau entgegengesetzt, denn die Natur selbst sorgt dafür, dass die Konformität nicht zu groß wird. Ein Hormonbad an Testosteron bewirkt bereits im Mutterleib in der achten Schwangerschaftswoche, dass im *männlichen Gehirn* die Zentren für Aggression und Sexualität stärker ausgebildet werden, zu Lasten der Kommunikationszentren. Von klein auf wirkt sich dies auf Wahrnehmungen, Fühlweisen, Denkbewegungen und Lebensstilfragen aus: Viele Jungen erkunden ihre Umgebung offensiv, zuweilen riskant, und interessieren sich für Testosteronprodukte aller Art, also für Techniken, insbesondere für Waffentechniken; auch die Beine der Puppe, mit der sie politisch korrekt spielen sollen, funktionieren sie zu Schwertern um (Reinhard Winter, *Jungen. Eine Gebrauchsanweisung*, 2011).

Entsprechende Unterschiede prägen soziologischen Untersuchungen zufolge sogar das bevorzugte *Setting* des freundschaftlichen Umgangs (Petra Kolip, *Freundschaft im Jugendalter*, 1993, 84): Jungen fühlen sich wohl, und bei Männern scheint das so zu bleiben, wenn sie Seite an Seite (*side by side*) etwas miteinander unternehmen können, Blick geradeaus ins Freie, Weite, das vor ihnen liegt, sei es eine Landschaft, ein Bildschirm oder im reiferen Alter die Flaschenbatterie einer Bar. Häufig halten Jungen und Männer die Kommunikation in überschaubaren Grenzen und sehen einander dabei ungern in die Augen: Sich zu sehr anrühren zu lassen vom Anderen und seiner Geschichte, würde wohl die Distanz unterlaufen, die wichtig ist, um den Überblick zu behalten und Überlegenheit zu behaupten.

Statt über Empfindungen und Befindlichkeiten reden sie lieber über ihre Errungenschaften, nicht immer frei von der Versuchung aufzutrumpfen, und sei es durch Understatement. Problemen weichen sie keineswegs aus, aber es kann letztlich ja doch nur um ihre Lösung gehen, für die es keiner langen Diskussion bedarf, nur einer klaren Entscheidung und zügigen Umsetzung durch den, den es angeht. Schon Jungen, erst recht Männer können nicht gut zuhören, wenn sie etwas nicht interessiert, also hören sie weg und gehen weg. Was Männer wirklich interessiert, wissen Männer selbst am besten, und so finden sie nichts dabei, anzügliche Bemerkungen zu machen, da sie ohnehin hundertmal am Tag an Sex und Erotik denken. Ersatzweise werden Sport und Technik zum Thema, vorzugsweise anhand von Fakten, die jedenfalls aus eigener Sicht welche sind. Männer verstehen auch am besten, wie Männern in Lebensphasen zumute ist, die anders verlaufen als bei Frauen, und sollte die Liebe schwierig werden, ist es tröstlich zu wissen: »Wahre Liebe gibt es nur unter Männern!«

Ohne Testosteroneinfluss werden im *weiblichen Gehirn* Fähigkeiten der Kommunikation und Einfühlung stärker ausgeprägt; schon Mädchen sind dadurch in der Lage, kleinste Regungen in der Landschaft eines Gesichts wahrzunehmen und die Stimmung eines Menschen zu erspüren (Louann Brizendine, *Das weibliche Gehirn*, 2007). Mädchen und Frauen pflegen Freundschaften gerne von Angesicht zu Angesicht (*face to face*), sitzen einander gegenüber, suchen den direkten Blickkontakt und kommunizieren ausgiebig über alle Details der Wirklichkeit, mit besonderem Augenmerk auf Beziehungen und die damit einhergehenden Empfindungen.

Nur Frauen wissen, wie wichtig für Frauen Gespräche über alles Mögliche sind, und so geben sie sich wechselseitig ausreichend Gelegenheit dazu. Männer, die einen emotionalen Resonanzraum bei ihresgleichen vermissen, finden ihn bei Frauen, die ihnen zuhören, Frauen aber in erster Linie bei anderen Frauen, denn Frauen sind eher dazu bereit, einander fürsorglich zu bemuttern und Regeneration zu ermöglichen. Zahlen, Daten, Fakten interessieren sie weniger, weit mehr die Menschen, die dahinter verborgen sind, sowie die Geschichten, in die sie eingebettet oder verstrickt sind, sowie die Schwierigkeiten, die sie bewältigen müssen. Probleme anzusprechen kann bereits die Lösung sein, denn das Reden darüber wirkt befreiend und in vielen Fällen ist dabei tatsächlich eine Lösung zu finden, denn die Freundin hat eine Freundin, die jemanden kennt, der es schon mal mit dieser Lösung versucht und gute Erfahrungen gemacht hat. »Hilfestellung zur Bewältigung des Alltags spielt in allen Beziehungen zwischen Freundinnen eine große Rolle« (Verena Kast, *Die beste Freundin*, 1995, 32). Für die zyklischen Zeiten, in denen Frauen von Natur aus leben, für die Lebensphasen, die sie durchlaufen, und für die entsprechenden Sichtweisen und Situationen können sie am ehesten beieinander Verständnis finden: »Das versteht nur eine Frau!«

Ist es jedoch immer Freundschaft, wenn von einem *guten Freund*, einer *guten Freundin* die Rede ist? Wird der Begriff nicht dermaßen inflationär gebraucht, dass es unmöglich ist, zu all diesen Freunden und Freundinnen wirklich ein vertrautes Verhältnis zu unterhalten? Was ist gemeint, wenn jemand als *lieber Freund* oder *liebe Freundin* angesprochen wird? Schwingt da manchmal etwas Bedrohliches mit oder hat »lieb« denselben Stellenwert wie »geliebt«? Handelt es sich immer um einen »wahren« Freund, eine »wahre« Freundin, oder ist das nur so dahingesagt? Und was ist im Unterschied zu den vielen guten und lieben Freunden ein *bester Freund*, eine *beste Freundin*?

Theoretische Überlegungen hierzu können den Einzelnen dazu anregen, sich auf die praktischen Erfahrungen zu besinnen, die er in seinem Leben macht, um sich über seine eigene Auffassung von Freundschaft klarer zu werden und sein Verhalten gegenüber Freunden gegebenenfalls zu verändern. Sehr inspirierend ist dabei immer noch die *Nikomachische Ethik* (im Folgenden NE) des Aristoteles, dessen Erörterungen über

138

das Phänomen der Freundschaft sich weitgehend auf moderne Verhältnisse übertragen lassen.

Eine Grundvoraussetzung für das Entstehen von Freundschaft ist selbstredend die Bereitschaft zu ihr, die *Haltung*, mit der ein Mensch sich für sie öffnet. Wer kein »Freund der Freundschaft« ist, tut sich schwer damit, eine solche Beziehung einzugehen. Ob jemand *philophil* oder *philophob* ist, hängt teils von der natürlichen Veranlagung ab, teils von der kulturellen Prägung durch die Umgebung, teils jedoch auch von der individuellen *Wahl*, die er oder sie trifft. Familiäre Beziehungen, in die Menschen hineingeboren werden, sind eine Angelegenheit der Notwendigkeit, der sie nicht entkommen können. Das Besondere der Freundschaft ist im Unterschied dazu, eine Angelegenheit der freien Wahl sein zu können. Die Wahl kann eine *aktive* sein, um willentlich auf einen Anderen zuzugehen; sie kann jedoch ebenso gut eine *passive* sein, um das Näherkommen, aus dem Freundschaft entstehen kann, ohne Zutun einfach geschehen zu lassen.

Unbewusste Emotionen und bewusste Überlegungen sind gleichermaßen daran beteiligt, ausschlaggebend aber ist das *Wohlgefallen* aneinander: Die angehenden Freunde reagieren auf die Ausstrahlung des jeweils Anderen, sie erscheinen sich wechselseitig interessant, sympathisch, vertrauenswürdig, liebenswert, bewundernswert, sodass der Wunsch aufkommt, sich näher kennenzulernen. Das Entstehen des Wohlgefallens kann eine Sache von Sekundenbruchteilen oder aber der Abschluss eines langen Prozesses sein, an dessen Anfang möglicherweise Gleichgültigkeit oder gar Abneigung vorherrschten.

Analog zur Liebe im engeren Sinne kommt die Beziehung zustande, weil die Freunde *Ähnlichkeiten* aneinander bemerken, gleiche Interessen und Erfahrungen miteinander teilen

(»Gleich und gleich gesellt sich gern«) oder aber ganz im Gegenteil ungleiche Interessen und große *Unterschiede* attraktiv finden (»Gegensätze ziehen sich an«). Anders als die Liebe, die einseitig bleiben kann, ist diese Beziehung jedoch von Grund auf durch *Wechselseitigkeit* charakterisiert, sonst kann sie keine Freundschaft sein. Grundlegend für die wechselseitige Beziehung ist außerdem ein großes *Wohlwollen* füreinander, eine »Wohlgesinntheit« (*eunoia*, NE 1155 b 33).

Und unabdingbar ist die *Offensichtlichkeit* dieses Wohlwollens, denn es hat keinen Sinn, dem Anderen nur heimlich wohlzuwollen, ohne dass er etwas davon wüsste. Nur dann, wenn das Wohlwollen deutlich erkennbar wird, kann er seinerseits darauf antworten, sofern er sich davon angesprochen fühlt. Auf dieser Basis kommt Freundschaft zustande, bei der sich, in Anlehnung an Aristoteles, drei Grundarten unterscheiden lassen.

Eine *Lustfreundschaft* wird um des wechselseitigen Lustgewinns willen geschlossen. Überhaupt ist dies ein wesentlicher Grund dafür, Freunde zu suchen und zu finden: Freuden mit ihnen zu teilen, angenehme Erfahrungen zu machen, entspannte Gespräche zu führen, Nettigkeiten auszutauschen, für Abwechslung im Alltag zu sorgen, gemeinsam das Leben zu genießen und Spaß zu haben, ein Ausdruck ausgeprägter Lebenslust. Nichts daran ist verwerflich, schon gar nicht in jungen Jahren; bereits zur Zeit des Aristoteles strebte die Jugend »nach dem für sie Lustvollen und dem, was sie unmittelbar reizt« (NE 1156 a 33). Alle nennen es Freundschaft, auch dann, wenn es sich eigentlich um eine Liebesbeziehung handelt, bei der die Beteiligten sich »Freund« und »Freundin« nennen. In der Lustfreundschaft ist der Umgang miteinander unkompliziert, erfrischend, unterhaltsam, und zu diesem Zweck bleibt die Beziehung besser an der Oberfläche, wie dies in den meisten Fällen ja auch ganz von selbst geschieht. Nichts wird vertieft, was das Wohlgefühl trüben könnte, daher der Verzicht darauf, das eigene Innere nach außen zu kehren: *We don't go there*, wie dies im Amerikanischen heißt.

Diese Orientierung am Wohlgefühl hat nicht unbedingt einen Nutzen für Menschen. Um der guten Gefühle willen gehen sie sogar Beziehungen ein, die ihnen nicht wirklich guttun. Für Situationen des Wohlgefühls mit Anderen und unterstützende Stoffe geben sie womöglich viel Geld aus, das sie nicht wirklich haben. Zielt die Beziehung jedoch ausschließlich auf Lustgewinn, kann sie gerade aus diesem Grund zum Problem werden, denn die Lust ist ein launisches Gut, das heute da ist und morgen verschwindet. Das Zusammensein fühlt sich gut an, unvorstellbar, dass es jemals anders sein könnte, aber eine Lust währt nie ewig, immer wieder braucht sie Erholung, das liegt in ihrer Natur. Überschwänglichen Gebrauch von ihr zu machen, läuft zwangsläufig darauf hinaus, ausufernde Auszeiten in Kauf nehmen zu müssen. Diese Phasen der Unlust und Lustlosigkeit werden zur Belastung, wenn sie in der Idee von Freundschaft nicht vorgesehen sind. Auf das Lustprinzip allein zu setzen, macht die Beziehung anfällig für Enttäuschungen, und so ist dies die flüchtigste Art von Freundschaft: Sie ist am Ende, wenn die Lust sich auflöst, »und dann Tschüss«. Im günstigsten Fall bleibt eine angenehme Erinnerung zurück: »Wir hatten eine schöne Zeit miteinander!«

Eine zweite Art der Freundschaft beruht auf dem Nutzen, den Menschen sich voneinander versprechen. Sollte für diese *Nutzenfreundschaft* gar nicht erst von Freundschaft die Rede sein? Aber in vielen Sprachen nennen Menschen sich Freunde, wenn sie im Auge behalten und manchmal recht genau darauf bedacht sind, was ihnen diese Beziehung bringt. Hier und im Bereich der Lust ist die große Zahl der *guten Freunde* angesiedelt, die nicht nur gleich-, sondern auch andersgeschlechtlich miteinander befreundet sein können. In so genannten *Helferfreundschaften* besteht der Nutzen füreinander darin, sich praktische Lebenshilfe zu leisten. Unverstellt kommt der Nutzen bei *Geschäftsfreunden* zum Ausdruck, die sich auch abseits der Geschäfte gut verstehen, unkompliziert miteinander kommunizieren und gerade aus diesem Grund gute Geschäfte miteinander machen können. In moderner Zeit sind *Parteifreunde* von Nutzen, die für eine politische Karriere unverzichtbar sind, aber zu den schlimmsten Feinden werden, wenn sie ihr im Weg stehen: »Freund – Feind – Parteifreund«.

Nützlich ist überdies nicht nur der materielle Nutzen, sondern seit jeher auch die *soziale Geltung*, die aus dem Befreundetsein mit angesehenen Anderen bezogen werden kann, ohne dass dies mit wirklicher Zuneigung verbunden sein müsste (NE 1159 a 13). Nutzenfreunde versuchen in der Regel ein weitergehendes, *echtes Interesse* aneinander zu bekunden, schon aus Gründen des größtmöglichen Nutzens, denn wenn der jeweils Andere sich einfach nur benutzt fühlen würde, könnte es zu keiner nützlichen Beziehung kommen. Die Fixierung auf den Nutzen ist nicht immer sonderlich lustvoll, sondern bereitet im Gegenteil oft erhebliche »Bauchschmerzen«. Wünschenswert wäre, wenigstens für sich selbst zu wissen, um welche Art von Freundschaft es sich im Einzelfall handelt und was von ihr erwartet wird. Ansonsten hält die Nutzenfreundschaft reichen Nährboden für Missverständnisse bereit, denn Leistung und Gegenleistung werden als solche meist gar nicht ausgewiesen und stehen allzu häufig im Missverhältnis zueinander. Mit einer gewissen Zwangsläufigkeit fühlt jeder sich

142

früher oder später vom Anderen übervorteilt, falsch behandelt und *ausgenutzt*. Ähnlich wie die Lustfreundschaft ist daher auch die des Nutzens von vorzeitiger Auflösung bedroht, sobald die Beziehung den insgeheim erhofften Nutzen nicht mehr erbringt: Typischerweise ist dann auch die Rede davon, dass es »nichts mehr bringt«.

Die dritte Art der Freundschaft erst, die Aristoteles schon im Blick hat und die wohl alle Menschen zu allen Zeiten für besonders erstrebenswert halten, ist die *wahre Freundschaft*. In ihr allein wird der Freund, die Freundin *nicht nur* als Mittel zu egoistischen Zwecken der Lust und des Nutzens, sondern zumindest *auch* als Selbstzweck angesehen. Lust und Nutzen sind keineswegs ausgeschlossen, aber wahre Freundschaft ist keine bloße Zweckbeziehung, sie trägt ihren Zweck vielmehr in sich selbst: Den Anderen einfach nur zu mögen und gerne mit ihm zusammen zu sein. Das engstirnige Eigeninteresse tritt zugunsten dieser Beziehung zurück, die vom Wunsch getragen wird, mit dem Anderen durchs Leben zu gehen und mit ihm »zusammenzuleben«, selten im räumlich-körperlichen, meist im seelisch-geistigen Sinne.

Charakteristisch für diese Beziehung ist das vollkommen freie Wohlgefallen aneinander, die dauerhafte, wechselseitige Zuwendung und Zuneigung um des jeweils Anderen willen: *Weil er er ist, weil ich ich bin*, nach dem berühmten Wort, mit dem Michel de Montaigne (*Essais*, I, 28, »Von der Freundschaft«) im 16. Jahrhundert seine eigene Freundschaft mit Etienne de la Boëtie beschrieb, mit dem ihn in den letzten Jahren bis zu dessen frühem Tod eine nie zuvor und danach gekannte innige Vertrautheit verband. Im Unterschied zu anderen Beziehungen kann üble Nachrede einer solchen Freundschaft nichts anhaben, sie ist »unzugänglich für Verleumdung«, wie schon Aristoteles meinte (NE 1157 a 21), denn die Freunde kennen sich so gut und sind in so engem Kontakt zueinander, dass Andere sich nicht zwischen sie stellen können (Martin Hecht, *Wahre Freunde. Von der hohen Kunst der Freundschaft*, 2006).

Der wahre Freund, die wahre Freundin hat einen festen Platz im *Kern des Selbst*, in seinem »Herzen«. Diese Beziehung ist nicht peripher, sondern trägt wesentlich zu seiner Selbstdefinition bei. Der Andere hat eine Stimme in ihm, auch wenn er nicht spricht und nicht da ist. Er ist ein Ruhepol, dann wieder ein Unruheherd, in jedem Fall ein starker Bezugspunkt. Im Unterschied zu guten Freunden wird er oder sie *bester Freund, beste Freundin* genannt. Beispielhaft dafür sind in frühromantischer Zeit, die auf Freundschaft so großen Wert legte, die Männerfreundschaft zwischen Achim von Arnim und Clemens Brentano, die Frauenfreundschaft zwischen Bettine Brentano und Caroline von Günderrode.

In der wahren Freundschaft ist jeder bereit, dem jeweils Anderen Privilegien zuzugestehen wie niemandem sonst, den Umgang mit ihm ohne jedes Kalkül zu pflegen, sich gerne in ihn hineinzuversetzen und mit ihm zu fühlen, und dies aus keinem anderen Grund als dem, den die Freundschaft selbst darstellt. Selbst die Wechselseitigkeit wird in der wahren Freundschaft nicht zur Forderung erhoben, eine Aufrechnung von Wohltaten kann lange warten, denn im Laufe der Zeit gleicht sich ohnehin alles von selbst aus (»generalisierte Reziprozität«). Anders als bei der Nutzen- und Lustfreundschaft können die Freunde sich wechselseitig für einige Zeit sogar eine Zumutung sein, ohne dass dies die ganze Beziehung in Frage stellen würde. Die Pflege dieser Art von Freundschaft braucht gleichwohl Zeit, die in moderner Zeit niemandem mehr in beliebigem Maße zur Verfügung steht: Aus diesem pragmatischen Grund kann es zwar viele gute Freunde geben, bestenfalls jedoch mehrere beste Freunde, beste Freundinnen.

Als Grundlage aller Arten der Freundschaft bringt Aristoteles zuletzt noch eine weitere ins Spiel, die nicht jeder im Blick hat und die zuweilen mit einem zweifelnden Auge betrachtet wird: Die Freundschaft mit sich selbst, die *Selbstfreundschaft* (*philautia*, NE 1166 a ff.). Der maßvolle Anteil an Narzissmus in dieser Beziehung kommt deutlicher zum Ausdruck, wenn von »Selbstliebe« die Rede ist. Sie verträgt sich dennoch gut mit der Freundschaft, denn keiner muss sich selbst aufgeben, um ein Freund sein zu können, ganz im Gegenteil: Wer mit sich im Reinen ist und sich selbst mag, der kann auch Andere mögen und für sie da sein. Gerade dann, wenn das Bedürfnis nach Selbstwert befriedigt ist, wächst die Fähigkeit zur Wertschätzung Anderer. Erscheint das eigene Selbst schön und bejahenswert, ist dieser Wert auch auf Andere übertragbar, die ihrerseits schön und bejahenswert erscheinen und in denen das Selbst sich spiegelt. Das Selbst, das sich bejaht, kann Andere nicht zuletzt deswegen bejahen, weil das eigene Leben schöner wird durch das Leben mit ihnen.

»Indem man den Freund liebt, liebt man das, was für einen selbst gut ist« (NE 1157 b 33 f.). Auf der Basis der *ästhetischen Ethik des Selbst* kommt also die *Ethik der Freundschaft* zustande, und in dem Maße, in dem das Selbst daraufhin von Anderen bejaht wird, bejaht es wiederum sich selbst, denn die Wertschätzung für sich wird von der Wertschätzung durch Andere bestärkt. Bleibt die Bejahung durch Andere aber aus, kann das Selbst nur bei sich selbst den Anfang machen und mit seiner Selbstbefreundung die Grundlage dafür schaffen, wieder zu einem wertvollen Gegenüber für Andere zu werden.

Eine Neuerung im 21. Jahrhundert ist darüber hinaus eine

Art von Freundschaft, von der Aristoteles noch nichts ahnen konnte. Die *virtuelle Freundschaft* entfaltet sich in reichem Maße im Internet, in diesem technisch erzeugten Raum, der viele fasziniert, da es ein Raum unendlicher Möglichkeiten ist, der geradezu eine transzendente Erfahrung vermittelt: Kein bloßes *Dasein* mehr leben zu müssen, sondern näher am *Sein* leben zu können, das wesentlich ein Möglichsein ist. Mithilfe globaler elektronischer Medien wird die virtuelle Freundschaft in sozialen Netzwerken wie Facebook gepflegt, das 2004 gegründet wurde. Freundschaft heißt hier zunächst, *Kontakt* zueinander aufzunehmen. Was zählt, ist die Vielzahl der Kontakte, nicht etwa mit einem oder wenigen Anderen, sondern mit möglichst vielen, mit denen es im Einzelfall bei einem oder wenigen Kontakten bleibt. Die bloße Zahl der Kontakte soll Außenstehenden demonstrieren, welche Bedeutung das Ich für Andere hat, die ihm öffentlich und für alle sichtbar den Titel »Freund« zusprechen. Die Beteiligten müssen sich nicht wirklich kennen, beliebige Identitäten können vorgeschoben werden, insofern handelt es sich nicht unbedingt um eine Beziehung von Person zu Person.

Es besteht aber die Möglichkeit, mit Menschen in Kontakt zu kommen, denen man im realen Leben nie begegnen oder die man nicht beachten würde: Menschen aus allen sozialen Schichten, aus den unterschiedlichsten Kulturen und Ländern, aus verschiedensten Berufen und Tätigkeiten können miteinander kommunizieren, unabhängig vom Status, ohne Ansehen der Person und ohne auf das Äußere zu achten, das bei der realen Begegnung eine große Rolle spielt. Menschen mit Behinderung können teilhaben, ohne auf die Berührungsängste zu stoßen, die ihnen sonst so oft zu schaffen machen. Und aus jeder virtuellen Begegnung kann eine reale werden, mit der

Chance, auch im analogen Raum eine Freundschaft zu begründen, wenngleich mit der Gefahr unguter Folgeerscheinungen, wenn eine vorgetäuschte Wirklichkeit zur Enttäuschung führt.

Es kann sich bei virtuellen Kontakten erneut um *Nutzen- und Lustfreundschaften* handeln. Der Nutzen besteht darin, den privaten, auch den schulischen, universitären und geschäftlichen Austausch mit Anderen unproblematisch pflegen zu können. Die Lust besteht darin, in Echtzeit am Leben Anderer beteiligt zu sein, ohne dass sie anwesend sein müssen, in der jederzeit möglichen Kommunikation Gemeinschaft zu erfahren und sich der eigenen Existenz zu versichern. »Ich möchte mich verbinden. Ich möchte nicht aufhören zu existieren«, sagt ein amerikanisches Mädchen am Ende des Films, der aus Youtube-Videos vom 24. Juli 2010 aus aller Welt zusammengestellt wurde (*Life in a Day*, Regie Kevin MacDonald, 2011). Niemand muss länger einsam und verlassen vor sich hinleben, jede und jeder kann sich ständig von Anderen umgeben fühlen, auch wenn diese nur marginale Lebenszeichen von begrenzter Wichtigkeit von sich geben: »Maria ist jetzt online.« »Karl gefällt dieses Foto.« »Isabelle hat ihr Profilbild geändert.« »Max hat die Führerscheinprüfung bestanden.«

Mithilfe sozialer Netzwerke können zudem auch *wahre Freundschaften* gepflegt werden, meist auf der Basis bereits bestehender realer Beziehungen. Für diese und jede andere Art von Freundschaft kann der virtuelle Raum zu einem Element der Lebenswirklichkeit der Freunde werden, zur Plattform für den Austausch von Informationen, fürs alltägliche Plaudern und für gemeinsame Spiele. Jede räumliche Entfernung verschwindet, umständliche zeitliche Verabredungen werden unnötig: Gehe ich *online*, sehe ich mit einem Blick, wer da ist und werde daran erinnert, bei wem ich mich schon lange nicht mehr gemeldet habe. Digital oder analog: In jedem Fall können die Freunde sich gemeinsam auf den Weg zu einem schönen und erfüllten Leben machen. Das Glück der Freundschaft können sie in mehrfacher Hinsicht erfahren.

Das Glück, das in der Freundschaft zu finden ist

Zum Glück gehört ein Leben in Beziehung, ein Leben »in der Verflochtenheit«, wie es bei Aristoteles heißt, mit Ehegatten, Eltern, Kindern, Freunden und Mitbürgern, »denn der Mensch ist von Natur aus ein soziales Wesen« (NE 1097 b 12). Andere antike Philosophen teilen diese Auffassung: »Niemand kann ein glückliches Leben führen, der nur auf sich sieht«, schreibt Seneca im 48. seiner *Briefe an Lucilius über Ethik*. Von besonderer Bedeutung sei daher die »Pflege jener innigeren Verbundenheit der Freundschaft«, die dafür bürge, dass ein Mensch weder bei Glücks- noch bei Unglücksfällen allein bleibe.

In der Neuzeit setzt sich diese Wertschätzung fort: Die Freundschaft vermehre das Gute und vermindere das Schlimme, verkündet im 17. Jahrhundert der spanische Philosoph und Theologe Balthasar Gracián; sie sei das einzige Mittel gegen Unglück und ermögliche »das Freiatmen der Seele« (*Handorakel und Kunst der Weltklugheit*, Aphorismus 158). Und Adolph Freiherr Knigge, der dem Umgang mit Freunden ein Kapitel in seinem viel gelesenen Buch *Über den Umgang mit Menschen* (1788, Zweiter Teil, Kapitel 6) widmet, ist davon überzeugt, dass ein Mensch an verlässlichen Freunden »etwa nur drei in der Welt« brauche, um glücklich zu sein (II, 11, 1). Bei genauerem Hinsehen geht es dabei jedoch um verschiedene Arten von Glück, verbunden mit unterschiedlichen Ebenen des Sinns, die die Freunde in ihrer Beziehung finden.

1. Ein Glück ist schon das bloße *Dasein des Freundes, der Freundin*, die Tatsache, dass es sie oder ihn gibt. Das Glück setzt mit der Begegnung ein, die dem Zufallsglück zu verdanken ist, im privaten wie im beruflichen Umfeld, analog oder digital, in der Peer Group oder in Clubs und Vereinen, beim Sport, in Chats oder Spielgemeinschaften und in der Selbsthilfegruppe derer, die in der gleichen Lebenssituation stecken und vom gleichen Schicksal betroffen sind. Anders als Liebende akzeptieren Freunde problemlos, dass es wohl reiner Zufall war, sich gefunden zu haben, und sie geben dem Ereignis im Nachhinein den Sinn einer Notwendigkeit: *Das musste so sein.* Auch diesem Anfang wohnt ein Zauber inne: Ein Glückserlebnis ist die Aufmerksamkeit, die vom ersten Moment an zu erfahren ist, dieses hohe Gut, diese seltene Ressource, nach der alle sich sehnen und die nur in wenigen Beziehungen zu haben ist.

Wie beglückend, dass da jemand ist, der mich im Blick hat, jemand, dem es nicht egal ist, ob ich existiere, der mich vielmehr fragt, wie es mir geht, wo ich bin und was ich mache! Eine große Lebensgewissheit resultiert daraus, dass ein Anderer seelisch-geistig bei mir ist, auch wenn er körperlich abwesend ist, dass ich jederzeit zu ihm gehen kann und mich bei ihm willkommen fühlen darf, er sich wiederum bei mir. In den ersten Erfahrungen finden sich die künftig möglichen schon angedeutet, die über Jahre hinweg zu machen sein werden, aber die Pflege der Freundschaft ist dazu da, das weitere Zusammensein nicht mehr dem Zufall zu überlassen. Das Glück wird zum Ergebnis einer beharrlichen Anstrengung, die erforderlich ist, um die Beziehung mit Leben zu füllen: »Hast Du nun einen solchen treuen Freund gefunden, so bewahre ihn auch! Halte ihn in Ehren, auch dann, wenn das Glück Dich plötzlich über ihn erhebt, auch da, wo Dein Freund nicht glänzt« (Knigge, II, 6, 6).

2. Glück sind die *schönen Erfahrungen miteinander*, die vielen großartigen Stunden, die Freunde miteinander verbringen und die ihr Wohlfühlglück ausmachen, oft einhergehend mit dem *köperlichen Sinn* sinnlicher Erfahrungen: Miteinander Musik zu hören, etwas zu trinken, auch Trinkgelage zu feiern, gemeinsam zu essen, Ausflüge und Reisen zu unternehmen, tanzen zu gehen, einander schön zu finden und zu berühren (häufiger bei Freundinnen als bei Freunden), nächtelang zu reden und sich »herumzutreiben«, danach sich zu entspannen und zu *chillen*. In glücklichen Zeiten verdichten sich die schönen Möglichkeiten des Lebens zur punktförmigen Wirklichkeit eines Augenblicks, zu einem Moment voller Energie, einem *Ewigkeitsmoment*, der nie vergehen soll. Die Freunde lieben diese Zeiten und haben dennoch kein sonderlich großes Problem damit, dass sie nicht ewig währen, denn in der Regel kehren sie zuverlässig wieder. Woher aber kommt dieses Glück, wenn es kommt? Wohin geht es, wenn es geht?

Denkbar ist, dass die Energie, die in solchen Zeiten erfahrbar wird, einem Kontinuum entstammt, in dem sie immer vorrätig ist, und dass sie zwischendurch in andere Formen übergeht, bevor sie in irgendeiner Form wiederkehrt. Fraglos fügen die Freunde sich in den Prozess, der ohnehin nicht aufzuhalten ist. In der Erinnerung können die schönen Erfahrungen lange in ihnen nachklingen, viele davon ein ganzes Leben lang. Im Rückblick ist es reizvoll, sich daran zu erinnern, »was wir schon alles miteinander erlebt haben«, auch problematische Episoden will dann keiner mehr missen: »Weißt du noch, damals?« Der Zusammenhalt wird auf diese Weise gefestigt, die Kontinuität durch alle Erfahrungen hindurch stärkt die Beziehung und gewährt allein schon durch den zeitlichen Zusammenhang Sinn.

3. Glück ist das *intensive Gefühl füreinander*, die innere Nähe und die wechselseitig gefühlte Berührung, die für *seelischen Sinn* sorgt. Ist der Glaube an eine Seele nicht hoffnungslos antiquiert in einer Zeit, in der das materielle Funktionieren aller Dinge vollkommen durchschaubar geworden ist? Aber Materie kann als erkaltete Energie verstanden werden, die Seele als Energie im angeregten Zustand, die Menschen aufleben lässt und in Bewegung setzt. Jede Bewegtheit in Gefühlen erscheint als Ausdrucksform der zugrundeliegenden Energie, und je vertrauter die Beziehung, desto freier können die Energien der Beteiligten ineinanderfließen und sich potenzieren.

Das geht in der Freundschaft weniger als in der Liebe mit Gefühlsausbrüchen einher, mehr mit dem ruhigen Wohlgefühl, einander zugetan zu sein, Sympathie und zuweilen Bewunderung füreinander zu empfinden. Es handelt sich oft nur um eine *Hintergrundemotion*, die unbewusst bleibt und dennoch wirksam ist: Es macht mich anhaltend glücklich, einen Menschen zu kennen, der etwas für mich fühlt und ich für ihn, bei dem ich Verständnis finde und er bei mir, bei dem ich Privilegien genieße und er wiederum bei mir. »Freunde sind Menschen, die dich mögen, obwohl sie dich kennen« (Eckart von Hirschhausen, *Glück kommt selten allein*, 2011, 127). Auf der Grundlage der Zuwendung zueinander und der langen Erfahrung des Umgangs miteinander entwickelt sich ein *Gespür füreinander*, das jeden im Laufe der Zeit ziemlich genau wissen lässt, was der jeweils Andere mag und wogegen er Abneigung hegt, was ihm guttut und was eher nicht, was er gut kann und was ihn überfordert. Ist das Gespür wechselseitig, wird die

Freundschaft mit der Zeit intensiver und ist weniger als die leidenschaftliche Liebe vom Verfall in der Zeit bedroht.

4. Glück ist das *ständige Gespräch miteinander*, bei dem *geistiger Sinn* durch unablässig neue gedankliche Verknüpfungen und die allmähliche Verfertigung der Gedanken beim Reden entsteht – in Anlehnung an Überlegungen, die Heinrich von Kleist für einen »sinnreichen Freund« anstellte. Berühmte Freundespaare haben davon ausgiebig Gebrauch gemacht (Rüdiger Safranski, *Goethe und Schiller*, 2009). Nur zum Teil handelt es sich dabei um das *reale Gespräch* im unmittelbaren Austausch, mittelbar mithilfe von Kommunikationsmedien wie Brief, Telefon, Internet. Das reale Gespräch ist unverzichtbar, denn es ermöglicht, sich wechselseitig auf dem Laufenden zu halten und die Erfahrungen und Veränderungen des jeweils Anderen mitzuvollziehen. Es dient der Nachführung der Beziehung, die für die Freundschaft so wichtig ist wie für die Liebe im engeren Sinne, auch wenn es keine große Eile damit hat: Mehr als die Liebenden leben die Freunde, die sich weniger oft sehen, in unterschiedlichen Welten, die aber nicht so rasch auseinanderdriften; selten steht von einem Moment zum anderen alles auf dem Spiel.

Zum anderen Teil ist der Austausch zwischen ihnen ein *imaginäres Gespräch* in Gedanken, sei es bei einem schweigsamen Zusammensein oder in einer Art von Telepathie beim Getrenntsein: Auch wenn ich nicht mit meinem Freund zusammen bin, höre ich seine Stimme in mir. Zwar kann ich nicht wissen, ob er in diesem Moment wirklich in Gedanken bei mir ist und mit mir spricht oder ob ich nur allzu gut weiß, was er sagen würde, wäre er hier. Entscheidend ist aber nicht die Tatsache, sondern die *Vorstellung*, dass er meine Gedanken kommentiert, sie bestätigt, ihnen widerspricht, andere hinzufügt, mich aufmerksam macht auf das, was ich übersehen habe. Der vorgestellte Austausch hat den Vorteil, weniger ermüdend und daher dauerhafter zu sein als der reale: Ohne Einbußen an Intensität können die Freunde im Denken ständig füreinander präsent sein, ohne dass dies nach außen hin erkennbar wäre. »Überhaupt haben feinere Seelen unter sich eine eigne geheime, andern unverständliche Sprache« (*sic!*, Knigge, II, 6, 12).

5. Glück sind die *gemeinsamen Deutungen*, die im realen und imaginären Gespräch unternommen werden. Das Deuten (griechisch *hermeneuein*) begründet eine gemeinsame *Hermeneutik der Existenz*, die sich auf alle Aspekte des Lebens bezieht. Traditionell scheint dies Frauen näherzuliegen, aber grundsätzlich können auch Männer mit den besten Freunden die tieferen Gespräche führen, in denen es darum geht, die kleinen und großen Lebensfragen, Geschehnisse, Begegnungen und Erfahrungen zu erörtern und zu interpretieren: Was ist geschehen? Was bedeutet das? Welche Erfahrungen sind wie einzuschätzen? Welche Zusammenhänge könnten darin verborgen sein? Welche Argumente sprechen für, welche gegen eine bestimmte Entscheidung? Was ist wirklich wichtig? Welchen Werten kommt welche Bedeutung im Leben zu und wie sind sie zu verwirklichen? Was ist schön, was bedeutet Glück? Was macht Sinn? Das Hin- und Herwenden von Deutungen und ihre immer neue Prüfung auf Plausibilität, auf Nachvollziehbarkeit, ist eine nicht endende Aufgabe der Lebensbewältigung, um aus Erfahrungen Schlüsse für das weitere Vorgehen zu ziehen. Mit Antworten, die wenigstens zeitweilig tragfähig sind, gelingt es besser, *Sinn und Bedeutung* ausfindig zu machen und die eigene Lebensführung daran zu orientieren, um sich im Leben und in der Welt zurechtzufinden.

Das ist ein wesentlicher Grund dafür, dass Aristoteles in

der Freundschaft eine gute »Übung in Vortrefflichkeit« (*askesis tes aretes*, NE 1170 a 11) sah: Die Freunde verhelfen sich dazu, Dinge, Personen und Situationen so gut wie möglich einzuschätzen und bestmöglich mit ihnen umzugehen. Das bezieht sich auf sämtliche Lebensvollzüge und hat nicht unbedingt etwas mit der moralischen »Tugendhaftigkeit« zu tun, mit der die *Arete* traditionell übersetzt worden ist.

6. Glück ist die *Freimütigkeit der Freunde* im Umgang miteinander. In ihren realen und imaginären Gesprächen bemühen sie sich um ein »Alles-Sagen« (*parrhesia*, NE 1124 b 29) und realisieren damit auch eine *Parrhesiastik der Existenz*. Jemanden als besten Freund, beste Freundin anzusehen, ist nicht immer daran gebunden, ihm oder ihr gefühlsmäßig am nächsten zu stehen, immer aber daran, offen und ehrlich miteinander umzugehen: Darin liegt für viele der *Sinn wahrer Freundschaft*. Mit Anderen mag der Umgang häufiger sein, mit dem wahren Freund aber ist er aufrichtiger, im Vertrauen darauf, dass die Beziehung nicht daran zerbricht, vielmehr ganz im Gegenteil davon bestärkt wird, denn wo sonst wäre so viel Ehrlichkeit auf dem weichen Boden von so viel Wohlwollen zu haben?

In der Liebe bringt die Verquickung mit Machtfragen die Gefahr mit sich, dass einer die Ehrlichkeit des Anderen irgendwann zur Durchsetzung eigener Interessen missbraucht. Freunde aber können sich alles anvertrauen und müssen nichts voneinander befürchten; unverblümter als in einer Liebesbeziehung können sie einander die Wahrheit sagen, wie sie ihnen nach bestem Wissen und Gewissen erscheint. Es ist von unschätzbarem Wert, mit einem Menschen alles, auch Heikles und Intimes besprechen zu können, und manchmal genügt ein vielsagendes Schweigen – »sein Schweigen allein zeigte mir, wie selbstgerecht ich die Sache darstellte« (Max Frisch, *Mon-*

tauk, 1975, 36). Um der Wahrheit willen ist es möglich, sich auch mal nicht so gut zu verstehen und sich dennoch spüren zu lassen, dass dies die Freundschaft nicht bedroht. Insbesondere diejenigen, die im gesellschaftlichen und beruflichen Leben Führungsverantwortung zu tragen haben, sind auf solche Freunde angewiesen, die »das Gute in uns schätzen, ohne blind gegen unsre Schwächen zu sein«, und »uns die Wahrheit nicht verhehlen, uns aufmerksam auf unsre Mängel machen, ohne uns vorsätzlich zu beleidigen« (*sic!*, Knigge, II, 6, 5).

7. Glück ist der *Blick des Freundes von außen* auf mich. Freimütig bringt er zur Sprache, wie er mich sieht, und dieser Blick prägt sich mir ein, sodass ich mich selbst wie von außen sehen kann. Ohne diesen Blick könnte ich versucht sein, im Kreis der inneren Wahrnehmungen und Überlegungen zu verharren. In längeren Abständen überblickt der Freund die größeren Intervalle in meinem Leben und kann mir sagen, wohin seiner Meinung nach »die Reise geht«. Er weitet meinen Horizont, wenn er zu eng wird, und steuert Gedanken und Aspekte bei, die ich nicht im Blick hatte. Mit seiner wohlwollenden, aber wachsamen Aufmerksamkeit hilft er mir, die Kernpunkte meines Selbst, somit meinen inneren Zusammenhang und den *Sinn für mich selbst* zu bewahren. Für die verlorene metaphysische Antwort auf die Frage nach dem Selbst (»Frage das Gesetze, / Das wird dir sagen, wer du bist«, Bass-Arie, *Bach-Kantate* 132) bietet die Freundschaft irdischen Ersatz: Frage deinen Freund, der wird dir sagen, wer du bist.

Daher ist die Freundschaft, die lange währt, so wertvoll. Auf mich allein gestellt, könnte ich die Werte und Ziele, auf die es mir ankommt, leicht wieder aus den Augen verlieren oder es versäumen, selbst gewählte Grundsätze in die Tat umzusetzen. Die Augen des Freundes auf mir ruhen zu fühlen, ist jedoch Motivation genug für eine weitere Anstrengung. Wechselseitig halten wir das so und behalten dabei die *existenzielle Ontologie* im Blick: Worin besteht deine und meine gegenwärtige Wirklichkeit, wo sind unsere unausgeschöpften Möglichkeiten? Der Freund starrt nicht auf meinen Status, er sieht vielmehr mein Potenzial und ich seines. Wir machen einander auf das Verfehlen einer Wirklichkeit und das Vergessen einer Möglichkeit aufmerksam, um rechtzeitig gegensteuern zu können. Die langwierige Arbeit der Verwirklichung einer Möglichkeit fällt mit seelisch-moralischer Unterstützung des Anderen leichter. Und er tröstet mich darüber hinweg, dass nicht alles, was möglich ist, wirklich werden kann, sodass ich weniger in Versuchung bin, mir selbst, Anderen, dem Leben und der Welt einen Vorwurf daraus zu machen.

8. Glück ist die *gesamte Fülle des Lebens*, die die Freunde erfahren. Sie besteht aus den schönen Zeiten, die sie genießen, und den weniger schönen, in denen sie sich beistehen. Nicht nur die atemberaubenden Momente machen die Fülle des Lebens aus, sondern auch die anderen Zeiten, die die Freunde gemeinsam durchleben. »Die Kunst des Lebens besteht darin, möglichst viele wertvolle, schöne Momente zu sammeln« (Christoph Schwennicke, *Das Glück am Haken*, 2010, 20). Das ist die Vorstellung vieler und dennoch nur ein Teil der Kunst – der andere Teil besteht darin, auch schwierige Zeiten und Schwierigkeiten in der Beziehung zu bewältigen. Auch schwierige Zeiten sorgen für eine starke Erfahrung von *Sinn*, weil sich jetzt erst der Zusammenhalt bewährt.

Nur auf angenehme Weise erfüllt sein zu wollen, ist der Weg der Lustfreundschaft, die wahre Freundschaft hingegen umfasst auch Unangenehmes und Schmerzliches. Glück ist, zum Freund flüchten zu können, wenn etwas im Leben missglückt ist, und sollte er selbst mit einem Problem ankommen, halte man sich nicht mit »moralischen Gemeinsprüchen« auf (Knigge, II, 6, 8). Nicht Perfektheit solle man vom Freund erwarten und bei einer Verfehlung die Schuld lieber äußeren Umständen zuschreiben und ihn entschuldigen. Man solle festhalten an ihm in jeder Situation und zu ihm stehen, wenn jeder ihn verlässt, ihn zu verstehen suchen, wenn keiner sonst ihn versteht, »warm und eifrig« Partei für ihn ergreifen, sofern dies nicht völlig unredlich ist, und seinen Ruf retten, wenn er verleumdet wird. Auch eine Dummheit gemacht zu haben, ist unter Freunden kein Anlass für Vorwürfe, eher einer fürs Amüsement. Ängste können Freunde sich eingestehen und sich gerade dadurch von ihnen entlasten, dass sie nicht mehr verdrängt werden müssen. Eine enorme Bereicherung des Lebens ergibt sich daraus, dass das Leben des Anderen auf jede Weise mitgelebt und damit das eigene Leben vervielfältigt werden kann.

9. Glück ist, gemeinsam auch *unglücklich sein zu können.* Da das Glück, anders als moderne Menschen es sich ausmalen, nicht aus einer endlosen Abfolge von Glücksmomenten bestehen kann, lautet eine zentrale Lebensfrage: Was bleibt, wenn das Glück geht? Die Freunde können Gesprächspartner und seelische Stütze füreinander sein, wenn das Glück aussetzt und ein Unglücklichsein oder gar Unglück zu bewältigen ist. Das Leben lastet in einer solchen Zeit schwer auf dem Betroffenen, der sich bedrückt und niedergedrückt fühlt, deprimiert und depressiv ist. Aber wenn einer den Mut verliert, bewahrt ihn der Andere, ein *Rest von Sinn* in aller Sinnlosigkeit: *You've got a friend* (Carole King, James Taylor, Popsong, 1971). Er muss nicht versuchen, dem depressiven Selbst den Weltschmerz auszureden, es ist nur wichtig, in Gedanken und Gefühlen bei ihm zu sein.

Niedergeschlagen, traurig, ohne jede Hoffnung zu sein, ist ein momentaner oder phasenweise wiederkehrender, in manchen Fällen ein dauerhafter Zustand. Oft wird er mit der Krankheit der *Depression* verwechselt, bei der Gefühle und Gedanken einfrieren und die ohne ärztliche und therapeutische Hilfe nicht zu bewältigen ist. Im Zustand des *Depressivseins* aber sind Gefühle und Gedanken in heftiger Bewegung und kaum etwas ist hilfreicher als der Freund, dem etwas davon erzählt werden kann. Ein althergebrachtes Wort für den Zustand ist *Melancholie*, eine mögliche Seinsweise der Seele angesichts der Ungewissheit, Abgründigkeit und Begrenztheit des Lebens, die Menschen mit mehr oder weniger großer Heftigkeit bewusst wird. Das tragische Bewusstsein, das damit einhergeht, ist dem Leben womöglich angemessener als jede Leugnung von Tragik. Das muss nicht zur Folge haben, sich dem Zustand zu sehr hinzugeben, schon um den Freund nicht zu sehr damit zu belasten. Und bei allem Beistand gilt: Alle Gemeinsamkeit kann Einsamkeit nicht auslöschen, der Einzelne selbst muss sein Leben leben, kein Anderer kann ihm dies abnehmen – jedenfalls neigen Männer mehr als Frauen zu einer solchen Auffassung.

10. Glück ist nicht zuletzt ein *Leben über sich selbst hinaus*, zu dem Freunde sich wechselseitig verhelfen. Schon beim gewöhnlichen Zusammensein vergehen manchmal Stunden, ohne noch wahrgenommen zu werden, die Zeit löst sich auf, eine ungewöhnliche Überschreitung des gewöhnlichen Lebens wird möglich. Und jeder kann ein Anderer werden im Umgang mit dem Anderen, denn bei ihm ist er nicht auf die Rollen verpflichtet, die er im Alltag spielen muss, kann vielmehr beengte Verhältnisse zurücklassen, eine Situation und das Leben, andere Menschen und die Welt wieder aus anderer

Perspektive sehen und neuen Atem schöpfen: »*Freunde haben.* Es ist ein zweites Dasein« (Gracián, *Handorakel,* Aphorismus 111). An den entlegensten Orten kann ein Mensch mit Freunden zuhause sein, fremde Kulturen werden ihm durch sie vertraut. Das Leben wird vielfältiger, spannender und schöner mit ihnen, denn gemeinsam verfügen die Freunde über weit mehr Möglichkeiten als einer für sich allein, und sie ermutigen sich zu ihrer Verwirklichung.

Die Beziehung zueinander ragt sogar über die Endlichkeit des Einzelnen hinaus, ein Element der Transzendenz: In jeder Liebe zu einem Anderen, auch in dieser, ist die Dimension der Unendlichkeit präsent. Zwar ist der Andere selbst der Endlichkeit unterworfen, aber nicht derselben wie ich. Und wie die Liebe der Liebenden kann auch die der Freunde über den Tod hinaus bestehen bleiben, schon weil der, der länger lebt, das Andenken des Anderen bewahrt. Wenn es zutrifft, dass die Seele Energie ist, die nicht im Nichts verschwindet, also unsterblich ist, können nicht nur die Liebenden, sondern auch die Freunde für immer beieinander sein: Ein transzendenter Sinn, der diesseitig bleibt und kein Jenseits voraussetzt. Trotz aller Transzendenz tauchen im banalen Alltag allerdings Probleme auf, die die Freundschaft in Frage stellen können.

Die Probleme, mit denen die Freundschaft konfrontiert ist

Das Glück der Fülle, das in der Freundschaft erfahrbar wird, schließt Gegensätze nicht aus, vielmehr entsteht Fülle erst in der Bewegung zwischen Gegensätzen. Alles Leben ist bipolar, nichts daran ist eine Störung, allenfalls eine Überforderung für Menschen, die mit Gegensätzen nicht gut leben können.

Es kommt darauf an, die Freundschaft, wie die Liebe, zwischen den Gegensätzen *atmen* zu lassen, zwischen guten Gefühlen und unguten Problemen, zwischen Verständnis und Missverständnis oder gar Unverständnis, und von Grund auf zwischen Nähe und Distanz. Phasenweise sind die Freunde sich zu nah, dann wieder zu fern. Sollten sie mit wachsender Entfernung »den Draht« zueinander verlieren, können sie die Nähe durch *Potenzierung* zurückgewinnen: Neue Impulse für die Beziehung ergeben sich aus einer demonstrativen Zuwendung und Zuneigung zum Anderen, an den ich denke, für den ich Zeit habe, mit dem ich spreche. Jede Aufmerksamkeit, jedes Verständnis für ihn ist »eine gewisse Gefälligkeit, die das Leben süß macht« (Knigge, II, 6, 11).

Freundschaft erfordert jedoch nicht ständige Nähe, vor allem dann nicht, wenn sie lange währen soll: Gerade auf Distanz können die Freunde sich nahe sein. Sollten sie die Nähe irgendwann als beengend empfinden, treibt eine gewollte oder ungewollte *Polarisierung* sie wieder auseinander. In dieser Phase suchen sie nicht das Gemeinsame, sondern legen Wert auf das Trennende; an die Stelle von Begeisterung tritt die Ernüchterung über die Beziehung, die nicht so toll ist wie gedacht. Anlässe dazu bieten kleinere und größere Irritationen, die selbst unter den vertrautesten Freunden leicht entstehen. Sehen sie sich zu häufig, führt das womöglich dazu, über nervige Angewohnheiten des je Anderen nicht mehr so ohne Weiteres hinwegsehen zu können. Jeder kann in diesem Fall, so Knigge (II, 6, 13) »zu genaue Bekanntschaft mit den kleinen Fehlern des Freundes machen, deren jeder Mensch mehr oder weniger hat, die auch nicht so sehr auffallen, wenn man nicht immer miteinander lebt«. Es wäre aber schade, auf diese Weise »einander überdrüssig zu werden«. Meist bedürfe es nur eines

»Zwischenraums von wenig Tagen« (*sic!*), um vom besonderen Wert des Freundes wieder überzeugt zu sein.

Entscheidend ist die *Bedeutung*, die Irritationen zugemessen wird: Eine *kleine*, wenn die Nähe vermisst wird, sodass die Freunde mit wachsendem Abstand zur Auffassung kommen, dass es Wichtigeres gibt als die Differenzen, etwa trotz allem die Beziehung zu bewahren. Eine *große*, wenn die Nähe erdrückend wirkt und die Freunde Abstand brauchen. In der Distanz findet jeder den Freiraum für sich, den er zur Regeneration benötigt. Schon zum Zweck der Distanzgewinnung sollte es daher möglich sein, wie Nietzsche meinte, »nicht nur seine Feinde lieben, sondern auch seine Freunde hassen« zu können (*Also sprach Zarathustra* I, 1883, »Von der schenkenden Tugend«, 3). Nicht für immer, nur für eine Weile. Anlässe dafür gibt es genug, denn so vielfältig wie das Glück der Freundschaft können auch ihre Probleme sein.

1. Probleme werden von einem *Mangel an Aufmerksamkeit* verursacht, eine absichtslose Unachtsamkeit reicht dafür völlig aus. Es kann sich um das unbedachte Zurückhalten einer für unbedeutend gehaltenen Information handeln, die den Anderen auf Umwegen dennoch erreicht und den Verdacht aufkeimen lässt, das Verhältnis sei wohl doch nicht so vertrauensvoll wie gedacht: »Gestern habe ich deinen Freund im Kino getroffen!« »Ach, er war im Kino?« Erst recht gilt dies für bedeutsamere Informationen über Veränderungen im Leben des Anderen, auch über Schwierigkeiten, die ihm zu schaffen machen. Erfahre ich davon nichts, mit einiger Verspätung aber doch etwas, womöglich später als Andere, beginne ich an der Freundschaft zu zweifeln: Wozu befreundet sein, wenn wir uns nicht mal auf dem Laufenden halten? Wie können wir uns beistehen, wenn wir uns unsere Schwierigkeiten verheimlichen?

Der Mangel an Aufmerksamkeit kann gut begründet sein, wenn einer Zeit für sich und seine Angelegenheiten braucht. Jeder kann dafür Verständnis haben, niemand verfügt über die Kräfte für eine grenzenlose Aufmerksamkeit nach allen Seiten hin. Wenn aber der Mangel an Aufmerksamkeit anhaltend einseitig bleibt, einer also dem Anderen auf Dauer mehr Energie, Zeit und Gehör schenkt, als er von ihm erhält, jedenfalls nach eigener Überzeugung? Dann steht die Frage im Raum, ob dem Anderen die Pflege der Beziehung nicht am Herzen liegt oder ob er sich einfach nur schwer damit tut, selbst die Initiative zu ergreifen. Wenn Letzteres, dann übernehme ich es eben, ihn immer wieder zu kontaktieren, etwas vorzuschlagen und ein Treffen zu organisieren.

2. Probleme resultieren aus der *Kritik am Freund,* die unweigerlich irgendwann angebracht erscheint. Sie kann ein Mittel zur Distanzierung sein, und es entlastet beide Seiten, dies als Grund in Betracht zu ziehen: Dann ist eben Distanz angesagt, bis auf Weiteres. Ist die Kritik aber wirklich als solche gemeint, kann sie das Verhältnis belasten. Sie dennoch zu üben, bedarf einer »Tapferkeit vor dem Freund«, von der Ingeborg Bachmann einmal sprach (*Die gestundete Zeit,* 1953, Gedicht »Alle Tage«). Der Mut zur Kritik auf der einen, die Offenheit dafür auf der anderen Seite sind Elemente einer Ethik der Freundschaft, um die jedenfalls die wahren Freunde sich bemühen.

Kritik zu üben fällt leichter, wenn der, dem sie gilt, kein großes Problem damit hat, sie anzunehmen, und dafür kann er selbst Sorge tragen, wenn er seine Empfindlichkeiten nicht zu groß werden lässt: »*Nicht von Glas sein im Umgang*«, rät Balthasar Gracián, »*noch weniger in der Freundschaft*« (*Handorakel,* Aphorismus 173). Das wiederum ist umso mehr möglich, je weniger der Kritisierte Anlass sieht, am Wohlwollen des Freundes zu zweifeln. Zu dessen Sorge gehört es daher, gerade im Moment der Kritik keinen Zweifel am prinzipiellen Wohlwollen aufkommen zu lassen. Dann darf er Dinge sagen, die Andere nicht sagen dürfen, und diese Kritik wirkt stärker als die von irgendjemandem sonst. Die Freiheit, die die Beziehung der Freundschaft auszeichnet, ermöglicht, auch *die Wahrheit zu sagen*, wie sie jedenfalls subjektiv erscheint: »Ein Freund muss Freiheit haben, ohne Zurückhaltung zu raten, ja zu tadeln« (Gracián, Aphorismus 147). Keine Beschönigungen voneinander zu erwarten, ist die Voraussetzung dafür, sich um Verbesserungen im eigenen und gemeinsamen Leben bemühen zu können, sei es, um dem Freund eine Freude zu bereiten oder aber ihm »etwas zu beweisen«. Auch auf diese Weise spornen die Freunde sich zur Vortrefflichkeit an, in der Aristoteles den ethischen Wert der Freundschaft sah.

3. Probleme entstehen mit *wachsenden Unterschieden*. Das betrifft Unterschiede in den Eigenschaften, Haltungen, Lebensstilen, Sichtweisen, Meinungen und Urteilen. Selbst in der Freundschaft, in der Unterschiede sich gewöhnlich gut ergänzen, werden sie gelegentlich zu groß, die Toleranzen dafür zu klein. Das kommt beispielsweise bei Entscheidungen zum Vorschein, die einer trifft, während der Andere sie für unbegründet und grundfalsch hält. Einer will sich beruflich neu orientieren, während der Andere das für einen unbedachten »Schnellschuss« hält. Einer will eine Familie gründen, während der Andere darin einen Verrat am gemeinsamen Ideal des Anderslebens sieht. Einer hat sich innerlich von Grund auf verändert und ist »nicht mehr der Alte«, kehrt vielleicht eine materielle Orientierung hervor, die seiner früheren ideellen glatt widerspricht, was der Andere unverzeihlich findet.

Da die Freunde gewöhnlich nicht zusammenleben, haben

Streitpunkte nicht die bedrückende Wirkung wie in einer Liebesbeziehung. Über sie zu sprechen, ist (zumindest für Männer) nicht vordringlich und auch nicht in jedem Fall erforderlich. Eine Lösung kann darin bestehen, sich für eine Weile nicht mehr zu sehen und abzuwarten, ob die Unstimmigkeiten sich von selbst auflösen oder in milderem Licht erscheinen. Schwieriger zu überwinden sind die Unterschiede, die nicht nur individuell, sondern kulturell begründet sind und tief in Herkünften und Mentalitäten wurzeln: Sie können alle individuellen Anstrengungen zu ihrer Überwindung unterlaufen (Michael Roes, *Geschichte der Freundschaft*, Roman, 2010).

4. Probleme entstehen mit *wachsenden Ungleichheiten* der Bildung, des Besitzes, der sozialen Zugehörigkeit, die anfänglich nicht existierten oder lange keine Rolle spielten. »Freundschaft ist Gleichheit«, verkündete ein alter griechischer Spruch (*philotes isotes*, NE 1157 b 36). Aber in der wirklich gelebten Freundschaft ist das am ehesten in jugendlicher Zeit möglich, später hängt viel davon ab, wie groß die Ungleichheiten werden. Eilt einer von Erfolg zu Erfolg, hat der Andere nicht unbedingt immer Freude am Freund, dem er nur noch applaudieren kann und der ihn, ohne es zu wollen, an fehlende eigene Erfolge erinnert. »Jedermann kann am Leid eines Freundes Anteil nehmen, aber es verlangt schon einen sehr edlen Charakter, es verlangt tatsächlich den Charakter eines wahren Individualisten, am Erfolg eines Freundes Anteil zu nehmen« (Oscar Wilde, »Die Seele des Menschen im Sozialismus«, Essay, 1891).

Der Eine kann gegensteuern, indem er sich jede Überheblichkeit versagt, der Andere, indem er sein Eigenes besser wertschätzt, denn *Neid* stellt sich vorzugsweise dort ein, wo Unzufriedenheit mit den eigenen Verhältnissen vorherrscht. Wo dennoch Neid bleibt, muss nicht unbedingt auch *Missgunst* die Folge sein: Ich kann dem Freund von Herzen gönnen, worum ich ihn beneide. Eine andere mögliche Reaktion auf wachsende Ungleichheiten aber ist die *Schmeichelei*, um wenigstens auf diese Weise noch an den Freund heranzukommen und die Distanz zu ihm zu überbrücken. Der Schmeichler bestärkt den Anderen selbst dort, wo es keinen Grund dafür gibt. Er verspricht sich davon, an den umfangreicher werdenden Möglichkeiten des Anderen teilhaben zu können. Ratsamer wäre aber eher, die Freundschaft ruhen zu lassen und es dem Leben zu überlassen, was daraus noch werden soll. Meist genügt es, auf den weiteren Fortgang der Dinge zu setzen: Wahrscheinlich stellen sich irgendwann noch andere Zeiten ein, in denen der freundschaftliche Beistand wieder gefragt ist.

5. Probleme entstehen bei einer *Überspannung der Freundschaft*, und zwar nach zweierlei Seiten hin: Erweist einer dem Anderen so große *Wohltaten*, dass der ihm viel, ja, alles verdankt, kann dies zu einer Last für die Freundschaft werden, denn wie wäre es jemals wieder aufzuwiegen? Vermutlich aus diesem Grund brach Max Frisch die Beziehung zu seinem Jugendfreund Werner Coninx ab, der einer wohlhabenden Familie entstammte und ihm, dem Mittellosen, nicht nur abgetragene Anzüge, sondern auch eine umfassende Bildung bereitwillig weitergab, ihm schließlich sogar das Studium finanzierte. Stellten nicht die Werke Frischs eine schöne Gegengabe dar? Aber der kunstsinnige Freund schien sie nie sonderlich zu schätzen, sodass Frisch sich nach vielen Jahren in der autobiographischen Erzählung *Montauk* (1975) von der »lebenslänglichen Dankesschuld« zu befreien suchte und die einstige Freundschaft als »fundamentales Unheil« für sich abtat.

Und nicht nur zu viele und zu große Wohltaten können die Freundschaft in Frage stellen, sondern auch zu viele und zu große *Belastungen*. Den Freund immer aufs Neue mit den eigenen Schwierigkeiten zu befassen, muss den Eindruck in ihm wachrufen, als Schuttabladeplatz zu fungieren. Aus Furcht vor Überlastung und Kontamination verweigert er irgendwann die Aufnahme weiterer Lasten. Dabei steht das Maß dessen, was Freunde sich zumuten können, nicht objektiv fest, sondern hängt von ihrer subjektiven Verfassung ab und auch davon, was sich im Laufe der Zeit schon angestaut hat. Ein Gespür für das richtige Maß kommt auf dem Weg von Erfahrung und Besinnung zustande, Gefühle sind daran beteiligt: Ahne ich vorweg, das rechte Maß zu überschreiten, wenn ich mit diesem Problem auf den Anderen zukomme, sehe ich besser davon ab. Stellt sich hinterher das Gefühl ein, definitiv zu weit gegangen zu sein, überlege ich besser gleich selbst, wie das wiedergutzumachen ist.

6. Wie in der Liebesbeziehung kann auch in der Freundschaft die *Geldfrage* zum Problem werden, nicht so sehr als wiederkehrende und vor sich hinschwelende Frage der Verteilung von Gütern und Lasten, eher als Ad-hoc-Frage: Einer ist in materieller Not und der Andere springt ihm mit einem geliehenen oder geschenkten Betrag bei. Das scheint der Ethik der Freundschaft zu entsprechen, wonach »unter Freunden alles gemeinsam ist«, nach einem Satz aus der Schule des Pythagoras, den Aristoteles zitiert (*koina ta philon*, NE 1159 b 31).

Die Folge kann jedoch übermäßiger Leichtsinn sein, da der Freund ja ohnehin für alles einsteht. Wenn alles gemeinsam ist, hat es mit der Rückgabe eines geliehenen Betrages keine Eile. Nur ein selbstauferlegter Ehrenkodex, klare Absprachen und ihre zuverlässige Einhaltung können die Freunde davor bewahren, Geldfragen auf die leichte Schulter zu nehmen. Ansonsten entsteht daraus mit großer Wahrscheinlichkeit ein

Unruheherd: Der Gebende kommt zur Überzeugung, dass der Andere, der solche Dinge so nachlässig handhabt, kein wahrer Freund sein kann. Der Empfänger findet, in der wahren Freundschaft sollten solche Dinge keine Rolle spielen. Die Freundschaft, die lange währen soll, bleibt von Geldfragen besser frei. Das gilt auch für Bürgschaften, für diese einseitig verpflichtenden Verträge mit Dritten, die unproblematisch erscheinen, aber selten Freude bereiten, wenn sie in Anspruch genommen werden. Kaum einer kann, wenn es ums Geld geht, so gelassen bleiben wie Antonio in Shakespeares *Der Kaufmann von Venedig* (Akt 1, Szene 1), der seinem Freund Bassanio versichert, »meine äußersten Mittel liegen ganz unverschlossen für deine Bedürfnisse da«. Um mit demselben Gleichmut die unvermeidlich folgende Tragödie in Kauf zu nehmen.

7. Zum Problem kann in der Freundschaft, wie in der Liebesbeziehung, zudem die *Sexfrage* werden, allerdings kaum je irgendwelcher Sex zwischen den Freunden selbst, es sei denn in gemischtgeschlechtlichen Freundschaften. Problematisch werden vielmehr mögliche und wirkliche Akte mit Dritten, zu denen der Freund, die Freundin bereits in Beziehung steht oder an denen er/sie interessiert ist. Unruhe stiftet manchmal schon die unterschiedlich ausgeprägte Attraktivität der Freunde: Dass einer *sexy* wirkt, der Andere weniger, kann ein Anlass für Neid und Eifersucht sein, denn sexuelle Anziehungskraft ist eine Eigenschaft, die einem Menschen Zugang zu interessanten und intensiven Erfahrungen verschafft. Einbußen in diesem Bereich können seinen Kern antasten und den Boden für Endlosketten von Rivalität, Neid, Eifersucht, Verletzung und Enttäuschung bereiten, auch zwischen besten Freunden, ein beliebtes Romanthema (etwa im Roman des ungarischen Autors Sándor Márai, *Die Glut*, 1942, deutsche Ausgabe 1998).

167

Die Freunde tun gut daran, ihre Interessensphären getrennt zu halten, um sich nicht in die Quere zu kommen, ganz nach dem Grundsatz: Nicht um dieselben Ressourcen konkurrieren! Mit ihrer Ethik der Freundschaft können sie *Tabus* in Kraft setzen und die Freundin oder Frau des Freundes, den Freund oder Mann der Freundin für unantastbar erklären. Sollten sie aber demselben Mann, derselben Frau zuneigen, liegt es an ihnen, sich frühzeitig darüber einig zu werden, wer weitere Anstrengungen unternehmen darf. Algernon und Jack in Oscar Wildes Stück *Ernst sein ist alles* hätten das rechtzeitig beherzigen sollen, wenngleich die Komödie dann deutlich an Reiz verloren hätte. Aber nur im Theater bleibt es bei einer Komödie, im wirklichen Leben kann unversehens eine Tragödie daraus werden.

8. Zum Problem für die Freundschaft wird die *Machtfrage*, Macht als Möglichkeit der Einflussnahme auf etwas oder jemanden verstanden. Bereits durch ihr bloßes Dasein nehmen die Freunde Einfluss aufeinander, insofern kann die Freundschaft nicht gänzlich frei von Macht sein. Kommt es jedoch zu Kämpfen um den größeren Einfluss, stört und zerstört dies die Wechselseitigkeit des Verhältnisses auf gleicher Augenhöhe. Schon der Versuch zur nachdrücklichen Einflussnahme, und sei er noch so gut gemeint, kann das Verhältnis belasten, wenn beispielsweise der Freund zu einer Entscheidung gedrängt wird: »Entweder du brichst den Kontakt zu diesem Menschen ab, oder …«. Mit einem Ultimatum den Anderen dazu zu nötigen, klein beizugeben, ist sinnlos, denn Freundschaft kann kein Verhältnis von Siegern und Verlierern sein. Freundschaft ist keine Herrschaft. Die Selbstbestimmung des Anderen zu respektieren und nicht über ihn bestimmen zu wollen, ist das Grundelement einer Ethik der Freundschaft.

Nur der Verzicht auf jede forcierte Form von Machtausübung ermöglicht, in der Freundschaft die Utopie eines machtfreien Raums zu verwirklichen, die in keiner anderen Beziehung eine Chance auf Realisierung zu haben scheint. Besser wäre daher, auf eine Schwierigkeit aus eigener Sicht hinzuweisen und dem Freund zu sagen: »Wenn ich an deiner Stelle wäre, würde ich dies tun, aus jenen Gründen. Du kannst das anders sehen, aber ich will, dass du meine Meinung kennst und alle Gründe im Blick hast. Letztlich ist es deine Entscheidung und ich akzeptiere sie in jedem Fall.«

9. Ein schier unlösbares Problem ist die *Loyalitätsfrage*, die freundschaftliche Art, Treue einzufordern und Untreue zu sanktionieren, zuweilen verquickt mit der Machtfrage: »Wenn du jetzt nicht zu mir hältst, kannst du nicht mehr mein Freund sein!« Nicht nur ausgesprochen, sondern auch unausgesprochen schwebt diese Drohung im Raum. Soll ich für den Freund etwa sogar dann einstehen, wenn er bei seinen Schwierigkeiten mit Dritten im Unrecht sein sollte? Auch in anderen Situationen kann es schwerfallen, sich im Zweifelsfall zwischen der Beziehung zum Freund und anderen Beziehungen zu entscheiden. Wenn ich ihn meinerseits beiseiteschiebe, weil mir nun »etwas Anderes« wichtiger ist, kann dies seiner Vermutung Nahrung geben, es habe sich ohnehin nur um eine Lust- und Nutzenfreundschaft gehandelt. Aber was soll Priorität haben? Mit wem verbringe ich die zur Verfügung stehende Zeit? Lässt sie sich nicht problemlos aufteilen? Warum nicht? Was folgt daraus?

Das Dilemma wird noch größer, wenn ein befreundetes Paar sich entzweit und jeder mich an seiner Seite wissen will. Und jetzt? Wo ist mein Platz? Mich herauszuhalten ist schwierig, denn mit einem so gleichgültigen Freund weiß keiner etwas anzufangen. Zu jedem zu halten ist schwierig, denn die Kombattanten wollen häufig auch auf dem Umweg über den gemeinsamen Freund nichts mehr miteinander zu tun haben. Egal, wie ich mich entscheide, der jeweils Andere wird es mir nicht verzeihen. Jede Ethik scheitert in *dilemmatischen*, unentscheidbaren Situationen, das gilt auch für die Ethik der Freundschaft. Vielleicht kann ich noch für eine Weile lavieren, in der Hoffnung, dass die Situation sich verändert. Kommt es dennoch zum Schwur, muss ich mich festlegen und die Konsequenzen tragen.

10. Eher lösbar erscheint demgegenüber das Problem der *virtuellen Freundschaft*, das sich aus dem freudigen Auflisten und immer neuen Hinzufügen von »Freunden« in beliebiger Zahl in Internet-Netzwerken ergibt. Eine *Polyphilie* kannte schon Aristoteles (NE 1155 a 30), es geht also lediglich um ihre neue Gestalt. Einerseits schützt sie vor Einsamkeit, andererseits wird eine neue Einsamkeit *online* erfahrbar, denn viele dieser Freundschaften bleiben rein virtuell: Nie ist die ganze Person präsent, nie ist klar, ob der Andere nicht ein ganz Anderer ist (Sherry Turkle, *Verloren unter 100 Freunden*, 2011). Eine neue Verlegenheit entsteht bei virtuellen Freundschaftsanfragen, die weder bejaht noch verneint werden können.

Aber einige Fragen kann jeder für sich selbst beantworten: Ist Freundschaft für mich mehr als der momentane Nutzen, mich nicht allein fühlen zu müssen, mehr als die momentane Lust, jederzeit mit allen in Verbindung treten zu können? Gebe ich in elektronischen Netzwerken nicht ohnehin allzu bereitwillig Privates preis, das nie mehr aus dem Netz verschwindet? Werden die geäußerten Gedanken und Gefühle nicht in Datenbanken gespeichert und für alle denkbaren Zwecke weiter verwertet? Wird die virtuelle Freundschaft nicht zu sehr dazu missbraucht, kommerzielle Produkte wirksamer bei potenziellen Kunden zu platzieren? Es ist Sache des Einzelnen, nicht sein ganzes Leben dem Netz anzuvertrauen. Mit der Begrenzung der Virtualität wird die Zeit frei, Freundschaften aller Art zwischendurch wieder auf *analoge* Weise zu pflegen, ohne digitale Dokumentation miteinander zu sprechen, ein wirkliches Gesicht vor sich zu sehen, sich bei einem realen Glas nahe zu sein und das Gefühl zu genießen, in diesen Momenten das Menschsein voll und ganz in sich zu spüren.

Und wenn die Freundschaft endet? Dann muss sie nicht, wie die Liebe, mehr oder weniger dramatisch aufgekündigt werden. Weder sind abschließende Gespräche noch ärgerliche Kurzbotschaften erforderlich. Nach Möglichkeit sollten die ehemaligen Freunde »die Erinnerung an die Vertrautheit von einst bewahren«, schlug Aristoteles vor (NE 1165 b 33). In moderner Zeit war dies lange Zeit die Aufgabe der Ansichtskarte aus dem Urlaub, in digitalen Zeiten abgelöst von einer MMS (*Multimedia Messaging Service*). Max Frisch sandte seinem Freund zuletzt »noch ein Telegramm zu seinem fünfzigsten Geburtstag, von Rom aus« (*Montauk*, 46).

Die Freundschaft kann, wenn sie nicht mehr gepflegt wird, einfach »einschlafen«, ohne ganz verschwinden zu müssen – im Schlaf kann sie sich vielmehr erhalten und erholen. Über längere Zeiten hinweg kann sie ruhen und bei einem Wiedersehen umstandslos wiederbelebt und bruchlos fortgesetzt werden. Soll der Prozess der Auflösung aufgehalten werden, lässt sie sich ohne Weiteres reaktivieren, wenn einer auf den Anderen zugeht, ihm deutlich und nachhaltig Interesse und Wohlwollen bekundet. Selbst wenn die Freunde sich lange Zeit nicht gesehen haben, ist sofort die alte Vertrautheit wieder da. Es fühlt sich an, als wäre keine Zeit vergangen, während die Liebenden schon nach einer kleinen Weile des Getrenntseins auch ohne Trennung erneut nach Vertrautheit suchen müssen: Ihre größere Nähe ist auf die Überschneidung ihrer Welten angewiesen, um die sie sich bei jeder Begegnung von Neuem bemühen müssen, da der vorherige Zustand offenkundig nicht lange konserviert werden kann. Sollte die Wiedergewinnung der Nähe in der Liebe misslingen, sind die Auswirkungen auf das Leben der Beteiligten deutlicher spürbar als bei einer Freundschaft. Ob es irgendwann gelingen kann, die Befangenheit in der Liebe mit der Unbefangenheit abzumildern, wie sie in einer Freundschaft üblich ist? Das ist eine offene Frage.

Kann es eine erotische Freundschaft geben?

Freundschaft ist Liebe ohne Sex. Nicht durch intime körperliche, sondern intensive seelische und geistige Berührungen ist sie charakterisiert. Die Beziehung ändert sich, wenn sexuelle Aspekte ins Spiel kommen. Damit diese der Freundschaft zwischen Mann und Frau nicht im Wege stehen, wäre, so überlegte Friedrich Nietzsche, »eine kleine physische Antipathie« hilfreich (*Menschliches, Allzumenschliches* I, 1878, Aphorismus 390). Ihm selbst war das leider nicht vergönnt, als es darauf ankam, und so wurde auch aus der erhofften Freundschaft mit Lou von Salomé nichts. Ist wirklich keine Freundschaft möglich, solange es sexuelle Versuchung gibt?

Es käme auf Versuche zu einer *erotischen Freundschaft* an, von der Milan Kundera in seinem Roman *Die unerträgliche Leichtigkeit des Seins* (1984) spricht, um Beziehungen zu bezeichnen, die sein Protagonist Tomas nach missglückter Ehe eingeht. Sie beruhen auf einem »ungeschriebenen Vertrag der erotischen Freundschaft«, ermöglichen einerseits Nähe bis zur körperlichen Intimität, bewahren andererseits aber räumliche Distanz, denn die Beteiligten leben getrennt. Zeitlich müssen mindestens drei Wochen zwischen den Verabredungen liegen; werden die Abstände kleiner, sind nur noch drei Begegnungen erlaubt (»Dreierregel«, I, 5). Keiner erhebt Ansprüche auf alleinigen Umgang mit dem je Anderen, nur in einer »unsentimentalen Beziehung« können alle glücklich sein.

Beziehungen der erotischen Freundschaft sind Versuche zu einer Art von Bindung, die sehr viel Freiraum gewährt. Die *Erotik der Liebesbeziehung* geht hier eine Liaison mit der *Freiheit der Freundschaft* ein, so die Theorie. Die Protagonisten ersetzen all die Einschränkungen der Freiheit, die bei einer Liebe im engeren Sinne unumgänglich zu sein scheinen, durch die Offenheit der Freundschaft, die auf jede Inbesitznahme des Anderen verzichten kann. Auf diese Weise entsteht eine *lose Bindung*, in der die Leichtigkeit der Erotik eine Chance hat. Die Einseitigkeit, die in der Liebe vorherrschen kann, wird durch die Wechselseitigkeit der Freundschaft ersetzt.

Es kann sich um eine wahre Freundschaft handeln, denkbar ist jedoch auch ein Verhältnis, das auf der Wechselseitigkeit des Nutzens und der Lust beruht. In der Praxis, die Kundera in seinem Roman ebenfalls beschreibt, können die Vorsätze freilich rasch der Vergessenheit anheimfallen. Als Tomas Teresa kennenlernt, geht die im Roman entworfene »süße Leichtigkeit des Seins«, die mit der erotischen Freundschaft verwirklicht werden sollte, durch die Verfestigung der Beziehung wieder verloren. Das ist wohl kein bloßes Versehen: Die Leichtigkeit schwebender Möglichkeiten wird vielmehr schon dadurch, dass sie zu lange anhält, »unerträglich«. Menschen sehnen sich dann von selbst wieder nach der Schwerkraft einer definierten Wirklichkeit, die wiederum von der eingeschränkten Freiheit in einer sentimentalen Liebe mühelos erzeugt wird. Im Roman sind es noch dazu tragische Ereignisse, die die unerträgliche Bedeutungslosigkeit in eine Bedeutungsschwere verkehren, die schließlich ebenso unerträglich ausfällt wie die Situation zuvor.

Die Vision aber bleibt. Losgelöst von diesem Roman können verschiedene *Varianten einer erotischen Freundschaft* erkundet und erprobt werden, um deren Möglichkeiten und Unmöglichkeiten in Erfahrung zu bringen. Welche Variante realisiert wird, hängt von den Beteiligten selbst ab, die darüber unterschiedlicher Meinung sein können und sich oft vielleicht nur halbwegs einig werden: Einer will mit dem Anderen eher ein Freundespaar, der Andere mit dem Einen eher ein Liebespaar sein. Innerhalb der Beziehung selbst können sich von Zeit zu Zeit Veränderungen ergeben, erst recht aber von Beziehung zu Beziehung. Alle Varianten bewegen sich zwischen den gegensätzlichen Optionen, entweder die *Erotik* stärker hervorzuheben oder aber der *Freundschaft* mehr Raum zu geben, abhängig von der Wahl, die die erotischen Freunde treffen, und von ihrer Fähigkeit zur praktischen Umsetzung.

Wird die *Erotik* stärker betont, kann auch Sex ins Spiel kommen, der jedoch freundschaftlich gehandhabt wird, ein gelegentlicher Freundschaftsdienst, der geleistet wird und dann, musikalisch ausgedrückt, zum *Allegro furioso* zwischendurch werden kann: Der Freund kann auch Geliebter, die Freundin auch Geliebte sein, und doch können beide sich weiterhin auf die Freiheit und Vertrautheit der Freundschaft verlassen. Die Schwierigkeit liegt darin, sich darüber zu verständigen, ob überhaupt, bei welchen Gelegenheiten und wie oft es um Sex

174

gehen kann. Es setzt einige Selbstmächtigkeit der Beteiligten voraus, wechselseitig nicht nur sich Sex gewähren, sondern auch auf ihn verzichten zu können. Muss eine solche Beziehung nicht zerbrechen, insofern Sex immer alles ändert? Das droht dann, wenn die Erotik zu sehr auf die Sexfrage reduziert wird: Die Freundschaft kann daran zugrunde gehen oder aber sich in eine Bindung der Liebe im gewöhnlichen Sinne verwandeln. Zur Freiheit, die die Beteiligten meinen, gehört vielleicht, frei von einer solchen Bindung zu bleiben – die erotischen Wellengänge aber sind unberechenbar, irgendwann schlagen sie über den Köpfen zusammen, die Ernüchterung danach ist umso größer: Was süße Leichtigkeit war, kann bittere Enttäuschung werden.

Wird *Freundschaft* als Schwerpunkt gewählt, ist die seelisch-geistige Beziehung von Person zu Person grundlegend, bei der noch etwas Anderes mitschwingen kann. Um Erotik geht es bei dieser Option eher im weiteren Sinne eines anregenden und erregenden »Prickelns«, das in der ruhig dahinfließenden Beziehung zum Surplus wird, musikalisch ausgedrückt zum *Andante con moto*. Anders als in einer Liebesbeziehung, in der die Liebenden an ihr Begehren gebunden sind, ist bei dieser Option der erotischen Freundschaft ein freier Umgang damit möglich, zugunsten einer unbefangenen Zärtlichkeit, die sich umso mehr entfalten kann, je weniger es dabei nur um »das Eine« geht. Eine individuelle Formgebung der Freiheit lässt sich auf diese Weise praktizieren, ein willentlicher Verzicht darauf, alles verwirklichen zu müssen, was möglich wäre. Nicht nur süße Leichtigkeit, sondern auch bittere Aspekte des Lebens können in dieser Beziehung miteinander geteilt werden, eine größere Verbindlichkeit und Nachhaltigkeit resultiert daraus. Diese Art der Beziehung kann, wenn alle Missverständnisse geklärt sind, in eine dauerhafte Vertrautheit münden, die mit den Jahren fest verankert ist.

Beide Schwerpunkte aber, Erotik und Freundschaft, können in verschiedenen Lebenssituationen und Beziehungsphasen zwischen zweien zum Einsatz kommen:

1. *Vorehelich*, bevor es überhaupt zu einer mehr oder weniger haltbaren Beziehung kommt, die hier als »ehelich« bezeichnet werden soll: Wird in der vorehelichen erotischen Freundschaft die Seite der *Erotik* stärker betont, können Sinnlichkeit und Sex sehr viel Aufmerksamkeit für sich beanspruchen; leidenschaftlichen Gefühlen kommt womöglich eine tragende Rolle zu. Damit aber geht die Gefahr einher, dass die Beteiligten Ausschließlichkeit für ihre Beziehung beanspruchen und in die Fallen eines sentimentalen Verhältnisses tappen, das an den unsentimentalen Bedingungen des alltäglichen Lebens zerbricht. Wird in der vorehelichen erotischen Freundschaft hingegen mehr Wert auf die Seite der *Freundschaft* gelegt, hat die Beziehung größere Chancen auf Dauerhaftigkeit, da sie von vornherein auf eine Pragmatik setzt, die die Romantik nicht verachtet, ihrer aber nicht ständig bedarf. Der Anspruch auf Ausschließlichkeit hält sich in Grenzen, sodass auch *synchrone*, zeitgleiche, sowie *diachrone*, aufeinander folgende Beziehungen mit Anderen möglich sind, zumindest in der Phase, in der die Alltäglichkeit des Lebens noch im Rahmen der vier Wände eines jeden bleibt, ganz im Sinne eines *Living on my own* (Freddie Mercury, Popsong, 1985).

2. *Innerehelich*, innerhalb einer bestehenden, gefestigten Beziehung: Bereits in antiker Zeit sah Aristoteles in der Beziehung zwischen Mann und Frau eine naturgegebene Freundschaft, die »bekanntlich auch Nutzen und Lust« zu bieten habe (NE 1162 a 24). Bemerkenswert daran ist weniger die Rede

176

vom *Nutzen*, der sicherlich aus der wechselseitigen Unterstützung in allen Lebenslagen resultiert, mehr die Einbeziehung der *Lust*, die einst in außerehelichen Verhältnissen ihren Platz hatte. Bei einer ehelichen erotischen Freundschaft in moderner und andersmoderner Zeit, deren Protagonisten den Nutzen fürs Leben mit Erfahrungen der Lust zu verbinden suchen, kann der Schwerpunkt der Beziehung einerseits auf der lustvollen *Erotik* liegen: Aufgrund des freundschaftlichen Wohlwollens füreinander dürfte eine Einigung auf die Art und Weise des gemeinsamen Gebrauchs der Lüste nicht schwerfallen. Eine Wankelmütigkeit der Gefühle, die damit einhergehen kann, wird von der hinzukommenden Freundschaft aufgefangen. Wird andererseits die verlässlichere *Freundschaft* stärker hervorgehoben, kann sie je nach Verabredung durch lustvolle Momente zusätzlichen Reiz gewinnen, durchgängig oder gelegentlich, häufig oder punktuell. Es stärkt die Bindung, wenn die Erotik im ehelichen Rahmen beheimatet werden kann, die grundlegende Freundschaft erlaubt den Beteiligten aber zugleich mehr Selbstständigkeit. Nur das Fehlen jeglicher Freundschaft bedroht die Ehe im weiteren oder engeren Sinne: »Nicht die Abwesenheit der Liebe, sondern die Abwesenheit der Freundschaft macht die unglücklichen Ehen« (Nietzsche, *Nachgelassene Fragmente* von 1876/77, *Kritische Studienausgabe*, KSA 8, 427).

3. *Außerehelich*, als zusätzliche Beziehung neben einer bestehenden: Es gibt unterschiedliche Ansichten zur moralischen Bewertung von Zusatzbeziehungen, aber alle Moral ändert nichts daran, dass Männer wie Frauen sie keineswegs selten eingehen und anstelle einer diachronen, seriellen Polygamie eine synchrone »Polygamie in drei Wohnungen« verwirklichen (Wilhelm Genazino, *Die Liebesblödigkeit*, 2005, 24). Nicht im-

mer ist dabei klar, was genau Haupt-, was Nebenbeziehung ist. Was auch immer die persönlichen Gründe für weitere Beziehungen sein mögen: Der *ontologische* Grund dürfte im Bedürfnis liegen, eine allzu eng gewordene Wirklichkeit durch neue Möglichkeiten aufzubrechen, die ein anderes, intensiveres Leben versprechen. Eine Zusatzbeziehung erlaubt, denjenigen Seiten im eigenen Selbst Luft zu verschaffen, die in der bestehenden Beziehung keinen Platz haben. Betont wird bei dieser Art der erotischen Freundschaft wiederum, je nach Bedarf, die *Erotik* mit mehr oder weniger Sex, oder aber die *Freundschaft*, die Vertrautheit mit dem zusätzlichen Anderen, mit dem Gefühle geteilt und Gespräche geführt werden können, die für wesentlich gehalten werden, in der bestehenden Beziehung aber zu kurz kommen. Könnte dafür nicht die bestehende Beziehung »nachgerüstet« werden? Zweifellos, wenn beide Seiten dazu bereit wären. Sollte das nicht möglich sein oder nicht attraktiv genug erscheinen: Wäre es dann nicht besser, die Beziehung aufzukündigen? Das würde jedoch einen Verzicht auf die Verlässlichkeit des Bestehenden erfordern und der Zusatzbeziehung den Reiz des Möglichen rauben, da sich ihre Wirklichkeit nun verfestigen müsste. Aus Gründen der Fairness sollte dennoch die Goldene Regel gelten, dass der, der eine Zusatzbeziehung beansprucht, seinem Gegenüber die gleiche Freiheit zugesteht. Sollte er nicht wollen, dass der Andere ihm die damit verbundenen Schmerzen und Verletzungen zumutet, sollte er diese umgekehrt auch ihm nicht zumuten.

4. *Nachehelich*, nach einer Trennung, wenn die bisherige Form der Beziehung gescheitert ist: Sobald die Schmerzen der Trennung überwunden sind und die vormals Liebenden sich von einseitigen oder wechselseitigen Erwartungen und Enttäuschungen befreit haben, wird eine Beziehung in anderer

178

Form möglich. Denn anders, als viele meinen, kann nicht nur aus Freundschaft Liebe, sondern aus Liebe auch Freundschaft werden. Synchron zu neuen Beziehungen können die und der »Ex« zu guten und sogar besten Freunden werden: Lou von Salomé, verheiratete Andreas-Salomé, und Rainer Maria Rilke versuchten sich erfolgreich daran, ihre *amour fou* sozusagen *post festum* in eine dauerhafte Freundschaft zu verwandeln (Gunna Wendt, *Lou Andreas-Salomé und Rilke*, 2010). Die Stärken eines jeden sind dem jeweils Anderen so geläufig wie die Schwächen, für die jetzt erst die Nachsicht möglich wird, die früher so unmöglich erschien. Die intime Vertrautheit miteinander, die der gewöhnlichen Freundschaft in den meisten Fällen versagt bleibt, kann bewahrt werden, und so kann die nacheheliche Freundschaft erneut eine mit »erotischem Touch« werden, die vielleicht auch »Sex mit dem Ex« nicht ausschließt. Was Liebe war, kann zur Freundschaft fürs Leben werden, zur Liebe im anderen Sinne, und allein dafür hat es sich dann doch gelohnt, so viele Schwierigkeiten im Umgang miteinander durchzustehen.

Gute Freunde: Kameraden, Kumpel und Kollegen

Erotische Freundschaft ist, wie wahre Freundschaft, nicht mit vielen möglich, denn vieles muss zusammenstimmen und der Aufwand an Aufmerksamkeit und Zeit ist groß. Möglich sind jedoch im Vor- und Umfeld der erotischen und wahren Freundschaft beliebig viele *gute Freunde, gute Freundinnen*. Sie können auch *Kameraden, Kameradinnen* genannt werden, aber die Bedeutung der Kameradschaft ist nicht klar definiert: Manche sehen darin eine wahre Freundschaft fürs Leben, andere eine

Nutzen- und Lustfreundschaft. Es kann sich um eine pragmatische Partnerschaft handeln, um eine Zweckgemeinschaft auf Zeit, die hilfreich ist, solange Bedarf besteht. Der Nutzen für alle Beteiligten liegt auf der Hand: Keiner muss sich einsam fühlen in dieser Situation, an diesem Ort, mit diesen Interessen, diesen Problemen. Gemeinsam kann das Leben in der aktuellen Phase, das Arbeitsleben mit seinen jeweiligen Herausforderungen besser bewältigt werden, gemeinsam können Kameraden und gute Freunde etwas unternehmen, Spaß miteinander haben, Feste feiern und dem Leben auf diese Weise einigen Sinn geben. Sie empfinden etwas füreinander und bleiben nicht gleichgültig gegeneinander. Sie wissen es zu schätzen, dass da jemand ist, mit dem sie reden können, der die gleiche Sprache spricht, verbal und nonverbal, und bei dem sie Verständnis finden, da er oder sie die situationsbedingten, berufsgebundenen, geschlechtsspezifischen, alterstypischen Probleme kennt. Von besonderer Bedeutung war schon zu Zeiten des Aristoteles das gleiche Alter, die gleiche Wahrnehmung des Lebens: »Gleiche Jahre, gleiche Freuden« (NE 1161 b 35). So entsteht *synetheia*, gemeinsame Gewohnheit und vertrauter Umgang miteinander.

Vielleicht lassen sich gute Freunde und Kameraden als *Weggefährten* bezeichnen, da sie zumindest ein Stück des Wegs gemeinsam gehen und sich in dieser Zeit zuverlässig beistehen, wenn es darauf ankommt. Ihre Verbundenheit reicht bis zur verschwörerischen »Nibelungentreue«, einem unbedingten Zusammenhalten, wie es im mittelalterlichen *Nibelungenlied* geschildert wird. Im 20. Jahrhundert hat der Nationalsozialismus jedoch vorgeführt, wie dies zu mörderischen Zwecken missbraucht werden kann, wenn Menschen keine skeptische Distanz dazu bewahren. Der Eindruck von Selbstlosigkeit, den

180

diese Verbundenheit erweckt, ist trügerisch, denn sie beruht auf dem Kalkül von Selbsten, sich gemeinsam besser gegen Gefahren schützen zu können und durch wechselseitige Hilfestellung weiter zu kommen als der Einzelne für sich allein. Der gemeinsame Weg endet allerdings, wenn es keine gemeinsamen Interessen mehr gibt.

In selteneren Fällen bleibt das Verhältnis zucinander frei von jedem Kalkül: Dann beruht die Kameradschaft wie eine wahre Freundschaft auf einer herzlichen Zuneigung und innigen Beziehung von Person zu Person. Im Unterschied zur wahren Freundschaft liegt ihr dennoch nicht unbedingt eine gute Kenntnis der Person zugrunde: Kameraden können wie Freunde füreinander einstehen, ohne sich in gleicher Weise kennen zu müssen. Auch Fremde können Kameraden sein.

Um die wechselseitige Verbundenheit und Verschworenheit hervorzuheben, ist häufig vom *Kumpel* statt vom Kameraden die Rede. Im Deutschen ist das Wort eine umgangssprachliche Abwandlung des Ausdrucks *Kumpan*, der wie der *compagnon* im Französischen und der *compañero* im Spanischen auf das lateinische *compaginare* zurückgeht, mit dem ein »Sich-Zusammentun« bezeichnet wird. Mit dem Kumpel können Interessen und Meinungen geteilt werden, auf die es aber nicht so sehr ankommt: Er ist einfach nett und wird als netter Mensch gemocht. Das Mögen erscheint hier als reduzierte, aber wohltuende Form der Zuwendung und Zuneigung, Liebe in ihrer mildesten Form, ohne weiteren »Tiefgang«. Kumpel gehen gerne miteinander »einen trinken«, vertrauen sich jedoch ungern ihr Innenleben an. Die gemeinsame Pflege der Oberfläche überdeckt die möglichen Abgründe des individuellen Lebens.

In verschiedenen Zusammenhängen sind Kumpane von

Bedeutung: Im Militärischen ist die *Kompanie* von alters her die überschaubare Gruppierung, in der alle zusammenstehen. Sollte es zu einer kriegerischen Auseinandersetzung kommen, ist jeder Einzelne existenziell darauf angewiesen, sich in gefährlichen Situationen absolut auf die anderen Mitglieder der Gruppe verlassen zu können. Sinn beziehen Soldaten daher auch kaum je aus dem Grund oder Zweck ihres Einsatzes, viel häufiger aus der starken Erfahrung ihrer Schicksalsgemeinschaft. Im modernen Leben abseits des Militärs geht es stattdessen um die *company* und die *companions*, die einander begleiten, wenngleich sie als Teilhaber eines Unternehmens im ökonomischen und juristischen Sinne oft nur ein funktionales Verhältnis zueinander unterhalten. Im privaten Bereich handelt es sich um eine Unternehmung im anderen Sinne, ein Zusammensein im Pulk, eine Gruppenfreundschaft, die keine funktionale Interessengemeinschaft ist, sondern eine *Kumpanei*, bei der Kumpel und Kumpane treu und zuverlässig zusammenstehen. Das gilt freilich auch für kriminelle Gemeinschaften und kann entsprechende Missverständnisse nach sich ziehen: Als der Schriftsteller Friedrich Dürrenmatt 1978 im Restaurant Kronenhalle in Zürich seinem Gegenüber ein Buch mit der Widmung »An meinen alten Kumpan Max« überreichte, konsultierte Max Frisch umgehend seinen Rechtsanwalt. Der bestätigte ihm, dass ein Kumpan ein Verbrecher sei, und so wies Frisch das Buch mit humorloser Empörung zurück: Er lasse sich nicht als Verbrecher bezeichnen.

Der empfindsame Schriftsteller hätte sich zweifellos gewünscht, als *Kollege* angesprochen zu werden. Typisch für Kollegen ist nicht die verschworene Gemeinschaft, sondern die respektvolle Partnerschaft unter Gleichen, sofern sie einander als »gute« oder sogar »großartige« Kollegen betrachten. Kol-

182

legen können gute Freunde sein, jedenfalls sind sie *wie Freunde gesinnt*, also *freundlich*, entgegenkommend, einfühlsam und herzlich. Eine Freundlichkeit steht oft am Beginn dieser Beziehung: Mir fällt auf, dass da ein Mensch ist, der anders ist, mich nicht missachtet und nicht auf mir »herumhackt«. So entsteht ein anfängliches Vertrauen, das zur Annäherung ermuntert. Bei allem freundschaftlichen Anklang liegt der Schwerpunkt der kollegialen Beziehung zweifellos auf der *Kooperation*. In der Schule, an der Universität, am Arbeitsplatz, in jedem Lebensbereich macht Zusammenarbeit das Leben leichter, Kreuz- und Querverbindungen mit Anderen kommen problemlos zustande. Der direkte und indirekte Nutzen ist offenkundig, und doch steht er nicht im Vordergrund, wichtiger erscheint die Freude an der wechselseitigen Aufmerksamkeit, am Austausch und an der Auseinandersetzung, die als spannend erfahren wird, sofern die Spannungen nicht allzu groß werden.

Mit freundlichen Kollegen vertrauensvoll zusammenarbeiten zu können und ihre Anerkennung zu erfahren, ist Teil eines sinnerfüllten Lebens. Ohne Kollegialität und Anerkennung sind Menschen hingegen einer Erfahrung von Sinnlosigkeit ausgesetzt: Das ist das eigentliche Problem des *Mobbings*. Selbst in asymmetrischen Verhältnissen von Macht, Autorität und Kompetenz sollten Elemente von Kollegialität erfahrbar bleiben, um nicht die Funktionalität allein dominieren zu lassen, die niemanden erfüllt.

Gesellschaftliche und technische Neuerungen erweitern im 21. Jahrhundert die Formen der Kollegialität. Mit der Zusammenarbeit vieler Menschen in Sozialen Netzwerken entsteht eine *digitale Kollegialität*, eine elektronische Nutzenfreundschaft und Geschäftsbeziehung, mit der privat und beruflich Gebrauch von Internet-Plattformen gemacht werden kann. Der digitalen Kollegialität sind keine persönlichen, räumlichen und zeitlichen Grenzen mehr gesetzt: Zahllose Menschen können, ohne sich persönlich kennen zu müssen, mit digitalen Mitteln weltweit rund um die Uhr zusammenarbeiten. Beispielhaft dafür ist die Arbeit an der Online-Enzyklopädie *Wikipedia*, an der sehr viele beteiligt sind, deren Beiträge wiederum von Administratoren begutachtet werden, um Qualitätsstandards aufrechtzuerhalten. Auch das nichtkommerzielle Computer-Betriebssystem *Linux* ist das Produkt zahlloser freier Mitarbeiter, die global per Internet kommunizieren, mit einer organisierenden Zentrale, die über die Aufnahme von Vorschlägen entscheidet. Zu ihrer Sache machen viele Interessierte ebenso die Arbeit an *reCAPTCHA*, einem Programm zur Digitalisierung alter Bücher und Zeitschriften, die einem breiten Publikum frei zugänglich gemacht werden sollen.

Stärke durch Kooperation ist ein Prinzip, das die Evolution schon lange kennt; nur unter Menschen gerät es immer wieder vorübergehend in Vergessenheit. Wiederentdeckt und erneuert wird es auf dem Weg in eine andere Moderne etwa in der Form eines parallelen Arbeitens in *Coworking Spaces*, die an vielen Orten geschaffen werden, beispielsweise in einem ehemaligen Fabrikgebäude wie dem 2009 eröffneten »Betahaus« am Moritzplatz in Berlin. Menschen mit den verschiedensten Berufen, Unternehmen aus unterschiedlichsten Wirtschaftszweigen mieten Räume oder auch nur Schreibtische, dauerhaft oder auf Zeit (»Fix- oder Flexdesking«), und können auf Fluren, durch offene Türen und in Gemeinschaftscafés Ideen und Informationen austauschen, Anregungen geben und aufgreifen, gemeinsame Projekte entwickeln. Die vielfältige wechselseitige Inspiration ermöglicht kreative Lösungen für komplexe Probleme: *Schwarmintelligenz* entsteht eben nicht nur digital, sondern weiterhin auch analog. Niemand muss sich als Einzelkämpfer fühlen, dessen Einzelintelligenz sich erfahrungsgemäß in Grenzen hält, auch wenn dies gerne anders wahrgenommen wird.

Über den Kollegenkreis hinaus prägen kooperative Beziehungen in größerer Zahl seit jeher die *Bekanntschaft und Nachbarschaft*. Neben guten und sehr guten Freunden gehören gute Bekannte und nette Nachbarn zu den Beziehungen eines Menschen, die zum Sinn in seinem Leben beitragen können, wenn er sich auch nur ein wenig darum bemüht. Das gelingt nicht bei jedem Nachbarn, aber grundsätzlich sind die meisten Menschen an einem guten Umgang miteinander interessiert, der ihnen das Gefühl verschafft, kein sinnloses Leben zu führen, sondern in ihrer Existenz wahrgenommen zu werden und am allgemeinen Leben teilzuhaben. Erforderlich ist dafür lediglich, dass der Einzelne Andere wahrnimmt und sie hier und da an seinem Leben teilhaben lässt, wenigstens ein wenig aus der Anonymität alltäglicher Begegnungen hervortritt und gelegentlich ein freundliches Wort für Andere übrig hat. Nicht selten scheint der Weg zum Anderen allerdings endlos weit zu sein, mag es auch nur der Weg zur nächsten Haustür sein; aus guten Gründen spricht Johannes Bobrowski in seinem Gedicht »Sprache« von 1963 (*Wetterzeichen*, Gedichte, 1966) vom

> (…) *müden Mund*
> *auf dem endlosen Weg*
> *zum Hause des Nachbarn*

Das *Netz kooperativer Verflechtungen* wird dichter in einer Gesellschaft, die das ehrenamtliche Engagement fördert. Erleichtert wird das Kennenlernen Anderer und die Kontaktaufnahme durch Gelegenheiten, wie individuelle und institutionelle Initiativen sie schaffen können. Öffentliche Räume, Cafés, Restaurants, Plätze, Sportplätze, Bahnhöfe, Märkte, Straßenfeste, kulturelle Veranstaltungen aller Art vergrößern die Wahrscheinlichkeit von Begegnungen. Auch dann, wenn es nur bei einer äußerlichen Wahrnehmung Anderer bleibt, wird für den Einzelnen fühlbarer, dass er in Zusammenhängen mit ihnen lebt. Einen eigenen öffentlichen Raum kann jeder auf elektronische Weise mit einem *Twitter-Account* herstellen, der 2006 erstmals nutzbar wurde und kurze Textnachrichten von höchstens 140 Zeichen zu versenden erlaubt. Mit *Tweets*, einem »Zwitschern« in zwei oder drei Sätzen von minimalextensiver Geschwätzigkeit oder maximalintensiver Verdichtung, die einer mit leichter Hand in sein Gerät tippt und ohne Zeitverzug weiterreicht, kann eine Anzahl von *Followern* erreicht werden, die diese Beiträge abonnieren und damit an den Erfahrungen, Beschreibungen und Gedanken des Autors teilhaben, der sich selbst als *Follower* für die Beiträge Anderer interessiert. Wer mehr zu sagen hat, schreibt ein Web-Logbuch (*Blog*), ein Online-Tagebuch, das anders als die Tagebücher alter Zeiten aus freien Stücken einem mehr oder weniger großen Leserkreis zugänglich gemacht wird. Auch Informationen, Meinungen, Nachrichten, die in anderen Medien blockiert werden, lassen sich auf diesem Weg verbreiten.

Jede Steigerung der Zuwendung zueinander ist über den privaten Raum hinaus von Bedeutung für den *Zusammenhalt in der Gesellschaft*. Der kann nicht allein von juristischen Regelwerken und funktionalen Beziehungen bewerkstelligt werden, sondern ist darauf angewiesen, dass möglichst viele durch kooperative Beziehungen miteinander verbunden sind. Zwar bedürfen die Menschen in einer Gesellschaft unpersönlicher

Institutionen des Staates, die davon absehen, Einzelne zu privilegieren, um stattdessen im Auftrag aller die Rahmenbedingungen des Lebens für alle zu gewährleisten. Aber nur der persönliche Kontakt, die individuelle Zuwendung und Zuneigung zwischen Menschen, die sich wahrnehmen und achten, kann menschliche Wärme erzeugen. Aristoteles setzte hierfür auf die anspruchsvolle wahre Freundschaft, die das aber bestenfalls in der überschaubaren griechischen *polis* leisten konnte, und auch dort nicht zu jeder Zeit. In der unüberschaubaren modernen Gesellschaft ist das tragende Geflecht eher den vielen guten Freundschaften, Kameradschaften, Kollegialitäten, Bekanntschaften und Nachbarschaften zu verdanken, deren Pflege zeitlich und energetisch nicht sonderlich aufwändig ist und dennoch allen zugutekommt.

Jede Arbeit an der Gesellschaft, an der *polis* im engeren und weiteren Sinne, ist *politike techne*, wie dies im Griechischen hieß, also *Politik*, unabhängig davon, auf welcher Ebene sie betrieben wird. Zusammenhänge zwischen Menschen zustande zu bringen, zu bewahren und auf diese Weise Sinn zu schaffen, ist auch der Sinn der *Citoyenität*, des bewussten Zusammenlebens in einer Gesellschaft, dieser *cité*, die ursprünglich die überschaubare Welt einer Burg oder Stadt war.

Die persönliche Pflege der Beziehungen ist Teil einer bewusst gelebten *Bürgerschaft*, ohne die keine Gemeinde, kein Stadtteil, keine Stadt und kein Staat existieren kann. Jedes Gemeinwesen beruht auf der Bereitschaft der Bürger, sich als Kollegen im Hinblick auf die Arbeit an der Polis oder Cité zu betrachten, auch wenn es unmöglich ist, jeden Einzelnen zu mögen oder auch nur zu kennen. Die politische Arbeit zuallererst als persönliche Aufgabe, dann erst als Aufgabe staatlicher Institutionen zu begreifen, ist das Grundelement einer *bürger-*

lichen Ethik im Wortsinne: Jedem anderen Bürger grundsätzlich die Wertschätzung entgegenzubringen, die von ihm für das eigene Selbst erwartet wird, ist die Goldene Regel dieser Ethik. Selbst unbekannte und fremde Andere können dann als Teilhaber der Gesellschaft, als *Mitbürger* akzeptiert werden, erst einmal unabhängig davon, ob sie im formalen Sinne Bürger sind. Sie sind da, also gehören sie dazu.

Völlig unüberschaubar ist die umfassende Gesellschaft, die im 21. Jahrhundert entsteht und an der alle Menschen gleichermaßen beteiligt sind, da sie ein und denselben Planeten bewohnen: In der *Weltgesellschaft* verfügt eine wachsende Zahl von Menschen über planetenweite Möglichkeiten der Kommunikation und Begegnung in nie zuvor gekanntem Ausmaß. Alle Menschen aber sind für ihr Zusammenleben auf eine *Weltbürgerschaft* angewiesen, bestehend aus vielen Einzelnen, die sich um die gemeinsamen Belange kümmern.

Das weltbürgerliche Engagement antwortet auf den weltweiten Austausch von Gütern und Informationen und bemüht sich um eine planetare Sensibilität für die Belange derer, die auf Hilfe angewiesen sind. Wo Gleichgültigkeit war, entsteht eine *lose Kollegialität* der Bürger des Planeten, ein Bewusstsein der Zusammengehörigkeit, das wenigstens dann wirkliche Konsequenzen hat, wenn existenzielle Herausforderungen zu bewältigen sind: Dass bei Naturkatastrophen viele bereit sind, für die Betroffenen einzustehen, hat die globale Hilfsbereitschaft nach Katastrophen wie dem Tsunami in Südostasien 2004, dem Erdbeben in Haiti 2009, Erdbeben, Tsunami und Reaktorkatastrophe in Japan 2011 gezeigt. Auf neue Weise können somit alte Ideen der Menschen- und Nächstenliebe dazu beitragen, dem menschlichen Leben Sinn zu geben.

Die Kollegialität der Bürger und Weltbürger, diese Erweiterung der Freundesliebe weit über den begrenzten Kreis der erklärten Freunde hinaus, wird von *Menschenliebe* getragen. Die *Philanthropie* ist eine allgemeine Liebe zur Menschheit und eine besondere zu einzelnen Exemplaren. Sie kann potenziell jedem zukommen und zeigt sich grundsätzlich in der Form von *Freundlichkeit* gegenüber Anderen – sie nicht wie Luft zu behandeln, sondern sie wahrzunehmen, ihnen sogar ein Lächeln zu schenken, ihre Anliegen ernst zu nehmen und nicht von vornherein abzutun. In ihrer anspruchsvolleren Form gewinnt die Menschenliebe konkrete Gestalt in der Hilfe für Bedürftige und einem Hinsehen und Hingehen, wenn jemand bedroht ist oder sonstwie in Not gerät.

Historisch machte diese Liebe Karriere unter dem Namen der *Humanität*, der Menschlichkeit (*humanitas* im Lateinischen). Wenn sie nicht nur eine Absichtserklärung bleibt, entsteht mit ihr eine Beziehung von Mensch zu Mensch, eine Zuwendung zum Anderen, und sei es nur für einen Augenblick, ein Einstehen für ihn, womöglich auch unter schwierigen Bedingungen, auch ohne ihn zu kennen und ohne eine Interesse damit zu verbinden, unter Inkaufnahme eigener Nachteile, ohne einen Ausgleich dafür zu erwarten. Wie die Liebe im engeren Sinne kann die Menschenliebe einseitig bleiben, anders als bei der Freundschaft fehlt die Notwendigkeit der Wechselseitigkeit.

Die Menschenliebe beruht in der Regel nicht auf persönlicher Vertrautheit. Aber nur so kann sie unabhängig davon verwirklicht werden, was für eine Person der Andere ist und ob er überhaupt eine Person im Sinne eines bewussten Selbst ist. Auf der Seite des Liebenden wiederum ist sie davon abhängig, dass die ganze Person engagiert ist, nicht so sehr mit körperlichem *Eros*, sondern mit seelischer *Philia* und vor allem mit der geistigen Form von Zuwendung und Zuneigung, *Agape* im Griechischen, *Caritas* im Lateinischen, um dem Anderen Aufmerksamkeit zukommen zu lassen und seine Würde als Mensch zu achten. Wie bei aller Liebe, Freundschaft und Kollegialität ist dafür ein *großes Wohlwollen* nötig, das aus einer Entscheidung resultiert, und dieses Wohlwollen muss in einer *tätigen Menschenliebe* erfahrbar sein, denn als bloß gedachte nützt sie niemandem. Die in die Tat umgesetzte Menschen- und Nächstenliebe ist eine Zuwendung zu Anderen, eine Solidarität auch mit Ungeliebten und Ausgegrenzten, die von größter Bedeutung ist in einer Gesellschaft, in der funktionale Beziehungen dominieren und Anonymität vorherrscht. Jeder, der dieser Idee folgt, kann der Lieblosigkeit der funktionalen modernen Gesellschaft schon mit dem bloßen Mögen Anderer als einfachster Form der Liebe bewusst etwas entgegensetzen.

Die *Ethik der Menschenliebe* aber findet in der *Ästhetik* ihre Begründung: Humanität beruht darauf, dass Menschen sie *schön* finden. Schön erscheint sie zunächst, wenn sie dem Selbst zuteilwird und den Wunsch hervorruft, auch Anderen eine solche Erfahrung zu vermitteln. Zeigt das Selbst Menschenliebe und Menschlichkeit, wird wiederum die Wahrscheinlichkeit größer, dass auch Andere sie zeigen wollen. Eine Humanität aber, die immer nur von Anderen erwartet, nie von einem Selbst verwirklicht wird, bleibt nur eine schöne Idee.

Besonders schön erscheint vielen die *freie* Zuwendung und Zuneigung zu Anderen. Ansonsten bleibt nur, auf das *Eigeninteresse* zu setzen, das auch bei der Ethik der Menschenliebe in der Goldenen Regel zum Ausdruck kommt: *Wende dich Anderen so zu, wie du auf die Zuwendung Anderer hoffst.* Im inneren Dialog wäre das immer von Neuem zu thematisieren: »Wie würde ich selbst gerne von Anderen behandelt werden, insbesondere dann, wenn ich in Not gerate? So sollte ich klugerweise Andere behandeln, sonst habe ich von ihnen nichts zu erwarten.« Ausgelöscht wird die Zuwendung, wie jede andere, nur von Gleichgültigkeit: »Was gehen mich die vielen Menschen an, die ich nicht kenne? Gibt es nicht ohnehin viel zu viele?« Wohl kaum einer, der so denkt, würde akzeptieren, dass Andere ihn selbst für überzählig hielten.

Der humane Umgang mit Anderen fällt leichter, wenn er durch einen *humanen Umgang mit sich selbst* eingeübt wird, durch eine Selbstbefreundung, die die Kräfte für die Freundlichkeit gegenüber Anderen zur Verfügung stellt. Menschen mit einer freundlichen Selbstbeziehung sind am ehesten zur Menschenliebe, Menschenfreundschaft oder wenigstens zur Kooperation mit Anderen in der Lage. Als *human* erweist sich der, der die Menschenwürde achtet und Menschlichkeit zeigt, im Umgang mit sich wie in seinen Umgangsformen mit Anderen, in der geduldigen und nachhaltigen Einübung von Verhaltensweisen der Geselligkeit, um die er sich bemüht, in der kleinen Geste ebenso wie im gesamten Verhalten. Als *inhuman* erweist sich demgegenüber der, der sich selbst nicht mag und infolgedessen Andere, erst recht Fremde nicht mögen kann, stattdessen ein gleichgültiges, hasserfülltes oder ausschließendes Verhältnis zu ihnen pflegt. Abgesehen vom unfreundlichen Verhältnis zu sich selbst, das alle Kräfte für die Zuwendung zu Anderen raubt, kann es in gleicher Weise die übermäßige Selbstliebe sein, die keinen Platz für Andere lässt. Eine endlose Unruhe gilt der Folgefrage, ob Humanität auch dem zukommen soll, der sich selbst als inhuman erweist.

Die Idee, mit Menschenliebe und Menschenfreundlichkeit

das destruktive Potenzial des Menschenhasses einzudämmen, im Idealfall zu überwinden, kennen die meisten Kulturen in irgendeiner Form. Die meisten haben diese Idee zeitweilig auch wieder mit Füßen getreten. In der abendländischen Kultur wurde viele Jahrhunderte lang, kulminierend im 18. Jahrhundert, das Ideal der Humanität propagiert. Johann Gottfried Herder rühmte in seinen *Briefen zu Beförderung der Humanität* (*sic!*) von 1793-97 das »barmherzige Wort« der Menschlichkeit. Aber just zu dieser Zeit führten Menschen in der realen Geschichte vor, dass nicht mit einem Automatismus für den ontologischen Übergang von der schönen Idee zur praktischen Realisierung zu rechnen ist. Die euphorische Beschwörung der Liebe aller Menschen zu allen tendiert nicht von selbst schon zur Verwirklichung, denn in der Praxis fällt es schwer, Andere zu lieben oder auch nur zu mögen, wenn sie wirklich oder vermeintlich eine andere Auffassung vom Leben, eine andere Kultur und Religion, eine andere Mentalität, eine andere politische Meinung haben. Es kann sogar so weit kommen, Menschenopfer mit dem Ziel zu legitimieren, der Menschenliebe zum Sieg zu verhelfen: Der Versuch zur Umsetzung humanistischer Ideen im Gefolge der französischen Revolution nach 1789 kostete viele Menschen den Kopf. Dem *Terreur* unter Robespierre folgten im Laufe der Moderne noch viele weitere Terroraktionen, und kaum eine Revolution schreckte im Namen der Menschlichkeit vor Unmenschlichkeit zurück.

Sich darüber zu entrüsten, liegt nahe, aber auch im gewöhnlichen, alltäglichen Leben will die Menschenliebe nicht immer gelingen: Nicht alle Menschen können alle lieben, ja, noch nicht einmal mögen. Um die Menschlichkeit nicht vom Gutdünken des Einzelnen in besonderen Situationen abhängig zu machen, sondern ihre Segnungen möglichst jedem Menschen in jeder Situation zukommen zu lassen, wurden die *Menschenrechte* erfunden. Ausgehend von ihren ersten Erklärungen in der englischen *Bill of Rights* 1689, der amerikanischen *Declaration of Independence* 1776 und der französischen *Déclaration des Droits de l'Homme et du Citoyen* 1789, fanden sie an vorderster Stelle Eingang in die Verfassungen moderner demokratischer Staaten. In den jeweiligen Landesgrenzen wurden einklagbare *Bürgerrechte* daraus, die ein Recht auf Leben und Würde, Freiheit und körperliche Unversehrtheit, Gewissens- und Religionsfreiheit, freie Meinungsäußerung, Versammlungsfreiheit und einiges mehr garantieren.

Unter dem Eindruck der systematischen Verbrechen gegen die Menschlichkeit zur Zeit des Nationalsozialismus kam 1948 die Menschenrechtserklärung der Vereinten Nationen zustande. Mit den Nürnberger Prozessen 1945-49 setzte eine Entwicklung ein, die über den 1959 gegründeten Europäischen Gerichtshof für Menschenrechte bis zur Einrichtung des Internationalen Strafgerichtshofs 2002 in Den Haag führte. Ein weiterer Schritt hin zu *Weltbürgerrechten* ist das »Weltrechtsprinzip«, wonach schwerwiegende Verbrechen gegen die Menschlichkeit überall auf der Welt verfolgt und bestraft werden können, da diese Taten sich nicht nur gegen direkt Betroffene, sondern gegen die gesamte Menschheit richten.

Die Idee der Menschenrechte wurzelt, was die abendländische Kultur angeht, zum Teil in der antiken Philosophie: Schon im 1. Jahrhundert n. Chr. spricht Seneca von einem »allgemeinen Menschenrecht« (*ius generis humani*; *Briefe an Lucilius über Ethik*, 48, 3), und er sieht ein rühmenswertes Beispiel für die Zuwendung von Mensch zu Mensch in der Freundschaft. Eine ältere Wurzel stellt die Idee der Nächstenliebe im Judentum dar, zurückgehend auf das *Alte Testament* (3. Mose 19, 18), aus dem das entstehende Christentum den Kernsatz seiner Ethik im *Neuen Testament* gewann: »Du sollst deinen Nächsten lieben wie dich selbst« (*Matthäus-Evangelium*, 19, 19 und 22, 39; *Lukas-Evangelium*, 10, 27). Damit ist der radikale und universelle Anspruch verbunden, jeden Anderen als Nächsten zu achten und zu schützen, ihm beizustehen und zu helfen, bei Konflikten aber unter allen Umständen und in jeder Beziehung einen neuen Anfang zu machen, um den ewigen Kreislauf von Beleidigungen, Verletzungen und Racheakten zu durchbrechen und ein menschenwürdiges Leben zu beginnen. Dem hohen Anspruch wurde die Geschichte des Christentums selbst allzu oft nicht gerecht: Immer wieder wurde dieses Liebesgebot in einem Maße missachtet, das Zweifel an seiner Ernsthaftigkeit aufkommen ließ. Wurde die Missachtung davon begünstigt, dass die Liebe zum Nächsten aus theologischer Sicht gar keine eigenständige, sondern nur eine abgeleitete Liebe sein kann?

Die Liebe zum Nächsten ist eigentlich eine Liebe zu Gott. »Gottes wegen« (*propter Deum; Summa theologiae*, II, 23, 5), wie es beim großen Theologen Thomas von Aquin im 13. Jahrhundert heißt, wird der Nächste geliebt, nicht etwa seinetwegen. Nur Gott wird um seiner selbst willen geliebt, er allein ist der Inbegriff der Liebe, sodass diesem Gottesverständnis zufolge der wahre Gottesdienst darin besteht, in der Liebe zu leben. Mag es um Glaube, Liebe, Hoffnung gehen, »am größten jedoch unter ihnen ist die Liebe« und der, der nicht liebt, ist »nichts« (Paulus, 1. *Korintherbrief*, 13, 13).

Die Nächstenliebe ist im Grunde nicht persönlich gemeint, sondern kommt unterschiedslos jedem zu: Zu lieben ist jeder Mensch ohne Ansehen der Person, da alle Menschen Geschöpfe Gottes sind. Das sollte niemanden enttäuschen, sondern jeden entlasten, denn so lässt sich vieles am Nächsten

194

ertragen: Ich tue es ja nicht für ihn, sondern für Gott. Aus dem christlichen Hohelied der Liebe resultiert zudem eine praktische Ethik, die schon bei der bloßen Begegnung zweier Menschen im Alltag ein grundsätzliches Wohlwollen füreinander spürbar macht, auch wenn sie sich nicht kennen, eine Zuwendung und Zuneigung in milder Form, die wohltuend ist.

Von der Person abzusehen, hat jedoch weitere Folgen, die weniger angenehm für Andere und für das eigene Selbst sind: Wenn grundsätzlich alle Menschen geliebt werden, kann der Einzelne leicht übersehen werden. Die abstrakte Nächstenliebe bedarf daher einer konkreten *Einzelliebe*, die nicht allen in gleicher Weise zuteilwerden kann. Und anders als bei der gewöhnlichen Liebe zu einem Anderen kann die Nächstenliebe nicht auf *Gegenliebe* ausgerichtet sein. Damit aber läuft der, der sie übt, Gefahr, zu viele Energien zu investieren und selbst auszubrennen, wenn ihm nicht reichhaltige Quellen für die Regeneration zur Verfügung stehen.

Um die Ressourcen, für Andere da zu sein, wiedergewinnen zu können, ist die Nächstenliebe zwingend auf die *Selbstliebe* angewiesen. Die religiösen Texte erkennen dies durch die ausdrückliche Forderung an, den Nächsten zu lieben »wie dich selbst«, und nicht etwa »anstelle deiner selbst«. Gängige Interpretationen verwischen dies durch die Annahme, die Selbstliebe sei bei den meisten Menschen immer schon vorzufinden, sodass von ihr auszugehen sei; letztlich müsse sie überwunden werden. Aber damit wird die theologische Bedeutung der Selbstliebe verkannt: Wie die Nächstenliebe ist die Selbstliebe eigentlich eine Liebe zu Gott, mit ihr ehrt sich das Selbst als Geschöpf Gottes und hat im Gegenzug an den göttlichen Energien teil, die es dann auch Anderen weitergeben kann.

In der Geschichte der christlichen Theologie wurde die

grundlegende Selbstliebe dennoch frühzeitig eliminiert. Als der Kirchenvater Basilius der Große im 4. Jahrhundert dem wild entstandenen Mönchtum Regeln vorschrieb, hob er die Liebe zu Gott und zum Nächsten hervor, verwarf aber ausdrücklich die zu sich selbst (*Asketikon* mit »längeren Regeln«, 42. Frage), eine folgenreiche Beschneidung des Wortlauts der für heilig gehaltenen Texte, im Grunde ein Sakrileg, das lange nicht revidiert wurde.

Als fast ein Jahrtausend später historisch hinreichend deutlich geworden war, dass eine Schwächung der Selbstliebe keineswegs eine Stärkung der Nächstenliebe, sondern ihre Aushebelung zur Folge hat, erinnerte Thomas von Aquin an den vollen Sinn des Gebots und entwarf die christliche Agenda der Liebe von Neuem – aber ohne jeden Erfolg. Selbst Martin Luther, der 1517 mit seinen legendären 95 Thesen die Reformation begründete, dachte nicht daran, die Nächstenliebe wieder an die Selbstliebe zu binden, sondern ersetzte ganz im Gegenteil die Selbstliebe durch Selbsthass (*odium sui*, 4. These): Er sei »die wahre Herzensbuße« und bleibe bestehen »bis zum Eingang ins Himmelreich«. Auch von dieser Seite wurde der Nächstenliebe also mangels Selbstliebe für weitere Jahrhunderte der Boden entzogen. Erst im 21. Jahrhundert scheint sich die Theologie hier und da auf die ursprüngliche Bedeutung des Nächstenliebegebots zu besinnen.

Weltlich gesehen entspricht die Nächstenliebe der Menschenliebe und kann wie sie als *erweiterte Freundesliebe* verstanden werden, als Liebe im weiteren Sinne. Nietzsche traute der Nächstenliebe dennoch nicht über den Weg: »Rathe ich euch die Nächstenliebe? Lieber noch Nächstenfurcht und Fernstenliebe« (*sic!*, *Nachgelassene Fragmente* von 1882/83, KSA 10, 177). Es dürfte allerdings schwierig sein, ein Leben zu führen, das überall Anlass zur *Nächstenfurcht* sieht. Auch wenn ein Gran an Misstrauen bei Begegnungen mit Nächsten grundsätzlich angebracht erscheint, würde eine Überdosis davon jedes Leben vergiften. Was im 21. Jahrhundert demgegenüber von Interesse ist, ist die *Fernstenliebe*, da der Fernste immer näher rückt. Auf sehr unterschiedliche Weise kann der Nächste fern sein: *Sozial* fern (in anderen Milieus und Schichten), *mental* fern (in anderen Kulturen und Denkweisen), *räumlich* fern (irgendwo auf dem Planeten), *zeitlich* fern (irgendwann in der Zukunft, in kommenden Generationen). Die Fernstenliebe fällt im Zweifelsfall leichter als die Nächstenliebe, denn der Fernste steht nicht vor mir, er bedrängt mich nicht. Sich um ihn zu kümmern, trägt aber oft das größere soziale Renommee ein, denn es erscheint weniger selbstverständlich, auch wenn es in vielen Fällen weniger aufwändig ist: »Der unterstützt sogar die, um die sich sonst niemand kümmert.«

Wie andere Lieben wird freilich auch die Menschenliebe, Nächstenliebe und Fernstenliebe von *Neid und Eifersucht* durchquert, die der eigenen Erfahrung keineswegs fremd sind: Warum wird Anderen geholfen, warum nicht mir? Auch diese Liebe kennt Probleme von *Untreue und Verrat*, denn mit einer Spende für die soziale Einrichtung in der Nähe oder die Erdbebenopfer in der Ferne ist nach subjektivem Empfinden oft schon der Liebe Genüge getan, die zugehörigen Menschen sind bald vergessen, während die Aufmerksamkeit bereits wieder Anderen gilt.

Mehr als je zuvor wird in der Weltgesellschaft des 21. Jahrhunderts die universalisierte Zuwendung und Zuneigung zur *vagabundierenden Liebe*, weniger als je zuvor steht dabei ein konkreter Mensch vor Augen. Eine ungleich größere Treue ist möglich, wenn die Zuwendung und Zuneigung mit einer per-

197

sönlichen Beziehung einhergeht, wenn also beispielsweise ein Bildungspate das Kind, das er mit Geldzuwendungen fördert, persönlich kennenlernt. Aber selbst im löblichen Fall einer Förderung zieht die gute Absicht nicht von selbst schon gute Konsequenzen nach sich: In der sozialen Umgebung kann das Kind aufgrund seiner Privilegierung ausgegrenzt werden. Das ist kein Argument dafür, nichts zu tun, nur eines dafür, auch beim Gutsein vorsichtig und umsichtig vorzugehen.

Im Alltag findet die Menschenliebe, die Liebe zum Nächsten und Fernsten, ihren schönsten Ausdruck in der *Gastfreundschaft*. Bei einer persönlichen Freundschaft und Bekanntschaft hat sie den Charakter einer Selbstverständlichkeit: Es versteht sich von selbst, gastfreundlich zu dem zu sein, den man kennt und mag. Aber die weitergehende Idee der Gastfreundschaft ist, sie nicht nur Freunden und Bekannten, sondern auch Fremden zu gewähren. Sie kann geradezu eine *Liebe zum Fremden* sein (daher auch *philoxenia* im Griechischen), ganz nach dem Motto, das in verschiedenen Kulturen geläufig ist: »Fremde sind Freunde, die man noch nicht kennt.«

Bei der Gastfreundschaft kommen erneut die verschiedenen Freundschaftsarten zum Vorschein: Durch Elemente einer *Lustfreundschaft* ist sie charakterisiert, wenn Menschen sich aus hedonistischen Gründen gastfreundlich zeigen. Für Gäste da zu sein und ihnen wohlzutun, umgekehrt Wohltaten von ihnen zu empfangen, kann als sehr lustvoll erlebt werden. Die Lust ist wechselseitig: Gäste erfahren ein Stück Heimat in der Fremde, und für die Annehmlichkeiten, die sie genießen, bringen sie ein Stück Welt mit sich, einen Blick von außen, neue Informationen und Anregungen, »frische Luft«. Jeder Gast vermittelt einen Eindruck vom unendlichen Reichtum der Welt, denn er repräsentiert einen anderen Blick, eine andere Sprache, eine andere Weise des Denkens und Fühlens, eine andere Wahrnehmung des Lebens, das ansonsten immer dasselbe zu sein scheint.

Durch Elemente einer *Nutzenfreundschaft* ist die Gastfreundschaft gekennzeichnet, wenn utilitaristische Gründe in den Vordergrund treten, auf beiden Seiten: Für den Gast kann der Nutzen darin bestehen, sich Unterbringungs- und Verpflegungskosten zu ersparen, für den Gastgeber darin, dies bei nächster Gelegenheit selbst in Anspruch nehmen zu dürfen. Die Gastfreundschaft kann mit derlei pragmatischen Überlegungen einhergehen, sie muss keine selbstlose romantische Zuwendung und Zuneigung sein. Da aber wie bei der gewöhnlichen Nutzenfreundschaft kaum einer wagt, den Grund der Beziehung klar auszusprechen, kommt die Gastfreundschaft oft nur unter Vortäuschung einer wahren Freundschaft zustande. Hält die Beziehung dann nicht, was sie verspricht, ist die Enttäuschung groß. Nur im professionellen Gastgewerbe führt der wechselseitige Nutzen zu einer ausgewiesenen Geschäftsfreundschaft: Wenn der Gast sich wohlfühlt, ist der Nutzen für den Gastgeber materiell messbar, eine Verletzung der Gastfreundschaft fällt im Gegenzug spürbar auf ihn zurück.

Eine *wahre Gastfreundschaft* wird unabhängig von Lust und Nutzen einfach von Mensch zu Mensch gewährt. Sie hat ihren Zweck in sich selbst und beginnt bereits damit, dass ich auf der Straße auf einen Anderen zugehe, der hier offenkundig nicht zu Hause ist, um ihn zu fragen, wie ich ihm behilflich sein kann, angetan vielleicht von der Art und Weise, wie ich das meinerseits andernorts erfahren habe und davon beeindruckt war. Jedes Entgegenkommen öffnet dem Anderen unversehens die Tür zu dem Ort, der beim ersten Hinsehen verschlossen wirkt, und schenkt ihm eine unvergessliche Erfahrung, die für immer mit diesem Ort verbunden bleibt. Das gilt erst recht, wenn dem Gast Gelegenheit gegeben wird, am Leben vor Ort teilzuhaben. Jeder, der schon einmal eine offenherzige Gastfreundschaft frei von jedem Kalkül erlebt hat, weiß, wie beglückend das ist. Der Gast muss nicht den Eindruck haben, fremd zu sein und womöglich ausgenutzt zu werden, sondern kann sich uneingeschränkt willkommen fühlen. Ist damit dem »unbedingten Gesetz der Gastfreundschaft« (Jacques Derrida) Genüge getan? Aber es gibt verborgene Bedingungen.

Um ihnen Rechnung zu tragen, ist die Bedeutung der Gast-freundschaft in vielen Kulturen tief in der Tradition, Konvention und Religion verankert, nicht abhängig von der persönlichen Wahl des Einzelnen. Der Gast ist »von Gott gesandt«, heißt es in Georgien, und entsprechend aufmerksam und großzügig wird er überall behandelt. Nüchtern betrachtet dient dies nicht nur dem Wohlergehen und dem *Schutz des Gastes*, sondern auch dem *Schutz des Gastgebers* vor dem unkalkulierbar Fremden im Anderen. Eine potenzielle Gefahr soll mit der wohltuenden Gastfreundschaft gebannt werden: Sie ist eine Möglichkeit, den Gast *mit ästhetischen Mitteln zur Ethik zu führen*, ja, zu verführen. In all dem, was sinnlich, seelisch, geistig, metaphysisch schön und bejahenswert an der Gastkultur erscheint, soll er ihre Werte schätzen lernen und sich selbst an sie binden, zumindest sie nicht verletzen, stören oder gar zerstören. Mit allen Mitteln der Sinngebung soll er die Gast-kultur als attraktiv erfahren, und der tiefste Sinn der Gast-freundschaft ist vielleicht sogar der *transzendente Sinn*: »Dass ein Mensch dem andern Rast gebe auf der großen Wanderschaft zum ewigen Zuhaus« (*sic!*, Romano Guardini, *Briefe über Selbst-bildung*, 1921-22, Ausgabe 1968, 39). Konterkariert wird dies vom *Missbrauch der Gastfreundschaft*, der beiderseits möglich ist, etwa wenn der Gastgeber mit einer Überfülle von Wohltaten den Gast zu sehr vereinnahmt oder der Gast das Gastrecht zu sehr beansprucht: Dass er beispielsweise kein Bleiberecht in Anspruch nehmen sollte, meinte schon Kant. Auf rechte Weise Gastgeber zu sein, ist eine Kunst; Gast zu sein ebenfalls.

Neue Bedeutung erlangt die Gastfreundschaft auf allen Ebenen in Verbindung mit *virtuellen Beziehungen*. Menschen aus aller Welt können im Internet problemlos potenzielle Gastgeber kontaktieren (hospitalityclub.org, stay4free.com, airbnb.com), um irgendwo auf dem Planeten Orte, Menschen und Kulturen nicht aus der Außensicht distanzierter Hotelzimmer, sondern aus der Binnensicht des gelebten Alltags kennenzulernen, etwa beim *Couchsurfing*. Jeder kann jederzeit mit jedem in Kontakt treten, der elektronische Austausch ermöglicht virtuelle Reisen in alle Welt, um schließlich den Übergang von der Virtualität zur Realität zu vollziehen und wirklich bei anderen Menschen zu Gast zu sein, im Gegenzug andere Menschen und mit ihnen »die ganze Welt« bei sich zu Gast zu haben, Element einer *Sharing Economy*, einer neuen Kultur des Teilens, die sich im 21. Jahrhundert entwickelt.

Auf überraschende Weise wird so mit elektronischer Unterstützung das *Weltbürgerrecht* mit Leben erfüllt, von dem Immanuel Kant sprach und das er in einer »allgemeinen Hospitalität« begründet sah: Jeder Mensch solle überall auf der Welt das Recht haben, als Gast behandelt zu werden (*Zum ewigen Frieden*, 1795, Dritter Definitivartikel).

Die Polarität des Lebens aber lässt sich trotz aller Bereitschaft zur Menschenliebe, Nächstenliebe und Gastfreundschaft nicht ausschalten. Nicht nur in der großen Geschichte, sondern auch im kleinen Alltag kommt es zu Episoden, manchmal zu Explosionen von Menschenhass. Zur *Misanthropie* sind nicht nur Andere in der Lage, sondern auch das eigene Selbst. Das zeigt sich nicht etwa erst bei Gewaltausbrüchen, die den Betroffenen den Glauben an die Menschheit rauben können, sondern bereits in abfälligen Gesten bei zufälligen Begegnungen auf der Straße, wo Fußgänger, Fahrradfahrer und Autofahrer sich wechselseitig verfluchen. Aus jeder Perspektive ist immer der Andere der Idiot. Der Fußgänger, der heute Autofahrer beschimpft, hat nicht das geringste Problem damit, morgen als Autofahrer Fußgänger zu hassen. Menschenhass macht sich ebenso im virtuellen Raum bemerkbar, wenn Menschen sich *online* so ausfällig gegen Andere verhalten, wie sie es sich ohne Schutz der Anonymität *offline* nie erlauben würden.

Es ist aussichtslos, im menschlichen Umgang die Polarität des Lebens außer Kraft setzen zu wollen. Aussichtsreicher könnte das Bemühen sein, sich bei aller Abneigung und beim Hass gegen Andere nicht dem Exzess hinzugeben, der alle Zusammenhänge zerstört: Ärger genügt. Selbst dann, wenn eine Feindschaft entsteht, muss sie nicht überhöht werden: Sie ist der unvermeidliche Gegenpol zur Freundschaft, der nicht durchweg zu vermeiden ist. Die Welt kann nicht nur aus Freunden bestehen, auch Feinden kommt Bedeutung zu. Ihnen kann sogar Liebe zuteilwerden und auch diese Feindesliebe kann Bestandteil einer *Kunst des Liebens* sein. Es ist erstaunlich, dass dies kaum je so gesehen worden ist, selbst dort nicht, wo seit langem die religiöse Forderung einer Liebe zu Feinden erhoben wird.

Von der Liebe zu Feinden

Feindesliebe und Selbstliebe: Was es heißt, seine Feinde zu lieben

Beim nächtlichen Blick in die Sterne wird die Seele vom wundervollen Frieden berührt, der im All zu herrschen scheint. Mit stiller Selbstverständlichkeit ist alles an seinem Platz. Der Kontemplation erschließen sich die Kämpfe nicht, die auch zwischen Himmelskörpern toben, zwischen Sternbrocken, Sternen und ganzen Galaxien, die kollidieren und irgendwann von Schwarzen Löchern verschlungen werden, über Räume und Zeiten hinweg, die der menschlichen Wahrnehmung nicht zugänglich sind. Die Erde umkreist die Sonne, die in ewig scheinenden Zeiten in einer Galaxis zirkuliert, die sich ihrerseits auf einen großen Galaxienhaufen zubewegt.

Mir wird schwindlig bei der bloßen Vorstellung der Vorgänge, lieber konzentriere ich mich auf die Kämpfe zwischen Menschen, die beim gedanklichen Blick zurück aus dem All auf den heimatlichen Planeten ins Bild kommen: Feindseligkeit blitzt in den Augen vieler Menschen auf, und selbst ihre Worte, falls sie noch miteinander reden, wirken wie Blitzeinschläge. Dieselbe Energieaufwallung lässt sie Fäuste ballen oder zu Waffen greifen. Sogar zwischen Menschen, die sich nie begegnen, können Blitze zucken. Es ist unklar, ob sie dabei überhaupt eine eigene Wahl haben oder ähnlich wie Sterne nur vorgezeichneten Bahnen folgen, die in manchen Fällen eben zum *Crash* führen.

In den Augen vieler ist dies das Problem des Lebens schlechthin: Angefeindet zu werden, zwangsläufig selbst anfeinden zu müssen. Die meisten Menschen träumen einen bescheidenen Traum: Gerne würden sie in Ruhe und Frieden ihr Leben genießen. Leider kommt immer etwas dazwischen, genauer gesagt *jemand*, und damit fängt es an: Meinungsverschiedenheiten führen zu Auseinandersetzungen, aus diesen gehen Anfeindungen hervor, die sich schließlich zur Feindschaft verfestigen. Lässt sich das vermeiden? Es ist schwierig, in allen Dingen stets einer Meinung zu sein und Rücksicht zu nehmen, jeder Einzelne hütet seine aktuelle Meinung als wertvolles Eigentum, »alles meins«. Nicht immer lassen sich die Differenzen überspielen, geschweige denn überwinden. So kommen Menschen nicht umhin, sich Feinde zu »machen« und sie fortan zu »haben«, ohne dass dieser Besitz sonderlich froh machen würde.

Anfeindungen sind nicht wiederholungsbedürftig, aber in hohem Maße wiederholungsfähig, sie scheinen sogar einem *Wiederholungszwang* zu unterliegen, bis zu dem Punkt, an dem es kein Zurück mehr gibt. Dann handelt es sich nicht mehr um einen Mangel an Sympathie, auch nicht mehr nur um eine bloße Antipathie und schon gar nicht um eine sportliche Gegnerschaft im Rahmen eines fairen Wettbewerbs. Der Feind trachtet vielmehr danach, mich empfindlich zu treffen, egal wie, wenn es nur weh tut, und der Todfeind sinnt darauf, mich zu vernichten, *sozial*, indem er die Wertschätzung Anderer für mich untergräbt, *geistig*, indem er für bedeutungslos erklärt, worum es mir geht, *psychisch*, indem er mich von seelischen Ressourcen, von der Lebensfreude und von Schönem überhaupt abzuschneiden versucht, oder *physisch*, indem er mich des Lebens selbst berauben will. Wie kann ich darauf antworten?

Eine Möglichkeit ist von alters her, *Gleiches mit Gleichem* zu vergelten, mindestens. Endlose Spiralen der Vergeltung sind die Folge. Aber von alters her steht auch ein weiterer Vorschlag im Raum, der aufs Neue zu prüfen wäre, um ungute Kreisläufe zu durchbrechen: Feinden eine besondere *Zuwendung und Zuneigung* zukommen zu lassen. Feindschaft geht meist mit Hass einher, mit äußerster Abwendung und Abneigung, die Menschen ungefragt überkommt. Dies geschehen zu lassen, ist eine mögliche, *passive* Haltung. Eine andere, *aktive* Haltung sieht vor, Zuwendung und Zuneigung daraus zu machen, wenigstens auf der eigenen Seite. Diese *Feindesliebe* kann, wie andere Lieben mit Ausnahme der Freundesliebe, einseitig bleiben; bleibt sie es, kann jeder für sich entscheiden, ob er dennoch an ihr festhalten will. Mit der Feindesliebe geht ein Mensch in Vorleistung, ohne dies von einer Gegenleistung abhängig zu machen, und das verändert jedes Verhältnis zu Feinden, jedenfalls der Theorie nach.

Ein Grund dafür, so vorzugehen, könnte sein, dass die Feindesliebe, wie andere Lieben, eine Form von Sinngebung für das Selbst und keineswegs gänzlich selbstlos ist: Sie kann ein *Remedium* für den sein, der sich ihrer bedient, um von einem krankhaften Hass zu gesunden. Sie kann ihn vom *Ressentiment*, vom Rachegefühl befreien, ohne dass er dafür einer Vergeltung bedürfte, die nur wieder die Vergeltung Anderer nach sich ziehen würde. Der Grundgedanke, Feindschaft zu überwinden, hat in verschiedenen Kulturen und Religionen eine eigene Ausprägung erfahren. »Feindschaft kommt durch Feindschaft zustande, durch Freundschaft kommt sie zur Ruhe, dies ist ein ewiges Gesetz«, heißt es in einem kanonischen Text des Buddhismus, dem *Dhammapada*, einer Sammlung von Sprüchen des Buddha. Das Fehlen von Feindseligkeit sei eine der »Gaben des Menschen von göttlicher Natur«, verkündet einer der populärsten Texte des Hinduismus, die *Bhagavad Gita*.

In der christlichen Kultur ist es die Bergpredigt, in der Jesus zur Überwindung von Feindschaft aufruft, die Nächstenliebe wird zu diesem Zweck um die Feindesliebe ergänzt: »Liebet eure Feinde« (*Matthäus-Evangelium*, 5, 44), »tut Gutes denen, die euch hassen« (*Lukas-Evangelium*, 6, 27). Die Liebe soll allen Feindschaften standhalten können, mit ihr müsste auch die Distanz zu Ungläubigen und Andersgläubigen, die als Feinde gelten könnten, mühelos zu überbrücken sein.

Was als großer Schritt in der Geschichte der abendländischen Zivilisation gelten darf, stellt aus christlicher Sicht zunächst einmal nichts Besonderes dar: Der Feind ist einfach auch nur ein Mensch, ein Sonderfall des Nächsten, der unter das Gebot der Nächstenliebe fällt, ein weiteres Geschöpf Gottes, dem Liebe zukommt, da Gott selbst Liebe ist. Als Feind mag er ein widerwärtiger Typ sein, als Mensch ist er jedoch, wie das Selbst, ein Kind Gottes. Theologisch wird gleichsam ignoriert, dass es sich um einen Feind handelt, er wird lediglich aus der Universalität der Nächstenliebe nicht ausgeschlossen, wie Thomas von Aquin erklärt: Die Feindesliebe gilt der Person des Feindes so wenig wie die Nächstenliebe der Person des Nächsten, geliebt wird auch dieser Andere immer nur »Gottes wegen«. Spezielle Bekundungen der Liebe gegenüber dem Feind sind nicht nötig, es genügt völlig, ihn wie alle Nächsten ins Gebet einzuschließen und zur Hilfe in der Not für ihn bereit zu sein (*Summa theologiae*, II, 25, 9). Vorausgesetzt, dass ein Mensch dazu fähig ist, dieser Idee von Liebe zu folgen. Das aber fordert ihn im Innersten heraus.

Denn was heißt es, seine Feinde zu lieben? Abzulassen von der Rache an ihnen, von jeglicher Gewaltanwendung gegen sie, auch wenn noch so viele Gründe dafür sprechen würden. Die Feindesliebe fordert, einem unversöhnlichen Hass keinen

Raum zu geben, einen Ausschluss des Feindes aus dem Kreis der Menschen nicht zuzulassen, sich nicht dazu hinreißen zu lassen, ein »Tier« in ihm zu sehen, was noch immer dazu diente, sämtliche Hemmungen im Umgang mit ihm abzulegen und sich kein Gewissen über die eigene Unmenschlichkeit gegen ihn zu machen. Seine Feinde zu lieben heißt, ohne jede Vorbedingung die Hand zur Versöhnung auszustrecken, im Vertrauen darauf, dass die Liebe stärker ist als aller Hass.

Das ist der radikale christliche Grundgedanke, den Erasmus von Rotterdam im 16. Jahrhundert zum Ausgangspunkt einer humanistischen Neubesinnung machte und der im 20. Jahrhundert von einem Nichtchristen wie Mahatma Gandhi auf hinduistischer Grundlage, von einem Christen wie Nelson Mandela vielleicht auch vor dem Hintergrund einer eigenen afrikanischen Tradition eindrucksvoll realisiert wurde. Manche haben die Idee bekräftigt, indem sie ihr Leben dafür gaben (*Von Menschen und Göttern*, Regie Xavier Beauvois, Frankreich 2010). Der Idee kann es nichts anhaben, dass Christen selbst sie in ihrer Geschichte vielfach Lügen straften, etwa beim frühen Kampf gegen ihresgleichen, gegen die »Arianer«, später gegen die »Häretiker«, ebenso beim Umgang mit Nichtchristen, als das Christentum nach langer Verfolgung 313 selbst zur Staatsreligion wurde und Andere zu verfolgen begann, sodann bei den Kreuzzügen, die dem Liebesgebot ins Gesicht schlugen, schließlich bei gnadenlosen Religionskriegen zwischen Katholiken und Protestanten.

Dreh- und Angelpunkt ist jedoch erneut das Verhältnis des Einzelnen zu sich selbst. Denn wie könnte die anspruchsvolle *Ethik der Feindesliebe* möglich sein, wenn sie nicht von einer *Ethik der Selbstliebe* getragen und durch den Umgang mit dem Anderen im eigenen Inneren eingeübt würde, um von

207

da aus nach außen gewendet zu werden? Die Liebe zu Feinden setzt eine Liebe zu dem Anderen in mir selbst voraus, das mir fremd vorkommt und nicht selten feindselig erscheint. Die Zuwendung zum äußeren Feind oder zu dem als feindselig wahrgenommenen Anderen lässt sich am ehesten dann realisieren, wenn das Gebot der Feindesliebe analog zu dem der Nächstenliebe verstanden wird: *Liebe den äußeren Feind wie deinen inneren.*

Selbst einem Christen steht die Feindesliebe nicht umstandslos zu Gebote, vielmehr ist sie das Resultat eines langwierigen Prozesses in der Auseinandersetzung mit sich selbst. Die Versuchung ist groß, sich von inneren Auseinandersetzungen zu befreien, indem die Rolle des Feindes im eigenen Inneren äußeren Anderen zugewiesen wird, die dann heldenhaft bekämpft werden, ohne dass sie etwas von den wahren Gründen dafür ahnen könnten. Wer der eigenen Anstrengung entgehen will, *hasst den äußeren Feind wie den inneren* – jedem Hass auf Feinde geht ein Selbsthass voraus. Derjenige jedoch, der die Liebe zu Feinden ernsthaft realisieren will, macht mit der inneren Feindesliebe den Anfang, ganz der Selbstliebe entsprechend, die die Liebe zum Nächsten erst ermöglicht.

An mir also liegt es, mich im eigenen Inneren um die *Selbstfreundschaft* zu bemühen, die mich zu einem anderen Verhältnis zu Nächsten, Fernsten, Feinden oder vermeintlichen Feinden befähigt. Eine Voraussetzung dafür ist die *Selbstklärung*, um Klarheit darüber zu gewinnen, welche dunklen Seiten in mir selbst existieren, die unter ungünstigen Umständen auch den Schöngeist zum Gewalttäter machen können, wie die endlos lange und nicht enden wollende Kriminalgeschichte zeigt. Die Selbstklärung macht verständlich und verzeihlich, dass dunkle Seiten ebenso in Anderen zu finden sind, ohne dass damit ein

208

Verzicht auf die Verantwortung des jeweiligen Menschen für sich selbst begründet werden soll, denn wer sonst sollte diese Verantwortung übernehmen? Mich mit den Gegensätzen im eigenen Inneren, insbesondere mit den eigenen Aggressionen zu befreunden und sie damit zu mäßigen, macht es mir leichter, einem äußeren Aggressor oder einem Menschen, den ich für aggressiv halte, Zuwendung und Zuneigung in irgendeiner Form entgegenzubringen und allein schon damit mäßigend auf ihn einzuwirken, so jedenfalls die Hoffnung. Vorwürfe an ihn können dann weniger heftig ausfallen und müssen nicht um jeden Preis auf die Höhe der Moral gehoben werden, auf der ich mich anscheinend alleine bewege, während Andere zu unglaublichen, unmoralischen Regungen fähig sind, menschlicher Achtung kaum würdig.

Und doch kann das noch nicht alles sein. Ein entscheidender Stolperstein auf dem angeblich einzig richtigen Weg, Feindesliebe zu verwirklichen, ist schon seit langer Zeit, dass zwar viele sie *propagieren*, aber nur wenige sie *praktizieren* können. Ein ungeklärtes Problem der christlichen Pflicht zur Liebe war von Anfang an die Frage, ob Menschen überhaupt dazu in der Lage sind, ihr nachzukommen, ob es nicht vielmehr zur unerträglichen Belastung für sie wird, unentwegt lieben zu müssen, um schließlich unter der Last unterdrückter Schuldgefühle zusammenzubrechen, wenn es nicht gelingt.

Aber es gibt noch eine weitere Möglichkeit des Umgangs mit Feinden, einen *anderen Weg der Feindesliebe*. Diese Liebe der anderen Art trägt dem Bedürfnis nach Abwendung und Abneigung, nach Gleichgültigkeit und Hass Rechnung, dem Menschen offenkundig nicht so ohne Weiteres entkommen. Gerade auf dieser Grundlage könnte eine andere Art der Zuwendung und Zuneigung möglich werden, die im alltäglichen

Leben realisierbar ist und einen überbordenden Hass wirksam einzudämmen vermag, ohne hohen moralischen Ansprüchen genügen zu müssen. Die erste Option der Feindesliebe ist und bleibt die *Überwindung von Feindschaft* mit Mitteln der Liebe und unter Einsatz des eigenen Selbst. Bei der zweiten Option bindet sich das Selbst ebenfalls an den Wert der Feindesliebe, aber auf eine Weise, bei der die Feindesliebe *ergänzend* zu ihrer herkömmlichen Bedeutung eine weitere Bedeutung gewinnen kann: Anstelle der Überwindung die *Bewahrung von Feindschaft.*

Von der Bewahrung der Feindschaft: Was Feinde nützen können

Bereits Thomas von Aquin zog diese zweite Option in Betracht, hielt es jedoch für »pervers«, Feinde *als Feinde* zu lieben und damit das Böse, das er ihnen schlicht unterstellte, nicht mehr überwinden zu wollen (*Summa theologiae*, II, 25, 8). Zumindest übergangsweise, solange die Überwindung noch auf sich warten lässt, könnte jedoch die Befreundung mit dem Gedanken reizvoll sein, dass die Feindschaft wertvolle Zwecke erfüllt, Sinn in diesem Sinne bereitstellt und zumindest aus diesem Grund zu pflegen und zu kultivieren wäre: Kann es eine *Kultur der Feindschaft* geben, die dieses Potenzial nutzt, die Destruktivität der Feindschaft aber eindämmt? Eine Ethik, die an der Liebe zu Feinden festhalten will, sollte das ins Auge fassen. Die Feindesliebe *im anderen Sinne* läuft nicht mehr darauf hinaus, eine Feindschaft abtun oder gar auflösen zu wollen, sondern Feinden nach Möglichkeit Freude zu machen und sie zu *beglücken*. Glücklich sind sie nicht etwa, wenn sie von der Feindschaft erlöst werden, sondern wenn sie Groll hegen, wütend sein und im äußersten Fall Hass empfinden können, um schließlich das Negative, das sie in sich fühlen, Anderen außerhalb ihrer selbst anzuhängen. Daraus ergibt sich die Verpflichtung des Selbst, ihnen Stoff zu liefern und nicht müde darin zu werden, immer neues Material heranzuschaffen: »Tut Gutes denen, die euch hassen.«

Auch das angefeindete Selbst profitiert davon und aus diesem Grund verdienen Feinde eine aufrichtige Wertschätzung *als Feinde*. Für die Rolle, die sie spielen, sollten sie auf keinen Fall Abschätzung erfahren, damit sie nicht ihrerseits noch das Selbst auf dem Trockenen sitzen lassen, das einer Feindschaft bei genauerem Hinsehen einiges verdankt: Die Feindschaft sorgt für *Halt und Orientierung im Leben*, denn sie zieht sich, wenngleich als negative Größe, wie ein roter Faden durch Lebensphasen oder das gesamte Leben hindurch und bürgt für Kontinuität, nicht selten in unveränderter Konstellation: »Man kennt sich!«

Eine weitere dankenswerte Eigenschaft der Feindschaft ist die *Verknappung des hohen Guts der Liebe*. Was einem Menschen lange als pure Selbstverständlichkeit erscheint, nämlich andere Menschen lieben zu können und von ihnen geliebt zu werden, tritt nun als besonderer Wert hervor: Die negative Erfahrung der Feindschaft sorgt dafür, der positiven Erfahrung der Liebe wieder sehr viel abgewinnen zu können, während eine Liebe, die keinen Gegensatz mehr kennt und jederzeit in beliebigem Maße verfügbar ist, allzu leicht an Wert verliert.

Erfreulich ist außerdem, dass dem Selbst eine große *Aufmerksamkeit* von seinen Feinden zuteilwird, beinahe mehr als von seinen Freunden. Jedes Detail seines Lebens und Arbeitens, Fühlens und Denkens ist für sie von Interesse, beinahe mehr, als ihm lieb ist. Ohne zu wissen, was sie tun, stellen sie ihm damit *Energie* in reichem Maße zur Verfügung, beinahe mehr als andere Quellen. Feinde wecken schier übermenschliche Kräfte, die nicht so schnell versiegen und von denen jeder, der einen Mangel an Motivation in seinem Leben und ein Manko an Inspiration in seiner Arbeit verspürt, dankbar Gebrauch macht. Der Ehrgeiz, »es ihnen zu zeigen«, spornt zu größten Anstrengungen an. Feinde, die Macht über mich haben, etwa in einer Firma oder Institution, wollen mich benachteiligen, aber ich mache mir einen Vorteil daraus und hole tief Luft für neue Projekte. Sie wollen mein Fortkommen behindern und stellen mich auf verlorenen Posten, aber ich übe mich darin, schwierige Situationen zu bewältigen. Auf wundersame Weise gelingt es mir jetzt, meinem Anliegen schärfere Konturen zu verleihen, es erkennbarer zu machen und damit vor den Augen Anderer besser dazustehen. Je mehr ich es schaffe, mein Können unter Beweis zu stellen, desto mehr sehen sich die Feinde mit ihren abartigen, abfälligen Vorurteilen ins Unrecht gesetzt und dem Gespött preisgegeben, was sie zwar zu neuen Untaten anstachelt, mich aber zu neuen Taten motiviert – ein *perpetuum mobile*, eine Maschine zur Produktion exzellenter Leistungen.

Vor diesem Hintergrund gewinnt das Wort *Feindseligkeit* erst seine volle Bedeutung: Feindschaft kann einen Menschen geradezu *beseelen*, seiner Existenz Seele, also Energie verleihen und Leben einhauchen. So angespornt, hält er sich mit immer neuer Arbeit an sich selbst, modern gesprochen, *fit* und fristet kein langweiliges Dasein mehr. Den Feinden verdankt er einen entscheidenden Beitrag zur Definition seiner selbst, denn in der Konfrontation mit ihnen wird ihm klarer, wer er *nicht* ist: »Ich bin nicht so wie die!«

Sich negativ über die Abgrenzung gegen Andere definieren zu können, fällt allemal leichter, als dies positiv aus eigener

Kraft leisten zu müssen, und es funktioniert zuverlässiger, denn die Arbeit daran kann nicht endlos aufgeschoben werden: Der Feind schläft nicht. Stolz kann ihm dann die innere Festigkeit entgegengehalten werden, die ohne ihn kaum zustande gekommen wäre. Auf der Abhebung gegen gemeinsame Feinde beruhen ebenso Definitionen des *Wir*, die in Beziehungen der Liebe, Freundschaft, Kollegialität und sogar Funktionalität, zwischen zweien wie auch in Gruppen, Gruppierungen, Schichten und ganzen Gesellschaften aufwändigere positive Klärungen ersparen. Das ist nicht anspruchsvoll, aber wirkungsvoll: »Wir sind nicht so wie die. Gemeinsam behaupten wir uns gegen die, die uns in unserer Eigenheit bedrohen!«

Feinde versuchen, den Angefeindeten moralisch ins Abseits zu stellen, machen ihn aber gerade dadurch interessant. Lautstark gehen sie gegen seine Sicht der Dinge vor und halten das, was er vertritt, für altbacken und uninteressant, nennen vorsichtshalber keinen Namen, machen aber zuverlässig neugierig darauf, sodass Andere sich ihr eigenes Urteil bilden wollen: »Klingt spannend, muss ich mal googeln!« Je schwerer die Feinde einem das Leben machen, desto eher rufen sie das Mitgefühl Anderer hervor: »So schlimm kann der gar nicht sein!«

So gesehen ist es nicht wichtig, *was* Feinde sagen. Wichtiger ist, *dass* sie etwas sagen, dass sie nicht umhinkommen zu reagieren und Stellung zu beziehen, denn das verleiht dem Angefeindeten und seinem Anliegen mehr Relevanz: Es häuft den *hermeneutischen Stoff* an, der weithin sichtbar von einer Bedeutung kündet. Dass das oft in Form von Missverständnissen geschieht, ist nicht zu umgehen, denn das hermeneutische Potenzial des Verständnisses ist begrenzt. Missverständnisse und die unweigerlich darauf folgenden Auseinandersetzungen tragen hingegen zur weiteren Verbreitung einer umstrittenen Angelegenheit bei. Jetzt kommt es nur noch darauf an, die eigene Antwort auf Provokationen ebenfalls frei von Namensnennungen zu halten, um Feinden die Genugtuung zu versagen, sich persönlich gemeint fühlen zu dürfen. Vom Ärger, den sie verursachen, sollen sie nichts erfahren, um ihre destruktiven Energien nicht noch weiter zu nähren. Das Wissen um ihren Erfolg könnte sie in ihrer Feindschaft bestärken, aber es hat keinen Sinn, sich mehr Feindschaft zuzuziehen, als der eigenen Gesundheit zuträglich ist.

Die grundlegende Schwierigkeit des Spiels besteht darin, Andere erst einmal in die Situation zu manövrieren, in der sie keine andere Möglichkeit als die der Anfeindung mehr sehen. Es kommt darauf an, ihnen die Funktion, die ihnen zugedacht wird, schmackhaft zu machen. Das aber ist mit erheblichen Anstrengungen auf Seiten des Selbst verbunden, das erst einen Anlass für ablehnende Stellungnahmen schaffen muss, damit eine *Anerkennung durch Ablehnung* zustande kommen kann, zumindest ein bemühtes Nichtwissenwollen, eine *intensive Ignoranz*. Sollte es dem Selbst möglich sein, dies mit Schweigen zu quittieren, Ignoranz gegen Ignoranz, kann die Verwunderung darüber Deutungen hervorlocken, die gute Aussichten darauf eröffnen, auf der nächsthöheren Stufe nicht nur die Anerkennung, sondern auch die Aneignung des umstrittenen Anliegens durch Andere zu erreichen: *Aneignung durch Ablehnung.*

Weit wirksamer als die Aneignung durch Zustimmung, die gewöhnlich gesucht wird, ist diese andere Art der Aneignung, die auf der *intensiven Bekämpfung* der abgelehnten Position beruht. Nur in diesem Fall kommen zwangsläufig alle Aspekte, Argumente und Gegenargumente zur Sprache, die bei einer glatten Zustimmung verborgen bleiben, mit gravierenden Folgen: Früher oder später erweist sich die ungeprüfte Position als unhaltbar, große Enttäuschungen und noch größere Probleme sind unvermeidlich; aufgrund fehlender hermeneutischer Unruhe erscheint die vertretene Position über kurz oder lang uninteressant. Kann es irgendwelche Zweifel daran geben, wie wichtig es ist, gute Feinde zu haben, und wie wertvoll dieser Besitz ist? Was wäre angesichts dessen ein Leben ohne Feinde?

Um Feinde anzuziehen, die ihre Rolle gut auszufüllen versprechen, sie als Feinde aber auch gut zu behandeln, bedarf es einer *Kultivierung der Feindschaft*. Die Idee dazu ist nicht neu, lesenswert ist noch immer, was Adolph Freiherr Knigge in seinem Buch *Vom Umgang mit Menschen* (Zweiter Teil, Kapitel 11) zu diesem speziellen Umgang zu sagen hat: Feindschaft sei kein Unglück, man brauche sich nicht zu beunruhigen, »wenn nicht alle Menschen uns für gut und weise halten«.

Je sichtbarer ein Mensch mit bestimmten Eigenschaften hervortrete, desto sicherer könne er damit rechnen, den Neid Anderer auf sich zu ziehen. Niemand solle seine Feinde verachten, die die »größten Wohltäter« seien, wenngleich ohne es zu wollen: Sie machen den Angefeindeten auf Fehler aufmerksam, die ihm aufgrund seiner eigenen Eitelkeit und der wohlmeinenden Nachsicht seiner Freunde verborgen bleiben. Sie spornen ihn zu Verbesserungen an und lehren ihn, auf der Hut zu sein. Kultivierte Umgangsformen tun daher auch beim Umgang mit Feinden not: Es gibt keinen Grund dafür, sich ausfällig gegen sie zu verhalten, hitzig oder grob zu werden; es genügt, sie zu ignorieren. Die beste Waffe gegen sie ist ohnehin nicht irgendwelche Rache, sondern ihre großmütige Behandlung, die sie letztlich mehr zu fürchten haben, denn wenn sie daraufhin den offenkundig gut gesinnten Menschen weiter anfeinden, setzen sie sich in den Augen des Publikums selbst herab. Kämpfen solle man, meint Knigge, nur gegen »mächtige, siegende Feinde«, nicht gegen unglückliche und schon besiegte, über die zu triumphieren keine Heldentat sei.

Die Geschichte der Idee, mit Feinden pfleglich umzugehen, reicht aber noch weiter zurück: »Dem Klugen nützen seine Feinde mehr als dem Dummen seine Freunde«, notierte im 17. Jahrhundert Baltasar Gracián im *Handorakel*. Dessen Übersetzer ins Deutsche, der schon zu Lebzeiten im 19. Jahrhundert vielfach angefeindete Arthur Schopenhauer, der seinerseits keinem Feind etwas schuldig blieb, hielt die Überschrift des Aphorismus 84 sicherlich mit besonderer Genugtuung fest: *Von den Feinden Nutzen ziehn.*

Was Gracián beobachtet hatte, durfte Schopenhauer geschmeichelt auf sich selbst beziehen: Dass die Größe eines Menschen auch eine Aufbauleistung seiner Feinde ist. Denn ein kluger Mensch, meinte Gracián, mache sich aus dem Groll seiner Feinde einen Spiegel, in dem er die eigenen Stärken und Schwächen gut erkennen könne. Das versetze ihn in die Lage, Fehler und Mängel zu bearbeiten, ganze »Berge von Schwierigkeiten« zu überwinden und durch das Übelwollen und die Missgunst seiner Feinde schließlich groß zu werden. Für weit gefährlicher als die Anfeindung, die auf die Auslöschung eines Menschen zielt und ihn damit zur Selbstbehauptung zwingt, hielt Gracián die Schmeichelei, die die dunklen Flecken des Umschmeichelten überdeckt und ihn zu einer Selbstzufriedenheit verleitet, die ihm keine Weiterentwicklung mehr erlaubt.

Der Urvater der Feindesliebe im anderen Sinne ist jedoch bereits im 1./2. Jahrhundert n. Chr. Plutarch. Dessen kleine Schrift *Was Feinde nützen können* (*Moralia*, 86 b ff.; Auswahlband *Moralphilosophische Schriften*, 1997) erscheint wie eine direkte Antwort auf das christliche Gebot der Feindesliebe in der

Bergpredigt, von der er mündliche Überlieferungen oder erste Niederschriften gekannt haben könnte. Das Bestreben, sich Feinde zunutze zu machen, sie zu *utilisieren*, findet sich zuallererst bei ihm: »Das scheinbar Schädlichste an der Feindschaft kann zum Nützlichsten werden«, sagt er, denn Feinde kennen die Fehler des Angefeindeten genau. Sie spionieren ihm nach und es könnte naheliegen, sich moralisch darüber zu entrüsten, aber Plutarch verzichtet darauf, das zeichnet seine Reflektiertheit aus: »Wir sind ja selber nicht besser«, konstatiert er. Mehr als mit Freunden befasse jeder sich mit seinen Feinden, und das sei auch gut so, aus den verschiedensten Gründen: Deren Attacken geben Anlass dazu, eigene Schwachstellen nachzubessern, besser auf sich aufzupassen, sich nicht zu Leichtsinn oder Hochmut hinreißen zu lassen, nichts achtlos zu tun oder zu sagen. Feinde fordern zur Übung (*askesis*) heraus, etwa zur Übung im Ertragen von Vorwürfen, die dann auch in häuslicher Umgebung leichter zu ertragen sind.

Durch »Unterlassung der Rache am Feind« lassen sich Güte und Großzügigkeit einüben. Mit Lob für ihn, sofern er es verdient, soll nicht gespart werden, dann werden auch die Vorwürfe gegen ihn glaubwürdiger, da sie niemand mehr der bloßen Rachsucht des Selbst zuschreiben kann. Und Feinde sind nützlich, um ungute Affekte bei ihnen abladen zu können: »Sonst fangen wir womöglich an, uns mit den Freunden zu überwerfen, wenn wir die Feinde ganz und gar los sind.«

Aus der Einsicht, dass Feinde nützlich sind, resultiert allerdings die Verpflichtung, ihre Leistungen in feindlicher Mission anzuerkennen, ihnen entgegenzukommen und eine Ethik der Feindesliebe *im anderen Sinne* zu verwirklichen. Dafür ist nicht unbedingt eine Haltung des *Altruismus* erforderlich, Anderen und eben auch Feinden zugewandt, es genügt vielmehr der vom Ich ausgehende und auf das Ich zurückbezogene *Egoismus*, der im Eigeninteresse des Einzelnen seine Wurzeln hat. Nur ein *blinder Egoist* will dem Feind empfindlich schaden und schadet damit am meisten sich selbst, da er fortan keinen Nutzen mehr von ihm hat. Ein *kluger Egoist* aber verhilft dem Feind zu seinem Recht. Er gesteht ihm ein Recht auf Hass und zugleich auch ein Recht auf Schonung zu, einerseits aus *Klugheitsgründen*, da der Feind, schonungslos behandelt, seinen Aufgaben als Feind nicht mehr gerecht werden könnte, andererseits aus *Gründen der Humanität*, da der Feind eben auch nur ein Mensch ist, der seine unterschiedlichen Seiten hat, wie dies das Selbst von sich selbst ganz gut kennt.

Je mehr ich einem Feind verdanke, desto mehr bin ich zu seiner Pflege bereit, schon um meiner selbst willen. Natürlich bleibt die Feindschaft ein Ärgernis, wie schön wäre das Leben ohne sie! Aber jetzt, da sie nun schon mal da ist, soll sie auch gepflegt werden. Auf den Feind lässt sich alles Übel der Welt projizieren, um mich selbst davon zu entlasten. Eine kluge *Ethik der Feindschaft* verlangt lediglich, dies nicht in völlig ungerechter und selbstgerechter Weise zu tun, denn wenn ich den Feind als Feind überfordere, verliere ich diese Möglichkeit zur Auslagerung des Negativen und muss umgehend alles, was ich ihm aufbürden kann, wieder selbst schultern, ich könnte schwer daran zu tragen haben.

Ethisch ist es, auf ein Maß zu achten, das zwar immer unter- und überschritten werden kann, auf keinen Fall aber dauerhaft unmäßig werden sollte. Und zur Ethik gehört, die Perspektive des Feindes verstehen zu lernen: Wie ist ihm zumute? Wie sehr ist er von mir verletzt worden, wenn er mir so spinnefeind ist? Womöglich waren es nicht meine Taten oder Untaten, die das bewirkten, verletzen konnte ihn vielmehr auch, wie ich ohne

eigenes Verschulden einfach bin: »Was klagst du über Feinde?«
fragt Goethe im *West-östlichen Diwan* (»Buch der Sprüche«),

Sollten solche je werden Freunde,
Denen das Wesen, wie du bist,
Im Stillen ein ewiger Vorwurf ist?

Die Optionen des Feindes sind begrenzt: Soll er etwa schweigen, wenn er Grund dazu hat, sich zu ärgern? Das wäre schade, denn damit würde er meine Leistungen und mich selbst ignorieren. Soll er aufrichtig applaudieren? Das wäre zu viel von ihm verlangt und würde mich zu wenig herausfordern. Soll er frei von Neid sein? Das wäre schade, denn Neid ist »die aufrichtigste Form der Anerkennung« (wenngleich dieses Wilhelm Busch zugeschriebene Zitat in seinem gesamten Werk nicht aufzufinden ist). Soll der Feind sich in seinen Anfeindungen mäßigen? Das würde eine Fähigkeit zur Selbstmächtigkeit auf seiner Seite voraussetzen, die mich meinerseits noch vor Neid erblassen lassen könnte.

Die schärfste Waffe gegen einen Feind ist ohnehin gar nicht die Feindseligkeit gegen ihn, mit der er fest rechnet, sondern die *Freundlichkeit*, auf die er nicht gefasst ist. Sollte er ganz aus der Energie der Feindschaft heraus leben und arbeiten und nicht über eigene Ressourcen verfügen, könnte ihn dies sogar seiner inneren Auszehrung überlassen. Ihm mit Freundlichkeit den Boden zu entziehen, auf dem er sein Unwesen treibt, darf als besonders perfide Strategie des Umgangs mit ihm gelten. Wenn ich davon Gebrauch mache, wird er sich noch wundern, warum er plötzlich »in der Luft hängt«, und er wird sich nicht erklären können, wie es dazu kommen konnte, ich jedenfalls hätte damit nichts zu tun.

219

Am wirksamsten ist jedoch nicht die aufgesetzte, *falsche*, sondern die ernstgemeinte, *wahre Freundlichkeit*, die in der aufrichtigen Wertschätzung für ihn und seine Arbeit zum Ausdruck kommt. Ich als sein schärfster Konkurrent vermag sein Können wahrscheinlich besser als Andere einzuschätzen, und dass gerade ich auch dazu bereit bin, es zu würdigen, nötigt dem Feind oder dem feindselig erscheinenden Anderen heimliche Bewunderung ab. Ihm Freundlichkeit entgegenzubringen, entwaffnet ihn, beraubt ihn also der Waffen, die er in Stellung gebracht hat. Oder sind diese ohnehin nur meiner Phantasie entsprungen? Sollte er tatsächlich von feindseliger Gesinnung beseelt gewesen sein, schwindet jetzt in seinen Augen, erst recht in den Augen Anderer, seine Berechtigung dazu. Schon den frühen Propagandisten der anspruchsvollen christlichen Feindesliebe ist dieser Effekt nicht unbekannt geblieben: »Wenn dein Feind Hunger hat, gib ihm zu essen, wenn er Durst hat, gib ihm zu trinken; tust du das, dann sammelst du glühende Kohlen auf sein Haupt« (Paulus, *Brief an die Römer*, 12, 20).

Bei einer anhaltenden Freundlichkeit kann aus Feindschaft zuletzt noch *Freundschaft* werden, eine sehr innige sogar, denn die Kombattanten hatten ausreichend Zeit und Gelegenheit, sich eingehend kennen und schätzen zu lernen. Sie verfügen über gemeinsame Erfahrungen und eine gemeinsame Geschichte und haben sich viel zu sagen. Immer wieder ist zu beobachten, wie Menschen auf der anderen Seite einer ehemaligen Front aus eigenem Antrieb nach den früheren Feinden suchen, denen sie sich schicksalhaft verbunden fühlen. Mit vielen individuellen Initiativen konnten Deutsche und Franzosen eine unselige politische Geschichte hinter sich lassen.

Neben der kultivierten *Bewahrung* kommt damit nun jedoch

von Neuem eine mutige *Überwindung der Feindschaft* in den Blick, wenngleich unter ganz anderen Vorzeichen: Sie ist keine verpflichtende *Norm* mehr, der fraglos Folge zu leisten wäre, sondern eine freie *Form* des Verhaltens, aufgrund eigener Überlegung von einem Menschen gewählt. Angesichts all dieser Möglichkeiten der Feindesliebe drängt sich die Frage auf, wie mehr Gebrauch von ihnen gemacht werden kann, statt im archaischen Hass auf Feinde zu verharren: Interessiere ich mich selbst zu wenig dafür? Mangelt es mir an der inneren Bereitschaft dazu? Wie kann ich mich in die anderen Möglichkeiten einüben, sofern mir ihre Verwirklichung erstrebenswert erscheint? Wie kann dies über das persönliche Umfeld hinaus in der Gesellschaft geschehen, in der Feindschaften mit einer Unversöhnlichkeit gepflegt werden, als hinge das Leben davon ab? Hängt es tatsächlich davon ab?

Auseinandersetzungen zwischen Rauchern und Nichtrauchern, Hundehaltern und Hundehassern, Fleischessern und Vegetariern, Gläubigen und Nichtgläubigen, Gläubigen und Andersgläubigen, Gutgelaunten und Schlechtgelaunten, Schleichern und Rasern, Autofahrern und Radfahrern, Radfahrern und Fußgängern, Fußgängern und Autofahrern lassen bisweilen ahnen, wie leicht es ist, die Schwelle zum Bürgerkrieg zu überschreiten. Allzu bereitwillig fügen Einzelne sich in Muster der Feindschaft ein, die sie in ihrer sozialen Umgebung vorfinden. Sich diese Muster bewusst zu machen, um in sie eingreifen zu können, ist Teil einer bewussten Lebensführung, einer Lebenskunst des Einzelnen.

Viele Einzelne können damit nicht nur auf das unmittelbare soziale Umfeld, sondern auch auf ganze Kulturen, die sich feindselig gegenüberstehen, einwirken. In der Epoche der globalen Begegnung unterschiedlicher und gegensätzlicher

Lebens- und Sichtweisen lohnt es sich, erneut darüber nachzudenken, was es eigentlich heißt, seine Feinde zu lieben. Und warum das Bedürfnis von Menschen so groß ist, in anderen Menschen Inkarnationen des Bösen zu sehen.

Von der Notwendigkeit der Feindschaft: Bedürfen Menschen des Bösen?

Auffällig ist, dass selbst dort, wo feindselige Gegensätze überwunden werden können, neue aufbrechen, nicht selten am selben Ort und bei denselben Menschen. Kann es sein, dass »das Leben«, als wäre es ein bewusst handelndes Subjekt, sie herbeinötigt, mit welchen Mitteln auch immer? Ist es denkbar, dass das *Setting der Feindschaft* unentbehrlich ist, unabhängig von den handelnden Personen?

Einige Indizien sprechen für die Notwendigkeit von Feindschaft: Die Zuverlässigkeit, mit der sie stets von Neuem entsteht, die Hingabe, mit der sie treu gepflegt wird, die Hartnäckigkeit, mit der an ihr festgehalten wird, die Wut, mit der sie verbissen vertieft wird. So manche Beziehung zwischen Menschen findet erst in der Feindschaft die Beständigkeit, die zuvor vergeblich gesucht wurde. Manchmal erstreckt sie sich auf das gesamte Leben und auch noch weit darüber hinaus: Eine »Sternenfeindschaft«, losgelöst von menschenüblichen Zeiträumen, fern voneinander und doch immer in fatalem Bezug zueinander, der an die Unabänderlichkeit der Bahnen von Sternen im unendlichen Universum denken lässt, pflegten beispielsweise Elisabeth Förster-Nietzsche und die von ihrem Bruder vergeblich verehrte Lou Andreas-Salomé (Kerstin Decker, *Lou Andreas-Salomé. Der bittersüße Funke Ich*, 2010).

Wie schwierig es ist, auf eine Feindschaft zu verzichten, wie verlässlich bald nach ihrem Verschwinden eine neue die Bühne betritt, ergibt sich nicht nur aus persönlichen Erfahrungen, sondern auch aus der politischen Geschichte: Als in den Jahren nach 1989, nach dem Ende des so genannten Kalten Krieges, dieser langjährigen Ost-West-Konfrontation zwischen Sozialismus und Kapitalismus, einige schon das »Ende der Geschichte« ausriefen, erzwangen Andere zügig einen Neuanfang mit der Behauptung einer Feindschaft zwischen islamischer und moderner Welt: Ein weiteres Kapitel in der *Geschichte der Feindschaft*.

Sollte jemals jemand auf den Gedanken kommen, diese Geschichte zu schreiben, hätte er gute Aussichten darauf, der Nachwelt ein umfangreiches Werk zu hinterlassen. Die menschliche Geschichte ist von Feindschaft durchzogen, oft in Tateinheit mit Gewaltausübung: Schon Felszeichnungen stellen Kämpfer dar, in Höhlen sind eingeschlagene Schädel zu finden, 9000 Jahre alt, und von organisierter Gruppengewalt, also von Krieg, kündet die Ausgrabung eines Schlachtfelds aus der Bronzezeit um 1200 v. Chr. im nordostdeutschen Tollense-Tal. Auch der Begründer des Christentums besetzt in dieser Geschichte einen prominenten Platz: »Wer nicht mit mir ist, der ist gegen mich« (*Lukas-Evangelium*, 11, 23). Selbst die moderne Aufklärung, die den universellen Frieden beschwor, kam nicht umhin, für Freiheit, Vernunft und Menschenrechte gegen die Feinde der Aufklärung zu Felde zu ziehen; auch im 21. Jahrhundert hält dieses Modell noch weiter vor (Medardus Brehl und Kristin Platt, *Feindschaft*, 2003).

Ein tieferer Sinn als der bloße Nutzen, der in ihr gesehen werden kann, muss mit Feindschaft verbunden sein, sonst wäre kaum zu erklären, wie sie ohne jedes Zutun der Beteiligten auch ganz von selbst entstehen kann. Wäre sie sinnlos, hätte sie sich in der langen Geschichte der Entwicklung des menschlichen Lebens kaum behaupten können. Tatsächlich ist ihr sehr viel Sinn abzugewinnen, manchmal zu viel. In einem Maße wie sonst nur die Liebe vermag der feindselige Hass Menschen *Sinn im Leben* zu geben, einige beziehen sogar den *Sinn des Lebens* für sich daraus: Sie leben, um Anderen das Leben schwer zu machen (Christian Geulen und Andere, *Vom Sinn der Feindschaft*, 2002).

Sinn vermittelt zunächst der starke Zusammenhang, den die Feindschaft zwischen den Verfeindeten herstellt, zwischen denen auf konstruktive Weise keine Beziehung zustande kommt und auf destruktive Weise keine Zukunft hat, während sich die Gegenwart mit Feindschaft vollkommen ausfüllen lässt.

Ein tieferer Sinn des Phänomens könnte sich aus der *energetischen Erklärung* ergeben: Nur zwischen gegensätzlichen Polen können Energien fließen, daher bedarf das Leben zusätzlich zum *positiven Pol* von Beziehungen der Liebe, der Freundschaft, der guten Kollegialität, Bekanntschaft und Nachbarschaft eines *negativen Pols*. Zwischen positiv und negativ empfundenen Beziehungen, auch Aspekten innerhalb einer Beziehung, hält das Leben seine *Grundspannung* aufrecht und kann sie, sollte sie sich verlieren, wie aus dem Nichts heraus von Neuem erzeugen.

Der Sinn der Feindschaft ist die *Differenz*, die auch aus kaum wahrnehmbaren Unterschieden eine spürbare Spannung entstehen lassen kann. Gelänge es, Feinde wirklich oder auch nur symbolisch zu eliminieren, würde dies die Spannung des Lebens unterminieren. »Der Mensch will Eintracht; aber die Natur weiß besser, was für seine Gattung gut ist: sie will Zwietracht« (Immanuel Kant, »Idee zu einer allgemeinen Ge-

224

schichte in weltbürgerlicher Absicht«, Aufsatz, 1784, Vierter Satz).

Grundsätzlich müsste es möglich sein, sich gegen dieses Negative im Leben zu stellen und dem Feindsein feind zu sein, um das Positive allein übrig zu behalten, aber das will kaum jemandem gelingen, ganz im Gegenteil: Alle menschlichen Verhältnisse scheinen unbewusst einer Notwendigkeit zur *Wiederherstellung der Polarität* zu folgen. Jede Betonung eines Pols treibt individuell und gesellschaftlich, privat und politisch eine Bewegung zum Gegenpol hervor. Das könnte der Grund dafür sein, dass gerade dann, wenn gesteigerter Wert auf den positiven Pol gelegt wird, der negative seine Rechte wieder geltend macht. Wo die Wonnen des Gewöhnlichen überhandnehmen, wird die Versuchung zu einem kräftigen Kontrapunkt übermächtig. Wo der Konsens zu groß wird, sodass für Anderes, Abweichendes, Ärgerliches und Störendes kein Platz mehr bleibt, wächst das Potenzial für den großen Knall heran.

Das Übermaß des Negativen treibt im Gegenzug zum Positiven an: Wo Hass und Feindschaft zu sehr dominieren, erstrahlen Liebe und Freundschaft in hellerem Licht. Werden aber Liebe und Freundschaft zu sehr beschworen, üben Hass und Anfeindung eine dunkle, unheimliche Anziehungskraft aus. Beinahe lässt sich in diesem Fall von einer *Liebe zum Hass* sprechen, denn auch das Hassen können Menschen lieben, bereits zwischen zweien ist eine solche Erfahrung möglich, ohne dass sie verstehen könnten, was da geschieht. In ihrer Ratlosigkeit und Verzweiflung erheben sie Schuldvorwürfe gegeneinander, die alles nur noch schlimmer machen, da keiner sich wirklich schuldig fühlt, oder sie flüchten sich in Selbstvorwürfe, der Selbstverpflichtung zur immerwährenden Liebe nicht ausreichend nachgekommen zu sein. Aus Angst um die Liebe werden Auseinandersetzungen, die die Spannungen entladen könnten, vielleicht nicht rechtzeitig geführt. Kommt es dann zu Ausbrüchen gegen den jeweils Anderen, machen Heftigkeit und Unversöhnlichkeit einen Neuanfang schwer.

Bei allen Feindseligkeiten zwischen Menschen wäre es nicht erforderlich, die verteilten Rollen mit moralischen Etiketten auszustatten, aber mit Vorliebe geschieht genau dies, vermutlich um die energetische Ergiebigkeit zu steigern. Unverkennbar richtet sich ein Bedürfnis darauf, *wertende Begriffe* einzusetzen und mithilfe von Begriffspaaren sich selbst und Andere klar auf der Seite des Positiven und Negativen zu verorten, damit auch das seine Ordnung hat. Ungern wird *graduell unterschieden*, wonach sich jemand teils gut, teils ungut verhält. Gerne wird *dichotomisch geschieden*, ohne jede gemeinsame Schnittmenge, sodass ein Verhalten gut *oder* ungut, gut *oder* schlecht, gut *oder* übel und, am schärfsten zugespitzt, *gut oder böse* erscheint.

Und in den Augen vieler *erscheint* das nicht nur so, sondern es *ist* so. Zwar ist ohne menschliche Deutung und Wertung ein Gut und Böse schwerlich vorstellbar, darauf machten schon Friedrich Nietzsche und noch früher Ludwig Feuerbach aufmerksam (Opponentenrede *Über das Böse und seinen Ursprung* von 1828, wieder aufgegriffen in den Vorlesungen über Logik und Metaphysik von 1829, *Gesammelte Werke*, Nachlass 1, 1999). Auch Shakespeares *Hamlet* (II, 2) meinte, dass es »nichts Gutes oder Böses gibt, das Denken macht es erst dazu«. Aber wo ein Begriff ist, da ist auch eine Wirklichkeit, davon gehen die meisten Menschen aus: Böse ist dann wirklich böse und kaum einer stellt noch eingehendere Fragen, mit denen er Gefahr liefe, sich in der Komplexität der Verhältnisse zu verheddern.

Niemand liebt das Böse, meist nicht einmal der, dem es zugeschrieben wird. In der Kunst des Liebens findet es keinen

Platz, zur Sinngebung trägt es nach allgemeiner Überzeugung nichts bei. Aber was genau »ist« es? Das ist eine Frage der *Definition*, die unterschiedlich ausfallen kann; je nach Definition kommt dann viel oder wenig Böses zum Vorschein: *Viel*, wenn jede Verfehlung dessen, was für moralisch gut gehalten wird, bereits als böse gilt (Augustinus); *wenig*, wenn das Böse erst die Freude an der Vernichtung Anderer sein soll (Terry Eagleton, *Das Böse*, 2011). Die meisten Definitionen setzen eine *Intention ontologischer Destruktion* voraus: Wer Böses im Schilde führt, zielt demnach planmäßig und absichtsvoll darauf, Möglichkeiten und sogar die Wirklichkeit Anderer zunichtezumachen; kein Sein und Dasein soll von ihnen übrig bleiben. Das empfinden Menschen als böse: Dass sie daran gehindert werden, die Möglichkeiten ihres Lebens zu verwirklichen, und erst recht, dass ihre Wirklichkeit oder die von Anderen, zu denen sie halten, mit Vernichtung bedroht wird.

Wer auch nur ansatzweise im Verdacht steht, dies im Sinn zu haben, und wer tatsächlich so vorgeht, weckt existenzielle Ängste und wird daher als böse bezeichnet. Da das Böse meist darin gesehen wird, wesentliche Zusammenhänge in Frage zu stellen oder zu zerstören, markiert es die »Grenzen des Sinns« (Susan Neiman, *Das Böse denken*, 2006). Die Auseinandersetzung zwischen Gut und Böse gerät in der Folge zum *ontologischen Kampf* um die Bewahrung oder Zerstörung von wirklichen und möglichen Zusammenhängen. Unabhängig vom wirklichen Geschehen ist der Pol des Guten dabei fast ausnahmslos dem eigenen Ich oder Wir vorbehalten: Gute Absichten und Verhaltensweisen sind stets auf dieser Seite zu finden, und was hier unternommen wird, erscheint *gut*, auch wenn bei weitem nicht jeder Gute über seine Bekundungen hinaus auf wirklich gute Taten verweisen kann. Dass die meisten Menschen so deutlich die Fähigkeit zum Guten in sich erkennen können, lässt hoffen, dass der Mensch an sich nicht grundsätzlich böse ist, wie anthropologische Pessimisten behaupten.

Problematisch ist nur, dass so viele ausgehend von den in ihren Augen und in der Gesellschaft vorherrschenden Maßstäben im Hinblick auf Andere so sicher sind, dass »die« nichts Gutes wollen können, vielmehr zu furchtbaren, unbegreiflichen Untaten in der Lage sind und sie tatsächlich verüben. Die wirklichen oder vermeintlichen Bedroher des Guten als *böse* zu diskreditieren, kann dann böse Handlungen gegen sie legitimieren, die aus eigener Sicht nicht böse, sondern schlicht notwendig sind. Sich selbst auf der Seite des Guten zu lokalisieren, kann in unvergleichlichem Maße die eigenen Kräfte mobilisieren.

Wahrscheinlich ist der *Begriff des Guten* unverzichtbar, um zumindest nach subjektivem Verständnis eine aufbauende Arbeit an Wirklichkeiten und Möglichkeiten zu bezeichnen. Wie sonst sollten Gedanken und Taten benannt werden, die *konstruktiv* erscheinen und es womöglich auch sind? Verzichtbar ist lediglich die Annahme, dass es sich in jedem Fall um eine *Intention* handelt, wonach ein Mensch es sich immer selbst aussuchen kann, gut zu sein, obwohl es ihm möglich gewesen wäre, sich anders zu entscheiden.

Selbst die wirkliche Absicht, immer das Gute, nie das Böse zu wollen, hilft nicht immer weiter, denn das Problem ist, dass Intention und Konsequenz nicht dasselbe sind: Das Gute zu wollen und es zu erreichen, ist zweierlei. Eine gute Absicht, beispielsweise in der Liebe allen Wünschen des Anderen bereitwillig nachzukommen, kann böse Konsequenzen haben, wenn ihn dies zu willkürlichen Zumutungen ermuntert. Umgekehrt kann das Böse oder vermeintlich Böse, beispielsweise die Untreue, die eine Beziehung zerstören kann, unbeabsichtigt gute Folgen zeitigen, wenn der Betroffene dadurch in einer allzu bequem gewordenen Einrichtung des Lebens aufgestört wird. Aus einem Moment der existenziellen Bedrohung kann ein Anlass zur *ontologischen Reflexion* werden: Was ist meine Wirklichkeit, wie stehe ich zu ihr, wo sind meine Möglichkeiten, welche habe ich aus den Augen verloren? Plötzlich behauptet ein Mensch die Wirklichkeit, die ihm zu lange schon zur lästigen, lautstark oder still beklagten Selbstverständlichkeit geworden war, oder er erkennt Möglichkeiten, die er zuvor nicht sah. Es ist leider zuweilen die böse Zerstörung, die dem guten Menschen die schöpferische Aufbauarbeit erst ermöglicht, ja, ihn geradezu dazu nötigt, um weiterleben zu können.

Wahrscheinlich ist der *Begriff des Bösen* ebenso unverzichtbar, um zumindest aus subjektiver Sicht die ontologische Destruktion, diese wirkliche oder auch nur mögliche Zerstörung von Wirklichkeiten und Möglichkeiten zu bezeichnen: Wie sonst sollten Gedanken und Taten benannt werden, die *destruktiv* erscheinen und es womöglich auch sind? Verzichtbar könnte hingegen die standardmäßige Annahme einer *Intention* sein: Will jemand wirklich böse sein? Hat ein Täter immer eine böse Absicht? Ist er in jedem Fall frei dazu?

Absicht ist nicht auszuschließen, aber nicht in jedem Fall anzunehmen. Nicht immer handelt es sich um einen willentlichen Akt, nicht immer kann ein Mensch es sich aussuchen, böse zu sein, obwohl es ihm möglich gewesen wäre, sich anders zu entscheiden. Der, der böse denkt und handelt, will zumindest für sich nur Gutes und ahnt womöglich nichts von den bösen Folgen für Andere. Vielleicht ist er selbst nur ein

Opfer (die Gene, die Kindheit, die Anderen, die Gesellschaft, die Wirtschaft), jedenfalls nimmt er sich selbst in den meisten Fällen so wahr, und es ist Sache derer, die darüber urteilen müssen, ob und wie sie darauf eingehen wollen.

Je nach Definition ist das Böse eben nicht nur dort, wo es die Freiheit zur Entscheidung gibt (Rüdiger Safranski, *Das Böse oder Das Drama der Freiheit*, 1997), sondern kann überall dort sein, wo es fundamentale Zerstörung gibt, die auch aus einer absichtslosen Zufälligkeit oder Notwendigkeit hervorgehen kann. Nicht nur Menschen, sondern auch Naturgewalten wie Fluten, Unwetter und andere Naturkatastrophen werden daher als böse wahrgenommen; »gute« Bakterien, die dem Menschen nützen, stehen »bösen« gegenüber, die ihm schaden.

Sollten die Begriffe Gut und Böse unverzichtbar sein, erscheint dennoch ihre *holzschnittartige Trennung* verzichtbar: Das Gute kann vom Bösen, das Böse umgekehrt vom Guten bedingt sein. Das Böse kann gerade dann in unkalkulierbarer, ruinöser Form über Menschen hereinbrechen, wenn das Gute allein herrschen soll. Böse Erfahrungen wiederum wecken die Sehnsucht nach dem Guten, das für sich genommen aber von öder Gewöhnlichkeit ist, sodass es ungute Impulse wachruft …

Auf die märchengleiche *Aufteilung der Rollen* zwischen dem guten Ich und Wir einerseits und bösen Anderen andererseits zu verzichten, würde jede Art der Feindesliebe sehr erleichtern. Selbst wenn einer Feindschaft die Notwendigkeit gegensätzlicher Pole des Menschseins zugrunde liegen sollte, trägt mutmaßlich jeder Mensch und jede Gruppe von Menschen diese Polarität in sich: Neben der Fähigkeit zu Lust und Schmerz, Freude und Ärger, Zufriedenheit und Unzufriedenheit eben auch die zu Gut und Böse, zum Aufbau von Möglichkeiten und Wirklichkeiten wie auch zum Raubbau an ihnen, absichtlich oder unabsichtlich, mit oder ohne Freude daran.

Die Fähigkeit zum Bösen im eigenen Selbst entrüstet von sich zu weisen und dafür auf Andere zu zeigen, dient nur dazu, die innere Polarität nicht wahrhaben zu müssen. Manche weisen sogar vom Menschen weg auf ein jenseitiges dämonisches Reich, eine Unterwelt. Dabei spricht nichts dafür, dass dem Bösen eine Bedeutung über die diesseitige menschliche Dimension hinaus zukommt. Absichtsvolle unterirdische Mächte der Zerstörung sind wohl ebenso eine menschliche Deutung wie absichtsvolle überirdische Mächte des Guten, denen dann vorgeworfen werden kann, nichts gegen das Böse zu unternehmen: Die fatale Frage, wo denn die Gerechtigkeit des Gottes bleibt, den Menschen auf das Gute allein festgelegt haben, kommt so zustande.

Das Böse außerhalb menschlicher Zusammenhänge zu betrachten, dürfte schwierig sein. Es aus der Welt zu schaffen, könnte unmöglich sein – der erforderliche Aufwand dafür könnte böse Ausmaße annehmen. Am ehesten kann sich der Ehrgeiz wohl darauf richten, Böses zurückzudrängen und seine Wucht abzumildern, um es nicht vernichtend auf das Leben durchschlagen zu lassen. Nichts spricht gegen Sanktionen, mit denen eine Gesellschaft die Reflexion vor einer möglicherweise bösen Tat anstößt, danach aber den Täter bestraft, um den Betroffenen Genugtuung zu verschaffen, eine Fortsetzung zu verhindern und im besten Fall Besserung zu bewirken.

Sollte das Böse aber Teil der Polarität des Lebens sein und sich jedem Versuch zur Eliminierung widersetzen, stellt sich darüber hinaus die Aufgabe, es auf verträgliche Weise ins Leben zu integrieren. Das Andere der Liebe, das im Hass erfahrbar wird und im Bösen zum Vorschein kommt, müsste zu diesem Zweck in anderer Form gelebt werden können. Die Voraussetzung dafür wäre, das Ärgernis dieses Anderen von vornherein mit einzukalkulieren und ihm eine lebbare Rolle im eigenen und gemeinsamen Leben zu geben. Es für legitim zu halten und in gemäßigter Form zum Ausdruck zu bringen, könnte dem Seelenheil des Einzelnen und ganzer Gruppen von Menschen förderlicher sein als alle moralische Verdammung, die theoretisch gut klingt, aber praktisch folgenlos ist.

Von den Freuden der Bosheit: Die Kunst, sich Feinde zu machen

Selbstverständlich bleibt es ein erstrebenswertes Ziel im Leben, ein guter Mensch zu sein. Aber nicht ohne Unterlass. Ein Teil der Lebenskunst, der bewussten Lebensführung, besteht darin, gute und böse Seiten im eigenen Selbst auszubalancieren, und das heißt, ihnen abwechselnd gerecht zu werden. Alles ist gut, was der Triebabfuhr des Bösen dient, das zwar bei vielen im überschaubaren Rahmen bleibt, bei manchen aber umso üppiger wuchert. Es entlastet den Energiehaushalt des Menschen, sein explosives, destruktives Potenzial, das neben dem braven, konstruktiven vor sich hinköchelt, nach außen richten zu können, um »Dampf abzulassen«, nicht etwa ein für allemal, sondern stets von Neuem. Energie wird abgebaut, indem sie freigesetzt wird. Einer wie Schopenhauer, so zeigte sich Nietzsche überzeugt, wäre krank geworden ohne all das, wogegen er wüten konnte, »ohne seine Feinde, ohne Hegel, das Weib, die Sinnlichkeit und den ganzen Willen zum Dasein« (*Zur Genealogie der Moral*, 1887, III, 7).

Verschließt ein Mensch sein destruktives Potenzial in sich, gefährdet er die Integrität seines Selbst. Um dem zu entgehen

232

und das bedrohliche Andere aus sich herauszusetzen, statt im Inneren davon zernagt zu werden, sind viele Menschen bedenkenlos zur Feindschaft bereit. Sie folgen damit einem vitalen Impuls, der sich von selbst einstellt und sie dazu antreibt, eine neue Feindschaft zu begründen oder eine alte zu erneuern, egal gegen wen. Diesen Impuls im eigenen Inneren zu erkennen, ihn anzuerkennen und sich mit ihm zu befreunden, macht es leichter, auf verträgliche Weise damit umzugehen.

Alte Kulturen waren sich über diese Zusammenhänge im Klaren und versuchten darauf zu antworten. Die antike Tragödie zog die Zuschauer sinnlich, in Gefühlen und Gedanken in die Verstrickungen des Bösen hinein, um sie innerlich und äußerlich aufzuwühlen und die entstehende Spannung zur Entladung zu bringen: So war die *Katharsis*, die Reinigung von den Affekten zu erreichen, die Aristoteles im 4. Jahrhundert v. Chr. in seiner *Poetik* beschrieb. Das Böse zu durchleben, ohne ernsthaft Leid zuzufügen oder zu erfahren, hängt von den Medien und Verhaltensweisen ab, die es zur Geltung bringen können, ohne großen Schaden anzurichten.

Hat auch die moderne Kunstform des *Krimis* eine solche Wirkung? Ist so sein Siegeszug auf dem Buch- und Filmmarkt erklärbar? Aber auch die dunkleren Schattierungen der *Erotik*, die auf dem Einverständnis aller Beteiligten beruhen, sind dazu geeignet, böse Impulse in privaten Räumen, in *Darkrooms* und anderen Etablissements auszutoben, bis zur völligen Erschöpfung, zumindest für eine Weile. Ansonsten sorgen *Zornausbrüche* für Erleichterung, möglichst in kalkulierten Grenzen, sowie Auseinandersetzungen mit Worten, bei denen der, der die Rolle des *Bad Guy* auf sich nimmt, sein Gegenüber dazu veranlasst, die Position des Guten noch einmal zu überdenken und sie mit besseren Argumenten zu vertreten.

Eine leicht verfügbare, alltägliche Möglichkeit aber ist die *Bosheit*. Das gute Leben verlangt nach einem Gegenpol, die Bosheit stellt ihn zur Verfügung, in allen Ausformungen und Abstufungen von der bloßen Andeutung, die die Sensibilität des Anderen abtastet, bis zur offenen Polemik, die ihm die boshaften Energien frontal ins Gesicht schleudert. Beinahe könnte sogar von einer *Pflicht zur Bosheit* die Rede sein, die sich daraus ergibt, dass sich das Bedürfnis nach Bösem ansonsten gefährlich anstaut. Bevor alle Dämme brechen, muss wenigstens einer zur Bosheit bereit sein, eigentlich eine gute Tat, die meist schlecht vergolten wird: Niemand liebt den, der mit der Nadel piekst oder Gift und Galle spuckt. Dabei wird der Hass auf diese Weise zivilisiert, die unzivilisierten Weisen füllen das Schwarzbuch der Menschheitsgeschichte.

Bosheit ist die kultivierte Form des Bösen, eine mildere und verträglichere Form der *Lust an der Grausamkeit*, in der Nietzsche einen wesentlichen Antrieb des Menschseins seit frühester Zeit sah (*Nachgelassene Fragmente* von 1881, KSA 9, 474). Die Bosheit ersetzt die barbarische, körperliche Form von Grausamkeit durch eine sublimierte, geistige. In der Kultivierung und Zivilisierung des Bösen, die sie bewerkstelligt, sind Ansätze, wenn nicht sogar Aufschwünge von Intelligenz zu erkennen. Auch für die Liebe zum Hass gilt: Was Menschen lieben, das pflegen sie auch, und das heißt in diesem Fall, auf gepflegte Weise mit einer boshaften Gehässigkeit hassen zu lernen und sich ebenso hassen zu lassen. Kleine Geschenke erhalten die Freundschaft? Kleine Gehässigkeiten erhalten die Feindschaft. Die Losung fürs alltäglich gelebte Leben lautet dann nicht mehr nur, »jeden Tag eine gute Tat«, sondern zur Abwechslung auch: »Jeden Tag eine kleine Bosheit.«

Die Bosheit scheint unromantisch zu sein, in Wahrheit ist

die Romantik hier in ihrem Element: Zumindest die Frühromantiker verstanden unter Romantik nie nur die Steigerung und *Potenzierung* des Lebens ins Unendliche, etwa durch das Einssein mit Anderen und mit aller Welt. Ihnen lag immer auch das Gegenstück, die Entzweiung und *Polarisierung* am Herzen. Bosheit polarisiert, sie zählt zum Anderen, das wahre Romantiker magisch anzieht, Heinrich Heine kann das bezeugen.

Mit ihr ist es möglich, Feindschaft vorsätzlich zu suchen und sich Feinde zu machen, wo und wann immer es angebracht erscheint. So sind die Bosheiten zu erklären, an denen Romantiker wie Friedrich und Dorothea Schlegel ihre helle Freude hatten. Ihre anfänglich in prüder Umgebung freizügig gelebte, laszive Liebe war eine Bosheit, die zahlreiche Anfeindungen nach sich zog, und das war wohl auch die Absicht: Die destruktiven Energien der feindseligen Reaktionen sog das Paar bereitwillig in sich auf, um sie in produktive Schaffenskraft zu verwandeln. Mit verbalen Bosheiten verlachten sie Schiller, der in seinem *Lied von der Glocke* die »züchtige Hausfrau« besang, verschonten aber ihren poetischen Gottvater Goethe, der sie huldvoll gewähren ließ. Frei von der Versuchung zur Bosheit, eigenartig unanfeindbar zeigte sich dagegen Novalis, erfüllt von eigenen, inneren Ressourcen und daher wohl desinteressiert an menschlichen Scharmützeln, die sich ja doch nur um die allzu knappen Energien drehen, die Menschen sich streitig zu machen versuchen.

Die Skrupel von Menschen, sich boshafter Mittel zu bedienen, schwinden dahin, wenn sie sich in *Kulturen der Bosheit* bewegen. Unter den vielfältigen Kulturen des Planeten tun sich dabei englischsprachige in auffälligem Maße hervor, ursprünglich vielleicht erklärbar durch die nahezu ohne Unterlass tief hängenden Wolken im Mutterland, die die Erfindung der Bosheit als Methode zur Aufmunterung bei Depressionen herausforderten. Schon die englische Sprache selbst ist eine Bosheit: Scheinbar leicht zu sprechen, offenbart sie beim tieferen Eintauchen tückische Untiefen.

Zum Großmeister der Bosheit avancierte Oscar Wilde, den andere Varianten der Kommunikation nie sonderlich interessierten: Alle seine Theaterstücke und Essays zeugen von seinem einschlägigen Können; selbst der *arrogante Auftritt*, den er zur Kunstform der Bosheit erhob, war eine treffsichere Methode, Anfeindungen hervorzulocken, über die sich wiederum trefflich lästern ließ. Seinen schärfsten Konkurrenten in Sachen Bosheit, einen irischen Landsmann, der wie er in England lebte, charakterisierte er mit ausgesuchter Gemeinheit: »Bernard Shaw hat keine Feinde, aber seine Freunde können ihn nicht ausstehen« (*Shaw für Boshafte*, Auswahlband, 2006, 118). Shaw gab zurück, Wildes Theaterstück *Ernst sein ist alles* habe ihn mit dem Gefühl zurückgelassen, einen Abend in den Sand gesetzt zu haben. Dass Menschen, die etwas auf sich halten, es nicht verzeihen, wenn ein Anderer sich über sie erhebt, musste Oscar Wilde bitter erfahren, als ihm der Prozess gemacht wurde. Dass die Bosheit aber auch das noch überlebt, zeigt die überwältigende Vitalität, mit der sein Werk weit über seinen Tod hinaus alle einstigen Anfeindungen hinter sich lässt.

Mit einer *nachhaltigen Bosheit* antwortete der Maler James Whistler auf Attacken: Er hielt sie in Buchform für die Nachwelt fest. In seiner »feinen Art, sich Feinde zu machen« (*The Gentle Art of Making Enemies*, 1890), versammelte er missgünstige Kritiken, die sich gegen ihn und seine Kunst richteten und die er mit ihrer Weiterverbreitung für alle Zeiten bloßzustellen dachte: Seht her, welche Idioten sich damals ein Urteil über mich anmaßten! Keineswegs hielt er sich für unschuldig daran, sein Buch trägt den Untertitel: »Unterhaltsame Beispiele, wie ich die Ernsthaften dieser Erde mit Vorbedacht zur Raserei gebracht habe«. Etwa mit einem Bild *Symphonie in Weiß*, dem vorgeworfen wurde, dass auch andere Farben zu sehen seien: Eine Symphonie in D-Dur, meinte er, wiederhole ja auch nicht immer nur D, D, D. Leider werde der Kunst, die »das Schöne suchen und finden« wolle, immer die Nachahmung der Natur abverlangt. Dabei bringe die Natur »nur selten ein gelungenes Gemälde zustande«, während bei einem künstlerischen Meisterwerk sogar die Götter bewunderten, »wie viel schöner die Venus von Milo ist, als es ihre eigene Eva war« (*The Gentle Art*, 146). Wie wenig es ihm an Selbstbewusstsein gebrach, verrät die Widmung seines Buches: »Den Wenigen, die sich schon früh im Leben von der Anerkennung der Allzuvielen befreiten.« Einer, der 1885 seinen berühmten »Zehn-Uhr-Vortrag« in London hörte, sprang ihm bei: Kunst könne nur von einem Künstler beurteilt werden, allerdings nicht von einem Maler, nur von einem Dichter. Als Maler sei Whistler aber einer der größten, rühmte ihn gönnerhaft der Dichter Oscar Wilde: »Und ich will hinzufügen, dass Mr. Whistler dieser Ansicht ohne Vorbehalt zustimmt.«

Geschult durch die Lektüre Schopenhauers, bemühte Nietzsche sich zur selben Zeit um eine *Philosophie der Bosheit*. Ihm fiel auf, dass der boshafte Mensch primär eigentlich nicht das Leid seines Kontrahenten zum Ziel hat, sondern den eigenen Genuss, der sich mit dem Gefühl der Macht einstellt, sich über ihn erheben zu können. Eine *finale Bosheit* hörte er aus dem letzten Wort des Sokrates heraus: »Oh Kriton, ich bin dem Asklepios einen Hahn schuldig« (*Die Fröhliche Wissen-*

schaft, 1882, 340; mit Bezug auf Platon, *Phaidon*, 118 a). Dem Gott der Heilkunst, der für die Bewahrung des Lebens steht, mit dem Hahn ein Dankesopfer für den Tod darzubringen, ist eine Bosheit des Philosophen gegen die, die ihn unrechtmäßig zum Tod verurteilten: Im Tod, mit dem die Athener ihn zu strafen dachten, sieht er die Heilung von der Krankheit des diesseitigen Lebens, denn so gelangt er schneller zum jenseitigen Leben, das nach seiner Überzeugung das wahre Leben ist.

Nietzsche kennt zudem außer der bitteren Bosheit der Worte auch die »süsse Bosheit des Schweigens« (*Morgenröthe*, 1881, 423), die nur noch durch eine weitere Bosheit zu übertreffen ist, die der bosheitslüsterne Zarathustra seine liebste nennt: Nämlich »dass mein Schweigen lernte, sich nicht durch Schweigen zu verrathen« (*sic!, Also sprach Zarathustra* III, 1884, »Auf dem Oelberge«). Je näher Nietzsche später dem Wahnsinn kommt, desto unerschrockener fallen seine Bosheiten aus, nicht nur gegen alle Welt, sondern auch gegen Gott. Er wähnt sich damit auf dem besten Weg zur Frömmigkeit, denn der, der »zu seinem Gotte spricht: ich will dir auch mit all meiner Bosheit dienen – ist der frömmste Mensch« (*Nachgelassene Fragmente* von 1882/83, KSA 10, 200).

Im 20. Jahrhundert widmete Thomas Bernhard sein ganzes Lebenswerk der Kultivierung des bösen Impulses, auf sehr eigene Weise: Mit *derber Bosheit* dachte er sich seine Mitmenschen vom Leib zu halten, eine Bedingung des Glücks in seinen Augen, einem Bonmot Voltaires folgend, mit dem er 1984 den Roman *Holzfällen* einleitete: »Da ich nun einmal nicht imstande war, die Menschen vernünftiger zu machen, war ich lieber fern von ihnen glücklich.« Mit Salven von Beschimpfungen und Kaskaden von Beleidigungen verwies er in der Tat viele erfolgreich auf Distanz und wollte sich diesen Erfolg zumindest in seinem Heimatland auch noch für die Zeit nach seinem Tod sichern: Testamentarisch legte er ein posthumes Verbot von Buchpublikationen und Aufführungen seiner Stücke in Österreich fest. Dass das seiner Popularität keinen Abbruch tat, sie im Gegenteil eher beförderte, war ihm sicherlich nicht unangenehm: Bosheit als boshafte Strategie zur Popularisierung des Unpopulären.

Gerade so, wie er Andere in Liebe dahinschmelzen sah, schwelgte er im Hass und liebte seine Feinde nur unter der Bedingung, dass sie ihm erlaubten, sie nach Herzenslust zu hassen, was er der Einfachheit halber ohne lange Befragung gleich voraussetzte. Gezielt zog er den Hass Anderer auf sich, um sich seinerseits zum Hass gegen sie berechtigt zu fühlen. Und um so genau wie möglich zielen zu können, schickte er jeder verbalen Bosheit die nonverbale einer peinlich genauen Beobachtung voraus: Seiner »Beobachtungsvorgangsweise«, wie er sie nannte, unterzog er gnadenlos alle, die ihm begegneten.

Diabolische Freude hatte er daran, »die sogenannte bessere Gesellschaft« anzuschwärzen, die seiner Meinung nach so heißt, »weil es zur besten nie reichte«. Wenn ihm dennoch daran lag, sich in diesen Kreisen zu bewegen, dann nur, um sich über sie echauffieren zu können, denn bei ihnen ist alles »*zu* schön, *zu* perfekt eingerichtet, und dadurch unerträglich«. Verachtung wollte er ausgießen über diese Leute, die sich nicht scheuten, zu einem »unzureichenden Essen« auch noch ihre »perversen Innereien« aufzutischen und Unbeteiligte mit ihren »ordinären Ehestreitereien, wüsten Beschimpfungen, Beschuldigungssturzbächen« zu behelligen. Erst als er alle, mit denen er je zu tun hatte, verbal zu Kleinholz gemacht hat, wie es naturgemäß dem Titel *Holzfällen* entspricht, kommt er un-

239

vermutet zur finalen Einsicht, »dass diese Menschen, die ich immer gehasst habe und die ich hasse und die ich immer hassen werde, die besten Menschen sind«.

Thomas Bernhard führte vor, ganz wie die antiken Kyniker, dass die Bosheit als *parrhesiastischer Akt* eingesetzt werden kann, als Selbstermächtigung zum Alles-Sagen (*parrhesia* im Griechischen), nicht in vertrauter Beziehung, sondern in voller Öffentlichkeit, um endlich einmal geradeheraus zu sagen, was wahr ist, was jedenfalls aus subjektiver Sicht als objektive Wahrheit erscheint. Wer sich im Besitz der Wahrheit wähnt, wendet die Bosheit gerne gegen »die Anderen«. Sogar eine *ethische Absicht* wird dafür reklamiert, denn »einem Menschen widerfährt sozusagen Gerechtigkeit, indem ihm seine eigene Niedertracht und seine eigene Schamlosigkeit und seine eigene Stumpfsinnigkeit und Inkompetenz vorgehalten werden« (*Holzfällen*, 298). Wer aber wahrhaft boshaft ist, wendet das Alles-Sagen auch gegen sich selbst, Bernhard erkennt darin sogar den einzigen »Milderungsgrund«, den er für seine Bosheiten vorzubringen hat – »ich nahm mich selbst noch viel mehr auseinander, verschonte mich nie, zerlegte mich selbst bei jeder Gelegenheit *in alle Bestandteile*« (83).

Die grobe Bosheit bewegt sich im Grenzbereich zur Beleidigung, die *feine Bosheit* aber im Grenzbereich zur Ironie. In ihrer Subtilität hat sie es schwerer, überhaupt wahrgenommen zu werden, ihrer Kultivierung haben sich andere Autoren verschrieben. Den Ruf einer »Expertin der Boshaftigkeit« erarbeitete sich Brigitte Kronauer, die beharrlich dabei bleibt, in der Bosheit eine Spezialdisziplin von Frauen zu sehen. Nichts Neues unter der Sonne also seit Demokrit, der dies im 5. Jahrhundert v. Chr. auch schon behauptete (Fragment 273)?

Aber vermutlich können wirklich nur Frauen Oberflächen

240

durchschauen, die beispielsweise mit einem Lippenstift vorgetäuscht werden, »der allerdings nur noch vage die Konturen des Mundes, vielmehr dessen ungefähre Position beim Lächeln angibt« (*Die Einöde und ihr Prophet. Über Menschen und Bilder*, 1996, 9). Auch Kronauer entwickelt ihre boshaften Bemerkungen auf der Basis präziser Beobachtungen, kommt aber ohne Abneigung oder gar Hass gegen die Menschen aus, die sie beschreibt. Ihre Zuneigung zu ihnen mag bisweilen etwas hinterhältig sein, beruht aber auf aufrichtigem Interesse und brennender Neugierde für die seltsamen Eigenarten seltener Exemplare, die die Menschen in ihren Augen sind. Immer ist sie bereit, sich in deren Geschichten zu verlieren, mit Sinn fürs Kuriose, Absurde und Surreale des Lebens, mit besonderem Blick für gemalte und echte Lippenschwünge, sperrangelweit aufgesperrte und »geizig, abmagernd nach innen« gezogene Münder, sowie das unwillkürlich damit einhergehende Spiel von Wimpern, Lidern und Pupillen.

Einer ihrer Romane, *Zwei schwarze Jäger* (2009), handelt von Rita Palka, die als Autorin des Romans vorgestellt wird, der kein Roman, sondern eine Sammlung von Geschichten ist, aus denen sie nun einem kleinstädtischen Publikum vorliest. Das Publikum hat sich geweigert, zahlreich zu erscheinen, und schon aus diesem Grund stellt sich bei der Vorleserin bald Langeweile ein: »So ein schöner, hier drinnen versäumter Abend!« Sie beginnt sich selbst damit zu unterhalten, eine Geschichte zu erfinden, die nicht im Roman steht, in der vorliegenden Fassung, die von diesem Vorfall berichtet, dann aber doch. Und da sie nun schon mal dabei ist, macht sie nach der Lesung in der Einsamkeit des Gästezimmers gleich weiter, bis in einer ihrer Erzählungen die angejahrte Protagonistin ihren Ex-Lover, der sie nicht mehr lieben will, mit diebischem Vergnügen dazu anstiftet, ersatzweise ihre jungmütterlichen Nachbarinnen zu verführen, damit deren allzu oberflächliches Leben mit ein wenig Liebeskummer, Verletzung und Schmerz mehr Tiefgang gewinnt: »Tu endlich was Gutes«, trägt sie ihm auf. Ist das böse? »Destruktion« hat die Autorin die Geschichte genannt.

Kunstformen, die von der Bosheit leben, sind jedoch vor allem *Comedy und Kabarett*. Fragen der Lebensbewältigung, alltägliche Situationen, Zeitumstände, politische Verwicklungen und die mehr oder weniger handelnden Personen nehmen sie mit Freuden aufs Korn. Ihre *komische Bosheit* bewegt sich zwischen feiner und grober Ausformung und zieht sämtliche Register von Ironie, Satire, Parodie, Polemik und Sarkasmus. Kabarettisten wie Karl Valentin, Heinz Erhardt, Georg Kreisler, Dieter Hildebrandt, Emil Steinberger, Maren Kroymann und zahllose Andere haben sich einen Namen mit dem Bösen gemacht, das zum Gelächter wird, während das Gelächter selbst böse wird. Was sie fürchten müssen, ist nur Eines: Dass die Wirklichkeit sie überholt. Was ihre Opfer fürchten, ist etwas Anderes: Dass sie des Verlachens nicht mehr würdig sein könnten. So ist der Nachschub immer gesichert, die sonst verleugnete Liebe zum Bösen kann sich endlich austoben und wird dabei noch als gute Unterhaltung genossen. Alle fühlen sich hinterher geläutert und wissen mit gelockertem Zwerchfell: So schlimm ist das Leben gar nicht, und falls doch, geht es dennoch weiter. Das ist auch politisch von Bedeutung: In Deutschland war es dem aufopferungsvollen Einsatz von Kabarettisten in Ost und West zu verdanken, dass die bösen Impulse zwischen »Ossis« und »Wessis« in den Jahren nach der Wiedervereinigung von 1990 sich mit Lachexplosionen begnügten.

Eine übertriebene, »überzeichnete« Darstellung von Ereignissen, Zuständen und Zeitgenossen unternehmen *Comic und Karikatur*, in denen hintergründige und abgründige Zusammenhänge zu Bildern verdichtet werden. Die Aussagen der *zeichnenden Bosheit* wären weniger wirksam, wenn nicht so viele Bezüge so einprägsam dargestellt werden könnten. Textzeilen und Sprechblasen lenken die Aufmerksamkeit auf überraschende Aspekte. Die Karikatur kann gnadenlos Partei beziehen und der Gegenpartei mit einem einzigen Bild das Leben schwer machen. Dinge und Werte leben in Gestalt von Personen auf, die wiederum in einer Weise missgestaltet werden, dass sie mit Knollennasen, übergroßen Ohren, riesigen Mündern der Lächerlichkeit preisgegeben sind.

So böse kann die Karikatur sein, dass Menschen gegen ihre Urheber aufstehen, als hätten die wirklich jemanden gemeuchelt, wie etwa bei den »Mohammed-Karikaturen«, die 2005 in einer dänischen Tageszeitung erschienen und bereits mit dem Bild des Propheten das islamische Bilderverbot verspotteten. Erst recht fühlten sich Muslime rund um die Welt von der Darstellung eines Turbans auf seinem Haupt provoziert, der die Form einer Bombe mit brennender Lunte annahm. Welche Wahrheit sollte da zum Ausdruck kommen? Konnte die Verletzung religiöser Gefühle noch Meinungsfreiheit sein? Monatelang waren hitzige, nicht nur verbale Kontroversen die Folge, 2012 erneut, als ein offenkundig mit bösen Absichten produzierter Videofilm böse Reaktionen nach sich zog.

Nicht alle Menschen lieben die Bosheit, viele ängstigen sich vor ihr, und dies schon dann, wenn sie im alltäglichen Umgang zwischen Menschen zur *Geste* wird. In der Epoche des Positiven wird jede boshafte Geste zum negativen Verhalten, zur *Schikane*, die sich als »eine *Konfusion von Krankheit und Kriminali-*

243

tät verstehen lässt« (Hans-Jürgen Seemann und Rainer Meier, *Das Prinzip Bosheit*, 1993, 10).

Interessant ist die Beobachtung, wie die *schikanöse Bosheit* im Alltag funktioniert: Wenn etwa der zu spät kommende Fahrgast zum Bus an der Haltestelle rennt, der Fahrer im letzten Moment aber die Tür schließt und hämisch grinsend davonfährt, ist das eine vorsätzliche Sabotage des Glücks, das den Anderen durchflutet hätte, wäre das kaum mehr zu Erwartende doch noch wahr geworden. Eine Demütigung und Kränkung geht damit einher, die das Selbstwertgefühl des Betroffenen empfindlich schwächt, während das des Schikaneurs durch die gelungene Herabwürdigung gestärkt wird, zumindest für diesen Moment. Er nutzt die Verletzlichkeit des Anderen für sich, um sich erhaben darüber zu fühlen, wozu er sonst zu wenig Gelegenheit hat: Das ist der Reiz der Schadenfreude.

Kenner schätzen die *infame Bosheit* am meisten: Wenn etwas *gehoben daneben* ist, verbal oder nonverbal, in voller Kenntnis der jeweils geltenden Regeln für das Sagbare und Unsagbare in Worten, Mimik, Gestik, Kleidung, Haltung. Es ist eine ausgesuchte Gemeinheit, wenn das Wort jetzt betont nicht passt, das Gesicht den falschen Ausdruck zeigt, die Krawatte dem Anlass erkennbar nicht angemessen ist, die Farben schreiend nicht zusammenpassen, der Umgang mit einem Menschen auffällig gemieden wird. Im *realen Leben* können die Reaktionen der Anderen darauf zum Korrektiv werden, denn sie müssen in Echtzeit ausgehalten werden. Im *virtuellen Raum*, wo »Trolle« ähnlich den gleichnamigen Unholden in der nordischen Sagenwelt mit provozierenden Aktionen ihr Unwesen treiben, müssen *Community-Manager* darüber wachen, dass aus Bosheit nicht Bösartigkeit wird.

Infam ist es auch, *idiotische Vorurteile* zu hegen, bei denen es

244

sich oft um Bosheiten handelt, die schon zur Struktur geronnen sind. Sie haben einen schlechten Ruf, bringen aber die nackte Wahrheit ans Licht, zumindest die Wahrheit derer, die nicht anders denken können oder wollen: Da ist nichts mehr zu machen. Jedes Dorf pflegt Vorurteile gegen das Nachbardorf, kein Kölner kann von Düsseldorf lassen. Freundlich und angenehm sind *positive* Vorurteile (»Alle Südtiroler sind schön«), die aber energetisch gesehen wenig bringen. Deutlich aufregender sind *negative* Vorurteile (»Warum mögen Ostfriesen keine Brezeln? Weil sie den Knoten nicht aufbekommen«).

Gute Vorurteile sind böse, ihre Vorteile sind vielfältig: Sie bauen Spannung auf und entladen sie im Auflachen. Sie helfen bei der Lebensbewältigung, denn die Welt wäre zu kompliziert ohne diese Vereinfachungen, die das Nachdenken über Details ersparen. Sie begründen Gewohnheiten, die Vertrautheit vermitteln. Sie sind durch nichts zu erschüttern, mit ihnen ist fest zu rechnen und sie kehren zuverlässig wieder, eine letzte Gewissheit in Zeiten grassierender Ungewissheit. Zugleich sind sie rasch zur Hand, unmittelbar präsent, niemand muss sich erst mühsam an sie erinnern, jeder kann mit ihnen sozusagen ansatzlos aus der Hüfte schießen. Nie bleibt ein Mensch mit ihnen allein, immer finden sich genügend Andere, die das lange Nachdenken ebenfalls anstrengend finden. Ohne böse Vorurteile können Menschen nicht gut leben.

Selbstverständlich ist es wichtig für den Fortschritt der Menschheit, sich allzu ungerechter Vorurteile bewusst zu werden und sie als unzutreffend zu entlarven. Eigenartigerweise wachsen jedoch sofort neue nach, und ausgerechnet diejenigen, die politisch korrekt gemieden werden sollen, graben sich besonders tief ein. Selbst in der Wissenschaft scheinen Vorurteile unverzichtbar zu sein, denn Hypothesen sind, wie ein Vertreter der Zunft einmal bemerkte, nichts weiter als kontrollierte Vorurteile.

Zu wünschen wäre, dass sämtliche Vorurteile unter Kontrolle bleiben und immer zur rechten Zeit die Distanz der Reflexion und Selbstreflexion wieder eine Option darstellt. Wo dies gewährleistet ist, muss aber niemand zurückschrecken vor möglichst lästerlichen Behauptungen über Männer, Frauen, Mantafahrer, Blondinen, Lehrer, Krankenschwestern, Schwarze, Weiße, das englische Königshaus, Deutsche, Polen, Österreicher…, ohne Angst davor, dass die Betroffenen wirklich getroffen werden könnten: Sie kennen die Vorurteile seit langem und können nur müde darüber lächeln. Namentlich Ostfriesen stehen im Verdacht, die Witze über sich allesamt selbst zu erfinden. Ist es nicht eigentlich ein sehr durchschaubares Spiel? Wenn es nur nicht solchen Spaß machen würde!

Vom Umgang mit Konflikten: Rache üben, Rache ist süß

Manchmal aber, wenn eine Bosheit trifft, und vor allem dann, wenn jemandem ernsthaft Böses angetan wird, kommen Rachegefühle auf. Sie bieten sich als Sinngebung an, wenn die Sinnlosigkeit unerträglich wird. Rache kann bitter sein, das wird im privaten Raum erfahrbar, wenn die einstmals süße *Liebe* zur Rache wird: Nach einer großen Enttäuschung wird sie dem Einen entzogen, um sie vielleicht einem Anderen zukommen zu lassen. Im politischen Raum verwandelten viele Norweger 2011 ihre Bitterkeit in ein *Blumenmeer* für die Opfer, um sich an dem Attentäter zu rächen, der auf der Insel Utøya 69 Menschen ermordet und den Tod weiterer acht Menschen mit einem Bombenanschlag in Oslo verursacht hatte.

Eine bittere Steigerung ist die *Erinnerung*, die zur Rache wird, wenn Menschen ein Geschehen in ihr *Inneres*, in ihren Kern aufnehmen, sodass es von hier aus den Übeltäter verfolgen kann: Er soll wissen, dass nie in Vergessenheit geraten wird, was geschehen ist. Die bitterste Rache aber ist die *Vergeltung*, das wilde Umsichschlagen des Rächenden, »Auge um Auge, Zahn um Zahn«, ohne jede Umsicht und Rücksicht, Vorsicht und Voraussicht, weder in Bezug auf den, dem die Rache gilt, noch auf den Rächenden selbst. Klug und kunstvoll ist das nicht, es kann allenfalls vorübergehend Genugtuung verschaffen. Zeitlebens müssen alle Beteiligten nicht nur mit dem Anlass zur Rache, sondern auch mit den Folgen leben. Wenn sie noch leben.

Süß hingegen ist die Rache, die ich stillvergnügt genießen kann, wenn es mir mit einiger Übung gelingt, sie bewusst und überlegt einzusetzen, mit Blick für die Konsequenzen. Diese Rache ist eine Angelegenheit der Lebenskunst, sie begnügt sich mit der *Markierung einer Grenze* für den Anderen; ein Nadelstich der Bosheit reicht dafür völlig aus. Kein Zweifel, dass es dabei immer noch um Rache geht, um diejenige Seite im Selbst zufriedenzustellen, die Rachegelüste kennt. Ganz ohne Ressentiment auskommen zu wollen, ist ehrenwert, aber übermenschlich, vielleicht unmenschlich.

Gleichwohl ist ein erwünschter Nebeneffekt der süßen Rache die *Befreiung vom Rachegefühl*, die selbst Nietzsche für erstrebenswert hielt, der sich sonst nicht als Fürsprecher irgendeiner Moral hervortat: »Reinigung von der Rache *meine* Moral« (*Nachgelassene Fragmente* von 1883, KSA 10, 409). Wer bei sich selbst damit den Anfang macht, kann mit seinem Beispiel vielleicht Andere dazu anzuregen, auf ähnliche Weise vom Rachegefühl frei zu werden; in jedem Fall tut er oder sie sich selbst etwas Gutes: »Ich habe nicht deinetwegen verzichtet, sondern meinetwegen«, sagte Ameneh Bahrami, eine iranische Studentin, die 2011 vor Gericht auf den Vollzug eines Scharia-Urteils verzichtete, das ihr zugestand, dem Mann, der ihr mit Säure die Augen verätzte, dasselbe anzutun.

Einer süßen, kalkulierten Rache stehen mehrere Möglichkeiten offen: Sie kann in einer Art von *paradoxer Intervention*, anders also, als es von ihr erwartet wird, darauf zielen, Gleiches *nicht* mit Gleichem, sondern mit Gegensätzlichem zu beantworten, beispielsweise eine Ungerechtigkeit mit Gerechtigkeit, eine Unaufmerksamkeit mit Aufmerksamkeit, eine Unfreundlichkeit mit Freundlichkeit, eine Engherzigkeit mit Großmütigkeit. Die süße Art der Rache zielt nicht so sehr auf Vergeltung und nicht im Geringsten auf Zerstörung. Sie kann als humanitäre Aktion durchgehen und bleibt dennoch Rache mit anderen Mitteln, da sie den, der es auf das Selbst abgesehen hat, seines Ziels beraubt und ihn mit schlechtem Gewissen zurücklässt. Schon antike Philosophen rühmten diese Variante: »Die beste Art, sich an jemandem zu rächen, ist die, nicht Böses mit Bösem zu vergelten« (Marc Aurel, *An sich selbst*, 6. Buch, 6, in der Übersetzung von Albert Wittstock).

Und Rache ist süß, wenn sie *im Spiel nach fairen Regeln* geübt wird. Dann sind sogar ganze Vergeltungsketten nicht sonderlich problematisch: Endlos rächen Fußballvereine sich wechselseitig für frühere demütigende Niederlagen. Ein konzentrierter Süßstoff der Rache ist außerdem *das Lachen*, das von Herzen kommt und dem Anderen signalisiert, dass seine Attacken ins Leere laufen. Und eine äußerst wirksame Rache ist *das Werk*, an dem der Eine arbeitet und auf das der Andere nicht mehr zu antworten vermag, da er dazu selbst erst ein Werk zu erarbeiten hätte. Am allerwenigsten kann er darauf antworten,

248

wenn das Werk keine Spur von Rache mehr aufweist. Auch eine wissenschaftliche Studie kann eine solche Rache sein, die am meisten Eindruck macht, wenn sie keinerlei bitteren Beigeschmack mehr enthält, also auch noch darauf verzichtet, aus Fußnoten Fußtrittnoten zu machen.

Eine starke Möglichkeit der süßen Rache ist die *stoische Haltung*, die ein Mensch zu bewahren vermag: Mit ihr kann er Anfeindungen anbranden lassen und sich als Fels in der Brandung behaupten. Attacken muss er nicht mit Gegenattacken beantworten, sondern kann die Angriffe mit der spiegelglatten Oberfläche seines Schweigens auf den Angreifenden selbst zurückwerfen. Der Andere möchte sich mit mir duellieren? Aber ich möchte, dass er sich mit sich selbst duelliert. Er hat mich beleidigt? Aber ich fühle mich nicht so.

Und am süßesten ist die Rache, die sich restlos verliert. Sie wird auf dem längeren *Umweg der Übertreibung* möglich, nicht mit Blick auf den Übeltäter, sondern auf das eigene Selbst, das ein erlittenes Unrecht nicht verdrängt, sondern in Gedanken und Gefühlen unentwegt wiederkäut. In der endlosen Wiederholung und Durcharbeitung stellt sich irgendwann ein tief empfundener Überdruss ein: »Es interessiert mich nicht mehr!« Ärgert das Desinteresse nun den Anderen? All seine Taten und Untaten – das alles soll für nichts gewesen sein?

Wie kommt es überhaupt zum Bedürfnis nach Rache? Ein *Konflikt* ist entstanden, jemand hat Streit vom Zaun gebrochen, jedenfalls sieht das einer so. Und auch ohne offenen Streit führen unterschiedliche Sichtweisen zur angespannten Situation zwischen Einzelnen oder Gruppen, auch zwischen ganzen Gesellschaften. Einer wähnt sich dem Anderen unterlegen, ist nicht einverstanden mit dem, was er sagt oder verschweigt, tut oder lässt, fühlt sich unfein und ungerecht behandelt oder wird wirklich gedemütigt und verletzt, körperlich, seelisch, geistig. Unbeteiligten kann eine Anfeindung harmlos erscheinen, der Betroffene jedoch weiß, wie sich das anfühlt und welche Energien das in ihm aufglühen lässt, während sich sein Seelenraum verengt und zum kochenden Kessel wird. Sämtliche verfügbaren Kräfte sind mit der Anfeindung befasst und somit dem Denken entzogen, das kaum noch in der Lage ist, einen klaren Gedanken zu fassen.

Sinn bezieht ein Mensch in dieser Situation nur noch aus dem Ziel, es dem Anderen »heimzuzahlen«, eine erstaunliche Kreativität konzentriert sich ganz und gar auf die Mittel und Wege dazu, kein Umweg und Abweg erscheint der aberwitzigen Phantasie des Rächenden absurd genug. Rachegelüste überkommen einen Menschen auch dann, wenn nicht er selbst, sondern ein Anderer, der ihm etwas bedeutet, angefeindet wird oder sich so fühlt, und erst recht, wenn diesem Menschen wirklich etwas angetan wird.

Strategien der *Konfliktvermeidung* lassen es gar nicht erst so weit kommen. Sie sind eine erste Möglichkeit für den, der in der Lage ist, mit natürlichem Geschick und erworbenem Wissen frühzeitig gegenzusteuern. Er kann ausweichen, sich mit Kritik zurückhalten, seine Position bedeckt halten, sich kompromissbereit zeigen und bereit sein zu kooperieren, statt zu provozieren und mit immer noch einem weiteren Wort an der Schraube der Eskalation zu drehen.

Wenn der Konflikt aber unvermeidlich ist, zielen Strategien der *Konfliktbewältigung* darauf, die gegensätzlichen Positionen auf faire Weise zu Wort kommen zu lassen und die Auseinandersetzung gewaltfrei in jedem Sinne auszutragen. Grundsätzlich kann der, der unter einer Anfeindung leidet und sich verletzt fühlt, sich auch einfach sagen, dass der Andere es wahrscheinlich nicht persönlich meint, vielleicht sogar sich selbst meint. Auf dieser Basis wird es eher möglich, bald wieder zur »sachlichen Auseinandersetzung« zurückzukehren. Zwar geht es bei Auseinandersetzungen nie nur um Sachen, immer auch um Personen, diese aber können sich bemühen, »sich zurückzunehmen«.

Strategien der *Konfliktlösung* sorgen schließlich dafür, dass keiner sein »Gesicht verlieren« muss, jeder also sein Ansehen in den eigenen Augen und den Augen Anderer bewahren kann. Das gelingt, wenn die Verhältnisse so lange austariert werden, bis eine *Win-Win*-Situation entsteht, bei der jeder auf seine Weise zum Sieger wird, da er etwas gewinnt, das so attraktiv für ihn ist, dass er keinen Anlass mehr für irgendwelche Rache sieht.

Sollten die Beteiligten dies nicht selbst zuwege bringen, da sie zu sehr unter dem Eindruck dessen stehen, was zwischen ihnen geschehen ist, können sie eine *Mediation* zu Hilfe nehmen, bei der ein allparteilicher Dritter, der sich mit eigenen Vorschlägen zurückhält, die Beteiligten durch ein Einigungsverfahren führt (Leo Montada und Elisabeth Kals, *Mediation*, 2007). »Alte Geschichten« können dabei zum Vorschein kommen, eigentliche Motive, Erwartungen und Interessen werden hinter den jeweiligen Positionen erkennbar, auch Beziehungen zu Anderen können hereinspielen, aber letztlich geht es um das künftig wünschenswerte Verhältnis zueinander und darum, wer welche Schritte auf dem Weg dorthin macht. Anders als bei einem Gerichtsverfahren steht keine Feststellung in letzter Instanz in Frage, wer »im Recht ist« und wer nicht, vielmehr entscheiden die Beteiligten allein, ob und wie sie sich einigen wollen und mit welcher Vereinbarung sie gut leben können. In vielen Fällen bedarf es dazu freilich vorweg oder begleitend, eventuell von einem Mediator unterstützt, einer *Selbstmediation*, in deren Verlauf das jeweilige Selbst die Auseinandersetzung mit sich befrieden kann, die der Auseinandersetzung mit dem Anderen womöglich zugrunde liegt.

Und was ist, wenn sich das Bedürfnis nach Rache dennoch hartnäckig hält? Dann stehen weitere, gewagtere Möglichkeiten aus dem Spektrum des Umgangs mit Konflikten offen: Außer der klugen Vermeidung, fairen Bewältigung und gutgemeinten Lösung können auch Strategien der *Konfliktvergrößerung* zum Einsatz kommen, mit einer boshaften Bewahrung und Festschreibung der Positionen für längere Zeit, vielleicht für immer, um sich berechtigt fühlen zu können, anhaltend Rache üben zu dürfen. Bei dieser Option sollte trotz allem jede Erniedrigung vermieden werden, nicht so sehr aus *altruistischen*, Anderen zugewandten, sondern aus *egoistischen* Gründen, denn die Erniedrigung Anderer verrät vor allem Eines: Die Niedrigkeit dessen, der sie herbeiführt. Die Missachtung jeglicher Ethik im Umgang mit Anderen hat nur derjenige nötig, der über keinerlei Ethik im Umgang mit sich selbst verfügt. Wo hingegen das eigene Selbst wertgeschätzt wird, resultiert daraus zumindest eine rudimentäre Wertschätzung des Anderen, der seinerseits ein Selbst ist.

Sogar dann, wenn ich den Anderen nie mehr mögen und erst recht nicht lieben kann, muss ich ihn nicht dauerhaft mit Inbrunst hassen, denn das veranlasst ihn nur dazu, mich wiederum dauerhaft mit inbrünstigem Hass zu verfolgen. Wird er zu sehr verletzt, entehrt, entwürdigt, wird er alles daransetzen, auf gleiche Weise zu antworten, ganz so, wie ich selbst es in seiner Situation vermutlich tun würde. Das könnte zu einem Problem für mich werden, das ich mir selbst geschaffen habe. Allein schon aus diesem Grund ist es ratsam, beizeiten vom

Hassen abzulassen. Hassen macht hässlich. Streit und Rache sollen das Leben nicht dominieren, letztlich nicht aus *moralischen*, sondern aus *ästhetischen* Gründen: Niemand empfindet es als schön und bejahenswert, sich selbst das Leben zu vergällen.

Grundsätzlich liegt es im klugen Eigeninteresse des Selbst, sich nicht zu sehr mit Konflikten zu belasten. Nicht zu allen Zeiten ist es erforderlich, sich mit Anderen zu messen, und wenn doch, dann nicht zu lange, nicht zu heftig, nicht mit zu vielen zugleich. Zur Eingrenzung dienen Strategien der *Konfliktverkleinerung*, um manches einfach auf sich beruhen zu lassen, bis es nicht mehr wahrnehmbar ist. »Die meisten Dinge muss man unbeachtet hingehn lassen, zwischen Verwandten, Freunden und zumal zwischen Feinden. Alles Übermaß ist widerlich und am meisten bei verdrießlichen Dingen. Das abermals und immer wieder auf einen Verdruss Zurückkommen ist eine Art Verrücktheit« (*sic!*, Gracián, *Handorakel*, Aphorismus 88). Vieles verliert sich in der Zeit, in der eine Energieaufwallung sich zerstreut und eine andere andernorts neu entsteht. Mag eine andere Zeit darüber entscheiden, was aus alten Konflikten wird, falls sich dann überhaupt noch jemand dafür interessiert. Irgendwann liegen alle Beteiligten sowieso unter der Erde, aus rein biologischen Gründen, und spätestens dann sind auch alle Probleme begraben. »Ein Grab ist doch immer die beste Befestigung wider die Stürme des Schicksals« (Georg Christoph Lichtenberg, *Sudelbücher*, Heft D, 1773-75, 143). Schon aus diesem Grund ist es nicht sinnvoll, in Konflikten immer siegen zu wollen.

253

Das Siegenwollen heizt Konflikte an, denn siegen wollen viele, sich besiegen lassen aber nur wenige. Auf das Siegenwollen zu verzichten, erfordert keinen Verzicht auf Konflikte, nur eine Relativierung des Anspruchs, als Sieger aus ihnen hervorzugehen. Im Sieg sehen viele Sinn, aber den mühsamen Weg zum erhofften Sieg bereits als sinnvoll zu betrachten, macht eine mögliche Niederlage erträglicher. Den Sieg allein als Sinngebung zu akzeptieren, sich nur auf dieses Ziel zu fixieren, macht eine mögliche Niederlage fürchterlicher. So groß kann die empfundene Schmach dann sein, dass zumindest vorübergehend ein Weiterleben kaum noch denkbar erscheint. Daraus ergibt sich die Maxime: *Nie siegen wollen!*

Der Verzicht auf das Siegenwollen fällt leichter, wenn die Verluste klarer werden, die Siege mit sich bringen können. Nur in der formalen Logik, die Widersprüche ausschließt, kann der, der siegt, nicht zugleich verlieren. Die Logik des Lebens aber hegt offenkundig eine Vorliebe für Widersprüche, sodass Siege nicht nur den Besiegten, sondern auch den Sieger zum Verlierer machen können. Historisch scheinen *Pyrrhussiege* vorzuherrschen, benannt nach dem griechischen König Pyrrhus von Epirus, der nach einem verlustreichen Sieg über die Römer bei Asculum in Süditalien 279 v. Chr. gesagt haben soll: »Noch so ein Sieg, und wir sind verloren!« Noch früher hat Aischylos nach dem griechischen Sieg über eine persische Übermacht bei der Seeschlacht von Salamis sicherlich die Sieger selbst im Auge, als er 472 v. Chr. in seiner Tragödie *Die Perser* den Geist des Dareios zu den vernichtend Geschlagenen sagen lässt: »Seid gewarnt, so tief fällt, wer sich zu hoch hinaufschraubt« (Übersetzung Durs Grünbein). Aber auch ein

Napoleon wollte davon nichts wissen, und so besiegelte sein Sieg über die zaristischen Truppen 1812 vor Moskau den Anfang von seinem Ende.

Im Moment des Sieges sind schon viele Kriege verloren gegangen. Aus dieser Einsicht ging nach dem Zweiten Weltkrieg, dem absoluten Tiefpunkt einer jahrhundertelangen Serie wechselseitiger Siege und Niederlagen, die deutsch-französische Versöhnung hervor. Außer der Politik liefern auch Wirtschaft, Gesellschaft, Sport und private Erfahrungen reiches Anschauungsmaterial dafür, dass Siege sich früher oder später gegen den Sieger kehren und ihm schwer zu schaffen machen, aus verschiedenen Gründen: Der *Aufwand*, der für den Sieg erforderlich ist, schwächt den Sieger selbst so sehr, dass er zusammenbricht. Hat er sich auf fremdes Terrain begeben, stehen ihm im Unterschied zum Unterlegenen, der ortskundig ist, geringere *Ressourcen* zur Verfügung. Die Überwältigung, die jedem Sieg eigen ist, findet eine Antwort in offener *Auflehnung* gegen den Sieger oder in einer verschwiegenen *Ablehnung*, die ihm erst recht das Leben schwer macht. Erbitterte Feindschaften trägt der Sieg ein, tief eingegraben in die Mentalität des Besiegten, der über lange Zeit hinweg auf Rache sinnt.

Der Besiegte hat ein neues Ziel vor Augen, aus dem ihm Sinn und somit frische Kräfte zuwachsen. Der Sieger aber muss vom Moment des Sieges an die *teleologische Sinngebung*, die feste Größe des Ziels, das der Sieg für ihn darstellte, entbehren. Plötzlich fällt für ihn die Herausforderung weg, die jede Anstrengung zu lohnen schien. Der Andere, der zu besiegen war, kann seiner Rolle als Antreiber nicht mehr nachkommen, bis auf Weiteres. Der Sieger aber wird übermütig. *We are the champions* (Queen, Popsong, 1977): So fühlen Sieger sich und so plärrt es bei gegebenen Anlässen aus den Lautsprechern der

Fußballstadien. Sieger rechnen den Erfolg ihrem überragenden Können zu, von dem sie zutiefst überzeugt sind, aber die *zufälligen Umstände*, die daran wohl auch beteiligt waren, können beim nächsten Mal schon ganz anders ausfallen. »Diese Mannschaft wird auf Jahre hinaus unschlagbar sein«, verkündete 1990 der Trainer des frisch gekürten Fußballweltmeisters Deutschland, Franz Beckenbauer. Es tat ihm leid für den Rest der Welt, aber das war unnötig: Besser können Gegner kaum motiviert werden, und so schrumpften die Jahre rasch zu Monaten. Bei der nächsten Weltmeisterschaft scheiterte die deutsche Mannschaft bereits im Viertelfinale.

Ausgerechnet das Gefühl der Stärke macht Sieger schwach, nicht zuletzt aufgrund der *Zufriedenheit und Selbstzufriedenheit*, der sie sich hingeben. Der Zustand mag schätzenswert sein, aber die Trägheit, die sich damit breitmacht, legt alle Entwicklung lahm, zu Veränderungen und Verbesserungen besteht kein Anlass mehr. Im Gefolge des Rausches, der sich dem süßen Gift des Erfolges verdankt, geht alle kluge Rücksicht, Umsicht, Vorsicht und Voraussicht verloren: Was soll jetzt noch passieren? Innerhalb von zwei Jahrzehnten fand sich auf diese Weise der selbsternannte Sieger im historischen Duell Kapitalismus gegen Sozialismus nach zahlreichen »Deregulierungen« am Rande des Abgrunds einer einstürzenden Weltwirtschaft wieder. Der Rausch des Sieges und der nachfolgende Schlaf sind die besten Voraussetzungen für bodenlosen Leichtsinn. In seinem Buch *Vom Umgang mit Menschen* war Knigge auch hierauf aufmerksam, daher seine Empfehlung, Zurückhaltung beim Genuss der »Freuden des Triumphs« zu wahren: »Des Überwundnen, des Unglücklichen schone« (*sic!*, Zweiter Teil, Kapitel 11, 1), und dies nicht etwa aus Herablassung, sondern aus Kalkül, denn der Triumph liegt zu nahe, als

256

dass er klug sein könnte. Das gilt ebenso im Privaten, wenn eine Liebe endet und ein Rosenkrieg beginnt, aus dem einer als Sieger hervorzugehen glaubt – *The winner takes it all*, wie die Popgruppe ABBA 1980 ein bitteres Lied betitelte:

Es gibt nichts mehr zu sagen
Kein Ass mehr auszuspielen
Der Gewinner bekommt alles
Der Verlierer bleibt klein
Mit dem Sieg
Ist dies das Schicksal beider

Die Rollen können sich aber noch ins Gegenteil verkehren, und zum dynamischen Element dafür wird ausgerechnet die *Unzufriedenheit des Verlierers* nach Enttäuschungen, Niederlagen, Misserfolgen, Ärger, Streit und Dingen, die schiefgelaufen sind. Sie stößt Veränderungen und Verbesserungen an, eine neue Entwicklung kommt in Gang, die den Sieger in absehbarer Zeit alt aussehen lässt. Enttäuschungen können groß sein, aber sie sind das Ende einer Täuschung, der jemand unterlag, und der Anfang einer anderen, die besser begründet ist, sodass sie länger vorhält. Niederlagen rütteln Menschen wach, aus ihnen ist viel zu lernen. Misserfolge machen den Boden unter den Füßen wieder fühlbar, der vielleicht der Boden des Abgrunds ist, aber von dort aus kann es nur noch aufwärts gehen, während es vom Gipfel des Erfolges aus nach allen Seiten nur noch abwärts geht.

Kann es irgendwelche Zweifel daran geben, wie wichtig es ist, Enttäuschungen, Niederlagen und Misserfolge zu erleben? Sie könnten mehr geschätzt werden, aber das liegt den wenigsten nahe. Und da niemand darauf erpicht ist, sich solche

Erfahrungen selbst zu verschaffen, sind dafür Andere nötig, Gegner, Feinde, widrige Situationen, missliche Dinge. Ihnen gebührt Anerkennung für die Erfüllung der Aufgabe, auch wenn das in der gegebenen Situation befremdlich erscheint.

Siegen ist reizvoll, sonst würde niemand siegen wollen. Der Reiz besteht im *Gewinn von Macht*, aber die Sinnlosigkeit des Siegenwollens zeigt sich darin, dass es dabei nicht bleibt: Der Sieger von heute ist der Verlierer von morgen, denn jede überbordende Macht ruiniert zuverlässig sich selbst. Sie übernimmt sich und unterläuft sich, das scheint ein Grundgesetz zu sein, unabhängig davon, wer es ist, der sich im Vollgefühl der Macht sonnt. Die Seiten des Kapitels »Dauerhafte Macht« stechen im Geschichtsbuch der Menschheit durch gähnende Leere ins Auge, während die ehrgeizigen *Versuche* zu »Tausendjährigen Reichen« viele Seiten füllen.

Insofern kann man dem Aufstieg von Mächtigen immer sehr gelassen zusehen: Wer Macht gewinnt, verliert sie wieder, mag es auch eine Weile dauern. Der Sieger schreibt die Geschichte? Davon sind viele überzeugt, aber die Geschichte überdauert den Sieger bei weitem, denn sie hat alle Zeit der Welt: Künftigen Geschichtsschreibern offeriert sie reichlich Gelegenheit, in den Trümmern der Vergangenheit eine andere Geschichte auszugraben, und kommenden Siegern ermöglicht sie, die Geschichte wieder und wieder umzuschreiben.

Das zentrale Problem jeder Macht in der »großen« politischen oder »kleinen« privaten Geschichte ist der *Verlust an Sensibilität*, der mit einem Machtgewinn fast zwangsläufig einhergeht: Wer mächtig ist, hat es nicht nötig, sensibel zu sein. Es ist aber gerade dieser Verlust an Sensibilität, der im Laufe der Zeit jede Macht untergräbt: Damit, dass sie ihre Wirkung und die äußere Wirklichkeit nicht mehr wahrnimmt, beginnt ihr Siechtum bis zum Tod. Sensibilität ist ein Element der Ethik, sie stärkt die Disziplin und Selbstmächtigkeit, die einen Aufstieg ermöglicht und vor Arroganz und Herablassung bewahrt; mit der Selbstachtung begründet sie eine Achtung für Andere. Mit dem Verlust der Sensibilität aber verliert der Mächtige die Werte, die ihn so weit gebracht haben. Das Schwinden jeglicher Ethik höhlt die Macht von innen aus, bis ihr etwas von außen entgegenschlägt, das schlimmer ist als aller Hass: Verachtung, die die moralische Niederlage besiegelt. »Ein niederträchtiger Sieg ist kein Ruhm, vielmehr eine Niederlage« (Gracián, *Handorakel*, Aphorismus 165).

Dass gewöhnlich nur der Ohnmächtige sensibel ist, prägt das schlechte Image der Sensibilität in einer Kultur des blinden Siegenwollens, in der *Loser* zum abfälligen Ausdruck für Verachtung wird, während der *Winner* bereits Angst davor hat, dass ihn dasselbe Schicksal ereilt. Ein Zeichen wahrer Macht, machtstrategisch ungleich klüger, wäre eine *souveräne Sensibilität*, ermöglicht von der Selbstmächtigkeit, mit der Menschen darauf verzichten können, um jeden Preis siegen zu wollen, für den Fall aber, dass das Siegen nicht mehr zu vermeiden ist, sich zurückzuhalten. Mit Selbstmächtigkeit und Zurückhaltung ist es möglich, eine eigene Macht über Andere auszutarieren und sie an der gewonnenen Macht zu beteiligen.

Der Sieger, der zur souveränen Sensibilität in der Lage ist, muss seine Position nicht ausreizen und nicht jede eigene Idee durchsetzen. Andere Menschen haben auch gute Ideen, wozu sie niederkämpfen? Nirgendwo steht vorweg geschrieben, welche Idee sich als die bessere erweisen wird. Nicht der Ideengeber entscheidet darüber, sondern die Lebenspraxis, in der eine Idee eine passende Antwort auf drängende Fragen gibt oder auch nicht, und das zeigt sich nicht unbedingt in der Gegenwart, sondern womöglich erst in ferneren Zeiten. Sollte die bessere Idee nicht auf Anhieb Anklang finden, wird sie eben später wiederentdeckt, wie etwa die Idee des Chemie-Nobelpreisträgers Wilhelm Ostwald aus dem frühen 20. Jahrhundert, Energie aus Sonnenlicht statt aus fossilen Energieträgern zu gewinnen. Je größer das Potenzial an Ideen, desto höher die Wahrscheinlichkeit, dass darunter die eine ist, die weiterhilft: So kommt Entwicklung zustande. Die Ideen Anderer gewähren zu lassen, statt sie besiegen zu wollen, bedarf jedoch einer Haltung der Offenheit, besser noch des Wohlwollens – wenn schon nicht des Wohlwollens für Andere, Gegner oder Feinde, so wenigstens für das Leben der Ideen selbst, die über das Leben vieler Menschen hinaus Bestand haben können.

Das Siegenwollen im Umgang mit Anderen treibt eigenartige Blüten hervor, deren bunteste noch nicht die unpassenden Ideen sind, die partout passend gemacht werden sollen. Eine merkwürdige Erscheinung ist auch der Ehrgeiz, als Erster in den Besitz von Informationen zu gelangen, und seien sie noch so unwichtig. Der Sinn eines solchen *Informationssieges* liegt zunächst darin, als Erster auf Veränderungen reagieren zu können. In vielen Fällen aber geht es nicht um diesen Vorteil, sondern um die umgehende Weiterverbreitung der Informationen mit einem auftrumpfenden: »Weißt du das denn noch nicht?« Thomas Bernhard bezeichnete das als »Mitteilungstriumph« (*Holzfällen*, 16), als billigen Triumph derer, die über keine andere Möglichkeit verfügen, sich Zugang zu großen Gefühlen zu verschaffen. Sie brauchen das Gefühl der Überlegenheit und nutzen jede Chance dazu. Je weniger ihr Sieg aber durch eigene Leistung zustande kommt, desto heftiger sind sie dazu entschlossen, ihn auszukosten. Was ihnen im Nacken sitzt, ist die Gefahr, bald schon auf jemanden zu treffen, der seine

Niederlage im Kampf um die neuesten Informationen keineswegs einzugestehen bereit ist, sondern einfach zurückblafft: »Das weiß doch jeder!« Es ist sinnlos, im Informationskrieg siegen zu wollen, sinnvoller könnte sein, ihn von vornherein verloren zu geben und auf die neueste Neuigkeit mit vollendeter Ehrlichkeit zu antworten: »Interessant.«

Der Mitteilungstriumph ist eine Methode der *Aufmerksamkeitserschleichung* und geht nicht selten mit dem Versuch zur *Neiderzeugung* einher, wenn einer vom realen oder imaginären Barhocker herab betont beiläufig Mitteilungen macht, die den Anderen vor Neid zerplatzen lassen sollen. Niedrig soll er sich fühlen, damit der Mitteilende sich erhaben fühlen kann. Bewundern soll er, wie toll dessen Leben ist, wie reibungslos seine Partnerschaft funktioniert, wie leicht seinen Kindern das Lernen in der Schule fällt, wie prachtvoll seine Geschäfte laufen, wie erholsam sein Wochenende an der Küste gerade eben war, während sein Gegenüber in seinen Problemen untergeht, was sehr bedauerlich ist, aber sicherlich von ihm selbst verschuldet wurde! Zweierlei Antworten darauf sind möglich: Ein klammheimliches Gefasstsein darauf, dass auch beim Mitteilenden nicht alles so bleibt, wie es ist, ganz dem Wellengangprinzip des Lebens entsprechend, das Menschen mal oben, mal unten sein lässt. Und Selbsterforschung: Bin ich selbst frei von der Versuchung zum Mitteilungstriumph?

Verbreitet ist außerdem das hilflose Siegenwollen in den *Kleinkriegen* zwischen zweien zuhause, zwischen Menschen am Arbeitsplatz und in der Öffentlichkeit, wenn einer unbedingt klarstellen will, wer »im Recht ist« und wer nicht, wer die Dinge richtig sieht und wer leider wieder mal völlig danebenliegt: »Habe ich das nicht immer schon gesagt?« Erklärbar ist dieses rätselhafte Grundmuster in menschlichen Beziehungen am ehesten damit, dass die Polarität des Lebens sich auf jede Weise behauptet, auch im Kleinsten und Alltäglichsten. Sie erzwingt das Spiel mit verteilten Rollen, bei dem einer immer siegen will und der Andere immer unterliegen soll.

Die Gegensätze werden noch verstärkt, wenn sich ein Rachegefühl gegen den Anderen einstellt, der dem Selbst nach subjektiver Überzeugung die besten Lebensmöglichkeiten raubt, nämlich dadurch, überhaupt in sein Leben getreten zu sein: Dafür soll er nun abgestraft werden, und dies nicht etwa nur einmal, sondern immer wieder von Neuem. Nur das Selbst, das mit sich und seinem Leben im Reinen ist, kann sich auch hier in Selbstmächtigkeit und Zurückhaltung üben und muss nicht in allen unterschwelligen Dingen immer die Oberhand behalten. Anders ist dieses Siegenwollen kaum zu mäßigen.

Sind Sieger und Verlierer aber nicht mehr erkennbar, lässt dies nicht zwangsläufig auf die Abwesenheit von Kriegen schließen. Menschen sind imstande, sich bis zur Unkenntlichkeit auf feindlichen Positionen einzugraben, allenfalls Sandsäcke sind noch sichtbar, hinter denen sie sich verschanzen, und himmelhoch aufgeschichtet sind die *Sandsäcke der Anonymität* im Internet. Selbst wenn niemand zu sehen ist, der auf sie schießen will, zielen Menschen aus der sicheren Deckung heraus mit zugespitzten *Meinungspfeilen* auf Andere, die »einfach nichts begreifen wollen«, und auf alle Welt, die sich nach ihrer festen Überzeugung gegen sie verschworen hat.

In diesem *Schützengrabenleben* kommt jede eigene Bewegung des Lebens zum Stillstand, jede Bewegung Anderer tritt umso deutlicher hervor und wird unentwegt hermeneutisch umkreist. Das Interesse konzentriert sich auf immer kleinere Details, auf den Muskel, der heute anders zuckt als gestern, die Kleiderfarbe, die sich verdächtig verändert hat, die Färbung des gesprochenen Worts, die eine klare Absicht verrät: Jedes Mienenspiel, jede modische Volte, jedes unbedachte Wort kann etwas bedeuten. Sollte in einer solchen Situation noch irgendwo ein Fünkchen Reflexion und Selbstreflexion glimmen, wäre es ratsam, die Tür ins Auge zu fassen und bei der nächstbesten Gelegenheit Reißaus zu nehmen, einen Zug oder ein Flugzeug zu besteigen, um auf diese oder irgendeine andere Weise alles hinter sich zu lassen und schon mal räumlich die Weite wieder zu gewinnen, die im Schützengraben außer Blick geraten ist.

Von der Kunst, das Weite zu suchen

Einige Möglichkeiten stehen zur Verfügung, wenn es darauf ankommt, aus der Enge einer Situation und der Engführung des eigenen Selbst auszubrechen. Die naheliegendste ist, *die Flucht zu ergreifen*, eine erste Bedeutung der Kunst, das Weite zu suchen. Der Umgang mit Anderen, mit geliebten Menschen und Freunden, auch mit Kollegen, insbesondere aber mit Feinden, erfordert nicht immer und unter allen Umständen, die Liebe zu ihnen zu bewahren. Manchmal ist die Rettung vor ihnen ratsamer, nichts wie weg hier!

Eilig das Weite zu suchen ist sinnvoll, um einen bösen Impuls wegzutragen, sei es einen eigenen oder einen von Anderen herrührenden, der in zu großer Nähe nur Schaden anrichten würde. Dazu dienen *Eskapaden*, Sprünge zur Seite, die nicht nur im Reitsport so genannt werden: Jede und jeder ist fähig zu Seitensprüngen, eigenwilligen Handlungen, abenteuerlichen Unternehmungen, verrückten Ausbrüchen aus dem

Alltag, nächtelangen Ausflügen, tage- und wochenlangen, vielleicht monate- und jahrelangen Abwesenheiten, auch als Pilgerreisen getarnt (»Ich bin dann mal weg«), manchmal mit Affären verwoben. In der Hoffnung, mit dem Blick von außen, der die Wichtigkeiten neu ordnet, wieder zurückkehren zu können, ansonsten aber wegzubleiben, bis auf Weiteres, äußerstenfalls für immer. Das Leben auf dem Planeten Erde bietet ausreichend *Raum*, um sich aus dem Weg gehen zu können, und ausreichend *Zeit*, um eine unüberwindlich erscheinende Aversion allmählich wieder abzubauen.

Eine zweite Bedeutung der Kunst, das Weite zu suchen, ergibt sich aus der Zuwendung zu sich selbst, um *Weite im eigenen Inneren zu gewinnen* und auf diese Weise dem Engwerden einer Beziehung und des eigenen Selbst zu entgehen. Manche ziehen sich hierzu für eine Weile in die Enge eines Klosters zurück und finden in der Abschottung gegen die äußere Welt wieder zu sich. Sich um ein wenig Freundschaft und Liebe zu sich, zumindest um ein Mögen seiner selbst zu bemühen, ermöglicht eine *innere Integrität*, die unabhängiger von der äußeren Welt und von Anderen macht. Aber nicht nur die von außen kommenden Einflüsse bedrängen einen Menschen und engen ihn ein, sondern auch die Affekte, die in ihm selbst entstehen. Um den Umgang mit ihnen zu erlernen, übt das Selbst sich am besten im Umgang mit den vergleichsweise harmlosen Launen, die kommen und gehen, wie es ihnen gefällt.

Problematisch sind dabei selten die guten Launen, ähnlich den angenehmen Affekten. Die Befreundung mit den schlechten Launen aber fällt leichter, wenn sie als willkommene Abwechslung gesehen werden: Sind sie nicht sehr erholsam? Sie verbrauchen weniger Energie als die guten Launen, die womöglich keine sind und nur zur Schau getragen werden, um einer sozialen Norm zu entsprechen und lästigen Nachfragen zu entgehen: »Stimmt etwas nicht?«

Statt die Zugehörigkeit schlechter Launen zu einem sinnerfüllten Leben zu bestreiten, wäre es ratsamer, ein *Menschenrecht auf schlechte Laune* geltend zu machen. Dann lässt sich nicht nur im eigenen Inneren wieder freier atmen, auch außerhalb entsteht mehr Freiraum: Ohne größeren Aufwand sind mit schlechter Laune Andere auf Distanz zu halten, sofern es wünschenswert erscheint. Erforderlich wäre lediglich eine *souverän* gelebte schlechte Laune, um sie nicht beliebig um sich her zu verbreiten, sondern gezielt dort gewähren zu lassen, wo sie am Platz erscheint, ihre Wirkung auf Unbeteiligte aber abzumildern. Dies vorausgesetzt, ist es ein unvergleichliches Wohlgefühl, den Tag übelgelaunt beginnen zu können: Dieser Tag kann nur noch besser werden. Da Schlechtgelaunte meist etwas sorgenvoller durchs Leben gehen, sind sie auch eher gefasst auf das Ungute, das geschehen kann – und besser dagegen gewappnet; aus diesen Gründen verheißt zumindest die gelegentliche schlechte Laune sogar ein längeres Leben (Howard S. Friedman und Leslie R. Martin, *Die Long-life Formel*, 2011).

Auch sonst kann das Selbst einiges unternehmen, um aus seiner Enge, in die es von innen oder außen getrieben worden ist, wieder herauszukommen: Sich selbst etwas *Gutes* tun, um die eigenen Kräfte zu regenerieren. Sich eine *Aufgabe* suchen, um auf andere Gedanken zu kommen und dem Leben neuen Sinn zu geben. Ein ehrenamtliches *Engagement* übernehmen, um durch dessen Güte das Böse zu heilen, das jedenfalls als solches wahrgenommen wird. Sich in eine *Arbeit* stürzen, um sich dabei zu vergessen und ein anderes Leben vorzubereiten. Vor allem aber an einem *Werk* arbeiten, um mit längerem

Atem etwas Anderes und eine andere Situation entstehen zu lassen: Im Werk ist Weite, die jede Enge relativiert. Anhaltende Anstrengung und tägliche Askese sind dafür erforderlich, in den Augen Anderer »für nichts«, aber das interessiert den nicht, der für sein Werk lebt. Die in der Enge aufgestaute Energie kann er vorzüglich für sein Vorhaben nutzen, das seine ganze Aufmerksamkeit in Anspruch nimmt, sodass für die zwanghafte Aufmerksamkeit auf innere Launen und äußere Gegner und Feinde nichts mehr übrig bleibt. Es ist kaum möglich, einem Menschen den Atem abzuschnüren, der über solche Möglichkeiten verfügt.

Mit jeder Regeneration kehren ganz von selbst die kreativen Energien zurück, und die größere Beweglichkeit im weiter werdenden Selbst macht es möglich, *das eigene Verhalten zu verändern*, eine dritte Bedeutung der Kunst, das Weite zu suchen. Nicht immer ist der Andere, der Gegner oder der Feind das Problem, manchmal ist es auch das eigene Verhalten angesichts eines Unmuts, einer Kritik, einer Anfeindung. Über mein Verhalten aber verfüge ich ganz allein, die entscheidende Möglichkeit zur Einflussnahme darauf liegt bei mir, wenngleich das angeborene Temperament und die soziale Umgebung darauf einwirken. Ich selbst kann zuallererst etwas an dem ändern, was ich sage und mache, und es ist gut möglich, dass eine Änderung auf meiner Seite eine Änderung auf der Seite des Anderen, womöglich sogar in ihm selbst bewirkt.

An mir liegt es, davon abzusehen, mich am Anderen zu rächen, wofür auch immer. Die Wut, von der ich umgetrieben werde, kann ich ersatzweise auf Dinge wenden, die kein Problem damit haben, dass ihnen etwas angetan wird. Alles, was der Andere sagt oder verschweigt, tut oder unterlässt, kann ich fortan der Kategorie des Schicksals zuweisen: »Es ist, wie es ist.« In Gedanken kann ich mir vor Augen führen, dass der Andere, wie ich selbst, nur ein Knotenpunkt in der Vernetzung ist, die der jeweils herrschende »Diskurs« darstellt, in dessen Rahmen er spricht und handelt. Der Diskurs reicht über den einzelnen Menschen weit hinaus und hält Positionen bereit, die ihn dies sagen und jenes tun lassen, eingebunden in die Notwendigkeiten des Netzes, gleichgültig gegen die Bedeutung, die ein Mensch sich selbst zumisst, sodass sich sagen lässt: »Wen kümmert's, wer spricht!« (Michel Foucault, »Was ist ein Autor?«, Vortrag, 1969; Zitat nach Samuel Beckett, *Texte um Nichts*, 1954).

Wie ist den Zwängen des Diskurses zu entkommen? Indem ein Mensch sich seine Funktion in diesem Rahmen so weit wie möglich bewusst macht und sich Anderen zuwendet, die ihm mit dem Blick von außen helfen, die eigene Rolle wahrzunehmen. Mit ihrer Hilfe gelingt es besser, *wieder aus sich herauszukommen*, eine vierte Bedeutung der Kunst, das Weite zu suchen. All das, was mich in die Enge gedrängt hat, mag es von Anderen, Dingen, Situationen oder mir selbst verursacht worden sein, kann ich nun vertrauten Anderen gegenüber äußern und damit nach außen bringen: Jede Äußerung, durch die Affekte wie Ärger, Wut, Zorn, Hass Anderen mitgeteilt, mit ihnen geteilt und auf diese Weise zerteilt werden können, entlastet das Innere. Vor allem die Liebe in der *Familie* hält den Raum dafür offen, der feindseligen Anderen verschlossen bleibt. Mit *Kindern* umzugehen, eröffnet ganz andere Horizonte, jede Beengung im Ich können sie spielend vergessen machen, zumindest für eine Weile, sodass sich wieder Atem schöpfen lässt. Die *Freundesliebe* erweist ihre existenzielle Bedeutung in der Trübsal der inneren Beklemmung, aus der das Selbst von selbst nicht mehr herausfindet: Gemeinsam können die Freunde dem Sturm äußerer Anfeindungen locker trotzen. Der seelischen Gesundheit höchst förderlich ist ebenso der Austausch mit *Kollegen*, denen die Situation im Arbeitsumfeld vertraut ist. Selbst dann, wenn die negativen Energien nicht gänzlich zu zerstreuen sind, werden sie mit der Hilfe Anderer auf ein lebbares Maß reduziert.

Die Flucht ergreifen, Weite im eigenen Inneren gewinnen, das eigene Verhalten verändern und mithilfe Anderer wieder aus sich herauskommen: Eine fünfte Bedeutung der Kunst, das Weite zu suchen, findet sich für denjenigen, der davon Gebrauch machen will, in religiösen und spirituellen Texten, die es ermöglichen, *weit über sich hinauszukommen*. Wo die Anfeindungen Anderer einen Menschen im Innersten beklemmen, kann ihm die äußerste Weite als rettende Macht erscheinen, vorausgesetzt, er kann ein Gespräch wie im Psalm 31 des *Alten Testaments* nachempfinden oder auf ähnliche Weise führen: Ein rettendes Gegenüber wird dabei als vertrauenswürdiges Du angesprochen, das zuhört und dem Ich beisteht, es nicht zuschanden werden lässt, sondern »aus dem Netz« zieht, in welchem die, die ihm nachstellen, es wie ein Stück Wild gefangen haben. Geradezu hymnisch besingt der Psalmist dieses Du, das das Ich aus den Händen der verhassten Feinde befreit, denn »du stellst meine Füße auf weiten Raum«. Das Du, das fähig ist, einen Menschen der Hand seiner Verfolger zu entreißen, verfügt über Kräfte, an denen das Ich teilhaben kann, sofern es nur darauf vertraut und daran glaubt, »denn du bist meine Stärke«.

Alle Gedanken und Gefühle weiten sich, sobald ein Mensch sich auf den *Inbegriff der Weite* einlässt, auf eine vorgestellte und gefühlte Dimension der Unendlichkeit, die weit über die menschliche Endlichkeit hinausreicht. Das über diese Weite verfügende Du, das nicht genauer benannt wird, ob seiner offenkundigen Macht aber in diesen Texten als »Herr« tituliert wird, erscheint als Gestalt mit einem Gesicht, das an einen Menschen erinnert und doch keiner sein kann, da ein Mensch im Verhältnis dazu doch nur ein »Knecht« ist: »Lass leuchten dein Antlitz über deinen Knecht«.

Was in diesem Antlitz aufleuchtet, ist jedenfalls für den, der es zu sehen vermag, eine Weite und Zeitlosigkeit, angesichts derer jedes Geschehen zwischen zeitgebundenen Menschen auf dem Sandkorn Erde klein und unbedeutend erscheint. Daher kann die umfassende, unendliche Dimension für einen Menschen, der aufgrund von Nachstellungen Anderer in seiner engen, endlichen Dimension nicht mehr frei zu atmen vermag, zur Zuflucht werden. Im Psalm 23 (»Der Herr ist mein Hirte«) freut sich das Ich geradezu königlich über die Situation, in der die Zuwendung und Zuneigung des Du, die ihm und nur ihm zuteilwird, die Feinde auf eine sehr sinnliche Weise vor den Kopf stößt (in der Übersetzung Luthers): »Du bereitest vor mir einen Tisch im Angesicht meiner Feinde. Du salbest mein Haupt mit Öl und schenkest mir voll ein.«

Die Relativierung einer scheinbar ausweglosen Situation ist jedoch nicht an den Glauben gebunden, dass da ein ansprechbares göttliches Du ist, das persönlich mit Kenntnis der kleinsten Details die Situation eines Ich aus großer Ferne zu steuern vermag. Eine Weite des Denkens und Fühlens ist auch *weltlich* zu erreichen, ohne Religion im engeren Sinne. Unendliche Weite ist in der Gesamtheit des menschlichen Geistes erfahrbar, überall dort, wo sich der enorme Raum der Möglichkeiten des Denkens und Fühlens auftut, in jeder Bibliothek und jeder Buchhandlung, in jedem Konzert- und Kinosaal, auch im Internet und überhaupt in aller Kunst und Kultur. Die

Liebe zu Menschen und anderen Wesen, zu Tieren, Pflanzen und zur Natur insgesamt, zu materiellen und ideellen Dingen, zu aller Welt in ihrer bekannten und unbekannten Weite ist dazu geeignet, all das nach außen zu bringen, was im Inneren des Selbst zu wenig Platz hat. In ihren unterschiedlichsten Gestalten bietet die Liebe zahlreiche Möglichkeiten, sämtliche Aspekte des Menschseins zu erfahren und dem Leben wieder den Sinn zu geben, der ihm in feindseligen Auseinandersetzungen zuweilen abhandenkommt.

Von der Liebe zu Wesen und Dingen, zur Welt

Die Liebe zu Tieren und ihre Bedeutung für Menschen

Menschen leben nicht allein auf dem Planeten, der durch die endlose Nacht des Weltalls kullert, bunter als alle anderen Himmelskörper weit und breit, so weit zu sehen ist. Andere Lebewesen sind, anders als viele Menschen es wahrnehmen, ungleich zahlreicher vertreten und bevölkern nicht nur die großen Inseln, Kontinente genannt, sondern auch die riesigen Meere und die erdumspannende, hauchdünne Atmosphäre. Unbeholfener als die Tiere bewegen Menschen sich in fahrenden, schwimmenden und fliegenden Kisten, über die kein anderes Wesen auf dem Planeten verfügt, über Land, übers Wasser, durch die Lüfte und immerhin über den Rand der Atmosphäre auch ein wenig in den Kosmos hinaus. In der Nacht sind winzige Lichtpunkte zu sehen, Flugzeuge oder Satelliten, die schnurgerade über den Himmel ziehen. Weniger sichtbar sind die Ausdünstungen der Gestelle, die kein Fleckchen der Erdoberfläche und der Atmosphäre unberührt lassen. Mit ihnen verändern Menschen die Lebensgrundlagen aller Lebewesen und wirken damit zugleich auf ihr eigenes Leben zurück.

Schon aus diesem Grund besteht die Lebenskunst im Umgang mit Anderen und der Welt darin, auf alle Wesen und Verhältnisse aufmerksam zu sein, die auf irgendeine Weise für das menschliche Leben von Belang sein könnten. Aber im Prinzip steht für den Umgang mit allem, was kreucht und fleucht, wieder die gesamte Skala der Beziehungen offen und der Einzelne selbst muss wählen zwischen leidenschaftlicher

Liebe, herzlicher Freundschaft, freundlicher Kollegialität oder aber einer gleichgültigen, womöglich ablehnenden und lieblos ausschließenden Haltung. Sogar eine virtuelle Beziehung ist möglich, schon von alters her: Menschen malten *Bilder* von anderen Wesen bereits auf steinzeitliche Höhlenwände, und die gesamte Kunstgeschichte berichtet davon, wie Menschen sich mit Tierdarstellungen und Landschaftsbildern eine überwältigende sinnliche Opulenz vor Augen führten. In moderner Zeit können Flora und Fauna vom Wohnzimmersessel aus auf Bildschirmen betrachtet werden, bis sich irgendwann, ganz wie bei virtuellen Beziehungen zwischen Menschen, die Sehnsucht nach wirklichen Erfahrungen einstellt. Sollten eines Tages mithilfe Synthetischer Biologie wirkliche Lebewesen aus virtuellem Design hervorgehen, müssten Menschen auch zu ihnen irgendeine Beziehung zwischen Liebe und Ausschluss finden.

Der Mensch aber, der anderen Wesen und der Natur mit *Liebe* begegnen will, vielleicht beeinflusst von der Kultur um ihn herum, muss selbst festlegen, wie er ihr nachgehen will. Am meisten verbreitet ist die *Liebe zu Tieren*, meist zu Haustieren, aus einfachen Gründen: »Weil ich meine Katze streicheln kann.« »Weil ich mit meinem Hund reden kann.« »Weil er sich immer so freut, wenn er mich sieht.« »Weil er mich so akzeptiert, wie ich bin.« Mehr als den Menschen an seiner Seite liebt so mancher Mensch aus solchen Gründen seinen Hund: »Wenn ihn der ansieht, zerschmilzt er vor Lyrik« (Kurt Tucholsky, »Traktat über den Hund«, *Die Weltbühne*, 1927).

Die Nähe, das Reden, die Freude, die Akzeptanz, überhaupt der Eindruck, verstanden zu werden und Zuwendung und Zuneigung zu erfahren: Was zur Liebe animiert, ist auch hier vor allem das Gefühl, *geliebt zu werden*, noch dazu auf eine

272

Weise, wie ein Mensch sich dies vielleicht von anderen Menschen wünschen würde. Jedenfalls lässt sich das Verhalten von Tieren als Erscheinungsform von Liebe deuten, wenn sie aufrichtig und treu die Beziehung zu ihren Mit-Tieren im Sinn haben, zu denen Menschen für sie vermutlich zählen, schon aus Mangel an Alternativen. Aus Dankbarkeit fühlte sich da die Jazzsängerin Norah Jones ihrerseits zu einer Liebeserklärung inspiriert, wie sie wohl noch nie ein Mann erhielt, außer eben ihr Pudel Ralph als *Man of the Hour* (Album *The Fall*, 2010):

Ich weiß, du wirst mir niemals Blumen bringen
Aber Blumen, die sterben ja nur
Und obwohl wir nie zusammen duschen werden
Weiß ich, du bringst mich auch niemals zum Weinen

Die Beziehung zu Tieren scheint von *therapeutischer Wirkung* für Menschen zu sein, die sich selbst mehr Pflege (*therapeia* im Griechischen) angedeihen lassen, wenn sie sich um Tiere kümmern. Schon die bloße Anwesenheit von Tieren verändert das Leben: Ihre Bedürfnisse sind weniger komplex und leichter zu befriedigen als die von Menschen, und so wird das Leben wieder überschaubarer. Ihnen genügt es, wenn sie Nahrung vorfinden und ein wenig Aufmerksamkeit erfahren, die sie jederzeit überschwänglich beantworten, jedenfalls Hunde halten das so. Hunde, Katzen, Vögel, Hasen, Pferde interessieren sich nicht für schwierige Diskussionen und subtile Interpretationen, sie sind einfach nur da. Sie beurteilen Menschen nicht nach Aussehen, Ansehen, Alter, Geschlecht, charakterlichen Mängeln oder körperlichen Gebrechen. Wahrscheinlich wissen Tiere auch nichts von einer *ontologischen Differenz* zwischen Wirklichkeit und Möglichkeit: Sie denken nicht lange

273

über eine gegebene und vielleicht verfehlte Wirklichkeit nach, räsonieren nicht über offene und verlorene Möglichkeiten, leben vielmehr ganz im Hier und Jetzt. Menschen beneiden sie dafür, denn dieses Paradies bleibt dem reflektierenden Tier weitgehend verschlossen.

Zusätzlich zu anderen Sinngebungen, auch ersatzweise, wenn andere Möglichkeiten ausfallen, sorgt das Leben mit Tieren für sehr viel *Sinn* im Leben von Menschen. Das wird bereits auf der Ebene des *körperlichen Sinns* der Sinnlichkeit erfahrbar: Einem Tier zuzusehen, es zu hören, zu riechen und zu streicheln, kann in diesem Moment völlig erfüllend sein. Zur Berührung, die einem anderen Menschen nicht immer gefällt und nicht jederzeit von ihm zu haben ist, sind Hund, Katze und Hase nahezu immer und überall bereit. Mühelos aktivieren Hunde, die ausgeführt werden müssen, auch den menschlichen Bewegungssinn, und dem inneren Körpersinn, dem »Bauchgefühl«, tut das Schnurren der Katze gut: Es vermittelt Behaglichkeit und wirkt heilsam, nicht nur für die Katze selbst und ihre aktuellen Verletzungen, sondern auch für den Menschen, in dessen Körper und Seele es auf ähnliche Weise Verkrampfungen lösen kann wie der niederfrequente *Om*-Laut fernöstlicher Meditationstechniken.

Die Sinnlichkeit des Umgangs mit Tieren gewinnt besondere Bedeutung, wenn einem Menschen mit digitalen Eskapaden die wirkliche Welt abhandenkommt: Die Liebe zu Tieren kann ihn wieder »erden«, denn Tiere sind »radikal analog«, sie stehen exemplarisch für die Wirklichkeit, von der Menschen sich entfernen können, und manch einer hofft, mit ihnen zum wahren Leben zurückzukehren und die Beziehung zur Natur wiederzufinden, die ihm im Laufe seiner Entwicklung verlorenging.

Seelischer Sinn ergibt sich aus der gefühlten Berührung und dem Berührtsein im Umgang mit Tieren. Menschen können mit ihnen fühlen lernen und gerade dann ihren Seelenraum von Neuem mit Energie füllen, wenn Enttäuschungen und Verletzungen eine große Leere hinterlassen haben. Der *Beziehungssinn* wird wieder wach, eine neue Freude an gefühlten Zusammenhängen mit dem Leben außerhalb des eigenen Ichs führt dazu, nicht länger in sich eingeschlossen zu bleiben, sondern wieder aus sich herauszugehen und das Leben anders wahrzunehmen. Tiere können Menschen öffnen, und dies auch dann, wenn sonst nichts mehr dazu geeignet ist. »Das Herz geht auf«, und selbst introvertierte, in sich verschlossene Menschen kommen aus sich heraus und zeigen, welche Fähigkeit zur Zuwendung und Zuneigung in ihnen steckt. Die bedingungslose Beziehung zu ihrem Gegenüber, zu der Tiere bereit sind, ermuntert dazu.

An Intensität gewinnt die Beziehung jedoch durch die Bereitschaft des Menschen, sich in das Tier hineinzudenken, die Eigenarten seines Wesens genauer kennenzulernen und darauf einzugehen; intensiver fällt dann auch die Erfahrung des Sinns im Leben aus, die an die Intensität der Gefühle für das Tier gebunden ist. Statistische Daten, wie sie beispielsweise vom Züricher Institut für interdisziplinäre Erforschung der Mensch-Tier-Beziehung regelmäßig erhoben werden, zeigen, dass dieser Sinn wie ein Immunsystem wirkt: Menschen, die mit Tieren leben, sind im Vergleich zu anderen Menschen weniger anfällig für somatische und psychische Erkrankungen.

Der *geistige Sinn*, der aus gedachten und gedeuteten Zusammenhängen hervorgeht, kommt vor allem durch die *Teleologie* zustande, die seit jeher große Bedeutung für den Lebenssinn von Menschen hat: Sie besteht darin, sich ein *Wozu* des Lebens, ein Ziel, einen Zweck, eine Notwendigkeit vorzustellen und dementsprechend eine Pflicht, eine Verantwortung, eine Sorge für etwas oder jemanden zu übernehmen. Jede Liebe birgt dieses Potenzial an Sinn in sich, in nicht geringem Maße aber die Liebe zu Tieren: Für ein Tier da zu sein, gibt dem Leben eines Menschen Bedeutung und hilft ihm, sich selbst als wertvoll zu erfahren. Die Selbstdefinition, die der Einzelne ansonsten mühsam für sich allein vornehmen muss, fällt in der Beziehung zum Tier leichter: »Ich bin der, der für das Tier da ist.« Der Hund führt, der Mensch folgt ihm an der Leine.

Lebensgewissheit und Sinnfülle gehen aus dem Bewusstsein hervor, von diesem Lebewesen gebraucht zu werden, in dessen Leben eine unverzichtbare Rolle zu spielen und daher auch den eigenen Platz im Leben besser zu kennen. Menschen verdanken Tieren außerdem zwanglose Gelegenheiten, sich mit Anderen auszutauschen, denn Eigenheiten und Bedürfnisse der Tiere geben Anlass zu Gesprächen und bieten Inhalte an, während Menschen ohne Tiere oft erst mühsam gemeinsame Sujets ausfindig machen müssen. So manche interessante Begegnung, auch so manche Liebe fürs Leben hat sich bei solchen Gelegenheiten schon ganz von selbst ergeben.

Und wie andere Beziehungen der Liebe kann die Tierliebe einen gefühlten und gedachten *transzendenten Sinn* über das eigene Dasein hinaus auftun, getragen von der Ahnung oder Gewissheit einer tiefen Verbundenheit mit allem Sein durch dieses eine Seiende hindurch. Friedrich der Große, der die Menschen eine »bösartige Rasse« nannte, deren liebenswertester Vertreter er selbst nicht immer war, hielt sich auch aus diesem Grund an die Gesellschaft von Tieren, denen er im Widerspruch zu seiner Zeit eine Seele zuerkannte, unsterblich wie die Seele von Menschen. Er verabscheute die Jagd und plante die erste tiermedizinische Hochschule Preußens. Auf der Terrasse seines Potsdamer Schlosses *SANS, SOUCI.* (die Getrenntschreibung mit Komma hebt beide Worte hervor, bekräftigt vom Punkt: *Ohne Sorge.*) wollte er an der Seite seiner Hunde begraben sein, nur die Erfüllung des Wunsches ließ eine kleine Weile auf sich warten: Sein Nachfolger expedierte ihn nach seinem Tod standesgemäß in die Potsdamer Garnisonskirche, und auch aus anderen politischen Gründen musste er mehrmals mit Ausweichquartieren vorliebnehmen, bevor zwei Jahrhunderte später 1991 doch noch seinem letzten Willen entsprochen wurde, ausgerechnet von einer Demokratie, der er solche Treue und Verlässlichkeit sicher nie zugetraut hätte (Sibylle Prinzessin von Preußen, *Die Liebe des Königs. Friedrich der Große, seine Windspiele und andere Passionen,* 2006).

Beziehungen zu Tieren können *Zusatzbeziehungen* sein: Sie erweitern spürbar das bestehende Beziehungsgeflecht zwischen Menschen und vergrößern die Variationsmöglichkeiten im sozialen Netz. Sogar zu den Kern-Beziehungen eines Menschen, die ihn im Innersten berühren, können Beziehungen zu Tieren aufrücken. Wenn sie solche Bedeutung gewinnen, werden Tiere oft wie Personen, ja, mehr noch *als* Personen behandelt: Vor allem Haustiere können vollgültige Familienmitglieder sein, mit denen Gespräche geführt werden wie mit Menschen; liebevolle Fürsorge wird ihnen zuteil, zuweilen mehr als einem Menschen. Auch wenn es dem Tier an Merkmalen einer *Person* fehlen sollte, nämlich an den Fähigkeiten zur Reflexion und Selbstreflexion, kann es dennoch eine ausgeprägte *Persönlichkeit* mit sehr eigenen Charakterzügen sein. Stirbt ein geliebtes Tier, will keinem, der in einer Beziehung zu ihm stand, das Wort »verendet« über die Lippen kommen: Es passt nicht für jemanden, der eine so schmerzliche Lücke hinterlässt und wie ein Mensch betrauert wird. Ein feierliches Begräbnis im Garten oder auf einem Tierfriedhof erscheint angemessen.

Beziehungen zu Tieren können ebenso *Ersatzbeziehungen* sein: Dann wird die Liebe zu ihnen zum festen Bestandteil des Lebens für einen Menschen, der mit anderen Menschen nicht leben will oder kann. Manch einer zieht die Tierliebe jeder anderen Liebe vor, auch wenn es merkwürdig erscheint, ausgerechnet bei der Beziehung zum Menschentier jede Tierliebe zu verweigern. Je schwieriger die Beziehungen zwischen Menschen, desto eher wird einem Tier die Rolle des privilegierten *Partners* anvertraut, und sogar für die erwünschte Beziehung zweier zu einem *Dritten* kommt außer einem Kind auch ein Tier in Betracht. Menschen können auf dem Umweg über das Tier freilich nicht nur zusammenfinden, sondern auch ihre Auseinandersetzungen austragen, wie es der armen, ahnungslosen Katze widerfährt, mit der Julien (Jean Gabin) eines Tages in der Tür steht. Seine Ehefrau Clémence (Simone Signoret) hasst das Tier vom ersten Moment an mit einer Inbrunst, die nicht nachlässt, sodass sie die Katze irgendwann in einem Anfall von Verzweiflung umbringt. Juliens Antwort darauf ist hart: »Ich werde nie mehr mit dir sprechen!« Das hatte er zuvor allerdings auch schon so gehalten in dieser Hass-Ehe, die der Film *Die Katze* nach einem Roman von Georges Simenon so meisterhaft porträtiert (Regie Pierre Granier-Deferre, Frankreich 1971).

Bei aller Liebe sind Beziehungen zu Tieren zugleich von *Macht* durchdrungen, die noch dazu zur einseitigen Herrschaft tendiert. Nicht nur bei deutlich erkennbaren Machtausübungen ist das so, wie etwa bei der Jagd auf Tiere oder bei ihrer Domestikation um des Nutzens willen (Florian Werner, *Die Kuh. Leben, Werk und Wirkung,* 2009). Auch im Alltag ist das Verhältnis zu Tieren davon geprägt, dass über sie weit unproblematischer verfügt werden kann als über Menschen. Menschen erfahren dabei eine eigene Macht, ohne allzu große Widerstände in Kauf nehmen zu müssen. Dass zumindest das Haustier sich meist fraglos unterordnet, erleichtert den Umgang mit ihm erheblich. Gewollt oder ungewollt reicht die Macht bis zu der Allmacht, nicht nur über Lust und Schmerz, sondern auch über Leben und Tod der Tiere entscheiden zu können. Wie alle, die im Machtspiel unterlegen sind, sind die Tiere im Gegenzug dazu gezwungen, Mimik und Gestik des Machthabers stets genau im Blick zu behalten und zutreffend zu interpretieren, um zu wissen, woran sie sind – aber vermutlich ist ihnen dies nicht einmal artfremd, denn auch gegenüber Artgenossen höheren Ranges im Rudel haben sie sich so zu verhalten. In Einzelfällen setzen Menschen ihre Tiere schließlich bedenkenlos als Machtmittel gegen andere Menschen ein; stellvertretend für Herrchen soll der Hund das Revier gegen sie behaupten, zumindest akustisch kann dies schon der kleinste Terrier leisten. Als Stellvertreter des Menschen auf den Trottoirs der Stadt darf der Hund sogar das Geschäft verrichten, von dem Herrchen nur träumt: Auf die Gesellschaft zu sch... (Erhard Oeser, *Hund und Mensch. Die Geschichte einer Beziehung*, 2004). Sollten die Tiere über all den Zumutungen, denen sie ausgesetzt sind, psychisch auffällig werden, stehen Therapeuten zur Verfügung, die wissen, dass tierische Bedürfnisse nicht immer mit den menschlichen übereinstimmen. Zuweilen therapieren sie dann den Menschen.

Eine Gegenmacht gegen willkürliche Machtausübung ist in der Beziehung zum Tier, ähnlich wie in der Beziehung zwischen Menschen, das *Recht*. Es geht aus der immer neuen Frage nach *Gerechtigkeit* hervor, angetrieben von der Unruhe über die extreme *Asymmetrie* in einem so ungleichen Verhältnis: Unter welchen Bedingungen kann eine Machtausübung über wehrlose Wesen gerecht sein? Aus welchen Gründen? Wie ist es möglich, für Ausgleich zu sorgen? Welchen Tieren sollten welche Rechte zugesprochen werden?

Adolph Freiherr Knigge erkannte im ausgehenden 18. Jahrhundert, dass die Art und Weise, wie Menschen mit Tieren umgehen, von Bedeutung für ihren Umgang mit anderen Menschen ist; schon aus diesem Grund wollte er das Verhalten gegenüber Tieren in das Barmherzigkeitsgebot des christlichen Glaubens einbezogen sehen. Aus solchen Impulsen und aufgrund der Tierliebe einer wachsenden Zahl von Menschen kam als Reaktion auf die fortschreitende Macht des Tieres Mensch, alle anderen Tiere beliebig beherrschen zu können, eine *Tier-Ethik* zustande, die im Laufe der Moderne in Tierschutzgesetzen festgeschrieben wurde und noch weiter zu entwickeln bleibt (Ursula Wolf, *Ethik der Mensch-Tier-Beziehung*, 2012).

Die strikte Trennung zwischen Mensch und Tier, die einer Tier-Ethik lange Zeit im Wege stand, brach in sich zusammen, als deutlich wurde, dass Menschen einen Großteil ihrer genetischen Ausstattung mit Tieren teilen. Wie Menschen sind Tiere fähig zu Gefühlen, und dass sie die Gefühle von Menschen genau wahrnehmen können, ist an ihren Reaktionen darauf ablesbar: Ihr Ausgeliefertsein an Gefühle jeder Art ist ein Grund für den Tierschutz. Zudem sind Tiere wie Delphine (Forschungen von Rachel Smolker), manche Vögel (Josef H. Reichholf, *Rabenschwarze Intelligenz*, 2009) und vor allem Menschenaffen (Forschungen von Jane Goodall) zu einem klugen Verhalten und rudimentären Selbstbewusstsein, zur vorsätzlichen Pflege von Beziehungen und zur Trauer über den Tod von Mit-Tieren in der Lage.

Warum sollten nur im Falle von Menschen besondere Fähigkeiten eine Voraussetzung für die Anerkennung von Würde und das Zugeständnis von Rechten sein? In Spanien entbrannte 2006 eine Debatte über Grundrechte für Schimpansen, Gorillas und Orang-Utans, um deren Anlagen zu einem eigenen Selbst Rechnung zu tragen: Ihnen ein Recht auf Leben zuzugestehen, würde dazu führen, ihr Leben und ihre Lebensräume besser schützen zu müssen. Ein Recht auf Freiheit würde verhindern, sie weiterhin im Zoo halten und im Zirkus vorführen zu können. Ein Recht auf körperliche Unversehrtheit hätte zur Folge, sie nicht mehr zu Forschungszwecken misshandeln und töten zu dürfen. Empört bestanden die Gegner darauf, Tieren keine Rechte zu gewähren, die noch nicht einmal für alle lebenden Menschen im Allgemeinen und für ungeborene Menschen im Besonderen verwirklicht worden seien.

Grundlegend für das Zustandekommen einer gesellschaftlichen Ethik und einer gesetzlichen Garantie von Rechten ist auch hier die *Ethik des Individuums*, ausgehend vom Einzelnen, der sich fragt: Was halte ich für schön und bejahenswert? Daraus gehen Werte hervor, die über Diskussionen mit Anderen, die ihre Werte vertreten, und über allgemeine Wahlen in eine demokratische Gesetzgebung münden. Bei der Umsetzung von Gesetzen kommt es dann erneut auf die Einsicht des Einzelnen an: Eine Goldene Regel der individuellen Ethik kann sein, keinem Tier etwas zuleide zu tun, das dem eigenen Ich nicht angetan werden dürfte. Ein Gefühl dafür regt sich in der Fähigkeit zum Mitleid: Selbst Nietzsche, der diese Fähigkeit für ein Zeichen von Schwäche hielt, fiel in seiner schwächsten Stunde dem Pferd um den Hals, das vom Kutscher geschlagen wurde. Was gut gemeint ist, ist allerdings nicht immer gut durchzuhalten: Nicht bei jedem Schritt kann ein Mensch auf jede Ameise achten. Nicht bei jeder Maus in der Wohnung ist die Bereitschaft groß, sie mitsamt Nachwuchs endlos durchzufüttern. Nur der Einzelne selbst kann festlegen, wo seine Ethik beginnt, wo sie endet.

Unabhängig vom Prozess der Gesetzgebung verändert die bewusste Lebensführung, die Lebenskunst, anhand der vom Einzelnen selbst gewählten Werte die Gesellschaft: Wenn immer mehr Menschen immer weniger Fleisch essen, und wenn, dann aus artgerechter Tierhaltung, hat dies Auswirkungen auf die »Fleischproduktion«. Die individuelle Wertschätzung der Qualität des Fleisches geht gut zusammen mit dem mutmaßlichen Glück der Tiere, so zu leben, wie es ihrer Art entspricht.

Ein ethischer *Zwiespalt* tut sich jedoch auf, wenn den Tieren, die als Personen gelten, sehr viel Interesse zuteilwird, Desinteresse hingegen anonymen Tieren, deren Fleisch gegessen wird (Jonathan Safran Foer, *Tiere essen*, 2010). Immerhin wird zu den Tieren, deren Fleisch zum eigenen Fleisch wird, posthum eine intime Beziehung eingegangen. Sich schon aus diesem Grund für sie zu interessieren, würde das stillschweigende Einverständnis mit ihrem unwürdigen Leben und die Gleichgültigkeit gegen die Art ihrer Tötung erschweren. Auf gesundheitlichen und ökologischen Überlegungen könnte die ethische Wahl beruhen, den Fleischgenuss einzuschränken oder gänzlich darauf zu verzichten: Zu viel tierisches Eiweiß und Fett schädigt den menschlichen Organismus, zu viel Methangas, das den wachsenden Rinderherden entweicht, schädigt das Klima und auf diesem Weg wiederum den Menschen. Letzten Endes aber hat jeder Einzelne seine Wahl zu treffen, kein Anderer sollte ihm einen Vorwurf daraus machen, wie sie ausfällt; schließlich beansprucht jeder Respekt für sein Verhältnis zur Natur, zu der die Tiere zählen.

Aber was ist eigentlich Natur? Das lässt sich in der Zeit, in der es mehr denn je darauf ankommt, weniger denn je sagen. Menschen, die selbst eine Art von Natur sind, wirken auf ihre eigene wie auf die äußere Natur ein und verändern sie, die veränderte Natur wirkt auf sie zurück. Nur beim Vergleich eines gegenwärtigen Zustandes mit vormaligen Zuständen lassen sich Einwirkung und Rückwirkung messen, den eigentlichen Naturzustand zu bestimmen aber ist schwierig. Eine reine Natur ohne menschliche Einwirkung kann es auf dem Planeten Erde längst nicht mehr geben, jeder Atemzug jedes Menschen hinterlässt Spuren, erst recht aber sein *Footprint*, der Einsatz von Techniken auf Schritt und Tritt. Diese Einwirkung lässt sich nicht ungeschehen machen, die entscheidende Frage ist jedoch, ob sie so vorsichtig und zurückhaltend gestaltet werden kann, dass sie in ihrer Auswirkung auf die Natur und in der Rückwirkung auf den Menschen verträglich ausfällt.

Die Techniken, mit denen Menschen in der Lage sind, ihre eigenen Lebensgrundlagen zu gefährden, wurden vor allem im Zuge der Modernisierung im 19. und 20. Jahrhundert entwickelt, ihr Zweck war die *Befreiung von der Natur*. Motorisierte Gestelle verschaffen seither einer stets wachsenden Zahl von Menschen mehr Bewegungsfreiheit zu Lande, zu Wasser und in der Luft. Nicht der Mensch allgemein, sondern der *moderne* Mensch hat diese selbst erfundene Mutation und Variation ins Spiel der Evolution eingeschleust, die Selektion kommt noch.

Nietzsche erkannte frühzeitig das Gefahrenpotenzial: »Hybris ist heute unsre ganze Stellung zur Natur, unsre Natur-Vergewaltigung mit Hülfe der Maschinen und der so unbedenklichen Techniker- und Ingenieur-Erfindsamkeit« (*sic!, Zur*

Genealogie der Moral, 1887, III, 9). Just der Erfolg moderner Techniken ist zum Problem geworden, in erster Linie aufgrund der *Energien*, ohne die sie nicht gebaut und betrieben werden können: Die Verbrennung fossiler Stoffe wie Kohle und Erdöl bringt Konsequenzen mit sich, die sich im Klimageschehen deutlich abzeichnen. Im 21. Jahrhundert entscheiden Menschen mit dem Einsatz anderer Energien und schonender Techniken darüber, ob sie aus freien Stücken über die Befreiung von der Natur hinaus auch zur *Begrenzung ihrer Freiheit* in der Lage sind; jeder Einzelne nimmt an diesem Prozess teil.

Jeder kann sich selbst um eine Aufklärung *ökologischer Zusammenhänge* bemühen, um auf sie Rücksicht zu nehmen, aber warum sollte er sich die Mühe machen? Weil es letztlich um sein Leben geht. Es ist meine eigene Existenz, die mit der Beziehung zur Natur in Frage steht. Ich lebe in Zusammenhängen, die weit über mich hinausgehen, und schade daher mir selbst am meisten, wenn ich nur mich im Blick habe. Diese Einsicht trägt zum Entstehen einer *ökologischen Klugheit* bei, die von der Ich-Perspektive ausgeht, sie dann jedoch überschreitet, vom privaten Raum und von der begrenzten Lebenszeit hin zu den größeren Räumen der Natur und den ganz anderen Zeiträumen natürlicher Kreisläufe.

Die Lebenskunst, die auf dem Klugheitsgebot beruht, aus eigenem Interesse so umsichtig, rücksichtsvoll, vorsichtig und vorausschauend wie möglich vorzugehen, birgt in sich eine immanente Nachhaltigkeit. Die entsprechende *Sorge um Nachhaltigkeit*, also um Langfristigkeit, Dauerhaftigkeit, Beharrlichkeit, Belastbarkeit, Tragfähigkeit beeinflusst die Strukturen der modernen Gesellschaft und Wirtschaft. Die Moderne war zwar als Projekt selbst sehr nachhaltig angelegt, sonst hätte sie nicht so zielstrebig über zwei, drei Jahrhunderte hinweg ausgebaut

284

werden können. Dennoch war ein Denken und Fühlen der Nachhaltigkeit kein Grundanliegen der alten Moderne: Immer musste alles »neu« sein, nichts war zu bewahren, daher erreichte die Rede von der Nachhaltigkeit lange Zeit ihre Adressaten nicht (Ulrich Grober, *Die Entdeckung der Nachhaltigkeit*, 2010). Dieses Wort berührte viele Menschen nicht, es konnte ihnen nicht auf Anhieb etwas sagen, mit dem konkreten Leben hatte es scheinbar nichts zu tun. Wozu Nachhaltigkeit? Lebte es sich nicht besser ohne sie?

Erst als sich ökologische Probleme, insbesondere klimatische Veränderungen, stärker bemerkbar machten, stellte sich immer schärfer die Frage: Wie können Menschen darauf antworten? Andere Energien und Techniken sind dafür unverzichtbar, aber eine gründliche Antwort bedürfte einer *anderen Beziehung zur Natur* in einer anderen Moderne. Negative, verneinende Beziehungen wurden historisch bereits durchgespielt. Über Jahrhunderte hinweg erschien die Natur *feindselig*, auf Gedeih und Verderb musste sie bekämpft werden: »Macht euch die Erde untertan!« In moderner Zeit wurde die Natur vor allem *funktional* gesehen, als Ressourcenlieferantin zur Ausbeutung freigegeben und mithilfe von Wissenschaft und Technik menschlichen Zwecken dienstbar gemacht.

In fortgeschrittener moderner Zeit ließen Menschen es sich gar angelegen sein, die Natur aus ihrem Leben *auszuschließen*, wo immer es nur möglich war. Bestenfalls war sie noch der angenehme Fahrtwind, sofern das Autofenster überhaupt geöffnet wurde. Und schließlich wurde die Natur zum »Naturschutzgebiet«, in der Hoffnung, ihre übrig gebliebenen Reste in Reservaten einhegen und wieder aufpäppeln zu können: Äußerste Konsequenz der Abspaltung von der Natur, mit der sich ein rational denkendes Subjekt (*res cogitans*) von dem im

Raum ausgebreiteten Objekt (*res extensa*) entfernte. Was René Descartes im 17. Jahrhundert erdachte, kommt unvermittelt noch im Begriff der »Umwelt« zum Vorschein, die in Wahrheit nicht um den Menschen herum, sondern mit jedem Atemzug, jeder Nahrungsaufnahme mitten durch ihn hindurchgeht.

Für eine nachhaltige, andere Moderne sind positive, bejahende Beziehungen zur Natur neu zu erproben, in Anlehnung an indianische und andere Kulturen, die bei allem Kampf mit der Natur immer auch an der *Liebe* zu ihr, der *Freundschaft* und *Kooperation* mit ihr festhielten. Ein neuer ökologischer Elan ergibt sich nur zum Teil aus der nüchternen Einsicht, dass die Aufmerksamkeit auf ökologische Zusammenhänge im eigenen Interesse liegt. Zum anderen Teil bedarf es einer gefühlten Liebe zur Natur, einer *Physiophilie*, in der die Gefühle aufleben, die Menschen im Kern berühren.

Wie für andere Lieben ist es auch für diese unerheblich, wer oder was das Geliebte »eigentlich« ist. Diese Liebe muss sich keine Natur zurechtmachen, wie sie nach menschlichen Maßstäben sein soll, sondern kann das Gegebene in seiner Eigenart anerkennen. Und auch dieser Liebe liegt nicht nur ein Gefühl, sondern auch eine *Entscheidung* zugrunde, aus der die Zuwendung und Zuneigung vielleicht erst hervorgeht. Dann aber kann die Kunst des Liebens im Hinblick auf die Natur in vielfacher Hinsicht praktiziert werden: Als Liebe zur Natur insgesamt oder zu einer bestimmten Natur, zur Sonne, zu frischer Luft, zu Tieren, zu einer Landschaft, zu einem Waldstück, zu einem Hain am Wegrand, zu einem bestimmten Baum, als dessen Freund sich ein Mensch fühlen kann, sodass ihm dessen Schicksal nahegeht (Alexandra, *Mein Freund der Baum ist tot*, Schlager, 1968). Menschen können von der Beziehung zu einer Pflanze wie von der zu einem Menschen sprechen, sich genau an Ort und Umstände der ersten Begegnung erinnern und sich darüber freuen, wie die Zufallsbekanntschaft zur Liebe fürs Leben geworden ist. Es ist nicht sicher, ob Pflanzen fühlen können, aber es scheint gesichert zu sein, dass sie in der Lage sind, in ihren Zellmembranen zahlreiche Informationen zu verrechnen und auf Reize zu reagieren, wie auch eine streichelnde Hand sie ihnen vermitteln kann. Unabhängig davon, ob ihnen Würde und ein Wert an sich zukommt, können sie ihnen zugesprochen werden.

Alle Aspekte einer bejahenden Beziehung zur Natur können bei einer *Liebe zum Garten* durchgespielt werden. Diese Liebe geht durch die Sinne und speziell durch den Magen, denn die Natur nährt, und was selbst angebaut wurde, mundet auch am besten. Menschen brauchen Gärten, insbesondere moderne Menschen, von denen zumindest einige in dem Maße, in dem sie die Beziehung zur Natur im Laufe der industriellen Entwicklung verloren haben, danach suchen, ihr von Neuem Raum zu geben. Voltaires *Candide* (1759) gab dafür schon früh die Parole aus: »Nun aber müssen wir unseren Garten bestellen.« In der Geschichte der Moderne entwickelte sich aus diesem Impuls heraus die Schrebergartenkultur in kapitalistischen, die Datschenkultur in sozialistischen Gesellschaften.

Wo es zum Garten nicht reicht, kommt das individuelle Bedürfnis nach einer Beziehung zur Natur wenigstens in der Balkon- und Zimmerpflanzenkultur zum Ausdruck. Ein Zipfel des *grünen Glücks* der Nachhaltigkeit ist auf solche Weise auch in moderner Zeit erfahrbar und spendet erneut Trost in einer Zeit, in der die Folgen einer besinnungslosen Modernisierung spürbar werden, Erschöpfungszustände um sich greifen und der Widerwille gegen das ständige Angetriebenwerden wächst: Auch aus dieser Quelle speist sich die neue Liebe zur Natur.

Mit dem grünen Glück ist keine bloße Maximierung der Lust gemeint, die in Zeiten ihrer Minimierung scheitert. Nur zum Teil ist es ein *Wohlfühlglück*, weit eher sind Nachhaltigkeit und Dauerhaftigkeit mit dem *Glück der Fülle* zu erreichen, das auf der Wahrnehmung der gesamten Fülle des Lebens in seiner Vielfalt und Gegensätzlichkeit beruht. Das nachhaltige Selbst bemüht sich um Inseln der Muße in allem Stress und lebt auf diese Weise den größeren Lebensgenuss vor, für den es keiner Luxusgüter bedarf.

Eine *Fülle von Sinn* wird durch die Natur auf allen Ebenen erfahrbar: Sinnlicher, gefühlter und gedachter Sinn. Der nachhaltige Mensch ist einer, der schaut, denn Schauen macht glücklich: Der sinnliche und gedankliche Blick auf das feinziselierte Wunderwerk der Natur und die zahllosen Erscheinungsformen, die sie hervorbringt, kann endloses Staunen hervorrufen – und Dankbarkeit dafür, dies sehen zu dürfen und selbst Teil davon zu sein; eine andere Seinsweise. Aus den vielen fein regulierten und weiträumig organisierten Zusammenhängen, die in der Natur sichtbar und erkennbar werden, geht ein starker Eindruck von Sinn hervor, und wo Sinn ist, da ist auch das Glück.

Auf ganz weltliche Weise hält die Natur selbst einen *transzendenten Sinn* bereit, denn der Mensch lernt Ressourcen in ihr kennen, die nicht von Menschenhand geschaffen worden sind. Er nimmt Kreisläufe wahr, in die nicht nur die einzelne Pflanze, sondern auch die gesamte Natur, nicht nur der einzelne Mensch, sondern auch die gesamte Menschheit eingebettet sind. So gewinnt er eine Vorstellung vom ewigen Werden und Vergehen, somit vom Sinn eines umfassenden Seins.

Sich als Mensch verstehen zu können, der diese Zusammenhänge sieht und auf sie achtet, ist die Basis eines *sinnerfüllten Le-*

bens. Sie nicht zu sehen und sie zu missachten, befördert eher den Eindruck eines *sinnlosen Lebens.* Ein Grund für den verlorenen Sinn in moderner Zeit ist zweifellos das Nichtverhältnis vieler Menschen zur Natur. Auf die beunruhigende Frage nach Sinn kann die Liebe zur Natur jedoch eine beruhigende Antwort geben, denn sie macht existenzielle Zusammenhänge wieder bewusst. Die Aufmerksamkeit darauf bestärkt wiederum die *Sorge um die Natur*, denn wo Liebe ist, da ist auch Sorge, eine ängstliche wie fürsorgliche und vorsorgende Sorge, das gilt nicht nur für die Liebe zu sich selbst, zu Anderen, zur Familie und zu Freunden, sondern auch für die Liebe zur Natur. Wie sehr Menschen sich um das, was sie lieben, sorgen, zeigt schon die Liebe zur Balkon- und Gartennatur, wenngleich nicht zu jeder Stechmücke und Nacktschnecke.

Dabei ist die Beziehung zur Natur nicht abzulösen von der des jeweiligen Menschen zu sich selbst. Der Umgang mit der *inneren Natur* präpariert den Umgang mit der äußeren, und gerade der, der zu seiner inneren Natur eine Beziehung eingeht, kann auch zur äußeren eine finden. Eine nachhaltige Lebensführung kann eingeübt werden mit der Arbeit an der *inneren Integrität*, der Nachhaltigkeit in der Beziehung zu sich selbst. Aus der Antwort auf die Frage, welche Lebensweise mir schön und bejahenswert erscheint, ergibt sich der Wert, an dem ich meine Haltung und mein Verhalten orientieren kann: Kurzfristigkeit oder Dauerhaftigkeit.

Die innere Klärung ist die Voraussetzung dafür, mich auf veränderte Weise nach außen wenden zu können und an einer *äußeren Integrität* zu arbeiten. Verstehe ich mich als *weites Selbst*, das über seine unmittelbare Umgebung weit hinausblicken will, bin ich eher in der Lage, meine Rolle in der weiteren Welt wahrzunehmen und mich vor dem Einschluss in eine allzu enge, eigene Welt zu bewahren. Mit der Anstrengung, mir eine umfassende Perspektive anzueignen, kann ich die Brücke zu räumlich weit entfernten Individuen, Lebewesen und Strukturen schlagen: Was haben die Menschen in der Arktis, was haben die Pinguine in der Antarktis mit meinem Verhalten hier und jetzt zu tun? Und ebenso in zeitlicher Hinsicht: Was trage ich in der Gegenwart dazu bei, für Menschen künftiger Generationen Möglichkeiten zu eröffnen oder zu verschließen? Kann ich sicher sein, dass nicht ich es bin, wenngleich in anderer Gestalt, der in hundert Jahren wiederkehrt und dabei vorfindet, was er in der Gegenwart selbst vorbereitet hat? »Nach mir die Sintflut«? Das wäre dann sinnlos.

Bei der Nachhaltigkeit geht es zuallererst um die *ökologische Frage*, wie sich die Existenz des Menschen wieder in die Zusammenhänge der Natur, in eine *ökologische Integrität* eingliedern lässt. Hilfreich hierbei ist, die eigenen *Gewohnheiten* zu durchforsten, denn viele von ihnen sind ökologisch relevant, etwa der gewohnheitsmäßige Verbrauch von Stoffen und Dingen aller Art. Weit mehr als anonyme Mächte stehen alte Gewohnheiten einer nachhaltigen Lebensführung entgegen. In den Banalitäten des Lebens liegen die eigentlichen Verhängnisse verborgen. Aus einer neuen Liebe zur Natur folgt dann nicht mehr nur der erholsame Waldspaziergang, sondern die wache Aufmerksamkeit auf die eigenen Verhaltensweisen im Alltag: Wo belaste ich die natürlichen Zusammenhänge? In welchem Maß? Ist die Belastung vermeidbar? Wie sieht ein alltägliches Leben aus, das auf diese Zusammenhänge Rücksicht nimmt? Woher kommt das Wasser, das aus dem Wasserhahn fließt, wohin fließt es? Entstammt die Energie, die meine Wohnung erwärmt und beleuchtet, natürlichen Kreisläufen, oder werden diese jedes Mal unterbrochen, wenn ich den Lichtschalter betätige? Wo kann ich selbst erneuerbare Energien und nachhaltige Techniken einsetzen, um deren Fortschritt zu befördern? Nicht in allen Räumen müssen immer alle Lichter brennen; energieeffiziente Kühlschränke, Geschirrspülmaschinen, Warmwasserbereiter sind teurer beim Kauf, sparen aber über Jahre hinweg viel Geld und Strom. Regionale Produkte müssen nicht energieaufwändig über weite Strecken mit Lastwagen und Flugzeugen herangeschafft werden. Die individuellen Antworten führen zu einem allgemeinen Fühlen, Denken und Handeln in längeren Zeiträumen.

Nicht alles kann der Einzelne im Blick haben, nur das, was ihm selbst wichtig ist. Nicht die reine Lehre zählt, sondern der Kompromiss, der einen kleinen Schritt weiterführt. Der eigene Beitrag mag angesichts des Ganzen winzig klein erscheinen, aber er ist *nicht nichts*. Es lohnt sich, die unscheinbaren Alltagshandlungen auf ihre ökologischen Konsequenzen hin zu befragen, denn selbst bei kleinen und kleinsten Dingen, die vernachlässigenswert erscheinen, kann die dauerhafte Bewahrung von Zusammenhängen und somit der eigenen Lebensgrundlagen in den Blick kommen. Die moderne Zeit mag kurzatmig sein, aber es liegt am Einzelnen selbst, sie mit längerem Atem umzugestalten. Bewusst zu leben heißt in diesem Fall, das Leben auf eine Weise zu führen, die sich durch ein *Gespür* für nachhaltige Zusammenhänge auszeichnet. Jeder kann damit für sich ein *Maß* im Umgang mit Ressourcen und Techniken ausfindig machen, das ökologisch verträglich ist. Allerdings reicht das bloße *Wissen* um die Notwendigkeit von Veränderungen nicht aus, vielmehr bedarf es einer geduldigen, langwierigen *Einübung* veränderter Gewohnheiten und Verhaltensweisen, die zur »zweiten Natur« werden.

Auf Nachhaltigkeit zielt zudem die *soziale Frage*, wie angesichts der Dynamik der modernen Desintegration noch eine *soziale Integrität* mit gefühlten und gedachten Zusammenhängen zwischen den vereinzelten Individuen zustande kommen kann. Ein Bindemittel für die moderne Gesellschaft, in der viele Bindungen zerbrechen, kann die *Sorge um Gerechtigkeit* sein, die Einzelne und ganze Gruppierungen zu ihrem Anliegen machen, um der Kälte und Gleichgültigkeit, die Gesellschaft zersetzen, etwas entgegenzusetzen. Auch wenn es keine *absolute* Gerechtigkeit bei der Verteilung von Gütern, Lasten und Chancen geben kann, so doch eine *relative*, angewiesen auf das Engagement möglichst vieler Individuen beispielsweise gegen relative Armut in der Wohlstandsgesellschaft, gegen absolute Armut in der Weltgesellschaft. Gesellschaftliche Gerechtigkeit bedarf einer Nachhaltigkeit sozialer Sicherungssysteme, die allerdings auf die Nachhaltigkeit der Geburtenrate angewiesen ist, um die wiederum nur Einzelne sich kümmern können.

Und die soziale Frage ist eng mit der ökologischen verflochten, denn sozial benachteiligte Menschen sind ökologischen Problemen ungeschützter ausgesetzt, ihre Ausweichmöglichkeiten sind begrenzter. Eine ökologisch nachhaltige Politik ist daher immer auch Sozialpolitik: Häuser mit Solarenergie und Wärmedämmung energieautark zu machen, schützt die Bewohner vor dem Zugriff von Energiekonzernen, die sich ihre Dienste teuer bezahlen lassen. Erneuerbare Energien sind außerdem eine Basis für die *nachhaltige Entwicklung* in vielen ärmeren Ländern, deren heillose Überschuldung nicht zuletzt von teuren Energieimporten herrührt.

Die soziale Nachhaltigkeit bedarf einer *neuen Bürgerlichkeit* derer, die sich bewusst als Bürger ihrer Gesellschaft verstehen. Ist damit auch eine neue Engstirnigkeit und grüne Spießigkeit verbunden? Diese Seite gehört zur inneren Polarität jeder Bürgerlichkeit, deren andere Seite Weltoffenheit ist. Jeder Einzelne kann sich selbst fragen: Was kann ich zu der Gesellschaft beitragen, in der ich gerne leben möchte? Ein Beitrag dazu ist die eigene Arbeit an der Nachhaltigkeit der Beziehungen zu Anderen im engeren und weiteren persönlichen Umfeld. Zum bewussten Bürgersein zählt darüber hinaus, im so genannten »Dritten Sektor« neben dem staatlichen und dem marktorientierten Teil der Volkswirtschaft soziale Dienste zu leisten und Selbsthilfe zu organisieren, jeder so, wie er kann – etwa mit der Unterstützung von Projekten wie der *Arche* in Berlin und anderswo, die Kindern aus sozial benachteiligten Familien Hort, Schule, Mittagessen und Hausaufgabenbetreuung bietet. Wird auf diese Weise der Staat aus seiner Verantwortung entlassen? Aber nicht alles ist Aufgabe des Staates, der entweder zum *totum* oder zum *nullum* wird, wenn er nicht von einer bürgerlichen Gesellschaft getragen wird. Materiell ist dabei wenig zu gewinnen, ideell aber umso mehr: Sehr viel Freiheit und Erfüllung, Sinn der Arbeit und des Lebens ist in diesem Bereich erfahrbar, ausgerechnet bei Arbeiten, die schlecht oder überhaupt nicht entlohnt werden.

Ein dritter Bereich der Nachhaltigkeit ist die *ökonomische Frage*, wie soziale und ökologische Erfordernisse sich in eine *ökonomische Integrität* eingliedern lassen. Das stolze *Finanzkapital* kommt um die Einsicht nicht herum, auf *Naturkapital* angewiesen zu sein, denn womit lässt sich Ökonomie noch betreiben, wenn natürliche Ressourcen erschöpft sind? Von ebensolcher Bedeutung ist das *Humankapital*, wie Ökonomen es nennen – jedoch nicht nur für die Produktion, sondern auch für die Konsumtion von Produkten: Viele kaufkräftige Konsumenten ansprechen zu können, liegt im ureigensten ökonomischen Interesse. Schon aus diesem Grund darf eine Sozialpolitik sich finanzielle Mittel auch aus der Wirtschaftskraft von Unternehmen besorgen, die ihrerseits einen größeren Markt für ihre Produkte gewinnen. Dass eine nachhaltige ökologische und soziale Politik nützlich für die Ökonomie selbst ist, sehen freilich nicht alle Ökonomen so. Zwar ist ihnen die Einbindung von Unternehmen in die umfassendere Volkswirtschaft theoretisch geläufig, aber unter dem Druck kurzfristiger Renditeerwartungen spielt das praktisch kaum eine Rolle.

Bedarf eine Neuausrichtung der Ökonomie eines »neuen Systems«? Davon träumen manche, aber es würde, wie das alte, eine lange Anlaufzeit benötigen, hätte wieder viele Irrtümer abzuarbeiten und würde womöglich dennoch nicht funktionieren. Wünschenswerter erscheint eine fortwährende Modifikation des vorgefundenen Systems auf dem Weg zu einer ökologischen und sozialen Marktwirtschaft.

Und welche Möglichkeiten hat der Einzelne, die Art des Wirtschaftens zu beeinflussen, damit sie weniger auf momentanen, mehr auf nachhaltigen Gewinn ausgerichtet wird? Individuelle Berufskreuzungen sind hilfreich, etwa sozial engagierte Ökonomen, ökonomisch versierte Ökologen, denn kreative Lösungen entstehen vorzugsweise an Kreuzungspunkten. Beispielhaft für die Überkreuzung ökologischer, sozialer und ökonomischer Nachhaltigkeit, regional und global, ist die Produktion und Konsumtion von Bioprodukten sowie der Handel mit *Fairtrade*-Produkten aus aller Welt. Diejenigen, die Angebote organisieren (Unternehmen wie *Teekampagne* oder *Coffeecircle*), aber auch die vielen, die den Markt durch ihre Nachfrage beleben, stellen die Wirksamkeit einer bewussten Lebensführung unter Beweis.

Der Hebel der Machtverhältnisse kann in einer marktwirtschaftlich verfassten Ökonomie nie nur »von oben«, immer auch »von unten« angesetzt werden, denn jeder entscheidet selbst darüber, wofür er Geld ausgibt. Werbung beeinflusst das Verhalten? Das ist Bestandteil des Machtspiels, und es liegt erneut in der Macht des Einzelnen, Folge zu leisten oder nicht: Werber wissen das nur allzu gut. Jeder Einzelne repräsentiert eine ökonomische Macht, solange er wählen kann, welchen Lebensstil er bevorzugt und von welchen Produkten er dabei Gebrauch macht. Das Machtspiel wird erst ausgehebelt, wenn es zu einer Alleinherrschaft von Monopolen kommt, die nur durch eine umfassende Gegenbewegung zu brechen ist.

Die Betonung der Rolle des Einzelnen soll nicht auf eine Vernachlässigung der politischen Ebene im engeren Sinne hinauslaufen. Im Raum der Politik ist die Nachhaltigkeit eigentlich ein bewahrendes, also *konservatives* Anliegen. Konservative haben auf ihre Weise immer schon nachhaltig agiert, für die Ökologie aber haben sich zu viele von ihnen nie interessiert. Einige sind zu Interessenvertretern geworden, die über gravierende ökologische Probleme, etwa radioaktive Abfälle der Energiegewinnung aus Atomkraft, die über viele Generationen hinweg weiterstrahlen, einfach hinweggesehen haben.

Dass Nachhaltigkeit unter modernen Bedingungen etlichen veralteten Strukturen der Moderne zuwiderläuft und auf sehr viel Erneuerung angewiesen ist, hat sie frühzeitig zu einem *progressiven* Anliegen gemacht. Als wichtiger Antrieb der »großen Politik« hat sich außerdem eine »Kleinstpolitik« privater Verhältnisse erwiesen. Manche wollten darin einen Rückzug in die private Nische sehen, aber auf diesem Weg ist die ökologische Bewegung groß geworden. Der bloße Vollzug der eigenen Existenz auf diese oder jene Weise ist eine wirksame Methode, auf die Politik Einfluss zu nehmen. Und es liegt Menschen nun mal nahe, die Dinge weniger aus einer allgemeinen Makroperspektive, mehr aus der individuellen Mikroperspektive des eigenen Lebens im Alltag wahrzunehmen. Lebenskunst ist der Versuch, Antworten auf Lebensfragen aus dieser Sicht heraus zu entwickeln, um Menschen behilflich zu sein, das zu verwirklichen, was ihnen mit aufgeklärtem Eigeninteresse nach eigener Überlegung als das Richtige im Falschen erscheint, auch wenn dies zunächst Hohn und Spott Anderer auf sich zieht. Sollte es gelingen, mit einer nachhaltigen Lebensführung ein schönes und bejahenswertes Leben zu realisieren, weckt dies auch in Anderen den Wunsch, ihr Leben zu ändern.

Zur Nachhaltigkeit der Lebenskunst gehört die *Gelassenheit*, die vom Lassen ihren Namen hat. Sie ermöglicht einen zumindest gelegentlichen Verzicht auf das ständige Wollen und Machen, das den Aktivismus des modernen Lebens charakterisiert. Gelassen verhält sich der Einzelne zur inneren Ökologie seiner selbst wie zur äußeren Ökologie der Welt; gelassen bleibt er auch angesichts der vielen »Krisen«, die nicht enden, da sie grundlegend für das Leben sind, dessen Beständigkeit nun mal die Veränderung ist. Eine *ultimative Gelassenheit* gilt der ökologischen Krise selbst: Alles spricht dafür, dass die Natur sie überlebt, nur der Mensch vielleicht nicht. Das wäre dann Natur: Die Gesamtheit der Zusammenhänge, die nicht vom Menschen geschaffen wurden und die nach allen Veränderungen durch ihn auch ohne ihn existieren können.

Der Mensch muss »die Erde retten«? Das ist unnötig, die Erde kommt ganz gut auch ohne ihn zurecht. In Wahrheit geht es für den Menschen darum, sich selbst zu retten, da eine Zerstörung ökologischer Zusammenhänge ihn im Kern trifft. Jetzt kann er zeigen, ob er mit *kultureller Evolution* in der Lage ist, weiterhin an der *natürlichen Evolution* teilzuhaben. Und wenn nicht? Dann eben nicht. Der Mensch ist, wie jedes Lebewesen, ein Experiment der Evolution. Erstmals in der Geschichte ist er nicht mehr nur ihr Objekt, sondern auch ihr Subjekt, das mehr oder weniger bewusst Einfluss auf den weiteren Fortgang des Geschehens nimmt. Soweit zu sehen ist, ist der Mensch das einzige Wesen, dem diese Rolle zufällt; anders als Andere kann er auch vorzeitig aussteigen. Sein Leben ist keine Notwendigkeit, sondern eine Möglichkeit. Bleibt sie ungenutzt, lässt sich letztlich mit der Tochter in August Strindbergs Theaterstück *Traumspiel* von 1902 sagen: »Es ist schade um die Menschen!«

Man muss nicht übermäßig optimistisch sein: Am ehesten sind es Schmerzen, die Orientierung vermitteln und Energien für Veränderungen bereitstellen. Um den erforderlichen Veränderungen eine Richtung zu geben, bedarf es der Utopie einer *anderen, nachhaltigen Moderne*. Aus einer solchen Zielsetzung können Einzelne, Gruppierungen und Gesellschaften auf lange Sicht neuen Sinn beziehen. Die treibende Kraft dafür können engagierte Individuen mit ihrer Liebe zur Natur sein, die diesen Aspekt einer Kunst des Liebens zum Element ihrer Lebenskunst machen.

Die Anstrengungen zur ökologischen Umgestaltung der Gesellschaft werden in dem Maße vorankommen, in dem die menschliche Einwirkung auf ökologische Zusammenhänge auf den Menschen selbst zurückwirkt; zwangsläufig geht eine veränderte Moderne daraus hervor. War die Moderne getragen vom Ehrgeiz, alles zu realisieren, was möglich ist, so beruht die andere Moderne auf der Einsicht, dass nicht alles, was möglich ist, auch wirklich werden muss, beispielsweise nicht Techniken der Energieerzeugung, deren Konsequenzen langfristig nicht beherrschbar sind. Erhalten bleibt das moderne

297

Engagement für Veränderungen und Verbesserungen, alles Andere würde das blinde Sichfügen in überkommene Verhältnisse bedeuten. Die andere Moderne bedarf dabei keiner Fixierung auf ideale Verhältnisse mehr, die nie zu erreichen sind, und sie kann anders als die Moderne, die das exklusive Projekt der abendländischen Kultur war, zu einem gemeinsamen Projekt der entstehenden Weltgesellschaft werden.

Die Liebe als Beziehung der Zuwendung und Zuneigung zu etwas oder jemandem umfasst auf der Seite des *Etwas* jedoch über die Dinge der Natur hinaus auch Dinge aller Art überhaupt.

Die Liebe zu Dingen, materiellen und ideellen

Die Beziehung zwischen Menschen und Dingen hat ihre eigene Geschichte, sodass sich parallel zur Menschheitsgeschichte auch eine Geschichte der Dinge schreiben lässt. Waren sie in *vormoderner Zeit* eingebunden in Religionen, Traditionen und Konventionen, ohnehin immer auch in den Kreislauf der Natur, so wird mit der menschlich gewollten Befreiung davon in *moderner Zeit* ein neues Kapitel in der Geschichte der Dinge aufgeschlagen.

Die *religiöse Befreiung* bewirkt, dass es für viele Menschen keine heiligen Dinge mehr gibt: In der Moderne ist ein Brot keine von Gott gesegnete Gabe mehr, sondern ein Konsumgut. Sah ein Mensch einst das Korn heranreifen, das er womöglich selbst im Schweiße seines Angesichts ernten, dreschen, zu Mehl und Teig verarbeiten musste, sieht er nun nur noch ein technisch hergestelltes Endprodukt vor sich, das er kaufen kann. Wenn ihm noch etwas »heilig« ist, dann meist kein religiöses Ding im engeren Sinne, sondern das, was ihm besonders wichtig erscheint, oder eines von den technischen Dingen, die nach der modernen *Befreiung von der Natur* weit größere Bedeutung als natürliche gewinnen. Die *ökonomische Befreiung* ermöglicht einer freien Wirtschaft, massenhaft technische Dinge zu produzieren und den Bedarf danach im Zweifelsfall erst zu wecken. Das löst eine immer weiter anschwellende Flut von Dingen aus, zu denen kaum noch jemand eine Beziehung eingeht: Der Produzent hat seinen Gewinn im Blick, der Verkäufer sein Einkommen, der Konsument seine Macht, kaufen zu können. Die *soziale Befreiung* entreißt die Dinge ihrer traditionellen und konventionellen Einbettung: Stilvolle Möbel, Kleider, Schmuckstücke sind kein Privileg einer sozialen Schicht mehr, jeder kann jedes Ding haben, vorausgesetzt, er kann es bezahlen. Das Verfügen über Geld stellt eine neue Hierarchie der Dinge her, die jedoch ständiger Veränderung unterliegt.

Solange Dinge knapp sind, ist jedes einzelne sehr wertvoll. Es ist Bestandteil des Lebens und der persönlichen Geschichte eines Menschen. Das Verhältnis zu ihm ist geprägt von einem *sorgsamen Gebrauch*, eingebettet in eine Beziehung der Zuwendung und Zuneigung: Darin besteht das »Zuhandensein« der Dinge, von dem Martin Heidegger sprach (*Sein und Zeit*, 1927, § 15), und der unverbrüchliche Zusammenhang mit ihnen trägt dazu bei, dem Leben Sinn zu geben.

Diesen vormodernen Status der Dinge aufrechtzuerhalten, wird unmöglich bei der modernen Unzahl von Dingen, die am Fließband produziert und konsumiert werden. »Alle diese Anlagen haben so enorme Massen von Waren produziert, dass die Welt davon überfüllt ist«, schreibt der preußische Architekt Karl Friedrich Schinkel 1826 aus Manchester an seine Frau in Berlin, und das war ja erst der Anfang. Im 21. Jahrhundert

299

lassen sich beliebig viele Dinge in jeglicher Form mit 3-D-Druckern herstellen. Die zahllosen Dinge sind auf *sorglosen Verbrauch* angelegt, um so bald wie möglich neu gemacht und gekauft zu werden; eine bleibende Beziehung wäre dabei nur hinderlich. Eine *funktionale Beziehung* dominiert den Umgang mit Dingen, deren wesentlicher Zweck nur noch die Funktion ist, die sie zu erfüllen haben. Die Menschen verhalten sich gleichgültig zu ihrer Existenz, beachten sie im Moment ihres Kaufs, missachten sie in der Folgezeit. Funktionieren sie nicht mehr, ist das ihr Todesurteil: So beliebig, wie sie ins Haus gelangten, wandern sie in die Abfalltonne.

Das wesentliche Merkmal der technischen Produkte ist ihr bloßes »Vorhandensein«. Lieblos, zusammenhanglos, somit sinnlos werden sie angehäuft. Dass in moderner Zeit weit mehr Dinge als in vormoderner Zeit real werden können, hat weit häufiger die Erfahrung zur Folge, dass sich die realisierten Dinge kalt und leer anfühlen, sie *bedeuten nichts mehr*. Wärme und Fülle sind nur bei Dingen erfahrbar, zu denen eine Beziehung eingegangen wird und die *etwas bedeuten*.

Bedeutung kommt durch Beziehung zustande. Was geliebt wird, ist bedeutungsvoll. In der modernen Welt aber gibt es zu viele Dinge und unentwegt andere, als dass noch eine solche Beziehung zu ihnen entstehen könnte; es ist eine Welt, in der kaum noch jemand mit Liebe auf Dinge blickt. Die Unzahl der Dinge macht es unmöglich, noch eine Beziehung zu ihnen einzugehen, beispielsweise zu Fotos, von denen unendlich viele gemacht werden, aber nur wenige dem Grab des digitalen Archivs entgehen. Nur ein kleiner Teil des Spektrums der Liebe wird genutzt: Eine anfängliche Aufmerksamkeit, ein Flirt, eine Affäre, weniger eine Beziehung, deren Dauerhaftigkeit wenigstens beabsichtigt wäre, oder gar eine lebenslange

Bindung, die durch alle Schwierigkeiten hindurch zu geliebten Dingen bewahrt werden könnte. Die »mangelnde Beziehung zu den Dingen« produziert die Langeweile, die für moderne Menschen epidemisch wird (Alberto Moravia, *La Noia*, Roman, 1960, Prolog).

Soll noch irgendein Sinn-Zusammenhang zwischen Menschen und Dingen zustande kommen, der zumindest zu ihrem Kauf verleitet, bedürfen die Dinge eines *Designs*, das sinnlich und sonstwie anspricht. Die Werbewirtschaft findet hier ein reiches Betätigungsfeld und wird zur *Sinnproduktionsindustrie*. Da aber jeder Sinn rasch in sich zusammenfällt, wenn der Zusammenhang zu lose ist, müssen stets neue Dinge mit neuem Sinn locken. Die alten füllen die Vitrinen von Museen (*Museum der Dinge*, Berlin), in denen die ausgedienten Tassen, Flaschen, Hüte, Salbendöschen liebevoller gepflegt werden als zu Zeiten ihrer Funktionalität. Besonders problematisch ist die lose Beziehung bei essbaren Dingen, die mehr als einen Magen verderben und dauerhafte Spuren im Körper hinterlassen können: Im Mangel an Aufmerksamkeit auf sie kommt eine fehlende Beziehung des Selbst zu sich zum Ausdruck.

An all dem etwas zu ändern, steht dem Einzelnen nur bedingt frei. Funktionalität herrscht auch unter andersmodernen Bedingungen vor, aufzulockern ist sie nur durch die willentliche Begründung einer Beziehung zumindest zu einzelnen Dingen. Beziehungsfähig aber werden *materielle Dinge*, die anfassbar sind, in den Augen der meisten Menschen erst dann, wenn *ideelle Dinge* hinzukommen, die nicht so recht zu fassen sind: Ideen, Gedanken, Phantasien, Erinnerungen, Visionen, Träume, Begriffe, Bedeutungen, Werte, Sinn, kurz all das, was unter dem Begriff »Geist« zusammengefasst werden kann. Dafür, nicht um ihrer selbst willen, werden materielle Dinge geliebt. Oder gehasst, wenn sie eine Idee unzureichend verkörpern.

Beide Arten von Dingen brauchen sich wechselseitig: Materielle Dinge bedeuten nichts ohne Idee, ohne Sinn, ohne Geist. Ideelle Dinge sind unbefriedigend ohne materielle Erfahrbarkeit. Daher verlangt beispielsweise die *Idee der Schönheit* nach Materialisierung in schönen Dingen, etwa in Schmuckstücken oder Kleidern, bis hin zu »Fetischen«, jenen Dingen, die einem Menschen so viel bedeuten, dass er eine leidenschaftliche Liebe zu ihnen pflegt.

Eine ideelle Sache ist auch die *Idee der Liebe*, aber die bloße Idee stellt kaum jemanden zufrieden, daher das Streben nach *Materialisierung* in der Beziehung zu einem wirklichen Menschen und nach *Symbolisierung* in konkreten Dingen. Ein Symbol ist das gedachte und gefühlte Zusammenstimmen eines materiellen Dings mit seinem ideellen Gegenstück. Ein Ring kann die Idee der Liebe symbolisieren, ebenso ein Blumenstrauß, wenngleich nicht zu häufig, sonst bedeutet er nichts mehr, und nicht zu groß, denn: »Je größer der Blumenstrauß, desto schlechter das Gewissen!« Auch zu teuer dürfen die symbolischen Dinge nicht sein, damit beim Beschenkten nicht der Verdacht aufkommt, seine Liebe solle gekauft werden; zu billig auch nicht, damit nicht der Eindruck entsteht, nichts wert zu sein. Der *ideelle Wert* eines Dings kann von seinem *materiellen Wert* sehr weit entfernt sein, nach beiden Seiten hin: Der Ring kann teuer gewesen sein und ideell dennoch nichts bedeuten; weder dem Ring noch dem Schenkenden wird dann Liebe zuteil. Der Blumenstrauß wiederum kann leicht erschwinglich sein und die schwer wiegende ideelle Aufmerksamkeit dennoch gut vermitteln; ihm und dem Schenkenden wird eine innige Liebe zuteil, jedenfalls jetzt. Kommt es nie zu einer Symbolisierung in Dingen, nur zu wohlfeilen ideellen Verlautbarungen (»Du weißt doch, dass ich dich liebe!«), ist das Urteil bald gefällt: »Du liebst mich nicht mehr!«

Materielle Dinge stellen dar, was Menschen sich ideell ersehnen. Das gilt auch für die *Idee der Gerechtigkeit*. Zwar kann sie, wie jedes ideelle Ding, immateriell ganz für sich existieren und Gegenstand einer Zuwendung und Zuneigung sein: Ein Mensch findet Gerechtigkeit gut und will auch etwas dafür tun. Mit der bloßen Idee ist jedoch noch niemandem geholfen. Die Idee der Gerechtigkeit umfasst beispielsweise gleiche Bildungschancen für alle, aber in Wirklichkeit bedarf es dafür materieller Mittel, sonst bleiben die Chancen rein theoretisch: Ideelle und materielle Chancengleichheit sind zwei verschiedene Dinge.

Ein ideelles Ding ist auch die *Idee der Freiheit*, die Menschen zu unglaublichen Dingen antreibt, als bloße Idee jedoch im Raum der Möglichkeiten verbleibt. Die Verwirklichung gelingt mit einer Materialisierung, unter Bedingungen modernen Wohlstands etwa in Form eines Autos, das die Freiheit der Mobilität erfahrbar macht. Die materielle Wirklichkeit wird allerdings bald zur Selbstverständlichkeit, sodass erneut etwas Ideelles hinzukommen muss: Das Auto muss »schön« sein, damit es einem Menschen wieder etwas bedeutet. Also wird das Blech neu geformt und mit neuer Farbe lackiert, Werbefilme regen das Spiel der Ideen wieder an und führen vor Augen, wie schön das Leben mit diesem Ding sein kann, welche Ziele mit ihm erreichbar sind, welche Eroberungen sich damit machen lassen.

Mit materiellen Dingen können ideelle Vorstellungen von Glück, Sinn und Fülle des Lebens verwirklicht werden. Die Ideen davon, die Hoffnungen darauf, die Sehnsüchte danach bringen wiederum materielle Dinge hervor. Aber ideelle und materielle Dinge befinden sich nicht auf der gleichen Ebene, sie repräsentieren vielmehr die *ontologische Differenz* der Seinsweisen von Möglichkeit und Wirklichkeit. Einige Schwierigkeiten resultieren daraus, mit Enttäuschungen ist fest zu rechnen: *Ideell*, also in Ideen, Gedanken, Phantasien, ist alles möglich, *materiell* aber nicht. Schon Platon war begeistert vom unerschöpflichen Reichtum, von der Unendlichkeit und Ewigkeit der Welt der Ideen. Einen Eindruck davon vermittelt die Beschäftigung mit Werken des Geistes, erst recht die eigene Arbeit daran. Aber nicht alles, was möglich ist, kann wirklich werden, nicht jetzt, und was wirklich wird, ist von diesem Zeitpunkt an vergänglich. In Gedanken können Menschen sich alles Mögliche vorstellen und diese Vorstellungen können *ewig* Vorstellungen bleiben, ihre materielle Verwirklichung aber ist den Bedingungen der *Zeit*, der Endlichkeit und Vergänglichkeit unterworfen. In Ideen kann das Denken unendlich viele Möglichkeiten durchspielen, eine verinnerlichte und enorm beschleunigte Evolution, denn Gedanken sind neuronale Variationen und Mutationen, die ständig von selbst geschehen und willentlich neu entworfen werden. In der Konfrontation mit der bestehenden Wirklichkeit aber kommt es zur Selektion, bei der vieles verworfen wird.

Jede Idee, die wirksam werden soll, muss die *ontologische Ebene* wechseln, um von der Möglichkeit zur Wirklichkeit zu gelangen. Ideen tendieren dazu nicht unbedingt von selbst, der Übergang muss oft erst mühsam mit Entscheidung und Anstrengung, Arbeit und Übung bewerkstelligt werden; bei manchen Dingen hilft es, die Entscheidungsträger zu beeinflussen. In der Moderne bemühen sich Menschen mit *Projektarbeit* um die Verwirklichung von Ideen: Das »Projekt«, das

Vorhaben, ist der moderne Prozess der Sinngebung schlechthin. Kommt es zu keiner Verwirklichung, bleibt es bei der Kluft zwischen dem möglichen *Sein* der Ideen, wie Dinge sein könnten, und dem wirklichen *Sosein* der Dinge, wie sie jetzt sind. Oder es wird ein unwirklicher Übergang versucht von einem *Schein* von Möglichkeiten, wo keine sind, zu einem *Schein* von Wirklichkeit, wo keine ist. Manche sind davon überzeugt, dass jede Wirklichkeit nur vergänglicher Schein ist, während Möglichkeiten das wahre, unvergängliche Sein sind.

Wenn Dinge aber nur an ihrer Idee, also am Zustand ihrer Möglichkeit gemessen werden, ohne Rücksicht auf die Bedingungen einer Realisierung, kann eine *Idealisierung* die Folge sein. Sollte die heiße Sehnsucht nach einer *Realisierung* aufkommen und wirklich in Erfüllung gehen, kühlt die Beziehung zu den Dingen meist ab, denn im Zustand der Wirklichkeit verlieren sie an Glanz, »der Lack ist ab«. Mit jedem Eintritt in die Zeit, in die endliche und begrenzte Wirklichkeit wird der Verlust an Möglichkeiten schmerzlich spürbar.

Jede Liebe ist mit diesem Problem konfrontiert, auch die Liebe zu Dingen. Sich dennoch für sie zu entscheiden, ist nötig, um Dingen und mit ihnen dem Leben Sinn abzugewinnen. Was es bewirkt, zumindest einzelne Dinge *mit Liebe zu betrachten*, wissen Romantiker: Heinrich Heine bemerkte auf seiner legendären Reise ins deutsche Mittelgebirge (*Die Harzreise*, 1824), wie der Einfluss der Liebe die Dinge auf zauberhafte Weise belebt. Schwindet die Liebe, wird aus dunkel wogenden Tannenwäldern aber wieder das Holz, mit dem sich heizen lässt, und aus dem munter springenden Bach das Wasser, das nass ist. Die Düfte, die Heine romantisch, also mit Liebe, als »Gefühle der Blumen« bezeichnete, reduzieren sich für lieblose moderne Pragmatiker auf umherfliegende Moleküle.

Könnten Menschen die Dinge mit sehr viel Liebe sehen, wären sie vermutlich imstande, in der Wasserflasche vor ihren Augen Venus von Milo zu erblicken. Wer liebt, sieht überall sinnvolle Zusammenhänge, wer nicht liebt, sieht nichts.

Romantik heißt, das Lied zu hören, das in allen Dingen schläft (Joseph von Eichendorff, »Wünschelrute«, Gedicht, 1835). Romantiker erkennen darin die Wahrheit der Dinge, die ohne den Zauber der Liebe verkannt wird. Selbst Nietzsche bekennt sich zu dieser Methode und versteht die *Liebe als Kunstgriff*, um zum Wesen einer Sache zu gelangen und sie »wirklich« kennenzulernen: »Mit diesem Verfahren dringt man nähmlich der neuen Sache bis an ihr Herz« (*sic!, Menschliches, Allzumenschliches* I, 1878, 621). Das Herz der Dinge, ihre »Seele«, ist der Punkt, aus dem heraus sie bewegt werden, die Bedeutung, die ihnen eigen ist, das Netz der Beziehungen, in das sie eingebettet sind: All das ist mit subjektiver Zuwendung und Einfühlung besser wahrzunehmen als mit objektiver Messung.

Materielle Dinge, so denken moderne Menschen, hätten keine Seele, folglich könne es keine Einfühlung in sie geben. Dass Dinge eine Seele haben, lässt sich aber zumindest vermuten, wenn unter Seele die Energie verstanden wird, die zweifellos auch Dingen zugrunde liegt: So wird es vorstellbar, dass Menschen und Dinge seelisch miteinander kommunizieren können. Zumindest auf menschlicher Seite kann die Liebe eine energetische Bewegung sein, die sich in Gefühlen für Dinge äußert, und ein gedeuteter Zustand, der sich in Gedanken und Begriffen niederschlägt: Gefühle lösen Deutungen der Dinge, Deutungen wiederum Gefühle für sie aus.

Wie aber sind die Dinge »wirklich«? Das können Menschen wohl nicht wirklich wissen, denn zu keinem Zeitpunkt können sie Dinge vollständig erfassen, auch nicht wissenschaft-

306

lich, denn dafür bedürfte es nichtmenschlicher Messgeräte, nicht von Menschen mit begrenzter Perspektive gebaut, justiert, programmiert. Der Maler René Magritte spricht in einem Brief vom 8. März 1955 von der »mysteriösen Existenz der Dinge«, die wohl einfach so sind, wie sie sind, ohne sich um ihre Bedeutung zu kümmern. Sollte einem Menschen aber ein Leben mit Dingen, deren Bedeutung unklar ist, bedeutend weniger lebenswert erscheinen, spricht alles dafür, ihnen Bedeutung zu geben, und dazu ist die Liebe am besten geeignet.

Nicht die *autonome* Bedeutung, die Dingen vielleicht von innen her eigen ist, sondern die *heteronome* Bedeutung, die ihnen von außen zugesprochen wird, steht dabei in Frage. Mit Bedeutung wird das nackte »Ding an sich« eingekleidet, das dann beispielsweise schön erscheint: »*Schön* ist eigentlich alles, was man mit Liebe betrachtet« (Christian Morgenstern, *Stufen*, 1918, 58). Auch wenn diese Schönheit nicht unbedingt im Herzen der Dinge liegt, sondern wohl eher im Herzen des Menschen, der in sie hineinlegt, was er aus ihnen herausliest, kann dann der wahre Romantiker weiterhin darauf beharren, dass die Dinge nicht schön *erscheinen*, sondern es tatsächlich *sind*, und bedauern, dass ein Pragmatiker das nicht so sieht, notorisch ignorant, wie er ist, zu seinem eigenen Nachteil: Kann es ein Leben ohne schöne Dinge überhaupt geben?

Natürlich ist es unmöglich, alle Dinge zu lieben, entscheidend ist die Frage, ob wenigstens *einige* geliebt werden können, um eine Beziehung zu ihnen einzugehen, die ihnen Bedeutung und dem eigenen Leben Sinn gibt. Tragisch ist das *Messie-Phänomen*, bei dem Menschen unter Bergen von Dingen ersticken, die sie anhäufen, da sie sich nicht von ihnen trennen können; die moderne Funktionalität ist ihnen fremd. Rührend wirkt die *Objektophilie*, die manche entwickeln, um die entleerte, funktionale Beziehung zu Dingen wieder mit Liebe zu erfüllen: Leidenschaftlich begeistern sie sich für Briefmarken, Spielzeugeisenbahnen, Zigarrenbauchbinden, Spucktüten aus Flugzeugen, Sandproben aus aller Welt und vieles mehr. Wenigstens zu ausgewählten Dingen, die »die Welt« für sie sind, wollen sie nicht bloß funktionale, gleichgültige, beliebige Beziehungen unterhalten. Wieder Andere schärfen ihren Blick für *echte Dinge*, die nicht industriell, sondern handwerklich hergestellt werden, mit soliden Materialien und mit Liebe zum Detail, teurer zu erstehen, aber mit einer Haltbarkeit, die sich mit der Zeit bezahlt macht.

Ein noch weiter reichendes Gegenmodell zu massenhaft produzierten funktionalen Dingen sind *Kunstwerke*, singuläre Dinge, die ein Künstler mit Hingabe kreiert und ungern aus der Hand gibt; er kann sie nicht teilnahmslos verkaufen, sofern er nicht nur einen Markt bedient. Der Käufer versteht sich nicht als Verbraucher, sondern als Liebhaber, als »Amateur« im Wortsinne, der diese Dinge wertschätzt, sofern er nicht nur Spekulationsgewinne im Sinn hat. In welchem Maße künstlerische Dinge an Wert gewinnen in einer Zeit, in der zu viele gleichgültige Dinge produziert werden, wird kenntlich an den Summen, die nicht etwa nur für berühmte Werke bezahlt werden.

Eine alltägliche Möglichkeit der Wertschätzung einzelner Dinge ist beispielsweise die *Liebe zum Fahrrad*, zu diesem merkwürdigen Gestell, bestehend aus einer Brücke auf zwei Rädern, auf der ein Mensch thront; kein anderes Wesen hat je so etwas ersonnen. Das vordere Rad ist mit leichten Handbewegungen verstellbar, das hintere Rad, das mit den Beinen angetrieben wird, die auf der Stelle treten, bewegt das Ganze nach vorne. Auf gehobenem technischem Niveau zieht das Fahrrad eine leidenschaftliche Liebe des spätmodernen Menschen auf sich, auf anspruchslosem Niveau war einst der junge Henry Miller maßlos davon fasziniert. Lange vor dem »Wendekreis des Krebses« erprobte er den engen, in jugendlicher Zeit ausufernd weit erscheinenden Wendekreis des Fahrrads, dessen stählerne Wirklichkeit zauberhafte Möglichkeiten des Lebens und der Liebe versprach. In einem kleinen Text (*Mein Fahrrad und andere Freunde. Erinnerungsblätter*, 1978) schildert Miller, wie die Liebe zum Fahrrad ihn über die erste unglückliche Liebe zu einem Mädchen hinwegtröstete: Tag für Tag saß er von früh bis spät im Sattel, aus dem Fahrrad wurde sein bester Freund, ja, sein *alter ego*, mit dem er verschwiegene Gespräche führte. Anders als auf seine menschlichen Freunde konnte er sich auf das technische Gestell immer verlassen, das Andere für seelenlosen Stahl halten mochten, um dessen Seele er sich jedoch sorgte. Wie einer Geliebten ließ er dem Fahrrad die beste Pflege angedeihen und hätte es abends, wie seine Mutter argwöhnte, gerne noch mit ins Bett genommen, wäre das Bett nur groß genug für beide gewesen.

So intim kann der Umgang mit Dingen sein, dass ein Mensch eine *symbiotische Beziehung* zu ihnen eingeht: Er kann mit dem Sessel verschmelzen, in dem er immer sitzt, und er kann undenkbar sein ohne seine Brille. Mit Hingabe kann er *alte Dinge* pflegen, die gerade in der Zeit des Immerneuen unendlich wertvoll erscheinen: Ein alter Koffer beispielsweise, materiell bedeutungslos, aber vollgestopft mit Erinnerungen. Und er kann *neuen Dingen* seine ganze Leidenschaft widmen: Dem Smartphone in seiner jeweils aktuellen Version zum Beispiel, das er nicht mehr aus der Hand legt.

Eine liebevolle Beziehung zu materiellen Dingen, die ideell etwas bedeuten, ist bedeutsam für die Kunst des Wohnens,

Ars habitandi, und beeinflusst die Auswahl von Möbelstücken: Mit ihnen lässt sich das Leben einrichten, manche aber wirken abweisend und verweigern jegliches Wohnen. Ein Wohnen im kleineren Format wird durch die Liebe zur Handtasche möglich, denn in diesem Wohnzimmer der weiblichen Seele (Annette C. Anton, *Handtaschenbuch,* 2006) repräsentieren materielle Dinge die ideellen Werte, die für das individuelle Leben Bedeutung haben: Ein Bild des Liebsten und der Kinder, Erinnerungsstücke von Reisen, Einkaufszettel für die alltägliche Fürsorge, Farbe fürs Gesicht und etwas Wohlduftendes für die Pflege der Beziehung zu sich und Anderen.

In solchem Maße prägt der Umgang mit Dingen, die dem Leben Sinn geben, das Menschsein, dass sich sagen lässt: Zeige mir die Dinge, mit denen du lebst, und ich sage dir, wer du bist. Das gilt für die relativ unbeweglichen Dinge, mit denen Immobilien ausstaffiert sind, wie auch für die relativ beweglichen Dinge, die Menschen mit sich herumtragen. Das Leben mit Dingen und ihren Bedeutungen vermittelt ein Gefühl von Vertrautheit und Geborgenheit, denn die Dinge ruhen in sich und haben ein großes Beharrungsvermögen. Sie sind unaufgeregt, diskutieren nicht und denken nicht über alles nach. Als Fixpunkte des Lebens stützen sie die Gewohnheiten, in denen Menschen wohnen können. Im Umgang mit den vertrauten Gegenständen kann der ideelle Wert der Gelassenheit zur Wirklichkeit werden: »Alle guten Dinge haben etwas Lässiges und liegen wie Kühe auf der Wiese« (Nietzsche, *Menschliches, Allzumenschliches* II, 1879, 1, »Vermischte Meinungen und Sprüche«, 107).

Überkreuzungen verschiedener Arten von Liebe werden möglich: Wer in seiner Beziehung zu einem anderen Menschen eine *pragmatische Auffassung* von Liebe pflegt, kann im

310

Gegenzug Dinge, die ihm wichtig und »heilig« sind, mit *romantischer Innigkeit* lieben. Aber die Liebe zu Dingen ist nicht ohne Gefahren: Als *Dritte* können sie eine Beziehung zwischen zweien irritieren und durchkreuzen, einhergehend mit Eifersuchtsszenen: »Liebst du mich oder dein iPhone?« Außer Lieblosigkeit ist auch *Liebestollheit* möglich, mit den üblichen Problemen einer überschießenden Intimität: Auf starke Anziehung folgt heftige Abstoßung. Ein Problem wirft auch hier der abstumpfende *Alltag* auf, in dem die Dinge kaum noch als Wesenheiten eigener Art wahrgenommen werden, obwohl es ausreichende Indizien dafür gibt, dass sich ihre Eigenarten markant auf die Seinsweise von Menschen auswirken (Roger-Pol Droit, *Was Sachen mit uns machen. Philosophische Erfahrungen mit Alltagsdingen*, 2003).

Fragen der *Macht* spielen eine große Rolle: Menschen machen umstandslos von der Macht Gebrauch, mit der sie auf Dinge einwirken können, die nicht in der Lage sind, sich zu wehren, wenn sie an die Wand geworfen werden, stellvertretend für Andere, die schwerer zu bewegen sind. Andererseits scheinen Dinge selbst zu einer Ausübung von Macht in der Lage zu sein, vermutlich ohne Bewusstsein, aber das kann angesichts der Boshaftigkeit, mit der es zuweilen geschieht, leicht bezweifelt werden: Mit dem Ärger, den sie zur Unzeit machen, zahlen sie mit gleicher Münze heim, dass sie selbst geärgert werden. Gleitet einem Menschen eine Tasse aus der Hand, durchzuckt ihn gelegentlich der Verdacht, dass sie ihn nicht mochte: Absurder Gedanke, der vielleicht davon ablenken soll, dass er *sie* nicht mochte.

All das Gesagte gilt aber auch noch für die sonderbaren Dinge, die unter dem Namen »Geld« versammelt sind. In mancherlei Hinsicht haben Menschen damit ihre liebe Not.

In der Moderne haben diese Dinge ungeheuer an Bedeutung gewonnen: *Materiell* in Form von Geldstücken, Papierscheinen, Plastikkarten, Zahlen auf Kontoauszügen, die für sich genommen völlig belanglos sind. Von Belang ist das *Ideelle*, sind die Ideen, Vorstellungen, Zwecke, Ziele, Phantasien, die damit verknüpft werden, etwa die Hoffnung auf Freiheit, Unabhängigkeit, schöne Erlebnisse, Glück, attraktive Lebensmöglichkeiten, seltener auch darauf, Werte wie Gerechtigkeit mit Geld zu verwirklichen.

Um für ihre Ideen Geld ausgeben zu können, brauchen Menschen allerdings zunächst Ideen, insbesondere Geschäftsideen, um zu Geld zu kommen: »Geld ist ein Abfallprodukt von Ideen«, verlautbarte per Interview ein Investor, der es wissen muss (Harm Müller-Spreer, Berlin, 2008). Zum Problem wird im Gegenzug das Fehlen von Ideen, denn entweder kommt so kein Besitz zustande oder es fehlt ihm, wenn er zustande kommt, an Ideen, wie ihm Sinn zu geben wäre. Gute Ideen sind nicht immer bei denen zu finden, die sonst schon alles haben. *Materiell reich* ist nicht gleichbedeutend mit ideell reich, *materiell arm* nicht mit ideell arm, auch eine Form von Gerechtigkeit. Durch Tauschhandel lässt sich die Situation im Prinzip gut bewältigen.

Erst durch das Hinzukommen von ideellen Dingen, von *Geist* in diesem Sinne, gewinnt Geld Sinn und Bedeutung; es ist nicht von selbst schon davon durchdrungen. Geld kann zur Sinngebung im Leben beitragen, wenn etwas Sinnvolles damit angestellt werden kann. Als Selbstzweck hat es keinen Sinn, und wenn es nicht sinnvoll eingesetzt werden kann, wirkt dies irgendwann auf den Besitzenden zurück, dem sein Besitz und womöglich sein ganzes Leben sinnlos erscheint. Geld als Lebensinhalt wird zum Sand, der durch die Finger rinnt.

Mit dem wachsenden Wohlstand in moderner Zeit scheint dies die Erfahrung vieler zu sein: Kaum ist die drückende *materielle Not* überwunden, die das menschliche Leben lange prägte, bricht die *ideelle Not* auf, nach dem Sinn fragen zu müssen, auf den der bloße Besitz materieller Mittel noch keine Antwort gibt. Die Klärung ideeller Fragen ist die Voraussetzung für die Sinngebung, und die ist eine Sache der geistigen Arbeit, geleitet von Fragen wie: Wozu will ich Geld verdienen? Wofür will ich es ausgeben? Welche Bedeutung hat das Verdienen und Ausgeben für mich und Andere? Wozu überhaupt Geld?

Ein allgemeiner Sinn des Geldes kann in seiner *Stellvertreterfunktion* gesehen werden: Geld erleichtert Tauschgeschäfte und reduziert Komplexität, um nicht mit einem Rucksack voller Kartoffeln zum Arzt gehen und auch sonst über Leistung und Gegenleistung ständig neu verhandeln zu müssen. Immer dann, wenn das Geld »abgeschafft« wird, müssen aus diesem Grund Ersatzwährungen eingeführt werden, denn sonst bleibt wieder nur der Tauschhandel übrig, der mühsamer vonstattengeht als dessen durch Geld vermittelte abstrakte Form.

Man kann es auch zugespitzter sagen: »Das Geld wurde erfunden, damit die Menschen einander nicht in die Augen blicken müssen« (Jean-Luc Godard, *Film Socialisme*, Frankreich 2011), aber niemand ist verpflichtet, das für einen Nachteil zu halten. Die *soziale Funktion* ist dennoch ein weiterer Sinn des Geldes: Menschen kommunizieren in dieser Sprache, einer teilt dem Anderen etwas mit, mit dem Preis für ein Produkt wie auch mit dessen Kauf (daher die Liebe zu Markenprodukten), mit der Buchung eines bestimmten Hotels und überhaupt mit dem erkennbaren Aufwand für die Lebensführung. Geld erlaubt Menschen, einer ihrer Lieblingstätigkeiten nachzugehen: Sich zu unterscheiden, abhängig nur davon, dass viele die Bedeutung des Geldes anerkennen. Ansonsten erfüllen bunte Steine denselben Zweck.

Ein wichtiger Sinn ist die *Speicherfunktion*, um mit Geld gesicherte Lebensbedingungen für sich und die Familie zu schaffen, das Leben im Alter abzusichern, nicht in unerwünschte Abhängigkeiten zu geraten oder sich daraus wieder zu befreien, gebunden allerdings daran, dass der Wert des Geldes erhalten bleibt. Geld kann eine Art von Lebensmittel für schlechtere Zeiten sein, wenngleich die Vorratshaltung, wie jede andere, unsinnige Ausmaße annehmen kann: Ein Kühlschrank mit mehr als einem Stück Butter kann noch sinnvoll sein, eine Wohnung voller Butter ist es nicht mehr.

Vor allem aber dient Geld dazu, *Potenz zu speichern*. Es ist *potentia* im Wortsinne, ein Verfügen über Möglichkeiten, *Macht* in diesem Sinne. Das macht einen guten Teil der Erotik des Geldes aus, dafür wird es heftig geliebt, und viele unternehmen vieles, um in seinen Besitz zu gelangen. Sein *ontologischer Drall* weist immer in Richtung Möglichkeiten: Es repräsentiert sie und es wird vorzugsweise dort investiert, wo Möglichkeiten vermutet werden. Aktualisiert wird die Potenz aber nicht etwa nur in der Ökonomie der großen Zahlen, sondern auch im kleinen Alltag moderner Menschen, beispielsweise beim Einkaufsbummel, beim *Shoppen*, bei dem mit der *Möglichkeit* gespielt wird, Dinge kaufen zu können, und auf dieses Spiel kommt es in erster Linie an. Wird mit dem Kauf selbst dann der ontologische Übergang zur *Wirklichkeit* vollzogen, stellen sich nicht selten die üblichen Folgen einer Ernüchterung ein, der Zauber der Möglichkeiten verfliegt, die Wirklichkeit ist langweilig, Mängel kommen zum Vorschein, das

Gekaufte passt nicht so recht und eigentlich braucht man es gar nicht.

Viele träumen davon, viel Geld zu haben, aber beim *Viel und Zuviel* können unerwünschte Nebenwirkungen auftreten: Es kann Orientierung rauben und Haltlosigkeit nach sich ziehen. Besitzende sind von der Angst besessen, alles wieder zu verlieren. Den festen Rahmen enger Verhältnisse, der Anderen Mühe macht, aber klare Orientierung gibt, müssen sie entbehren, und fatal wird es, wenn auch andere Möglichkeiten, Halt zu finden, entfallen: Vornehme Zurückhaltung, demütige Bescheidenheit, starke Religiosität, wie der Schweizer Pfarrer und Schriftsteller Jeremias Gotthelf sie in seinem Roman *Geld und Geist* von 1843/44 beschwor.

Es gibt keinen Grund zur *Romantisierung des Reichtums*, denn die Besitzenden sind mit Schwierigkeiten konfrontiert, die nicht harmlos sind, wenngleich sich das Mitleid in Grenzen halten darf. Alles können sie sich leisten, aber genau dadurch verliert alles an Wert. Nichts Besonderes ist für sie, was für Andere hinreißend ist. Noch dazu sind sie den Nachstellungen derer ausgesetzt, deren Geschäftsidee es ist, ihnen so viel Besitz wie möglich abzunehmen. Unabdingbar für den Lebenssinn ist, in vertrauensvollen Beziehungen leben zu können, aber wem können Besitzende vertrauen? Selbst bei den engsten Beziehungen können sie nicht sicher sein, ob die Liebe wirklich ihrer Person gilt, und das Geld, das einer allzu sehr liebt, kann in der Beziehung zwischen zweien das störende Dritte sein. Noch dazu sind diejenigen, die erben können, nicht immer frei von der Versuchung, schon etwas ungeduldig zu warten. Zu allem Überfluss vergleichen sich Besitzende gerne mit denen, die mehr besitzen, um dann an Neid zu leiden. Daher beginnt, wenn die materiellen Sorgen enden, nicht etwa das wahre Leben, eher beginnt die verzweifelte Suche danach, ohne dass klar wäre, wo jetzt noch gesucht werden könnte. Vielleicht dort, wo »einfachere Verhältnisse« zu finden sind?

Die Knappheit des Geldes, das *Wenig und Zuwenig* gibt dem Leben einen Rahmen, mit dessen Verlässlichkeit fest zu rechnen ist, auch wenn das gewöhnlich wenig geschätzt wird. Aus der Notwendigkeit, materielle Ressourcen erst erarbeiten zu müssen, ergeben sich klar definierte Ziele und Zwecke, mithin ideeller Sinn. Schon ein Kind ist mächtig stolz auf den Tretroller, für den es einige Zeit selbst gespart hat. Wenn es aber umstandslos haben kann, was es will, kann es nicht mehr auf ein künftiges Ziel hinarbeiten. Dinge werden uninteressant, wenn es ohne Anstrengung möglich ist, sich Wünsche zu erfüllen oder sie erfüllt zu bekommen. Unbegrenzte Verfügbarkeit begünstigt Wertlosigkeit. Alles gewinnt hingegen an Wert, wenn es begrenzt ist, und wird umso wertvoller, je begrenzter es ist: Phänomen von Edelsteinen im Unterschied zu Kieselsteinen.

Dennoch gibt es keinen Grund zur *Romantisierung der Armut*, des Mangels an Geld und Besitz: Im Unterschied zu den meisten Besitzenden wollen die meisten Nichtbesitzenden ihren Zustand gerne hinter sich lassen. Lebensangst kennen sie aus anderen Gründen als die Wohlhabenden, denn ihr Leben hängt von den Möglichkeiten des Lebensunterhalts ab. Ihren Kindern können sie nicht das bieten, was für andere Kinder selbstverständlich ist, womöglich auch nicht die Bildung, die die Startbedingungen für ein anderes Leben verbessern könnte. Und Beziehungen zerbrechen auch hier, wenngleich es nun die ewige Entbehrung ist, die sie unterminiert: Knappheit generiert Stress und Streit. Einer hofft darauf, mit einem anderen Anderen, der über mehr materielle Mittel verfügt, mehr Glück und Sinn kennenzulernen: Endlich sich etwas leisten zu können, nicht ständig aufs Geld schauen zu müssen... Menschen tun alles fürs Geld? Nein, sie tun alles für das Verfügen über Möglichkeiten. Geld ist ein Mittel zu diesem Zweck, Selbstsicherheit und Selbsterweiterung sind damit verbunden.

Fehlt es zu sehr an materiellen Mitteln, verleitet dies *einige* dazu, »die Gesellschaft« dafür verantwortlich zu machen, und wenn die nicht reagiert, sind sie fortan desinteressiert an ihr, asozial in diesem Sinne: Die Gesellschaft braucht sie nicht, also ist sie ihnen auch egal. Bei *einigen* derer, die viel und zu viel haben, kommt eine vergleichbare asoziale Haltung zum Vorschein, wenngleich aus ganz anderen Gründen: Sie brauchen die Gesellschaft nicht, also ist sie ihnen egal. Allen Erfolg verdanken sie nur sich selbst, wie sie glauben. Zweifellos ist ihre Eigeninitiative ein treibender Faktor, die Gesellschaft profitiert davon kräftig. Aber sie verkennen häufig, dass gute Geschäfte auf der Einbettung in eine Gesellschaft beruhen, auf guter Bildung, guten Verkehrswegen, Kommunikationsmöglichkeiten, Rechtsinstitutionen, innerer und äußerer Sicherheit, sozialem Frieden und der Kaufkraft vieler. Dazu tragen viele Menschen mit ihrer Arbeit und ihren Geldern etwa in Form von Steuern bei.

Oft ist das Gegenargument zu hören, der Staat sei eine solche Zumutung an Ineffizienz, dass ihm die Steuerzahlungen verweigert werden müssten; der Einzelne bestimme besser selbst über diese Mittel. Aber es ist unfair, die Effizienz des im Auftrag der Gesellschaft arbeitenden Staates an der eines Unternehmens zu messen: Aufgabe des Staates ist es, zwischen den widersprüchlichsten Interessen zu vermitteln, um die Verhältnisse zum Wohle aller immer neu auszutarieren, Bürgerkrieg zu vermeiden und ein effizientes Wirtschaften zu ermöglichen, damit die Gelder fließen, mit denen wiederum staatliche Leistungen finanziert werden können, die in der Regel kostenintensiv sind. Die Menschen, die aus Kostengründen von Betrieben entlassen werden, kann der Staat nicht seinerseits irgendwohin entlassen. Als die äußerst effizient arbeitende Finanzwirtschaft infolge ihres *Flash Crash* 2008 am Rande des Abgrunds stand, suchte auch sie Zuflucht bei Staat und Gesellschaft, die die selbsternannten »Masters of the Universe« mit ihren astronomischen Verlusten gerne ins All entsorgt hätten.

Geld ist der materielle Träger der modernen Idee von Freiheit. Wer darüber verfügt, erfährt in gesteigertem Maße die *Freiheit von* –, frei von Abhängigkeiten und lästigen Notwendigkeiten. Er kann machen, was er will, abgesehen davon, dass er nicht immer weiß, was er will. Das allein ist jedoch noch kein Leben, schon gar kein gesellschaftliches Leben, keinerlei Bindung und Beziehung kommt so zustande. Die Freiheit bedarf einer Formgebung, einer *Freiheit zu* –, nämlich zur Verwirklichung bestimmter, ausgewählter Möglichkeiten, die schön und bejahenswert erscheinen. Es kann sich um materielle oder ideelle Möglichkeiten handeln, im besten Fall um beide zugleich, um sinnvolle Dinge zu verwirklichen. Von Bedeutung ist die *Freiheit zu* außerdem als Freiheit zur Begrenzung überbordender Möglichkeiten, um nicht willkürlich »für alles Mögliche« Geld auszugeben. Mit Lebenskunst und individueller Ethik kann der Einzelne sich selbst um *Formen* bemühen, bevor er durch eine demokratisch ermittelte Ethik und eine entsprechende Gesetzgebung auf *Normen* verpflichtet wird.

Es liegt im Eigeninteresse der Besitzenden, die Interessen Anderer zu berücksichtigen, um länger als nur für einen Moment die Früchte ihrer Freiheit genießen zu können. Geld ist immer Geld in einer Gesellschaft, in der diejenigen, die zu wenig haben, nicht dauerhaft darüber hinwegsehen können, dass Andere zu viel haben: Ursprung aller *Robin-Hood-Geschichten*, die von Rächern der Armen und Enterbten erzählen. Nur die Besitzenden sind an stabilen Verhältnissen interessiert, die Nicht-Besitzenden naturgemäß nicht. Um materiellen Besitz bewahren zu können, ist es erforderlich, klug, rücksichtsvoll, umsichtig, vorsichtig und vorausschauend damit umzugehen. Interessant sind außerdem Möglichkeiten, die *nicht* von Geld und Besitz abhängen: Freiheit kann nicht nur das *Freisein mithilfe* von Geld und Besitz, sondern auch das *Freiwerden davon* sein, eine Unabhängigkeit anderer Art. Sie wirkt spürbar auf das eigene Selbst und seine Beziehungen zu Anderen zurück.

Wie steht es vor diesem Hintergrund um die Idee des Glücks, dieses ideellen Dings, das besonders hartnäckig mit materiellen Dingen namens Geld verknüpft wird? *Macht Geld glücklich?* Es kann dazu beitragen, bis zu einem gewissen Grad. Was das konkret in Zahlen auf Kontoauszügen heißt, ist eine spannende Frage, eine Antwort darauf muss jedoch jeder für sich selbst finden, in Kenntnis der beiden großen Gefahren im Umgang mit Geld: *Zu wenig oder zu viel* davon zu haben. Das Zuviel kann so problematisch sein wie das Zuwenig, irgendwo dazwischen liegt das persönliche Maß, das noch dazu ein *atmendes* ist: Mal zu wenig, mal zu viel zu haben.

Bezogen auf das *Zufallsglück* ist Geld hilfreich, um die Wahrscheinlichkeit aussichtsreicher Zufallsbegegnungen zu erhöhen. Wer sich in den »richtigen Kreisen« bewegt, kann aufgrund guter Kontakte eher einen guten Job finden und gute Geschäfte anbahnen. Eine handverlesene Partnervermittlung ist nicht preiswert, steigert aber die Wahrscheinlichkeit der Begegnung mit dem Mann oder der Frau des Lebens. Und mehr Schutz vor unglücklichen Zufällen des Lebens auf den gefährlichen Straßen bietet, wie die Unfallstatistik zeigt, ein gut ausgestattetes Auto, das seinen Preis hat.

Zum *Wohlfühlglück* trägt Geld sehr viel bei, denn es erlaubt, gesünder zu leben, geräumiger zu wohnen, aufwändiger auszugehen, anspruchsvoller zu reisen und auch frei dazu zu sein, mehr Zeit in all das zu investieren, was wirklich wichtig erscheint, um dabei eine größere Befriedigung zu erfahren. Geld macht frei und diese Freiheit macht glücklich.

Dennoch kann kein Mensch sich von den Gegensätzen des Lebens freikaufen, die dessen Fülle ausmachen: Vor dem *Glück der Fülle* sind alle Menschen gleich. Allen steht irgendetwas Positives zur Verfügung, das dennoch immer wieder konterkariert wird von negativen Erfahrungen wie Ärger, Misserfolg, Schmerz, Krankheit. Unvergleichlich ist der Genuss, frei davon zu sein, aber niemand kann negative Erfahrungen dauerhaft ausschalten, allenfalls sind sie mit Geld abzumildern, und alles kommt darauf an, sie ins Leben integrieren zu können.

Was schließlich das *Unglücklichsein* betrifft, scheinen diejenigen, die viel und zu viel haben, bevorzugt davon angetastet zu werden. Dann verstehen sie die Welt nicht mehr: »Wie ist es möglich, dass ich unglücklich bin, wo ich doch alles habe?« Aber ihr Leben hat vielleicht zu wenig Sinn. Und alle Stimmungsaufheller, alles Positivdenken und noch so viele Wochenendshoppingtouren in die Citys dieser Welt ändern nichts daran, dass das Unglücklichsein eine Möglichkeit des Menschseins ist. Das Glück der Besitzenden besteht darin, sich in diesem Zustand einrichten zu können, während Andere sich trotz allem um den Lebensunterhalt kümmern müssen – vermutlich eine andere Art von Glück im Unglücklichsein: Nicht lange hadern zu können.

Sinnvoll erscheint einerseits, sich um materielle Mittel zu

bemühen, andererseits aber Sorge für ihre Begrenzung zu tragen, um nicht im Überfluss und Überdruss unterzugehen. Eine *moderate Liebe zum Geld* kann hilfreich sein, um zu Geld zu kommen, sich aber nicht darin zu verlieren: Weiterer Bestandteil einer Kunst des Liebens. Keine blinde Leidenschaft sollte es sein, schon gar keine Gier nach Geld, eher ein *Befreundetsein* damit oder, noch zurückhaltender, ein *Mögen*, wie es bei jemandem möglich ist, mit dem sich gut kooperieren lässt.

Ungut wirkt sich demgegenüber eine *funktionale* Beziehung zum Geld aus, die nur dessen Funktionieren im Wirtschaftssystem sieht und für außermonetäre Zusammenhänge blind bleibt, um dann verwundert darüber zu sein, wenn Andere »das System« zerschlagen wollen. Verständlich ist eine kämpferische, *agonale* Beziehung, ein Anrennen gegen Geld, das die Welt regiert, ein Hass auf den schnöden Mammon, wenngleich dabei außer Blick gerät, dass nicht wirklich Geld das Problem ist, sondern der Umgang mit Geld. Schwieriger ist die *ausschließende* Beziehung, der Versuch, das Geld abzuschaffen, um die Probleme loszuwerden, die es mit sich bringt. Bei jeder vermeintlichen Abschaffung bleibt die Frage nach den Lebensmöglichkeiten offen, über die der Einzelne nicht selbst verfügt, für die er vielmehr auf Andere angewiesen ist, für die wiederum dasselbe gilt: Geld kann das Medium des Austauschs sein. Am schwierigsten ist die *virtuelle* Beziehung zum Geld, die bei Menschen verbreitet ist, denen Zahlen nichts bedeuten: Es gibt kein virtuelles Geld; für jede Zahl, die irgendwo steht, muss jemand bezahlen, auf welche Weise auch immer.

Liebe ist ein poetisches Wort für die Beziehung zum Geld, die gerne als prosaisch abgetan wird. Aber ebenso wie anderen materiellen und ideellen Dingen kann dem Geld Zuwendung und Zuneigung zukommen, um eine Basis für den sinnvollen, geistreichen Umgang damit zu schaffen, denn was Menschen lieben, das pflegen sie auch. Die Liebe zum Geld hat freilich einen schlechten Ruf: Kaum jemand will sich dazu bekennen. Dieser Liebe frönen nur »die Anderen«, ich selbst bin frei davon, Gott sei Dank. So wird eine *heimliche Liebe* daraus, so verbreitet wie andere heimliche Lieben.

Aus einer solchermaßen verleugneten Liebe kann eine *verwahrloste* werden, eine, die keine sein soll, verborgen vor den Augen der Anderen, aufrechtzuerhalten nur mit einem schlechten Gewissen, mit allen Merkmalen einer verschwiegenen Leidenschaft, die dem gerissenen, nicht aber dem klugen Umgang mit Geld förderlich ist. Um die heimliche Liebe zu kaschieren, wird sie ideell eingekleidet, mit ansehnlichen Ideen, Werten und Worten ausgestattet, die keine Zweifel aufkommen lassen sollen: Aus reiner Menschlichkeit werden großzügig »Mittel zur Verfügung gestellt«, wo es in Wahrheit um lukrative Investitionen geht. Unbedingt sollen »Arbeitsplätze erhalten bleiben«, wo in Wahrheit der Gewinn erhalten und politisch eine Wiederwahl gesichert werden soll.

Sinnvoller wäre eine *gepflegte Liebe*, die sich zu ihrem Objekt bekennt und so gefühlvoll wie überlegt, mit menschlicher und monetärer Kompetenz damit umgeht. Wenn einer das Geld liebt, es jedenfalls mag und wertschätzt, nimmt ja vielleicht auch die Wahrscheinlichkeit zu, dass das Geld *ihn* wiederum liebt, ihn nicht verlässt und sogar gerne auf ihn zukommt, voller Vertrauen, gut behandelt zu werden. Vor allem das kluge Kalkül könnte den bewussten Umgang mit Geld zur Erscheinungsform einer *geistigen Liebe* machen, einer *Agape*-Liebe über den bloßen *Eros* des Geldes hinaus. Und auch diese Liebe muss *atmen* können, daher wäre außer der Fähigkeit zur Ekstase auch die zur Askese einzuüben, um nicht nur zur Veraus-

322

gabung, sondern auch zur Zurückhaltung und Enthaltsamkeit in der Lage zu sein, in der die Kräfte und Geldbestände sich wieder erholen können.

Beide Seiten könnten abwechselnd in einem vorsätzlich gepflegten, *widersprüchlichen* Umgang mit Geld zum Vorschein kommen: *Geizig*, wo es nötig ist, *großzügig*, wo es möglich ist. Der Geiz sorgt für die materiellen Ressourcen, mit denen die ideelle Großzügigkeit frei hantieren kann. Geiz ist nötig, damit der Großzügigkeit nicht irgendwann überraschend die Mittel abhandenkommen, Großzügigkeit ist erforderlich, damit der Geiz sich nicht in einem geistlosen Raffen erschöpft, diesem *Dagobert-Duck-Syndrom*. Wo aber ist es möglich, sich großzügig zu zeigen? Eigentlich überall, günstige Gelegenheiten dazu offerieren jedoch Kunst und Kultur, die im Gegenzug Geist und Sinn in reichem Maße zur Verfügung stellen.

Die Liebe zu Kunst und Kultur als Element der Lebenskunst

Die »Förderung der Liebe zur Kunst« liegt zuallererst den Künstlern selbst am Herzen. Mit seiner Frau Ada gründete der Maler Emil Nolde eine Stiftung unter diesem Namen, die nach seinem Tod 1956 ihre Arbeit aufnahm und seither am Wohn- und Arbeitsort des Malers in Seebüll nahe der Insel Sylt, seit 2007 auch in Berlin Ausstellungen veranstaltet, in denen Menschen ihre Liebe zur Kunst entdecken oder ihr wieder nachgehen zu können. Langsam wandere ich an den Bildern entlang, halte vor einem inne, das mir besonders interessant erscheint: Irgendetwas zieht meinen Blick an, eine Farbe, eine Linienführung, eine Technik, das gemalte Licht, die eigenartige Komposition, das dargestellte Sujet. Was genau ist es? Was ruft das in mir wach? Was stellt das Bild dar? Wann wurde es gemalt? Wo? Welchen Titel hat der Maler ihm gegeben?

Das Denken und Deuten kommt in Gang, auch dann, wenn mir ein Bild nicht gefällt. Ausstellungen vermitteln Sichtweisen, die überraschend, bekräftigend, dann wieder fragwürdig und rätselhaft erscheinen. Sie schaffen Freiräume, in denen der Besucher saumselig umherwandern und neue Zusammenhänge aufspüren kann, angeregt von den Objekten der Kunst und auch gänzlich losgelöst davon, denn die Gedanken schweifen ab und finden ihre eigenen Sujets. Zwischendurch geht der Blick zum Fenster, einem Bild anderer Art. Draußen setzt der Wind die Blätter in Bewegung, drinnen hat der Maler die Bewegung mit dem Pinsel festgehalten oder aber seine eigene Wirklichkeit geschaffen.

Die Wirklichkeiten der Bilder sind für den Betrachter Möglichkeiten der Welt, des Sehens, Fühlens, Denkens, Lebens. Der Raum flirrt von Möglichkeiten, das macht die *Erotik einer Ausstellung* aus, und das ist wohl auch ein Grund für die Liebe zur Kunst: Kunst erkundet Möglichkeiten und zeigt deren Unerschöpflichkeit auf, in der Moderne mehr als je zuvor, denn Kunst ist das Möglichkeitskraftwerk der Moderne. Der Reichtum der Möglichkeiten macht einen guten Teil der Bedeutung von Kunst aus, schon aus diesem Grund kann sie zum Element der Lebenskunst für den werden, der sie herstellt, wie auch für den, der sie wahrnimmt.

Möglichkeiten sind es, die das Leben bereichern und ein Kunstwerk *schön* erscheinen lassen, auch wenn nicht zu erwarten ist, dass das Leben irgendwann nur noch aus Schönem besteht. *Schönheit* ist kein feststehender, sondern ein stets von Neuem umstrittener Begriff, um den es in der Kunst auch dann geht, wenn er vermieden oder verneint wird: Schön erscheint das, was bejaht werden kann, auch wenn Andere es nicht schön oder gar hässlich finden. Bejaht wird es, weil Energie darin zu finden ist, eine Verdichtung von Möglichkeiten. Ein Künstler kann an seinem Werk nur arbeiten, wenn er Energie daraus beziehen kann. Der Betrachter wiederum wird von dem Werk erfasst, in dem er Energie erspürt. Von selbst geht dann der Atem tiefer, und die Versuchung wird größer, im Austausch und in der Auseinandersetzung mit Anderen aus der subjektiven Erfahrung eine objektive *Wahrheit* zu machen. Das Werk, das ein Mensch für schön hält, will er immer wieder sehen, ja, sogar mit ihm leben und es Anderen zeigen, sei es in Form einer Reproduktion, wie sie im Ausstellungsshop zu kaufen ist, oder des Originals, wenn es verfügbar und bezahlbar ist. Ein Leben ohne diese Liebe kann sinnlos erscheinen.

Die bejahende Beziehung zur Kunst kennt außer dem einfachen Mögen und der zugewandten Freundschaft häufig die *leidenschaftliche Beziehung*, die zu jeder Hingabe fähig ist, mit all den Übersteigerungen und Enttäuschungen, mit Eifersucht, Untreue und Verrat, wie sie schon von der Liebe zwischen zweien her bekannt sind. »Ich habe beschlossen, dass es in meinem Leben nur eine große Liebe geben soll: die Kunst!« schrieb Victoria Ocampo als angehende argentinische Muse und Frauenrechtlerin im Sommer 1907 an ihre Freundin (*Mein Leben ist mein Werk*, Sammelband, 2010).

Den Gegensatz dazu bilden gleichgültige und verneinende Beziehungen, vorweg die lieblose *funktionale Beziehung*, die den Unmut vieler Künstler und Kunstliebhaber auf sich zieht, da sich mit dieser Haltung die Kunst in Massendrucken von Bildern und Kaufhaus-Hintergrundmusik vermarkten lässt. Dann doch lieber eine *agonale Beziehung*, eine offene Auseinandersetzung, auf die so mancher Künstler, der seine Kunst als Provokation versteht, ohnehin bewusst zielt. Schlimme Auswirkungen kann jedoch eine *ausschließende Beziehung* nach sich ziehen, mit der eine Kunst bedacht wird, die ärgerlich erscheint und unverstanden bleibt. Bestenfalls wird sie ignoriert, schlimmstenfalls als »entartete Kunst« eliminiert; Künstler selbst werden womöglich als »negative Elemente« gebrandmarkt und verfolgt, wie dies im Nationalsozialismus und Sozialismus geschah.

Auch eine *virtuelle Beziehung* zur Kunst ist möglich, wenn ihr Bedeutung zuerkannt wird, ohne eine wirkliche Beziehung zu ihr einzugehen. Jede Beziehung und Nichtbeziehung zur Kunst aber hat wiederum mit der *Selbstbeziehung* zu tun: Kunst ist für den Künstler wie für den, der Kunst wahrnimmt, eine Herausforderung für das eigene Selbst und ein Medium für die Arbeit daran: Bin ich dazu bereit oder schrecke ich davor zurück? In der Kunst nur die Bestärkung eigener Gefühle, Gedanken und Sichtweisen zu suchen, ist legitim, leistet jedoch Verzicht auf die Anregungen zu anderen Gefühlen, Gedanken und Sichtweisen: »So habe ich das noch nie gesehen!«

Und anstelle einer Liebe zur Kunst, meist ergänzend zu ihr, ist eine *Liebe zu Künstlern* möglich, zu Malern, Bildhauern, Musikern, Autoren, Schauspielern, Sängern, Tänzern, Performancekünstlern, Medienkünstlern, Fotografen, die Kunstwerke in den unterschiedlichsten Formen verfertigen. Von aufrichtiger Verehrung reicht die Liebe bis hin zum krankhaften »Stalking«, dem Nachstellen, das die dunkle Seite auch dieser Liebe ist.

Charakteristisch für die Liebe zu Künstlern ist die Bewunderung ihrer *Genialität*, der von ihnen verkörperten Fähigkeit des menschlichen Geistes (*genius* im Lateinischen), unendlich viele Zusammenhänge zu erahnen, zu sehen, zu erkennen und selbst herzustellen. Künstler können mit ihrer Arbeit dem Leben *Sinn* geben, da sie alle möglichen, sinnlichen, seelischen, geistigen und transzendenten Zusammenhänge aufscheinen lassen. Das reicht bis zum *Unsinn*, in dem sich wirkliche Zusammenhänge auflösen und unmögliche anvisiert werden, sowie zum *Wahnsinn*, in dem alles voller Zusammenhänge zu sein scheint, die irgendwie möglich, aber nicht unbedingt wirklich sein können. Die Schöpferkraft, die dem Genie zugeschrieben wird und dem Wahnsinn nicht selten nahe kommt, manifestiert sich in der Fähigkeit zur *Transzendenz*, denn sie überschreitet scheinbar mühelos die Grenzen zwischen Wirklichkeit und Möglichkeit, Schein und Sein, um stets neue Zusammenhänge zu finden und zu erfinden. Oft geht sie aus abgründigen Erfahrungen hervor und baut Brücken über Abgründe, indem sie die Fülle der Möglichkeiten und die schöpferische Kraft eines immer neuen Werdens vor Augen führt.

Dieses Schöpfen aus dem unerschöpflichen Reich des Möglichen lässt Künste und Künstler der Religion so nahe sein: Jede Kreativität ist *säkulare Religiosität*, weltlicher Gottesdienst, denn sie hat immer mit dem unendlichen Horizont von Möglichkeiten zu tun. Die Arbeit am Werk selbst ist eine Art von Transzendenz, denn sie besteht darin, aus einer Quelle, die das Ich überschreitet, etwas über das Ich hinaus zu schaffen, das lange, möglichst für immer Bestand hat. Auf geniale Weise Möglichkeiten in den Blick zu bekommen, heißt allerdings noch lange nicht, sie auch in einem Werk verwirklichen zu können: Menschen mit genialer Begabung fehlt es nie an Ideen, oft aber an der Fähigkeit zur Umsetzung in wirkliche Dinge mithilfe von Arbeit und Anstrengung, Übung und Durchhaltevermögen.

Die Liebe eines Menschen gilt allen oder einzelnen Künsten und Künstlern, allen oder einzelnen Kunstrichtungen und Stilen, allen oder einzelnen Kunstwerken, diesem oder jenem Bild, Film, Stück, Buch, Thema. Jede Kunst und jedes Kunstwerk spricht verschiedene *Sinne und Sinn-Ebenen* des Menschen an und aktiviert auf je eigene Weise die sinnliche, seelische, geistige und transzendente Ebene des Sinns. Einige *integrale Künste* wie etwa Film, Theater, Oper, Musical umfassen fast alle Sinne und Sinn-Ebenen zugleich: Die Erfahrung der Fülle des Sinns, die sich daraus ergibt, dürfte ein entscheidender Grund für die nicht endende Liebe zu diesen Künsten sein – aber auch andere Künste bieten einigen Reichtum an Sinn:

Die *Liebe zum Tanz* weckt den Bewegungssinn und, da dem Tanz meist Musik zugrundeliegt, den Hörsinn, auch den Tastsinn, wenn ich mit einem Anderen tanze, sowie den Sehsinn, wenn ich den Tanz Anderer betrachte. Der äußeren Bewegung der Glieder entspricht die innere der Gefühle, die seelischen Sinn hervorbringt, und seit jeher erzeugen tanzende Bewegungen auch transzendente Erfahrungen, bei denen sich das Ich vergisst.

Die *Liebe zur Malerei* steht naturgemäß mit dem Sehsinn im Bunde, der sich selbst genügen kann, mit entstehenden Gefühlen aber auch seelischen Sinn wachruft, mit gedanklichen Deutungen geistigen Sinn anregt, zuweilen das Fühlen und Denken zur Transzendenz hin öffnet, worauf die Landschaften Caspar David Friedrichs im 18./19. oder die Farbfelder Mark Rothkos im 20. Jahrhundert zielten.

Die *Liebe zur Bildhauerei* spielt mit dem Tastsinn, dem freilich meist nur die Künstler frönen dürfen, während die Betrachter sich mit dem Sehsinn begnügen sollen: »Bitte nicht berühren!« Nur beim Kunsthandwerk ist das anders, etwa bei der Gebrauchskeramik, die jeder nicht nur mit den Augen, sondern auch mit den Händen umfangen kann.

Nicht alle Künste berühren alle Menschen, die meisten aber werden von Musik berührt, sinnlich, seelisch, geistig, transzendent. In der *Liebe zur Musik* lebt der Hörsinn auf, der im Zusammenspiel mit dem inneren Sinn des »Bauchgefühls« die seelisch-geistigen Energien offenkundig am stärksten bewegt. Zum persönlich definierten Kern eines Selbst gehören nahezu immer *musikalische Vorlieben*, in denen seine Erfahrungen, Ideen, Sehnsüchte, Werte, Charakterzüge und Gewohnheiten, sein Unglücklichsein und seine Vorstellungen von Glück und Schönheit zum Ausdruck kommen. Ich schwelge in den Klängen, mit denen Johann Strauß den Walzer zum Exzess treibt, Richard Strauß ihn in den Wahnsinn treibt, während Alexander Glasunow, Dmitri Schostakowitsch und Aram Chatschaturjan ihn mit schrägen Klängen neu erfinden. Eine Stimmung entsteht, in der die Seele mit längerem Nachklingen geraume Zeit verweilen kann. Jeder Ton zupft eine Saite des Menschseins an und jede Anordnung der Töne ordnet das Innere des Selbst, sodass es ihm möglich wird, sich von Neuem mit sich zu befreunden und wieder auf Andere zuzugehen. Ein Mensch kann zu sich selbst finden, wenn er seine Lieblingsmusik hört, und erst recht, wenn er selbst Musik macht: »Ohne meine Musik hätte mich das innere Chaos jedenfalls schon längst verschlungen«, meinte die junge französische Chansonsängerin Zaz 2011 in einem Interview.

Für den Musiker wie für den Hörer ist Musik der kurze Weg zur *Fülle des Sinns*, die auf allen Ebenen zugleich erfahrbar wird: Töne, Klänge, Stille und Geräusche, Schwingungen, Spannungsbögen, Rhythmen, Melodien und ihre immer neuen Variationen rufen alle möglichen Gefühle, Gedanken und Ahnungen hervor. Dabei handelt es sich doch nur um physikalische und neurobiologische Vorgänge: Sinnlich wahrnehmbare Schwingungen finden Resonanz in den verschiedensten Teilen des Gehirns. Der *Hirnstamm* reagiert unmittelbar und unbewusst auf Rhythmen und Töne; das subkortikale *limbische System*, in dem die Gefühle wohnen, wird angeregt, insbesondere das mesolimbische System, das »Glückshormone« ausschüttet, ferner das *kortikale Bewusstsein*, das frühere Erfahrungen und Situationen wieder ins Gedächtnis ruft und mit Spiegelneuronen Einfühlung und Mitgefühl weckt. Mit Melodien lebt eher die rechte Hirnhälfte auf, mit Rhythmen eher die linke. Davon, dass schon Kinder und Jugendliche sich von Musik in ihrem ganzen Menschsein angesprochen fühlen und mit ihrer Hilfe zu sich und zur Gemeinschaft finden, zeugt das Projekt *Rhythm is it* der Berliner Philharmoniker, dirigiert von Simon Rattle, 2004 filmisch dokumentiert.

Jedem Interpreten ist es ein Anliegen, die Sinnfülle erlebbar zu machen, und so perlt die Kette der Töne im *Impromptu As-Dur* von Franz Schubert ganz aus sich selbst heraus, angetrieben von einer inneren Dynamik, zu deren ausführendem Organ sich der Pianist macht: Er wolle »nicht die Noten spielen, sondern deren Sinn«, sagte Alfred Brendel 2001 in einem Gespräch. Nie endender Sinn ergibt sich noch dazu aus der Fülle möglicher Deutungen: Der Grundsatz der *hermeneutischen Fülle*, wonach das Spektrum der Interpretationen nie zu erschöpfen ist, gewinnt in der Musik hörbare Evidenz.

Kompositionen und Interpretationen machen die unerschöpflichen Energien, die wohl das Wesentliche aller Wirklichkeit und Körperlichkeit sind, hörbar, fühlbar und denkbar. Die Musik besteht aus Tönen, die »mit *Kräften ohne Körper* unser Herz umfließen«, sodass es möglich wird, dass die Seele »sich selber zuhört« (Jean Paul, *Leben des Quintus Fixlein*, 1796, Ausgabe 1972, 230). Das tiefste Innere des Menschen, vorstellbar als ein Raum, in dem das persönliche Dasein in ein universelles Sein übergeht, beginnt zu vibrieren. Alle Fasern und Facetten des Inneren schwingen mit, wenn äußere Schwingungen Musik erzeugen, in denen vielleicht die energetischen Strings, die dem Universum zugrundeliegen könnten, zum Klang werden. Ein weltlicher Eindruck von Unendlichkeit entsteht, der für viele Menschen zur religiösen Erfahrung wird.

Mit der *Liebe zur Sprache und zur Literatur* wiederum lassen sich Hörsinn, Sehsinn und ein Maximum an seelischem und geistigem Sinn aktivieren. Mit bloßem Vorstellungsvermögen kann ein Mensch Sinn aus dem Klangmuster und Schriftbild von Wörtern und Sätzen, aus ihrer syntaktischen Zusammenstellung und semantischen Bedeutung im Kontext eines Textes erschließen. Jede Liebe zu einer bestimmten Sprache eröffnet ihm Zugang zu einer ganzen Welt und stärkt zugleich seine Liebe zu sich, da er mit dem Reichtum einer Sprache zu einer reicheren Wahrnehmung und Gestaltung seiner selbst und seines Lebens in der Lage ist.

Niedergelegt in Schriften, wird Sprache zur Literatur, die nicht nur alle Aspekte einer Wirklichkeit beschreibt, sondern auch alle denkbaren Möglichkeiten entwirft. Bereits der junge Leser entdeckt die Faszination der Lektüre, die ihm ermöglicht, »einzutauchen« in andere Welten und selbst ein Anderer zu werden. Anders als der Kritiker, der Distanz gewinnen muss, um ein Buch beurteilen zu können, kann der Genussleser sich hingeben und gerade dadurch eine leidenschaftliche Hingabe auch von Seiten des Buches erfahren (Martin Duda, *Das Glück, das aus den Büchern kommt: Lesekunst als Lebenskunst*, 2008). Liebender und Geliebter zugleich kann der Leser sein, das Resultat können Neurobiologen messen: Neuronen und Synapsen werden gebildet und eröffnen neue Fühl- und Denkmöglichkeiten. Neuer Sinn mit der größtmöglichen Vielfalt an seelisch-geistigen Zusammenhängen entsteht selbstredend eher beim tiefen Eintauchen in den Text (*deep reading*) als beim oberflächlichen Darüberhinweglesen (*transverse reading*), das seinen Sinn darin hat, einen Text auf Informationen hin zu *scannen* (Maryanne Wolf, *Das lesende Gehirn*, 2009).

Mit allem, was sie lesen, schreiben Menschen an ihrem Leben und erarbeiten sich ihre eigene *Lesebiographie*. Mit allem, was sie schreiben, stellen sie im Gegenzug Anderen *Lesestoff* zur Verfügung und geben künftigen Zeiten weiter, was sie denken und wissen, erträumen und befürchten. Vor allem Bücher dienen als *ontologische Katalysatoren*, mit deren Hilfe innere und äußere Wirklichkeiten und Möglichkeiten verdichtet und weitergereicht werden können: Das macht ihren Reiz aus, dafür werden sie geliebt.

Größter Beliebtheit erfreuen sich Geschichten von den Wirklichkeiten, Möglichkeiten und Unmöglichkeiten der *Liebe*, von den Träumen und Problemen der Liebenden, von ihrer Vertrautheit und ihrer Fremdheit, die nur zeitweilig zu überbrücken ist, von ihrer Bindung, ja, Fesselung durch Leidenschaft und von deren Schwinden beim Versuch, eine dauerhafte Beziehung aus der momentanen Aufwallung zu machen. In der *Fantasy*-Literatur behaupten Fabelwesen das Reich der Möglichkeiten gegen jede Wirklichkeit und brechen die reale Welt mit träumerischem Surrealismus auf. Diese Geschichten leben vom Traum aller Romantiker, dauerhaft bei Feen, Elfen, Nymphen, Faunen und Einhörnern verweilen zu können und keinen Kompromiss mehr mit dem banalen Alltag eingehen zu müssen (Andreas Kraß, *Meerjungfrauen*, 2010).

Aber auch der äußeren Form von Büchern kann eine leidenschaftliche Liebe zukommen, die dem Leben Sinn gibt und Element einer Kunst des Liebens ist: Die *Bibliophilie* gilt Büchern allgemein oder bestimmten Büchern, älteren oder neueren Büchern, mit denen ein intimer Umgang gesucht wird, der bis zur Manie reichen kann. Es ist aufregend, sie zum ersten Mal zu sehen, anzufassen, aufzublättern, Papier, Leim und Druckfarbe zu riechen. Das Glück ist perfekt, wenn das ansprechende Äußere mit einem spannenden Inneren einhergeht, aber Bedingung der Liebe ist das nicht.

Im 21. Jahrhundert wird der Körper des Buchs, dem über Jahrhunderte hinweg so viel Liebe zuteilwurde, durch das *E-Book* ergänzt und ersetzt, begleitet von Befürchtungen, das sinnliche Erlebnis des Buchs könne damit in Vergessenheit geraten. Aber das elektronische Buch gewinnt seine eigene Körperlichkeit und Sinnlichkeit und vermag die seelischen, geistigen und transzendenten Ebenen des Sinns zu bewahren, schon aus diesem Grund kann ihm gleichfalls Liebe zuteilwerden. Auch virtuell ist es möglich, mit jedem Satz tiefer in eine andere Welt hineinzugleiten, sich darin wie beim Blick in die Augen eines Anderen zu verlieren – und sich mit dem letzten Satz plötzlich wieder auf die eigene Wirklichkeit zurückgeworfen zu fühlen.

Und nicht nur die Liebe zu Künsten aller Art und Büchern in jeder Form ist Teil einer Kunst des Liebens, sondern ebenso die *Liebe zu Wissenschaften*, die sehr viel zur Kulturgeschichte beiträgt. Es kann die Liebe derer sein, die Wissenschaft betreiben, wie auch derer, die sich für ihre Prozesse und Resultate interessieren. Ihren Bezugspunkt hat diese Liebe zunächst in sinnlich erfahrbaren Objekten, in der Biologie ebenso wie in der Soziologie. Die Zuwendung und Zuneigung gilt allen Phänomen der Wirklichkeit, deren Bestandteile und Zusammenhänge seziert und analysiert werden, um zu bemerken, dass viele von ihnen mit Zahlenverhältnissen erfassbar sind, also mit *Mathematik*, die erstaunlicherweise »auf die Gegenstände der Wirklichkeit so vortrefflich passt« (Albert Einstein, *Geometrie und Erfahrung*, Vortrag, Berlin 1921). Fast scheint es, als hätte die Mathematik in moderner Zeit eine führende Rolle bei der Konstituierung von Sinn übernommen, die jedenfalls wissenschaftlich Interessierte zufriedenstellt.

Wissenschaftler selbst beziehen Sinn vor allem aus der innigen Liebe zu ihrem Gegenstand; sie zeigen dabei oft die gleichen Symptome, wie sie für die Verliebtheit zwischen Menschen typisch sind, hier aber weit länger vorhalten: Fixierung auf das Objekt, das eifersüchtig gehütet wird, entrückter Blick, Geistesabwesenheit, Zeitvergessenheit, Tagträumerei, stilles Lächeln in sich hinein und eine Erfülltheit, die sich nur der Erfahrung eines intimen Zusammenseins verdanken kann. Selbst Hunger und Durst vermag der Umgang mit dem geliebten Objekt zu stillen, zumindest zeitweilig. Manchen Wissenschaftlern wird, wie Künstlern, Genialität zugesprochen, und dass sie eine ebenso große Bewunderung wie Zurückweisung erfahren können, prägte schon die Biographie Galileo Galileis.

Eine Sonderstellung in der Liebe zu Wissenschaften nimmt die *Medizin* ein: Von ihren Forschungen und von ihrer Fähigkeit zu deren Umsetzung in ärztliche Kunst hängen sehr direkt Menschenleben ab; geliebt und bewundert wird sie daher von Nichtmedizinern, wenn sie erfolgreich heilen kann. Eine Sonderrolle weisen viele außerdem der *Liebe zur Weisheit* (griechisch *philosophia*) zu, von der sie sich seelisch-geistiges Heil erhoffen. Von alters her ist sie das Verlangen danach, dem Wesentlichen, dem *Sinn* auf die Spur zu kommen, daher die im-

334

mer neue *Besinnung*, das Innehalten und Nachdenken, um zu fragen: Was ist dies und jenes eigentlich, was steckt dahinter, was liegt zugrunde, worauf kommt es an? Schritte auf dem Weg zur Weisheit sind das genaue Hinsehen, das Beschreiben von Phänomenen, wie sie wahrnehmbar sind, die Aufmerksamkeit auf Begriffe, die dabei verwendet werden, der Blick fürs Ganze, in das jedes Einzelne eingebettet ist, das Abwägen von Gründen für und gegen ein Tun und Lassen im Umgang damit. Das Philosophieren ist letztlich ein Bemühen um das Wissen, wie das Leben geführt werden kann. Die Philosophie der Lebenskunst versucht das Handwerkszeug dafür bereitzustellen, das jedoch eigene Überlegungen nicht ersetzen kann.

Was sich aufgrund der Besinnung als wichtig und richtig herauskristallisiert, trägt zur *Orientierung* bei, um den eigenen Weg zu finden und dabei Umwege und Wagnisse nicht zu scheuen, in der Gegenwart zu leben und zugleich ein wenig über den Dingen zu stehen, vielleicht sogar weit darüber hinauszusehen. Der Mensch, der weiser werden will, versucht sich vom schmückenden und störenden Beiwerk der Dinge nicht blenden zu lassen und von vorschnellen Bewertungen abzusehen. Mit aufgeklärter Bewusstheit ist ihm eine abgeklärte, amoralische Sichtweise beim Umgang mit sich, mit Anderen und aller Welt eigen. Nichts Menschliches ist ihm fremd, insbesondere nicht die Irrtumsanfälligkeit, Widersprüchlichkeit und Unbeständigkeit des menschlichen Lebens. Bei allem Wissen weiß er um die Begrenztheit des Wissens und begnügt sich anstelle von letztgültiger Erkenntnis und Selbsterkenntnis mit provisorischen Kenntnissen. Mangelt es ihm daran, weiß er, wo und wie er sie erlangen kann. In Kenntnis größerer Zusammenhänge und kleinerer Details versucht er immer von Neuem, das Maß seiner Freiheit abzuschätzen: Wo habe ich eine Wahl, wo nicht? Was kann ich ändern, was nicht? Um dort aktiv zu werden, wo es möglich erscheint, und es dort zu lassen, wo es unmöglich erscheint. Im Meer aller Ungewissheiten von Leben und Welt richtet er sich trotz allem ein Leben auf einer Insel relativer Gewissheiten ein.

Der Lohn der Bemühungen um Weisheit ist eine größere Freimütigkeit des Denkens und Sagens, Tuns und Lassens, verbunden mit mehr *Gelassenheit und Heiterkeit.* Die Weisheit profitiert von Erfahrungen, vor allem von schlechten Erfahrungen, von Unbedachtheiten und Dummheiten, die dennoch wertvoll sind, um mithilfe von Besinnung Schlüsse daraus zu ziehen: So entsteht das *Gespür,* das zur Grundlage der bewussten Lebensführung wird, die nicht immer nur auf Bewusstheit beruhen kann. Fraglos ist die Weisheit eine Angelegenheit des Älterwerdens, junge Menschen können gut auf sie verzichten: Ein wenig jugendliche Klugheit, Rücksicht, Umsicht, Vorsicht und Voraussicht reicht völlig aus, um schwierige Situationen zu bewältigen, die nicht immer tiefer Einsichten bedürfen. Dummheiten, die sie machen, stehen sie mehr oder weniger mühelos durch, und einige Zeit können sie es sich leisten, nichts daraus zu lernen. Irgendwann fehlt dann jedoch zur Dummheit die Kraft: So kommen Menschen zur Weisheit.

Die Fülle der Einsichten, die im Laufe langer Zeiten auf diese Weise entstanden sind, wurden in Lebensregeln, Lebenslehren, Sprichwörtern, Mythen und Märchen niedergelegt, die den Einen überaus liebenswert erscheinen, Anderen verhasst sind. In der Tat ist das Erfahrungswissen, wie jedes Wissen, irrtumsanfällig: Niemand kann alle Erfahrungen vorwegnehmen und Schlüsse aus bisherigen Erfahrungen können fehlerhaft sein. Wirkliche Weisheit weiß auch noch um die Dummheit, die ihr eigen sein kann.

Eine tief in der Geschichte der Kultur verankerte Leidenschaft ist schließlich die *Liebe zur Religion*. Lange in der Menschheitsgeschichte repräsentierten Religionen die Königsdisziplin der Sinngebung: Sie fungierten als *Sinnpool*. Auch zahllose Kunstwerke verdanken sich diesem Impuls des Denkens und Fühlens über die menschliche Endlichkeit und Wirklichkeit hinaus, bei dem ein transzendenter Sinn gewiss erscheint. In moderner Zeit scheiden sich hier jedoch die Geister: Viele lehnen jede Art von Religion mit Vehemenz ab. Religion muss aber keineswegs auf dem Glauben an eine jenseitige Transzendenz beruhen, religiös kann auch das Wissen von kosmischen Zusammenhängen sein, die die Existenz des Menschen unendlich überschreiten. Ebenso können die Kulturleistungen von Religionen bewundert werden, wenngleich ihnen unentschuldbare Kulturzerstörungen gegenüberstehen, die die bange Frage aufwerfen, ob die destruktiven Kräfte, die von Religion freigesetzt werden, die konstruktiven überwiegen. Selbst beim Blick über lange Zeiten ist das nicht klar zu beantworten.

Auch abseits fragwürdiger Seiten der Religion ist jedoch jede schöpferische Kunst und Kultur mit Kulturzerstörung in beliebigen Größenordnungen konfrontiert. Die Liebe mancher Menschen kann sogar der Zerstörung selbst gelten, das zeigt sich am deutlichsten in der *Liebe zum Krieg* (James Hillman, *Die erschreckende Liebe zum Krieg*, 2005). In seinem Kriegstagebuch der Jahre 1914-1918 hielt der Schriftsteller Ernst Jünger fest, wie wenig ihn der Tod Anderer und der jederzeit mögliche eigene Tod berührte, während er sich vom Blick in die Abgründe der menschlichen Existenz unwiderstehlich angezogen fühlte. Sinn bezog er aus der Konfrontation mit der Sinnlosigkeit, und gerade unter Lebensgefahr machte er die Erfahrung höchster Lebenssteigerung. Immerhin führte ihn die Befriedigung seiner wilden Abenteuerlust zur Einsicht: »Der Mensch ist unberechenbar. Im Umgange mit ihm muss man auf Alles gefasst sein« (*sic!*, Edition 2010, 432). Sollte das destruktive Potenzial im Menschen aber nie gänzlich zu destruieren sein, ist das ein Grund für ständige Wachsamkeit sowie dafür, das produktive Potenzial der Künste und aller Kultur stärker zu nutzen und weiterzugeben. Hatte die Entwicklung von Kunst und Kultur nicht immer schon ihren Sinn darin gefunden, die Liebe zur Zerstörung einzudämmen und umzupolen?

Alle Kunst und Kultur setzt schreibende, rechnende, fragende, forschende, kommunizierende, fabrizierende, malende, spielende Menschen voraus. Sich in die entsprechenden Künste und Wissenschaften einzuüben und sie weiterzugeben, ist auf eine *Liebe zur Bildung und Weiterbildung* angewiesen – nicht nur bei denen, die *lernen*, sondern mehr noch bei denen, die *lehren*, denn deren Liebe kann ansteckend sein. Ziel ist die Befähigung zur Besinnung, um sich und Andere, das eigene Leben und das Leben mit Anderen besser verstehen und gestalten zu können, wo immer es möglich ist.

Kunst und Kultur ist jedes menschliche Werk, das zur Sicherung, Gestaltung und Sinngebung der menschlichen Existenz beiträgt. Dazu gehören auch Bereiche, die nicht immer die nötige Aufmerksamkeit erfahren, wie etwa der Bereich der *Pflege*, der Sorge für Andere, die unzureichend für sich selbst sorgen können. Eine Kulturarbeit wird auch im Bereich der *Wirtschaft* geleistet, der darauf ausgerichtet ist, Güter zu produzieren, mit denen Menschen ihr Leben bewältigen und gestalten können. Manche Unternehmer sehen sich selbst als Künstler, die mit Organisationskunst kreative Ideen zu realen Dingen machen, dafür aber auf die Mitarbeit Anderer angewiesen sind.

Im Hintergrund bleiben viele, die ohne Erwerbsarbeit wichtigen Arbeiten nachgehen, der Familienarbeit beispielsweise. Auch *Staatskunst* und *Rechtskultur* zählen zu Kunst und Kultur, wenngleich sie oft nur von denen geliebt werden, die sich professionell darum kümmern, während Andere eher eine funktionale Beziehung dazu unterhalten. Kunst und Kultur im weiteren Sinne ist überhaupt alles, was Menschen bearbeiten und dadurch kultivieren. Viele weitere mögliche Lieben kommen damit in den Blick, die in einer umfassenden Kunst des Liebens ihren Platz haben und auf je eigene Weise dem Leben Sinn geben können.

Die Liebe zum Essen und Trinken, zu Sport, Spiel und Technik

Wenn der Begriff der Kunst in Anlehnung an die antike griechische *techne* weiter gefasst wird, können sehr viele Künste und auch Techniken geliebt werden: Alltags- und Gebrauchskünste, Künste des Feierns, gekonnte Ausübungen bestimmter Tätigkeiten in Sport und Spiel, Handwerks- und Ingenieurskünste sowie moderne Techniken aller Art. Als Kunstwerke gewürdigt werden können dann zahllose einfallsreiche, gut gemachte Dinge, deren Schöpfer oft namenlos in der Geschichte verschwunden sind, obwohl es sie gegeben haben muss: Irgendwann hat jemand zum ersten Mal Teig zu fadenartigen Nudeln langgezogen, dicke Teigwürste zu Brezen geschlungen, Fleisch in Teig eingewickelt.

Auch bei den allermeisten Wortschöpfungen einer Sprache ist nicht klar, wer ihr Urheber ist, und dieser Prozess setzt sich in der Gegenwart fort, in der ständig neue Worte in Umlauf kommen. Niemand kennt die Erfinder von Techniken, die im

Alltag vieler Menschen eine bedeutende Rolle spielen: Wer hat das Bett erfunden, wer die Haustür, wer das Rad? Beinahe anonym geblieben wäre auch die Erfinderin der »Pilzfrisur«, die mit den *Beatles* populär wurde: Die Hamburger Fotografin Astrid Kirchherr erprobte den Schnitt 1960 erstmals an ihrem Geliebten, dem Bassisten Stuart Sutcliffe, der die Band wenig später verließ (Arne Bellstorf, *Baby's in black*, 2010).

Jeder Mensch kann ein Künstler sein: Zu den wichtigsten Gebrauchskünsten und Künsten des Alltags zählt die *rezeptive* Kunst, Essen zu genießen, abhängig von der *produktiven*, es zuzubereiten, aber die Künstler der Kochkunst sind meist nur dem engeren Umfeld der Familie, dem Freundes- und Bekanntenkreis, in Restaurants häufig nur den Stammgästen geläufig. Die *Liebe zum Essen*, die dem Leben so viel Sinn geben kann und irgendwo zwischen dem milden Mögen im Alltag und der hemmungslosen Hingabe an den Festtagen zwischendurch angesiedelt ist, beruht auf dem Geschmacks- und Geruchssinn, zumindest bei der Zubereitung auch auf dem Tastsinn. Eine liebevolle Zubereitung ist ein Ausdruck der Liebe zu sich selbst und zu Anderen, die durch den Magen geht und dazu anspornt, wählerisch und überlegt mit Ernährungsfragen umzugehen. Seit in moderner Zeit beliebig viele Nahrungsmittel zur Verfügung stehen, ist jedoch die Versuchung groß geworden, ebenso beliebig davon Gebrauch zu machen, ohne Rücksicht auf die Konsequenzen für sich und Andere.

Es ist die moderne Befreiung von religiösen, traditionellen und natürlichen Vorgaben des Essens, die eine funktionale, *sorglose* Beziehung dazu begünstigt. Die aber kann den Magen irritieren und die Grundlagen der Ernährung unterminieren. Der gewonnenen Freiheit Formen zu geben, heißt hier, sich um eine *sorgsame* Beziehung zum Essen zu bemühen, die zugleich die Beliebigkeit bei der Herstellung der Produkte, ihrem Transport und ihrem Gebrauch eindämmen kann. Eine Antwort auf das lieblos zubereitete und gedankenlos verschlungene *Fast Food* gibt die neue Liebe zum Essen in der *Slow-Food*-Bewegung: »Es geht darum, das Geruhsame, Sinnliche gegen die universelle Bedrohung durch das *Fast Life* zu verteidigen«, hieß es im Manifest, mit dem Carlo Petrini am 9. Dezember 1989 in einer Osteria in Treiso bei Alba in Italien die Bewegung gründete. Eine wachsende Zahl von Mitstreitern rund um die Welt achtet seither auf die handwerklich gute, ökologisch nachhaltige und sozial gerechte Herstellung der Ingredienzien des Essens, das umso mehr zu genießen ist.

Auch für die *Liebe zum Wein*, stellvertretend für andere Getränke, steht die ganze Skala zwischen Mögen und Hingabe zur Verfügung. Wählerisch oder wahllos, maßvoll oder maßlos kann von ihm Gebrauch gemacht werden. Individuelle Vorlieben werden von kulturellen Gewohnheiten beeinflusst, aber auch dort, wo Wein ein Teil der Alltagskultur, sein Konsum nicht immer eine Kunst ist, kann der Einzelne darauf beharren, selbst eine Wahl zu treffen und ein eigenes Maß zwischen den Extremen des Zuviel und Zuwenig zu finden.

Seit jeher wird die anregende Wirkung des Weines gesucht, aber auch gefürchtet, denn »wenn der Wein sie erhitzt, beginnen die Brüste und Schamglieder in allzu ungehöriger Weise von Saft und Kraft zu strotzen«, beobachtete Clemens von Alexandrien im 2. Jahrhundert n. Chr. in seinem christlichen Lebensratgeberbuch *Paidagogos* (II, 20, 4). Wein wollte er nur den Älteren zugestehen, nur ein wenig, »um den schwächlichen Körper zu kräftigen«, vorzugsweise im Winter und am Abend, da sonst die »Lebenswärme erkaltet«.

Der Weinliebhaber aber verfeinert den Genuss noch durch

die Kenntnis der Rebsorten, Anbaugebiete, Lagen und Böden; er kennt die Sonnentage eines Jahrgangs und die Menge der geernteten Trauben; seinen Wein bezieht er am liebsten von dem Weinbauern, den er persönlich kennt. Das ist auch das Anliegen des Weinkenners Miles, der mit seinem Freund Jack eine Reise durch die Anbaugebiete Kaliforniens unternimmt. Als sie auf Kennerinnen der Materie treffen, spiegelt sich die Liebe zum Wein alsbald auf reizvolle Weise in jener anderen wider, die der Wein naturgemäß zu fördern scheint (*Sideways*, Regie Alexander Payne, USA 2004).

Eine Tendenz zur ekstatischen Leidenschaft ist gleichermaßen der *Liebe zum Kaffee* eigen. Johann Sebastian Bach kann von den Anfängen des morgenländischen Getränks in der abendländischen Geschichte als Zeitzeuge ein Lied singen und hat es etwa 1734 in seiner *Kaffeekantate* (BWV 211) auch selbst komponiert, nach einem Text des Dichters Picander:

> *Ei, wie schmeckt der Coffee süße,*
> *Lieblicher als tausend Küsse,*
> *Milder als Muskatenwein.*
> *Coffee, Coffee muß ich haben,*
> *Und wenn jemand mich will laben,*
> *Ach, so schenkt mir Coffee ein!*

Guter Kaffee ist süffig, aber gerade aus diesem Grund ist die Liebe zum Kaffee, wie jede andere, außer der naturgegebenen Fähigkeit zur *Ekstase* auch auf die zur *Askese* angewiesen: Wer das Getränk liebt, kommt nicht umhin, gelegentlich Verzicht zu üben, um sich den Genuss zu erhalten und den Körper nicht zu übersäuern. Den Kaffee schlückchenweise zu schlürfen und geruhsame Pausen zu machen, ist bekömmlicher, als ihn achtlos in sich hineinzuschütten. Von selbst entfaltet sich dann die flirrende Wirkung in allen Adern, die stundenlang vorhält; der Gaumen kostet den charakteristischen Geschmack den ganzen Tag lang nach. Eine Kaffeekarte, wie sie die besten Cafés und Röstereien bereithalten, beschreibt Fruchtaromen und Säuregehalt und offeriert wie eine Weinkarte ausgesuchte Provenienzen: Einen fruchtigen, kräftigen *Mocca Sidamo* aus Äthiopien, einen milden, mineralreichen *Vilcabamba* aus dem hoch gelegenen »Tal der Hundertjährigen« in Ecuador, einen aromatischen, starken *Jamaica Blue Mountain*, als Krönung vielleicht einen *Kopi Luwak*, einen Katzenkaffee, benannt nach der in Luwak, einer Region auf Jawa, beheimateten Schleichkatze, die sich von Früchten wie denen der Kaffeepflanze ernährt, deren Schalen sie verdaut, die Bohnen aber, durch Fermentation geschmacklich verändert, wieder ausscheidet. Eingesammelt, gesäubert und geröstet, entsteht daraus ein Kaffee mit animalisch herber Geschmacksnote. Die große Nachfrage hat freilich dazu geführt, die Katzen auf eine Weise in Käfigen zu halten, die keiner Tier-Ethik genügen kann.

Genüsse des Essens und Trinkens, Anreize für alle Sinne und Sinn-Ebenen sind ein Grund für die *Liebe zum Fest*. Bereits die antiken Dionysien waren bekannt dafür, außer den Körpern auch Gefühle und Gedanken mit Musik, Tanz und Theater in Bewegung zu setzen und mit sinnlichen Mitteln ekstatische, transzendente Zustände zu erzeugen, die die Menschen mitreißen und über sich hinaustreiben. Eine Ahnung davon hat sich dort erhalten, wo Fasching, Fastnacht, Karneval gefeiert wird, zum Entsetzen derer, die die Genüsse des Fleisches (*caro* im Lateinischen) auf jede Weise verabscheuen, jedenfalls theoretisch.

Zum globalen Gelage sind in moderner Zeit Großveran-

343

staltungen wie das Oktoberfest in München geworden, zu dem alljährlich im September Millionen von Besuchern aus aller Welt anreisen. Weltweite Versuche zur Nachahmung lassen auf ein verbreitetes Bedürfnis nach solchen Gelegenheiten schließen. Moderne Dionysien werden jedoch auch in Klubs, auf Tanzflächen und in *Darkrooms* rund um den Planeten abgefeiert. Und von ebensolcher Bedeutung sind private Feste, die einer allein oder mit Anderen inszeniert, wenn Erfolge, Geburtstage, Jahrestage, schöne Tage zu feiern sind oder wenn erklärte Feiertage wie Thanksgiving, Weihnachten, Frühlingsfest, Passah oder das Fastenbrechen am Ende des Ramadan anstehen, deren Anlass Tradition und Konvention, deren Ausgestaltung jedoch Privatsache ist.

Angelegenheit des Einzelnen und häufiger Anlass zu öffentlichen Festen ist die *Liebe zum Sport*. Viele geben mit dieser Liebe ihrem Leben Sinn, meist in Form von Leidenschaft für eine bestimmte Sportart wie Schwimmen, Laufen, Skifahren. Nicht unbedingt muss der Sport *aktiv* betrieben werden – ihn zu lieben kann auch heißen, ihn *passiv* zu pflegen und mit denen mitzufiebern, die ihn intensiv betreiben, sich mit ihren Techniken und Kunstgriffen, Problemen und möglichen Lösungen zu befassen, um sich an den Feinheiten der praktischen Ausübung zu erfreuen.

Häufig ist die Liebe zum Sport mit einer *Liebe zum Spiel* verbunden. Beide Lieben aber haben ihren Ausgangspunkt im Bewegungssinn, wenn der Sport mit körperlicher Bewegung einhergeht, wie etwa bei Ballspielen, und beide Lieben stärken den seelischen Sinn, insofern sie starke Gefühle freisetzen, wie dies bei allen Arten von Spielen geschieht. Beide Lieben beschäftigen zudem den geistigen Sinn, insofern es um taktische und strategische Fragen geht, insbesondere beim Schachspiel.

In vielen Ländern sind viele Menschen in besonderem Maße der *Liebe zum Fußball* verfallen, der für sie der Inbegriff des Lebens ist, sodass sich mit ihm eine leidenschaftliche Liebe zum Leben verwirklichen lässt. Alle Hingabe, auch alle Hinnahme konzentriert sich auf das Spiel mit dem Ball, das zu einem Element der Lebenskunst wird (Alex Bellos, *Futebol. Fußball: Die brasilianische Kunst des Lebens*, 2002). Spiele zu gewinnen ist dann der Sinn des Lebens, sie zu verlieren reißt einen Abgrund an Sinnlosigkeit auf (Eduardo Sacheri, *Warten auf Perlassi*, Roman, 2010).

Die eigenartige Spannung des Fußballspiels resultiert jedoch nicht allein aus der Frage von Sieg oder Niederlage, sondern aus dem Wechselspiel der Gefühle auf dem Weg dorthin, diesem übergangslosen Hin- und Hergerissensein zwischen Hoffen und Bangen, Freude und Ärger, Triumph und Enttäuschung, Genugtuung und Wut. Der Reiz des Spiels sind die heftigen energetischen Wellenbewegungen, die die Energien der Beteiligten immer von Neuem aufpeitschen, auf dem Spielfeld selbst wie auch abseits davon. Und erneut kommt es nicht nur auf die sinnliche und seelische, sondern auch auf die geistige Ebene des Sinns an: Gedanklich unendlich ausdeutbar zu sein, macht die immense Wollust des Fußballs aus; ihr Ursprung ist die Macht des Lebens selbst. Nur dann, wenn kein Wechselspiel der Gefühle und keine Deutung mehr möglich ist, ist das Ende nahe: Der Feind des Fußballs wie der Liebe ist das Unentschieden, bei dem sich nichts mehr bewegt.

Eine große Liebe, konterkariert vom Hass Anderer, wird in der Moderne auch dem unablässig umfangreicher werdenden Bereich der *Technik* zuteil, vor allem den Techniken von Verkehr und Kommunikation. Entwickler wie auch Nutzer investieren enorme Energien in die *Liebe zum Auto*, die nur mit einer großen Selbstliebe erklärbar ist: Das Auto verschafft dem Selbst, dem eigentlichen Auto (*autos* im Griechischen) eine beträchtliche Reichweitensteigerung. Mit seiner Hilfe kann es jederzeit fast jeden beliebigen Ort erreichen und alle Welt bereisen, ohne sich selbst übermäßig zu bewegen. Andere sind zu beeindrucken: Im Auto sieht das Selbst äußerlich gut aus, sein Inneres ist allenfalls am Fahrstil erkennbar. Manchen überkommen sogar erotische Anwandlungen angesichts des geformten und lackierten Blechs, wie einst einen Autotestfahrer: »Ein Geschenk Gottes! Eine Geliebte aus Stahl!« Das *Autoglück* besteht darin, sich auf jede Weise im Auto und mit ihm wohlzufühlen. Dabei ist es im Grunde ein eigenartiges Gestell, ein verdoppeltes Fahrrad, eine Brücke auf vier Rädern, die Vorderräder mit leichten Handbewegungen verstellbar, die Hinterräder bequem von einem Motor angetrieben. Im 21. Jahrhundert nähert sich das Gefährt immer mehr seinem Begriff, indem es *automatisch*, also selbsttätig zu fahren beginnt und so das Selbst des Fahrers endgültig technisch perfektioniert.

Übertroffen wird die Autoerotik nur noch von der überbordenden *Liebe zum Smartphone*, das als Minicomputer zum ständigen Lebensbegleiter des Menschen wird. Herkömmliche Liebesbeziehungen ersetzt es ohne Weiteres, auch wenn es vordergründig ihrer Organisation dient: »Schatz, ich bin gleich da!« Bereits der Siegeszug des gewöhnlichen Mobiltelefons wäre undenkbar gewesen ohne seinen elementaren Beitrag zur Lebensbewältigung und Lebensgestaltung. Folglich stellen sich Entzugserscheinungen ein, wenn auch nur eine Stunde ohne dieses Ding zugebracht werden muss, das die Nabelschnur zu aller Welt darstellt, da es jederzeit die existenziell wichtigen Verbindungen zu Anderen sicherstellt.

Jeder Griff zum Smartphone ist eine Suche nach Sinn, nach

Zusammenhang und Verbindung mit Anderen. Jede Neuerung erweitert noch dazu die Möglichkeiten des Herumspielens, sodass keine Langeweile im Leben mehr aufkommt. Immer noch eine Anwendung, »Applikation«, kurz *App*, ist anzutupfen und herbeizuwischen, für die Generation der Tupfer und Wischer eine Leidenschaft, deren erotischer Touch sich dem *Touchscreen* verdankt: Endlich besteht immer und überall Gelegenheit zur zärtlichen Berührung! Noch dazu liegt das Ding gut in der Hand, eine Art von Erotik, die bereits dem Schaltknüppel im Auto zusätzliche Bedeutung verlieh.

Eine schwere Prüfung für die Menschenliebe stellt freilich jede Art von Telefon dar, von dem einer in Gegenwart Anderer Gebrauch macht. Er tritt damit aus der *Anwesenheitsgemeinschaft* aus und gehört augenblicklich einer abwesenden Gemeinschaft an, kenntlich am leeren Blick, der nicht mehr im Hier und Jetzt verweilt. Anwesende Andere werden zu Statisten degradiert, die einem Gespräch zu folgen haben, das sie nicht interessiert, aber so sehr irritiert, dass sie keinen eigenen Gedanken mehr zu fassen vermögen. Das verletzt die Selbstliebe der unfreiwilligen Zeugen und bestärkt die Selbstliebe desjenigen, dem das technische Gerät die Macht verleiht, eine solche Situation herbeizuführen. Für beides wird er gehasst, die bösen Blicke aber bezieht er nicht auf sich: Aus seiner Sicht hat er nichts Böses getan, jeder kommuniziert für sich allein, und Kommunikation kann keine Sünde sein. Es ist ja auch nur eine Frage der Zeit, bis das eigene Smartphone sich bemerkbar macht. Dann ist alles anders.

Charakteristisch für die Verliebtheit in dieses technische Objekt ist die Versunkenheit in seine Liebkosung, das Vergessen aller Welt, sodass Mitmenschen unwillkürlich zu Zeugen intimer Reden und Handlungen werden. Signifikant ist die

Gebanntheit, mit der Botschaften auf dem Display erwartet werden, die quasireligiöse Meditation, mit der sie beantwortet werden, auch am Tisch mit Anderen, auf der Straße, im Bus, im Zug, auf dem Berg, an jedem Ort, zu jeder Zeit. Mit permanenter Datenerfassung (Schritte pro Tag, Blutdruck, Gewicht, gefühlter Zustand) entsteht ein *Quantified Self*, von dem nur zu hoffen bleibt, dass die erfassten Quantitäten irgendwann noch in Qualitäten umschlagen. Das Objekt aber verschmilzt mit jeder Weiterentwicklung stärker mit dem Subjekt, sodass es nur eine Frage der Zeit ist, bis es zum implantierten, integralen Bestandteil des Körpers wird.

Im Kontrast zu mobilen Techniken stehen die *Immobilien*, die sich dem Können von Künstlern, Ingenieuren und Handwerkern verdanken. Als Künstler verstehen sich vor allem die Architekten, wenngleich an die Stelle des genialen Einzelkünstlers in vielen Büros und Studios längst Teams getreten sind, denen auch Bauingenieure, Klimaingenieure, Stadtplaner, Landschaftsgestalter, Bildhauer und Designer angehören, um dem integralen Sinngebilde eines Bauwerks auf der Schwelle zwischen Kunst, Technik und Handwerk Gestalt zu geben. Die sinnliche Erfahrung des gebauten Raums begründet die *Liebe zur Architektur* sowohl bei denen, die die Bauten planen, errichten und ausstatten, als auch bei den Liebhabern und Nutzern, die die Bauten sehen, an ihnen vorbeigehen, in ihnen ein- und ausgehen, verweilen, arbeiten und wohnen.

Im Idealfall deckt sich die *produktive* Faszination mit der *rezeptiven*, wie etwa bei dem Bauwerk Gustave Eiffels, der sich um die Schaffung und Gestaltung ganz neuer Räume bemühte und nach vielen Brückenbauten seine Idee eines *Tour à 300 mètres* realisieren konnte, mit einer Leidenschaft, die anfänglich nicht viele mit ihm teilten. Der Ehrgeiz des Architek-

348

ten, Räume in unverwechselbarer Weise kunstvoll zu gestalten, deckt sich unglücklicherweise nicht immer mit den Bedürfnissen derer, die ein Gehäuse fürs Glück und den Sinn ihres Lebens darin finden wollen. Der chinesische Architekt Wang Shu, Pritzker-Preisträger 2012, gehört jedoch zu denen, die ein Gebäude von diesen Bedürfnissen her denken und entwerfen; davon zeugt der von ihm geplante Campus der Xiangshan-Akademie, an der er selbst Baukunst unterrichtet, in einem dschungelartigen Park in der Stadt Hangzhou in China.

Alle Kunst und Kultur geht aus Arbeit hervor, das könnte eine *Liebe zur Arbeit* begründen. Dass dies dennoch nicht allen naheliegt, hat damit zu tun, dass Arbeit sich für viele in der Notwendigkeit erschöpft, sich ernähren zu müssen. Vielfach in der Geschichte wurden Menschen mit mörderischen Mitteln zur Arbeit gezwungen, bis hin zum Zynismus »Arbeit macht frei« über den Toren zum Konzentrationslager Auschwitz und anderen Lagern.

Die wirkliche Freiheit der Arbeit ist ein Gut, das mit einem bedingungslosen Grundeinkommen größere Verbreitung finden könnte. Von Bedeutung ist die Arbeit, von anderen Aspekten abgesehen, weil ein Subjekt sich auf dem Umweg über ein Objekt selbst bearbeiten kann, über den Kopf, der zu frisieren ist, den Event, der zu organisieren ist, das Blech, das zu prüfen ist, den Text, der zu schreiben ist. Die Liebe zur Arbeit macht daraus ein vorsätzliches Projekt, und zur Liebe zu ihr verführen kann die Erfahrung, dass mit ihr jederzeit eine Geliebte, ein Geliebter zur Verfügung steht, hinreichend fügsam, um den Liebenden nicht zu entmutigen, hinreichend widerständig, um die Spannung der Beziehung zu bewahren. Die Liebe wird als erfüllend erlebt, wenn die Arbeit befriedigend ausfällt, und sie befriedigt am meisten, wenn sie gut und sehr gut getan werden kann, mit einer Exzellenz, die nicht identisch ist mit Perfektion. Elektronische Medien kommen der Liebe zur Arbeit entgegen, der nun rund um die Uhr an jedem Ort gefrönt werden kann. Sie leisten aber auch der vorzeitigen Erschöpfung Vorschub, die nur zu verhindern ist, wenn auch diese Liebe *atmen* kann, denn sie bedarf nicht nur der Anstrengung, sondern auch der Muße, die ein Atemholen erlaubt.

Arbeit macht buchstäblich *Sinn*, wenn mit ihr Zusammenhänge hergestellt, also etwas zusammengefügt, aufgebaut, gestaltet und umgestaltet werden kann. Und das ist letzten Endes wohl auch der Zweck aller Kunst und Kultur, die aus Arbeit hervorgeht: Den Menschen *in Sinn einzuspinnen* und ihn so in der Welt zu beheimaten. Darauf kommt es für jeden Einzelnen im Leben an: Eine Heimat in der Welt zu finden, um in ihr leben zu können. Mit Kunst und Kultur im engeren und weiteren Sinne kann der Sehnsucht nach Heimat nachgegangen werden. Die Sehnsucht entsteht, weil die Welt in ihrer Unüberschaubarkeit so befremdlich ist, dass ein Mensch nach einer vertrauten Nische in ihr Ausschau hält, und so abgründig, dass er nach einem sicheren Platz für sich sucht.

Die Liebe zur Heimat, zur Welt

Was ist Welt? Menschen verstehen darunter zunächst die persönliche Welt, in der sie leben, während »alle Welt« zuschaut. Welt ist außerdem ein Ausdruck für die je eigene Kultur, aus deren Perspektive andere Kulturen als »Rest der Welt« erscheinen. Und Welt ist der gesamte Planet, der mit »weltumspannenden« Problemen wie der Klimaveränderung zu schaffen hat. Aber eigentlich ist Welt alles, was in irgendeiner Weise da ist, auch unendlich weit über den Planeten hinaus, im so genannten Weltraum. »Die Welt ist alles, was der Fall ist« (Ludwig Wittgenstein, *Tractatus logico-philosophicus*, 1).

Eine Schwierigkeit besteht lediglich darin, dass Menschen nie endgültig darüber Bescheid wissen können, was alles der Fall ist, weder in ihrem persönlichen Umfeld noch auf dem Planeten und erst recht nicht darüber hinaus. Sie haben sich mit dem zu bescheiden, was wahrnehmbar ist, womit sie Erfahrungen machen, wozu sie Beziehungen eingehen können, was zu erforschen und worüber nachzudenken ist: All das ist Welt. Immer bleibt dabei den Wahrnehmungen, Erfahrungen, Beziehungen, Forschungen und Denkakten etwas verborgen, das sich erst im Nachhinein, nach gemachten Erfahrungen und gewonnenen Erkenntnissen, als wesentlich für die Welt erweist. Vielleicht ist die Welt wie eine Kugel, auf die die Menschen blicken, egal ob von innen oder außen: Immer sind aus der jeweiligen Perspektive nur Abschnitte zu sehen, nie die gesamte Kugel. Viele halten die eigene Perspektive für die einzig mögliche, aber sie allein kann nie die ganze Wahrheit sein. Sinnvoll wäre, sich für alle anderen Perspektiven zu interessieren, um ein vollständigeres Bild zu erhalten, Grundlage für eine Beziehung zur Welt im weiteren Sinne.

Was für moderne Menschen der Fall ist, ist vor allem die moderne Welt. Andere Welten auf dem Planeten halten sie im Verhältnis zu ihrer eigenen für »exotisch«, für äußerlich und fremdartig, attraktiv nur als Reiseziele. In ihnen scheint aber noch *Heimat* intakt zu sein, die in der modernen Welt oft vermisst wird, Grund eines Unbehagens in ihr. Seit den Anfängen der Moderne beschleunigt sich der Prozess einer Befreiung von Bindungen und macht auch vor der Bindung an die Heimat nicht halt, die für viele Menschen an Selbstverständlichkeit verliert.

Der amerikanische Maler Edward Hopper stellt im 20. Jahrhundert die neuen, unheimlichen Landschaften der Moderne dar: Eisenbahnschienen, die die natürliche Umgebung zerschneiden; monumentale Brücken, die die heimeligen Häuser zu ihren Füßen zu Puppenstübchen degradieren; serienweise hochgezogene Mietskasernen, deren obere Etagen großartige Ausblicke für einsame Menschen freigeben; abgeschnittene Häuser, die bei einem Abbruch übrigbleiben und nur noch der Tristesse eine Heimat bieten. Menschen verlieren sich in dieser Welt und werden zu Fragmenten, an eine Wand gelehnt, in sich gekehrt, den Blick ins Nichts gerichtet. An Haltestellen der Stadtbahn (*The El Station*, 1908) stehen sie herum, hantieren nächtens an Zapfsäulen einer Tankstelle im Irgendwo. Von gut gepolsterten Sesseln blicken sie gelangweilt auf den nackten Körper, den eine Tänzerin auf einer Bühne gleichgültig präsentiert. Aus ihren Blicken strahlt keine Liebe zu etwas oder jemandem, nichts kann sie noch reizen. Längst ist ihnen entfallen oder nie in den Sinn gekommen, warum und wozu sie in der Welt sind. Sie wissen nicht, wohin mit sich. Ihre Beziehungslosigkeit malt Hopper viele Male, angezogen vom Sog dieser Leere. Die Bilder fordern zum Innehalten und Nachdenken heraus: Was ist der Mensch in der modernen Welt?

Schon im 19. Jahrhundert sah Friedrich Nietzsche diesen schicksalhaften Moment kommen, in dem der moderne Mensch, heimatlos geworden, sich zur Neubesinnung genötigt sieht: Warum und wozu ist er da, wo kann er noch etwas finden, das seinem Leben Sinn gibt? Nietzsche selbst fand es wichtig, sich nicht nur von Beruf, Familie, Freunden, Glauben, sondern auch von »Gesellschaft, Vaterland, Heimat« zu

352

befreien (*Nachgelassene Fragmente* von 1886/87, KSA 12, 197). Und doch hebt er in einem Gedicht unter dem Titel »Der Freigeist« (*Nachgelassene Fragmente* von 1884, KSA 11, 329) zur Klage an: »Weh dem, der keine Heimat hat!« Seine Heimat findet er schließlich, wie Zarathustra (»Die Heimkehr«), in der Einsamkeit: »Oh Einsamkeit! Du meine *Heimat* Einsamkeit!«

Er lebt in der Zeit, in der sich Heimat im Sinne der Bindung an einen festen, angestammten Ort aufzulösen beginnt. Nicht zufällig hat die *Heimatforschung* ihre Anfänge im 19. Jahrhundert, *Heimatmuseen* sind die Antwort auf die industrielle Zerstörung von Heimat. Jetzt werden Menschen sich der Bedeutung der Heimat bewusst und versuchen im Moment des Verlusts, wie immer in der Liebe, verbissen an ihr festzuhalten. Die Liebe zur Heimat eskaliert bei denen, die sie verloren haben. Das ganze 20. Jahrhundert hallt wider vom Schlachtenlärm zwischen *Bewahrern* der guten, alten Heimat, die gegen alles Neue und Fremde auf »Blut und Boden« beharren, sowie *Modernisierern*, die in der alten Heimat mit ihrer »Enge und Zurückgebliebenheit« nicht mehr leben wollen. Im 21. Jahrhundert führt die Globalisierung, mit der die moderne Welt vom gesamten Planeten Besitz ergreift, zur globalen Auseinandersetzung zwischen denen, die diese moderne Welt inbrünstig *hassen*, da sie ihre angestammte Heimat bedroht, und denen, die sie hingebungsvoll *lieben*, da sie selbst zur Heimat für sie wird.

Heimat kann vieles sein, für jeden Menschen etwas Anderes, immer aber ist sie zunächst eine *räumliche Heimat*, eine Stelle im Raum, in einer menschlichen Siedlung oder in der Natur, in einer gewachsenen oder gestalteten Landschaft. Heimat ist zumeist der Ort, der einen Menschen prägt, ohne dass er ihn sich selbst ausgesucht hat. Er findet ihn vielmehr vor, wächst an ihm auf und kommt somit von ihm her. Diese *Herkunfts-heimat* ist ihm vollkommen vertraut und er liebt sie innig, egal, wie es dort aussieht. Je unübersichtlicher die Welt, desto stärker die Erfahrung einer solchen überschaubaren Heimat.

Die Verwurzelung in einer Region kann geradezu zur *Religion* werden: Der Rückbezug darauf, die innige Beziehung dazu knüpft Zusammenhänge, in denen ein Mensch sich physisch, psychisch und metaphysisch geborgen fühlt. Menschen können überall daheim sein, immer aber ist dieser Ort das *Zentrum* der Welt aus subjektiver Sicht, die nicht immer als subjektive Sicht wahrgenommen wird. Heimat gibt es auch am *Ende* der Welt: »Das Ende der Welt – was ist das?« fragt ein Bauer in einer eisigen, einsamen Gegend Islands. »Was für dich das Ende der Welt bedeutet, ist für mich mein Zuhause« (Jón Kalman Stefánsson, *Der Schmerz der Engel*, Roman, 2011, 286).

Und wie jede Liebe kann auch die zur Heimat äußerst zwiespältig sein, vermischt mit Gefühlen der Abneigung, ja, des Hasses, ein *Ort der Hassliebe* im vollen Sinne des Wortes: Ich hasse, was ich liebe, weil es mir zu nahe ist, weil es mich nicht zur Entfaltung kommen lässt oder weil es irgendwelche Gründe dafür gibt, mich meiner Heimat zu schämen.

Wie groß die Liebe zur angestammten Heimat sein kann, stellten Menschen aus der Umgebung von Tschernobyl eindrucksvoll unter Beweis. Nach der Explosion des Atomreaktors am 26. April 1986 umgesiedelt, kehrten Tausende zurück, trotz aller Verbote, denn als sie wegmussten, »ließen wir die Seelen zurück«, sagte eine alte Frau 20 Jahre nach der Katastrophe: »Und deshalb sind wir wieder hier.« In einer anderen Umgebung war die Vertrautheit und Geborgenheit nicht wiederzufinden, die in der alten Heimat vom Anfang des Lebens an bestand. In einer anderen Umgebung waren andere

Menschen zu Hause, die die Neuankömmlinge spüren ließen, dass sie nicht hierhergehörten. Heimat erwies sich außerdem als das Gefühl, gebraucht zu werden: »Unser Land und unser Haus brauchen uns, die Hühner, die Äcker, die Bäume.« Letztlich war die Heimat wichtiger als die tödliche Gefahr der Radioaktivität: Wenn schon sterben, dann wenigstens zuhause. Die Liebe eines Elektrikers gehörte sogar dem Reaktor selbst, dem Betonmonster, *Tschernobylskaja atomnaja elektrostanzija*, an dem er mitgebaut hatte, an dem seine Seele hing und dessen Explosion ihm wie vielen seiner Kollegen den Lebenssinn raubte: »Tschernobyl war unsere Liebe.«

Zur »zweiten Heimat« wird ein zusätzlicher, gefundener und gewählter Ort, die *Wahlheimat*, die im Laufe der Moderne für immer mehr Menschen an Bedeutung gewinnt, da sie dort Beziehung, Arbeit, Freiheit, Zuflucht, neue Impulse finden. Die fraglose Zugehörigkeit steht hier jedoch, anders als bei der Herkunftsheimat, in Frage, zumindest anfänglich, womöglich dauerhaft. Auf Rückkehr in die erste Heimat zu hoffen, erschwert die Verwurzelung in der zweiten. Zweierlei kann das Heimischwerden in der zweiten Heimat dagegen erleichtern: Der Verzicht derer, die schon da sind, diesen Ort als ihr alleiniges Eigentum zu betrachten. Und die Bereitschaft derer, die neu hinzukommen, sich auf diesen Ort einzulassen.

Die Zugehörigkeit zu einer Wahlheimat kann im Übrigen auch schon empfunden werden, ohne dort gewesen zu sein. Von Berlin heißt es in einem Popsong der Hamburger Gruppe Blumfeld (»Eine eigene Geschichte«, Album *L'État et Moi*, 1994), dies sei der Ort, »wo die Leute aus Heimweh hinzieh'n«, ein Ort also, von dem Menschen sich Vorstellungen machen, die ihn als Heimat erscheinen lassen, bevor sie wirklich dort leben. Inmitten der großen Stadt erweist sich die Heimat dann aber erneut als *Dorf*, zu dem das vertraute Viertel oder die eigene Straße wird. »Ein Dorf brauchst du, und wäre es nur, damit du es hin und wieder gern verlässt«, denn ein Dorf, »das bedeutet: du bist nicht allein« (Cesare Pavese, *Junger Mond*, Roman, 1950, Kapitel I). Sollte die Suche nach Heimat letztlich scheitern, kann das zu einer Heimsuchung für die Betroffenen werden (Jenny Erpenbeck, *Heimsuchung*, Roman, 2008).

Heimat kann darüber hinaus nicht nur eine räumliche, sondern auch eine *zeitliche Heimat* sein, nicht nur ein Ort im Raum, sondern auch eine bestimmte Zeit, erfahrbar im *Stil der Zeit*. Es muss sich dabei nicht um die Gegenwart handeln, heimeliger erscheint vielleicht ein anderes Jahrzehnt oder Jahrhundert. Großer Beliebtheit erfreuen sich im Rückblick auf das 20. Jahrhundert die 20er Jahre mit ihrer angeblichen Frivolität, die 50er Jahre mit Petticoat und Rock 'n' Roll, die 70er Jahre mit romantischen Träumen von Frieden und freier Liebe.

Die Liebe zur zeitlichen Heimat drückt sich im *Lebensstil* eines Menschen aus, im Stil seiner Kleidung und in Gewohnheiten, in denen er wohnt. Eine sehr große Rolle spielt der *Musikstil*, der eine Beziehung zur jeweiligen Zeit herstellt und einen Klangraum erzeugt, in dem es sich leben lässt, je nach Vorliebe in der Zeit des Barock, der Wiener Klassik, der Romantik und Spätromantik, der Neuen Musik und Zeitgenössischen Musik. Heimatgefühle vermittelt vielen die Volksmusik der Moderne, die unentwegt die verlorene Heimat besingt und sehr anders klingt als etwa die Volksmusik des Mittelalters. Und sehr viele finden ihre Heimat im weiten Bereich von Rock und Pop, in den Musikstilen von Blues, Country, Soul, Beat, Hardrock, Softrock, Punk, Rap, Techno, House, Blackmetal und vielem mehr. In jedem Musikstück wird die Herkunftszeit hörbar, und immer ist die Liebe zur musikalischen Heimat, wie jede andere Heimatliebe, eine unbedingte, unabhängig von irgendwelchen Bedingungen: Wie auch immer die Musik sich anhört, wie problematisch eine Zeit oder ein Ort sein mag, welche Geschichten damit verbunden sind – es ist meine Heimat. Nichts und niemand kann sie in Frage stellen.

Die Liebe zur Heimat gibt dem Leben *Sinn*, von Grund auf verbunden mit *körperlichen* Erfahrungen, die bereits einen guten Teil des Sinns ausmachen: Heimat sehen, hören, riechen, schmecken, berühren, sich in ihr bewegen, sie in sich spüren. Die *sinnliche Heimat* ist erfahrbar beim Anblick eines Hauses, einer Straße, eines Platzes, eines Hains, eines Baums, eines Himmels, über den die vertrauten Wolkengebilde ziehen, einer alten Brücke, die schon das erste Rendezvous getragen hat. Heimatlich sind die charakteristischen Klänge und Geräusche, das Glockengeläut in einer christlich geprägten, der Ruf des Muezzins in einer islamisch geprägten Region, die Gerüche bestimmter Räume und verschiedener Jahreszeiten. Wohlbekannte »Heimatgeschmacksverstärker« sind die Wurst, der Käse, der Wein, das Bier der Region, der Kartoffelsalat mit Gurken, der seit Kindheitszeiten ein »Gedicht« ist, die Flädlesuppe, andernorts die Soljanka, überhaupt der Geschmack der heimischen Küche, denn auch die Liebe zur Heimat geht durch den Magen. Heimat ist dort, wo ich das typische Grün sehen und berühren kann, wirklich mit den Händen oder aus der Ferne in Gedanken (Tom Jones, *The green, green grass of home*, Popsong, 1966). Hier gehen meine Füße die Wege ganz von alleine, und alle Antennen in mir signalisieren: Hier bist du gut aufgehoben.

Heimat ist alles, woran mein Herz hängt, was starke Gefühle in mir auslöst und somit fern von jeder Gleichgültigkeit ist, eine reiche Quelle für *seelischen* Sinn. An der Seite des

Menschen, den ich liebe, ist meine Heimat, egal wo das ist; ebenso im Kreis der Familie, der Freunde und Kollegen, der Wesen und Dinge, die mir viel bedeuten. Wo ich dazugehöre und somit »richtig bin«, wo ich das Leben gestalten und mitgestalten kann, dort ist meine *seelische Heimat*, beginnend bei mir selbst: Wenn ich mich mit mir verstehe, kann ich immer bei mir zuhause sein, egal wo ich bin, ein guter Grund für die Befreundung mit sich selbst.

Heimat ist jedes vertraute *Gesicht*, in das ich blicke und das mir, wenn es abwesend ist, geistig vor Augen steht. Wenn die Heimat ein Ort ist, hat die Liebe zu ihm meist damit zu tun, dass es sich um einen *Ort der Liebe* handelt: Wo ich liebe und geliebt werde, ist die Heimat, die ich wiederum liebe. Ähnlich wie bei anderen Lieben ist allerdings auch bei der Liebe zur Heimat Untreue möglich: Der Heimat untreu zu werden heißt, sie hinter sich zu lassen und in die Welt hinauszuziehen. Diejenigen, die zurückbleiben, schätzen es nicht sonderlich, wenn einer, der sich der Schicksalsgemeinschaft der Heimat entzieht, zurückkommt und womöglich »die Nase hoch trägt«. Und nicht nur in der Herkunftsheimat, sondern auch in der Wahlheimat wird Untreue sozial sanktioniert: Wenn ein Fremder in die Gemeinschaft der Alteingesessenen aufgenommen worden ist, soll er sich auch dazu bekennen, erst recht in schwierigen Zeiten, ansonsten werden sich ihm die Türen wieder verschließen.

Zugleich existiert Heimat nicht nur in der Sinnlichkeit und in Gefühlen, sondern auch in *Gedanken*, und dort vielleicht am allerstärksten. Sinn vermitteln die Vorstellungen und Erinnerungen, die als *geistige Heimat* erlebt werden, die Denkweisen, die einem Menschen so geläufig sind, dass er keine anderen für möglich hält, sowie die Deutungen und Wertungen, für die der Ausdruck einer *hermeneutischen Heimat* geprägt werden kann. Bücher können eine solche Heimat sein, und überhaupt alle Kunst und Kultur. Heimat ist die Welt, in der ich mich menschlich und topographisch, vor allem aber hermeneutisch auskenne, sodass ich nicht nur in realen Räumen und in Gewohnheiten wohnen kann, sondern auch in kulturellen Bedeutungen.

Heimat ist die vertraute *Sprache*, die ich hörend und lesend verstehe und in der ich mich sprechend und schreibend ausdrücke. Hier kann ich jedes Wort einordnen und kenne auch noch seinen Hintersinn, der anklingt und mitschwingt. Hier weiß ich, wann ein Lächeln oder ein Lachen angebracht ist und was es bedeutet. Hier kenne ich die Rituale, die immer gleichen Vollzüge, das »Brauchtum« all der Dinge, die auf diese Weise nur hier und nirgendwo sonst in Gebrauch sind. Die Heimat nistet in den feinen Unterschieden, die ein Außenstehender nicht als solche erkennt und die kein vertikales Unterscheidungsmerkmal sozialer Schichten, sondern ein horizontales Kriterium lokaler und regionaler Besonderheiten sind. Kommt es zu einer starken Verschiebung im Bedeutungsgefüge, wie etwa nach der Wende von 1989 in Ostdeutschland, kann ein Mensch fremd werden im eigenen Land.

So selbstverständlich ist diese Welt, dass ein Mensch seine Heimat oft erst dann als solche erfährt, wenn er sie verlässt, und sei es nur für kurze Zeit: In der gewonnenen Ferne wird die verlorene Nähe bedeutsam. Das aber heißt: Wer die Bedeutung der Heimat für sich genauer kennenlernen will, muss sich von ihr trennen (Sebastian Schnoy, *Heimat ist, was man vermisst*, 2010). Kehrt ein Mensch dann zurück an den Ort, der seine Heimat war, hat die Zeit den Raum menschlich, topographisch, hermeneutisch so verändert, dass er nicht mehr dem entspricht, was in der Vorstellung Heimat war: Heimat ist auch ein *Ort der Illusion*, der in der Hauptsache in der Erinnerung existiert, ein Grund für die Enttäuschung vieler Vertriebener, Exilanten, Aussiedler, Migranten und moderner Nomaden sowie all derer, die ihre Kindheitsheimat nicht mehr wiederfinden.

Es kann schrecklich sein, nach Hause zu kommen und sich dort fremd zu fühlen, bereits nach kurzer Abwesenheit, umso mehr nach langer Zeit, verlassen von all dem, was geliebt worden ist und was durch die Liebe erst Bedeutung erhielt. In der großen, weiten Welt »da draußen«, inmitten aller Verunsicherungen wurde immer eine Art von Rückversicherung darin gesehen, eine kleine, gemütliche Welt »da drinnen« zu kennen, in der die Welt noch in Ordnung ist. Jetzt aber erscheint alles öde und leer und die ganze Welt, die ausgehend von diesem Zentrum in konzentrischen Kreisen zum Zuhause geworden ist, wird zur Wüste. Kein Problem, wenn das ein momentaner Eindruck ist, der vergeht, schlimm jedoch, wenn er bleibt, denn am zehrendsten ist ein *Heimweh ohne Heimat*.

Im selben Maße, in dem in moderner Zeit die Bindung an konkrete Orte abnahm, wurde der Heimatliebe eine abstrakte *Nation*, die »groß« sein sollte, als Objekt angeboten. Ursprünglich galt als Nation, dem lateinischen *natio* entsprechend, was Menschen per Geburt gemeinsam hatten: Die Herkunft, den Ort, den sozialen Stand. Im Laufe der Moderne wurde daraus die Zusammengehörigkeit von Menschen in einem bestimmten Land im Raum, mit einer bestimmten Geschichte in der Zeit. Sich für die je eigene Nation einzusetzen, galt als *Patriotismus*. Ursprünglich war ein *Patriot* mit Bezug auf die Rolle des Vaters (*pater*) derjenige, der sich mit väterlicher Fürsorge um die »allgemeine Wohlfahrt« sorgte. Wörterbücher des 18. Jahr-

360

hunderts berichten noch von patriotischen Gesellschaften, die das leisteten, was spätere Zeiten als »gesellschaftliches Engagement« bezeichneten. Die Werte der Französischen Revolution wurden von Patrioten vertreten, die sich zugleich als Kosmopoliten verstanden. In der Folgezeit entstand in vielen Ländern jedoch der nationalistische Patriotismus des 19. und 20. Jahrhunderts mit all seinen blutigen Folgen.

Jedem Einzelnen ermöglichte die Liebe zur Nation, wie eigentlich auch andere Lieben, die Erfahrung einer Transzendenz über sich hinaus, daher konnte in moderner Zeit die Nation als »Vaterland« an die Seite Gottes rücken: »Für Gott und Vaterland!« Für manche vertrat sie sogar die Stelle Gottes selbst, und dies umso mehr, je weniger die Moderne herkömmliche religiöse Erfahrungen bot. Wer sich auf andere Weise um sein Land sorgte und Kritik an Missständen übte, erschien hingegen als »Vaterlandsverräter«. Viel später erst wurde etwa einem Willy Brandt Verehrung zuteil, der eine Liebe zur Nation begründete, die sich nicht blindwütig gebärdet und blind gegen eigene Fehler bleibt, sondern an Verbesserungen arbeitet.

In der Phase der Globalisierung kommen mit anderen Räumen auch andere Arten von Heimat ins Spiel: Technische Geräte der Kommunikation, Laptops, Smartphones, iPads erlauben den permanenten Aufenthalt in einer *digitalen Heimat*. Die *Digital Natives*, die Eingeborenen, die in diesem Raum aufgewachsen sind, und die *Immigrants*, die noch analog zuhause sind, begegnen sich oft mit Befremden. Zugleich lösen immer mehr Menschen die Heimat von einem festen Ort ab und fühlen sich unterwegs zuhause: Zur *Unterwegsheimat* werden temporär frequentierte Orte wie Raststätten, Bahnhöfe, Flughäfen, mobile Orte wie Autos, Züge, Flugzeuge.

Die über den Wolken dahinziehende Kabine wird zur Heimat des total befreiten Menschen, der nur noch dem Zwang unterliegt, allen Zwängen entfliehen zu wollen, etwa in Gestalt des *Frequent Flyer* Ryan Bingham (George Clooney im Film *Up in the Air*, Regie Jason Reitman, USA 2009). Der Job dieses völlig losgelösten Menschen ist die Zerstörung dessen, was für Andere noch Heimat ist, denn sein Auftrag ist es, Kündigungen auszusprechen, egal wo, wem und warum. Im Film wird dieses Leben in grenzenloser Freiheit zwischen den Kontinenten von der Sehnsucht des Zerstörers nach einer seelischen Heimat konterkariert. Ryan versucht es mit Alex (Vera Farmiga), die ihren sozialen Status gleichfalls den Statusmeilen verdankt, die sie auf zahllosen Flügen sammelt. Sie führt jedoch, wie sich herausstellt, bei ihren Aufenthalten auf der Erde ein ganz gewöhnliches Familienleben, ihr »wahres Leben«, wie sie sagt, während sie ihn für die »kleine Flucht« zwischendurch braucht. Da fühlt er sich so einsam wie nie zuvor. Mehr als jemals ist er darauf angewiesen, eine Heimat bei sich selbst zu finden, die einzige, die ihm hoch über der Erde noch bleibt.

Gibt es eine Heimat auch dort, wo noch niemand war? Heimat ragt über gegenwärtige Räume und über jede Zeit weit hinaus, um beispielsweise im Niemandsland der *Utopie* Geborgenheit zu bieten. In ihr kann die *Liebe zu einer künftigen Welt* aufleben, denn Welt ist keineswegs nur das, was der Fall ist, sondern auch das, was der Fall sein kann. Sie ist nie nur Wirklichkeit, immer auch Möglichkeit, nie nur Gegenwart, immer auch Zukunft. Die Utopie lebt von der Hoffnung auf bessere Zeiten, schönere Beziehungen, größeres Glück.

Erst mit Blick auf das, was sein kann, »entsteht in der Welt etwas, das allen in die Kindheit scheint und worin noch niemand war: Heimat«, meinte Ernst Bloch am Schluss seines

Buchs *Das Prinzip Hoffnung* (1954-1959). Auch religiöse Erfahrungen sind von der Utopie eines besseren Lebens andernorts inspiriert, wo mehr Heimat lockt, schon beim Auszug aus Ägypten war das so. Die Utopie setzt Menschen in Bewegung und bringt sie dazu, etwas zurückzulassen und möglicherweise zu verlieren, um etwas Anderes zu gewinnen, ohne Gewissheit darüber haben zu können, was das sein wird. Die Hoffnung hält den Horizont der Möglichkeiten offen und begründet eine Heimat in der Zukunft, in der die Möglichkeiten wirklich werden können. Die Sehnsucht drängt auf Verwirklichung, und wenn eine Enttäuschung darauf folgen sollte, wird daraus flugs wieder die Sehnsucht nach anderen Möglichkeiten.

Eine Utopie war lange Zeit der Blick von außen auf die Erde. In seinem Buch *Kosmos* (1845) stellte sich Alexander von Humboldt den Blick aus dem All vor, um von dort aus die Natur des Planeten und die darin eingebetteten Kulturen mit aller Liebe zum Ganzen und zum Detail auf eindrucksvolle Weise als *irdische Heimat* zu beschreiben. Viel später erst wurde der Blick mit technischer Hilfe für Astro-, Kosmo- und Taikonauten, im 21. Jahrhundert zudem für die Passagiere privater Raumflüge zugänglich. Seit dieser Verwirklichung der Utopie kann die Erde selbst als Heimat in der unendlichen Schwärze des Alls wahrgenommen werden. Die *astronautische Liebe zur Welt* gilt diesem Planeten und all den Menschen und Geschöpfen, die auf ihm wohnen, den Stoffen und Steinen dieser bunten Kugel, die von ferne nur noch als ein leuchtender Punkt erscheint, bevor auch der verlöscht.

Der umgekehrte Blick von der Erde aus in die endlosen Weiten des Alls, der eine *astronomische Liebe zur Welt* ermöglicht, ist seit Menschengedenken bekannt: Er nimmt wirklich das Ganze der Welt in den Blick, auch wenn es nicht wirklich zu überschauen ist, auch nicht mit der Hilfe moderner Techniken. Beim nächtlichen Blick in den Sternenhimmel kann das Universum als *himmlische Heimat* im weltlichen Sinne erscheinen, die Liebe kann dem gesamten Kosmos gelten, Teil einer Kunst des Liebens im umfassenden Sinne.

In jeder Art von *Darüberhinaus* ist Heimat zu finden. Über den eigenen, irdischen Raum, über Menschen, Erde und Sternsysteme hinaus kann es dabei zuletzt um eine himmlische Heimat im anderen Sinne gehen. Als eigentliche Heimat erscheint dann eine *geglaubte* Unendlichkeit und Ewigkeit, benannt als Göttliches und Gott, abhängig davon, was der jeweilige Mensch im Einzelnen darunter versteht. Als *caritas patriae*, als Liebe zum Vaterland im religiösen Sinne bezeichnete Thomas von Aquin (*Summa theologiae*, II, 24, 11) die Beziehung zu einer unendlichen Dimension, aus der Menschen ihrem Glauben zufolge kommen und in die sie zurückkehren.

Mit einer solchen Beziehung kann der Einzelne sich vielleicht »von guten Mächten wunderbar geborgen« wissen, wie der Theologe Dietrich Bonhoeffer 1944 aus dem Gefängnis in Berlin-Tegel an seine Verlobte schrieb, bevor er von den Nationalsozialisten ermordet wurde. *Ohne* eine solche Beziehung kann ein Mensch sich auf Erden womöglich verloren fühlen, wenn das Leben schwierig wird und Abgründe sich auftun. Heimat kann jedenfalls unendlich weit über das hinausgehen, was sie zunächst zu sein schien. Überall zwischen dem engsten und weitesten Kreis des Lebens ist Heimat möglich, in abgeschwächter Form zumindest ein Zuhause. Irgendeine Heimat braucht jeder Mensch, wahrscheinlich sogar mehr als eine, aber nur der Einzelne selbst kann entscheiden, wo er sie sucht; nur er kann fühlen, wo er sie irgendwann glücklich gefunden hat.

Von der Liebe zum Leben und zu einem Darüberhinaus

Liebe zum Leben, zum Schicksal

Wie viele Sonnen, die nachts am Sternenhimmel zu sehen sind, werden von Planeten umkreist? Wie viele Planeten bieten dem Leben eine Heimat? Welcher Art von Leben? Sollte es intelligentes Leben sein: Stellen auch diese Wesen die Frage nach dem Sinn ihres Lebens? Sind sie Ichs? In welchen Beziehungen leben sie? Wie lange leben sie? Wie würden sie die Lebensformen der Menschen wahrnehmen und beurteilen? Könnten sie mit Röntgenaugen die Energien des menschlichen Lebens im Zeitraffer betrachten, würde es für sie wohl den Anschein haben, als seien Schwärme von Glühwürmchen unterwegs. Myriaden von Lichtern würden sie sehen, von denen jedes einzelne kurz aufblitzt und schon wieder verglimmt. Die Gesamtheit dieses Lichtspiels wäre die Menschheit. Aus der Sicht des einzelnen Menschen ist das Licht des Lebens freilich weit mehr als nur ein Augenblick. Endlos zieht sich sein Leben hin, bevor das Ende dann doch viel zu schnell naht. In der langen Zeit zwischendurch kann er zuweilen die Beziehung zum Leben verlieren.

»Was willst Du?« wird Melinda an einem Ort auf dem Planeten gefragt, wo Lichter aller Art besonders nervös flackern, Manhattan, und sie antwortet: »Ich will leben wollen.« Das stößt auf Unverständnis: »Jeder will leben.« Da huscht ein schmerzliches Lächeln über ihr Gesicht: Sie hat es anders erlebt. Das Leben ist für sie zu einer offenen Frage geworden, es erscheint ihr kurz und bedeutungslos, und sie kann sich nur zwei Möglichkeiten vorstellen, darauf zu reagieren: Es *komisch oder tragisch* zu finden. Entscheidet sie sich für die komische Variante, kann sie das Leben trotz allem genießen, mit viel Lachen und immer neuer Liebe, bis heillose Verwirrung herrscht, wer gerade mit wem. Entscheidet sie sich für die tragische Variante, bleiben ihr nur noch das Weinen und die Verzweiflung übrig, und es läge nahe, dem Leben ein Ende zu setzen. Beide Varianten spielt Melinda versuchsweise durch, so will es der Autor und Regisseur dieses Films von 2004, *Melinda und Melinda*, Woody Allen.

In immer neuen Filmen inszeniert Allen das Spiel des Lebens und der Liebe als komische, manchmal tragische Reaktion auf die *Kürze und Bedeutungslosigkeit* des Lebens. Nur eines zieht er nie in Betracht: Dass es eine bloße *Deutung* sein könnte, das Leben so zu sehen, keineswegs eine endgültig festgestellte Wahrheit. Eine andere Deutung könnte *Länge und Bedeutungsfülle* für das Leben behaupten, auch dies ohne letzte Wahrheit. Entscheidend ist in dieser Frage nicht die letzte Wahrheit, die niemand kennt: Menschen durchirren ihr Leben, und der jeweils aktuelle Irrtum erscheint ihnen als Wahrheit – jedenfalls ist das eine mögliche Deutung. Wichtiger als eine letzte Wahrheit ist wohl die *Lebenswahrheit*, mit der ein Mensch durchs Leben geht. Sie ist abhängig von seiner *Haltung* zum Leben, die wiederum mit seiner Deutung, seiner Vorstellung von der Bedeutung oder Bedeutungslosigkeit des Lebens zu tun hat. Eine *Beziehung zum Leben* entsteht auf diese Weise oder kommt gar nicht erst zustande.

In *vormoderner Zeit* war die Beziehung zum Leben keine Frage der Selbstbestimmung eines Menschen, sondern eine der Fremdbestimmung durch die Gesellschaft, in der er lebte, durch die Natur, auf die er angewiesen war, und vor allem

366

durch Gott, an den er meist fraglos glaubte. Ein Mensch wurde ins Leben »gerufen« und aus ihm »abberufen« von Gott. Das gottgewollte Leben war gottesfürchtig zu leben, es konnte voller Leid sein, aber auch erfüllt von barocker Lebensfreude, die auf dem schwarzen Boden der Leiderfahrung erst so recht gedieh. Religiöse und weltliche, familiäre und fürstliche Autoritäten erlegten dem Menschen Pflichten fürs Leben auf, die er zu erfüllen hatte, denen er aber auch das Gefühl verdankte, einen Platz im Leben zu haben und gebraucht zu werden. Er konnte jederzeit wissen, was zu tun und zu lassen ist und sich eingebettet fühlen in den von Gott und Natur in Gang gesetzten Kreislauf des Werdens und Vergehens, der sein gesamtes eigenes Leben umschloss.

Nach der Befreiung von diesen Vorgaben muss in *moderner Zeit* jeder Einzelne selbst seine Beziehung zum Leben finden und festlegen. Eine Option dafür ist die *bejahende Beziehung*. Sie ermöglicht eine Beziehung der Liebe, Freundschaft oder wenigstens der Kooperation mit dem Leben und verringert die Lebensangst eines Menschen. Eine begeisterte Bejahung führte die Romantikerin Bettine Brentano (von Arnim) vor, die ihre Auffassung vom Leben in Briefromanen formulierte. An der Bedeutungsfülle des Lebens zweifelte sie nicht, es erschien ihr als »ein groß Geheimnis« (*sic!*, *Die Günderode*, 1840, Ausgabe 1983, 96). Ganz anders Friedrich Nietzsche, der zunächst glaubte, sich von der Gewissheit eines vorbestimmten Lebenssinns befreien zu müssen, aber bald darüber erschrak, wie bedeutungslos das Leben dann wird, sodass er ihm mit euphorischer Bejahung neue Bedeutung zu verleihen versuchte: 1882 komponierte er zu einem Text der verehrten Lou von Salomé den *Hymnus auf das Leben* für Chor und Orchester (überarbeitet und publiziert 1887), in dem er sein Vermächt-

367

nis sieht, »das *jasagende* Pathos par excellence«, mit den Worten: »Hast du kein Glück mehr übrig mir zu geben, wohlan! *noch hast du deine Pein* ...« (*Ecce Homo*, »Also sprach Zarathustra«, 1).

Eine andere Option ist die *verneinende Beziehung*, die mit einer kämpferischen Auseinandersetzung mit dem Leben einhergehen kann, auch mit einer ablehnenden Haltung gegen das Leben, gegen Erfahrungen und Herausforderungen, bis hin zum Selbstausschluss aus dem Leben. Auch diese Beziehung wird vom Beginn der Moderne an erprobt: Arthur Schopenhauer unternahm dies *theoretisch* mit der Verneinung des Willens zum Leben, um dem sinnlosen Leiden, in dem er die Essenz des Lebens sah, ein Ende zu setzen. Unter der Verneinung verstand er allerdings keine Selbsttötung, wie bedauerlicherweise viele meinen, sondern eine Verweigerung der Fortpflanzung – ein altes christliches Motiv und ein Weg, der Schopenhauers Kräfte überforderte, zwei uneheliche Töchter zeugen davon, ein Fanal der Moderne: Die Weitergabe des Lebens geschieht nicht mehr aus Liebe zum Leben, die den Wunsch nach Weitergabe gebiert, sondern nur noch aus Versehen; in diesem Sinne ist ein Teil der modernen Kultur keine Kultur des Lebens mehr.

Eine *praktische* Verneinung des Lebens hingegen realisierte Heinrich von Kleist, als er sich und seiner Gefährtin Henriette Vogel 1811 am Kleinen Wannsee in Berlin im Alter von 34 Jahren das Leben nahm. Er, dem »auf Erden nicht zu helfen« war, zeigte sich im Abschiedsbrief angesichts des Todes erfüllt von »Freude und unaussprechlicher Heiterkeit«, versöhnt mit aller Welt. »Nun, o Unsterblichkeit, bist Du ganz mein«, heißt es, mit einem Zitat aus seinem Drama *Prinz Friedrich von Homburg*, auf dem Grabstein (seit 2011 auf dessen Rückseite) am Ort des Geschehens.

Die moderne Zeit kennt keine *Norm* mehr, das Leben leben

zu müssen, nur noch die *Option*, es leben zu können – oder sich ihm zu verweigern. Die ganze Skala zwischen bejahender Zuwendung und Zuneigung sowie verneinender Abwendung und Abneigung steht somit offen: Auf der einen Seite die hingebungsvolle *Liebe* zum Leben, wie Bettine Brentano sie mit größter Selbstverständlichkeit lebt, während Nietzsche um diese Liebe kämpfen muss, die er gleichwohl für erstrebenswert hält, um dem Leben Sinn geben zu können. Zwar kann er die Liebe zum Leben nicht einfach von irgendwoher »abrufen«, aber mit der Entscheidung zur Bejahung des Lebens erhöht er die Wahrscheinlichkeit dafür, dass sie sich einstellt. Denkbar ist ebenso die *Befreundung* mit dem Leben, die eine bereitwillige Akzeptanz seiner Eigenarten, manchmal auch eine kritische Sicht auf das Leben möglich macht und ein Atmen zwischen Nähe und Distanz erlaubt. Für eine Beziehung der *Kooperation* wiederum genügt es, das Leben einfach nur zu mögen und gerne dazu bereit zu sein, die Arbeiten zu leisten, die es abverlangt; das alltägliche Leben lässt sich damit gut bewältigen.

Auf der anderen Seite ist eine kämpferische *Auseinandersetzung* mit dem Leben möglich, bei der es als Gegner oder gar Feind des Menschen in Erscheinung tritt: Eine negativ gewendete, erneut jedoch sehr leidenschaftliche Beziehung kommt so zustande. Zur Ablehnung und Zurückweisung des Lebens führt nur die unnachsichtige, *ausschließende Beziehung*, die einen Selbstausschluss aus dem Leben zur Folge hat, sei es ohne Mut zu den Konsequenzen wie bei Schopenhauer oder mit beträchtlichem Mut dazu wie bei Kleist und seiner Gefährtin.

Viele Menschen wählen in moderner Zeit allerdings, eher unbedacht als überlegt, die am wenigsten befriedigende *funktionale Beziehung*. Wie einem technischen Ding verlangen sie dem Leben ein reibungsloses Funktionieren ab: Es soll »etwas bringen«, ungetrübtes Glück, Erfolg, Gesundheit, Zufriedenheit, ewige Jugend. Demgegenüber sollen Unglück, Misserfolg, Krankheit, Älterwerden und Tod abgeschafft werden, die den Anspruch auf Autonomie beleidigen (Norberto Bobbio, *Vom Alter*, 2004), und ein Leben, das »nichts mehr bringt«, lohnt sich nicht mehr. Der funktionale Mensch verschwendet keinen Gedanken darauf, dem Leben seinerseits etwas zu bringen, etwa den Mut, Schwierigkeiten durchzustehen, sich nicht ständig über Widrigkeiten zu beklagen, stattdessen ungewöhnliche Möglichkeiten zu verwirklichen, die der weiteren Entwicklung des Lebens förderlich sein könnten. Das Leben scheint sich für die Verweigerung zu rächen, indem es den Eindruck im Menschen hervorruft, nicht wirklich zu leben. Zynismus macht sich in ihm breit, eine Art von vorweggenommenem Tod.

Manche testen auch, ob eine *virtuelle Beziehung* zum Leben möglich ist, um ganz auf der Ebene des Denkens und Träumens zu verbleiben, ein Leben nur in Möglichkeiten, ohne sich je auf eine Wirklichkeit einzulassen. Vor allem der elektronisch-virtuelle Raum eröffnet beliebige Möglichkeiten, mit aller Welt *online* zusammen zu sein und Distanz zur Wirklichkeit *offline* aufrechtzuerhalten. Um die Erfahrung zu machen, dass in diesem Raum nicht allen realen Bedürfnissen von Körper und Seele zufriedenstellend nachgegangen werden kann.

Die Beziehung zum Leben, die ein Mensch wählt, hat zweifellos mit dem *Temperament* zu tun, das ihm von Natur aus eigen ist, mit den *Erfahrungen*, die er in seiner sozialen und kulturellen Umgebung macht, vor allem aber mit den *Deutungen*, die er selbst vornimmt: Was verstehe ich unter Leben, was habe ich bisher erlebt, was will ich noch erleben, was ist mir wichtig, was halte ich für richtig, was ist in meinen Augen schön und somit besonders wertvoll? Sehr viel ist abhängig vom *Begriff des Lebens*, in dem alle Erfahrungen und Deutungen, Wünsche und Träume gebündelt werden und lebhaft mitschwingen, wenn ein Mensch vom Leben spricht (*Induktion*). Unbemerkt kehrt der Prozess sich dann um und derselbe Mensch beginnt, aus dem Begriff des Lebens, den er sich zurechtgemacht hat, die Deutung seiner Erfahrungen abzuleiten (*Deduktion*): Am Begriff gemessen, beurteilt er sein Leben als befriedigend oder unbefriedigend. Hält er es für unbefriedigend, ist er versucht, dies nicht seinem Begriff anzulasten, sondern dem Leben selbst: Es ist nicht so, wie er es sich vorgestellt hat – umso schlimmer für das Leben!

Hat er sich das Leben als *Orgie* vorgestellt, die abzufeiern ist, kann die Tristesse, die sich trotz allem immer wieder einstellt, in seinen Augen kein Leben sein. Besteht das Leben für ihn nur darin, eine *Aufgabe* zu erfüllen, kommt ihm mit deren Erfüllung das Leben abhanden – mit der Nichterfüllung aber auch. Heißt Leben für ihn, *für Andere* da zu sein, verliert er vielleicht das Lebenkönnen mit sich selbst, in der Folge aber auch das Daseinkönnen für Andere. Versteht er unter Leben, *sein Ich* allein zu behaupten, erscheint ihm das Leben mit Anderen nachrangig – und irgendwann das eigene Leben sinnlos. Erwartet er vom Leben durchgängig nur *Freude*, fällt schon das kleinste Leid ins Gewicht und lässt das Leben unerträglich erscheinen. Erscheint ihm das Leben vor allem als *Leid*, gewinnt jede noch so kleine Freude eine überwältigend große Bedeutung.

Es müsste möglich sein, einen Begriff des Lebens zu bilden, in dem die unterschiedlichsten Erfahrungen Platz finden können, das Abfeiern einer Orgie ebenso wie die Erfüllung

371

einer Aufgabe, das Dasein für Andere wie für sich selbst, die Freude wie auch das Leid, wenngleich nicht immer alles zur selben Zeit. Das könnte der Begriff des *schönen Lebens* leisten, der nicht von vornherein festgelegt ist, sondern immer von Neuem das Nachdenken darüber anregt, ob das bestehende Leben schön und bejahenswert ist: Und wenn nicht, was wäre dafür zu tun? Das schöne Leben zeichnet sich nicht durch die Perfektionierung des Positiven aus, sondern durch die Bejahung der Spannung zwischen positiven und negativen Erfahrungen, die die Fülle des Lebens ausmachen, das *Atmenkönnen* zwischen Lust und Schmerz, Freude und Ärger, Erfolg und Misserfolg, Gesundheit und Krankheit, deren Gegensätze allenfalls zu mäßigen, aller Erfahrung nach jedoch nicht aus der Welt zu schaffen sind.

Nur das Leben, das in irgendeiner Weise schön erscheint, kann geliebt werden, weniger schöne Aspekte und leidvolle Erfahrungen mit einbezogen, die ein Mensch zumindest im Nachhinein bejahen kann, wenn ihm klar wird, dass er ihnen wichtige Einsichten und Reifungsprozesse verdankt und durch die tiefe Irritation hindurch seinen Weg neu finden konnte. Wahre Schönheit zeigt sich oft erst nach unschönen Zeiten. In der Gegenwart ist das Leben, von gelegentlichen Verdichtungen abgesehen, *porös*, es weist Leeren, Lücken, Mängel auf. Beim Blick zurück erst wird die Fülle sichtbar, wenn die leeren Stellen und unbedeutenden Beiläufigkeiten, die »Akzidenzien«, verschwunden sind. Übrig bleibt die »Essenz«, die als wahres Leben gilt, und auch das, was zuvor noch störte, passt jetzt ins Bild.

Dreh- und Angelpunkt der Beziehung zum Leben ist die Haltung zu seinen schwierigsten Bedingungen: Kann ich die *Polarität des Lebens* akzeptieren, oder versuche ich sie zu negieren? Die Polarität kommt nicht etwa nur in einzelnen Aspekten zum Vorschein, vielmehr zeigt sie sich von Anfang an und durch das ganze Leben hindurch, wenn die *Zufälligkeit*, insbesondere der nicht willkommene Zufall, hartnäckig jeder Berechenbarkeit widerspricht. Sie zeigt sich in der *Widerständigkeit*, mit der andere Menschen und Dinge immer wieder den eigenen Wünschen und Interessen entgegenstehen. Und sie wird schmerzlich erfahrbar bei der *Unabänderlichkeit*, wenn etwas im Leben jedem Versuch zur Veränderung widersteht und keine Ausweichmöglichkeit offensteht. Eine unabänderliche Erscheinungsform der Polarität ist vor allem das *Werden und Vergehen*, dem die Existenz als Ganzes unterworfen ist, zwischen der *Natalität*, unter Bedingungen geboren zu sein, die nicht nachträglich beeinflusst werden können, und der *Mortalität*, die jedes Leben, einmal begonnen, enden lässt, zu welchem Zeitpunkt und unter welchen Umständen auch immer, wie Robert Gernhardt dies im Gedicht *Später Spagat* 2006 angesichts des eigenen Todes in schlichte Worte fasste:

> *Trägst den Tod in dir?*
> *Trägst schwer.*
> *Tod ist nicht irgendwer:*
> *Wiegt.*
>
> *Stirbst wie nur je ein Tier?*
> *Nimms leicht.*
> *Tod wird durch nichts erweicht:*
> *Siegt.*

Die Erscheinungsformen der Polarität, Zufälligkeit, Widerständigkeit, Unabänderlichkeit, Natalität und Mortalität summieren sich zum *Schicksal*, das Menschen immer schon herausgefordert hat, von wem oder was auch immer »geschickt«. Schicksal, *fatum*, bezeichnet das, was nicht in der Macht des Betroffenen steht, aber machtvoll auf ihn Einfluss nimmt. *Fatal* ist, was unabwendbar ist, entweder von vornherein, *a priori*, wenn es nicht nach Belieben geändert werden kann, sodass der jeweilige Mensch seinen Weg gehen muss, ob er will oder nicht; oder im Nachhinein, *a posteriori*, wenn etwas, das geschehen ist, nicht mehr zu ändern ist, mit »fatalen«, meist unangenehmen, vielleicht sogar schlimmen Folgen. Eine Krankheit kann bis zu einem bestimmten Punkt beeinflusst werden und heilbar sein; wenn aber nicht mehr, wird sie definitiv zum Schicksal, unabhängig davon, ob sie aus dem Zufall einer Infektion oder irgendeiner bekannten oder unbekannten Notwendigkeit resultiert.

Neben den *individuellen* Bedingungen etwa einer genetischen Disposition kommen dabei *soziale und ökologische* Bedingungen des Ortes, der Region und der Gesellschaft als schicksalhaft in Betracht, auch *globale* Bedingungen der Weltgesellschaft und des Planeten, vielleicht sogar *kosmische* Bedingungen der Sterne, die auf das Leben des Einzelnen Einfluss nehmen. Schweigsam hält im Kosmos, den ich nächtens vor mir sehe, jedenfalls eine bestimmte Konstellation von Sternen den Stern Sonne auf seiner Bahn, die Sonne wiederum den Planeten Erde, die Erde wiederum den Menschen auf ihrer Oberfläche, auf der er einigen Bedingungen des Lebens unterworfen ist: Etwa dass es Polarität und den unaufhebbaren Gegensatz von Möglichkeit und Wirklichkeit gibt, sodass er von Möglichkeiten träumen kann, für die die jeweilige Wirklichkeit jedoch nicht beliebig viel Platz hat, bis letzlich eine bestimmte Wirklichkeit unumkehrbar zum eigenen Leben wird – all das ist schicksalhaft.

Umstandslos alles als schicksalhaft zu akzeptieren, sich blind der Macht des Schicksals zu unterwerfen, wäre *Fatalismus*, der lange Zeit religiös vorgegeben war. Die Zeit der Moderne verstand sich als Befreiung von einer solchen Haltung und begründete einen regelrechten *Anti-Fatalismus*, einen rigorosen Glauben an *kein* Schicksal, sodass »Schicksal« kein Begriff der Moderne mehr sein konnte: Es sollte überwunden werden, nichts mehr sollte unabänderlich sein, alles der wissenschaftlichen Aufklärung und technischen Machbarkeit unterliegen.

Das zog schicksalhafte Konsequenzen für die Gesellschaft und den Einzelnen nach sich, da fortan nichts mehr akzeptiert werden konnte: Der Körper war mit Hormonen, Steroiden und Operationen nach Wunsch zu formen, die Seele mit Stimmungsaufhellern in gute Schwingungen zu versetzen, geistig waren mit Positivdenken negative Verhältnisse zu überwinden. Es war schicksalhaft, Kinder zu bekommen? Eine Pille konnte Abhilfe schaffen. Es war schicksalhaft, keine zu bekommen? Auch das konnte hormonell beeinflusst werden. Das Schicksal der Geburt hatte es gewollt, dass die Hautfarbe hell ist? Sie konnte gebräunt werden. Sie war dunkel? Sie konnte gebleicht werden. Die Schwerkraft hatte die Menschen schicksalhaft an ihren Planeten gefesselt? Der konnte mit Raketen verlassen werden.

Und dennoch lässt sich das Schicksal nicht restlos ausschalten: Weiterhin ist nicht zu verhindern, dass ungewollt Unfälle geschehen und der Mensch mit seinen Techniken selbst »Schicksal spielt«, etwa wenn gewollte Eingriffe misslingen und nicht mehr revidierbar sind. Die Frage nach der *eigenen Verantwortung* für das Schicksal stellt sich auf Schritt und Tritt, wenn auch nur ein Spalt der Freiheit offen steht: Ständig habe ich die Wahl, diesen oder jenen Weg einzuschlagen, dieses oder jenes Produkt zu kaufen, stets mit potenziell weit reichenden Folgen für mein Leben wie für das Leben Anderer. Schicksalhaft ist die Wahl, mit diesem oder jenem Menschen durchs Leben zu gehen, Kinder zu bekommen oder nicht, nach beginnender Schwangerschaft deren genetische Ausstattung zu testen oder nicht, vor dem Beginn eine Prä-Implantations-Diagnostik (PID) künstlich befruchteter Zellen vornehmen zu lassen oder nicht.

Jedes Tun wirkt sich so schicksalhaft aus wie jedes Lassen, und dies bei weitem nicht nur bei Medizintechniken: Jeder kann jederzeit ein verhängnisvolles Geschehen verursachen, sodass es zu einer Inflationierung *möglicher Schuld* kommt, die keiner jenseitigen Instanz mehr zugeschoben werden kann. Und eine endlose Unruhe gilt bei alldem der Frage, ob es wirklich eine *freie Wahl* gibt: Von maximaler Freiheit auszugehen und für alles Verantwortung zu übernehmen, würde jeden überfordern. Keinerlei Freiheit anzunehmen und jede Verantwortung zu leugnen, würde der Willkür Tür und Tor öffnen.

Die Liebe zum Leben, die Befreundung und Kooperation mit ihm braucht ein Einverständnis mit seinen schicksalhaften Bedingungen. Am entschiedensten geschieht dies in der *Hingabe* an das Leben, an all seine Seiten, mit einer leidenschaftlichen Zuwendung und Zuneigung, die auch noch das Einverständnis mit der Unlösbarkeit des Rätsels umfasst, was wirklich als Schicksal gelten kann und was nicht. Unweigerlich muss ein Mensch mit der Hingabe auch zur *Hinnahme* bereit sein, die gerade in den Zeiten am schwersten fällt, in denen sie am nötigsten wäre, nämlich wenn negative Erfahrungen hinzunehmen sind, die das Leben sinnlos, bedeutungslos, nicht mehr lebenswert erscheinen lassen. Modernen Menschen liegt es dann nahe zu fragen, ob das Leben gerecht sei. Nach der Befreiung von der vormodernen *Theodizee*, dieser Frage nach der Gerechtigkeit Gottes, wird die Leerstelle von der *Biodizee* ausgefüllt, der Frage nach der Gerechtigkeit des Lebens, um aus dem vermeintlichen Mangel daran einen neuen Vorwurf zu stricken: »Das Leben meint es nicht gut mit mir.«

Leichter fällt die Hinnahme des Unguten mit der Überlegung, ob es denn *fair* gegenüber dem Leben ist, nur seine positiven Seiten zu akzeptieren, die negativen aber abzuweisen. In Beziehungen zwischen Menschen wie auch zwischen Menschen und anderen Wesen ist Fairness ein Kriterium für Gerechtigkeit, warum nicht auch in der Beziehung zum Leben? Wie stünde es um die Liebe, Freundschaft und Kollegialität, wenn ich dem jeweiligen Menschen sagen würde, seine positiven Seiten seien mir willkommen, seine negativen aber könne er für sich behalten? Und wenn der Andere das mir sagen würde?

Der Maßstab der Fairness in der Beziehung zum Leben fordert dazu auf, dem Leben gerecht zu werden und seine gegensätzlichen Seiten anzuerkennen, um nach einem lebbaren Umgang damit zu suchen. Würde eine wachsende Zahl von Menschen sich darauf einlassen, könnte aus der *schicksalsblinden* Kultur der Moderne noch eine *schicksalsbewusste* werden, die sich darüber im Klaren wäre, dass es trotz aller Machbarkeit verhängnisvolle Zusammenhänge gibt und dass der Schmerz, den sie verursachen, nicht immer aufzuheben ist: Davon erzählt Max Frisch in seinem Roman *Homo faber* (1957), in dem sich der technisch orientierte, rationale Mensch inmitten der modernen Welt mit einer Tragik von antiken Ausmaßen konfrontiert sieht.

Spätestens dann, wenn das *Fatum* endgültig zum *Faktum*

377

wird, stellt sich die Frage nach dem Umgang damit. Von der verneinenden oder bejahenden Beziehung zum Leben hängt die Antwort darauf ab: *Hass auf das Schicksal*, geleitet von Wut auf das Leben, liegt nahe, wenn dem Leben die Schicksalhaftigkeit angelastet wird, als wäre es ein ansprechbares Gegenüber, auch wenn alle Auflehnung und Ablehnung am Geschehen nichts ändern kann. Dann neigt ein Mensch dazu, *lebensböse* zu sein und im offenen oder stillen Kampf gegen die schicksalhafte Fremdbestimmung und ihre wirklichen oder vermeintlichen Sachwalter verbittert alle Kräfte zu verausgaben.

Liebe zum Schicksal ist möglich, wenn ein Mensch mit all dem einverstanden sein kann, was nicht zu ändern ist. Dann neigt er dazu, von Grund auf *lebensgut* zu sein, sich dem Leben zu fügen und sich im Zweifelsfall zu sagen: »Das ist mein Schicksal, ich habe es mir nicht ausgesucht, aber ich will damit leben, statt vergeblich dagegen anzuleben.« Liebe wird hier zur Kunst, sich dem hinzugeben, was hingenommen werden muss, sei es eine ungeliebte Aufgabe, eine unabweisbare Verpflichtung, eine schicksalhafte Unabänderlichkeit, und nicht nur zu *wollen*, was man muss, sondern es auch zu *lieben*, um alle Kräfte dafür zur Verfügung zu haben, gut damit umzugehen. Zu dieser Liebe wollte Nietzsche sich ermuntern: »Amor fati: das sei von nun an meine Liebe!« Im Notwendigen wollte er fortan das Schöne sehen und irgendwann »nur noch ein Ja-sagender sein« (*Fröhliche Wissenschaft*, 1882, 276).

Und was gibt den Ausschlag dafür, lebensgut oder lebensböse zu sein? Ist selbst das noch schicksalhaft vorherbestimmt? Wie andere Lieben, die außer auf Gefühlen auch auf einer Entscheidung beruhen, braucht die Liebe zum Leben, die das dynamische Zentrum der Kunst des Liebens bildet, *Mut*, um »den Anfang zu machen« und es mit dem Leben zu wagen.

Ein großes Wohlwollen für das Leben geht daraus hervor. Mit Mut gelingt es, beängstigenden Ungewissheiten, negativen Möglichkeiten von Misserfolg, Enttäuschung, Verletzung, Schmerz, Krankheit, Leid und Tod zu begegnen. Und woher kommt der Mut? Aus einer Ausstattung von *Natur* aus, aus der umgebenden *Kultur*, aus dem Beispiel *Anderer* und dem Mut, den sie unter Beweis stellen. Mutig macht die Arbeit des *Selbst* an sich, um mit sich ins Reine zu kommen, der *Glaube*, der jede Art von Leben als Geschenk begreift, die *Hoffnung*, die auf ein anderes und besseres künftiges Leben setzt. Immer resultiert Mut daraus, eine *Gewissheit* in sich zu spüren, die größer ist als jede Ungewissheit, auch wenn diese nie völlig zu überwinden ist und es nicht einmal Sinn hat, sie überwinden zu wollen: Sie spornt immer wieder dazu an, eine neue Gewissheit zu finden, die besser begründet ist als die vorherige.

Erfolg macht mutig, bei allen Gefahren des Übermuts, ebenso jedoch *Misserfolg*, mit einem trotzigen »jetzt erst recht«, und äußerstenfalls bleibt noch der Mut der *Verzweiflung* übrig, wenn nichts mehr zu verlieren ist. Ein Mensch kann sich außerdem spontan einen *Ruck* geben und daraus den Mut zur Entscheidung beziehen, die *Liebe* kann ihm dabei helfen: Lady Windermere hat es eben noch strikt abgelehnt, eine existenzielle Entscheidung zu treffen: »Ich habe nicht den Mut dazu«, bekennt sie, als Lord Darlington sie drängt, nicht länger ihrem treulosen Mann treu zu bleiben und ihr Leben zu verraten, sondern mit ihm zu kommen, denn »es gibt Augenblicke, in denen man zu wählen hat, entweder voll und ganz sein eigenes Leben zu leben – oder sich mit einer falschen, oberflächlichen, entwürdigenden Existenz abzuschleppen« (Oscar Wilde, *Lady Windermeres Fächer*, Zweiter Akt). Da ist sie plötzlich zum ontologischen Sprung in die Möglichkeit bereit, die Liebe gibt ihr die Kraft dazu, eine zweifache Liebe: Die Liebe des *Anderen*, der sie ermutigt, und ihre *Selbstliebe*, die durch die Liebe des Anderen wach wird. Die Aussicht auf ein Leben, das schöner und bejahenswerter ist, macht jeder Gleichgültigkeit gegen sich und das eigene Leben ein Ende.

Oscar Wildes Theaterstück, 1892 in London uraufgeführt, erscheint wie eine Vorahnung der fortschreitenden Moderne, die nicht etwa nur bei versprengten Einzelnen, sondern bei einer wachsenden Zahl von Menschen in ungewöhnlichem Maße den *Mut zum Leben* schwinden lässt: Viele fühlen sich nicht mehr geborgen in einer Religion, in althergebrachten Traditionen und verlässlichen Konventionen. Sobald aber das Leben sich nicht mehr von selbst versteht, beginnt die Ungewissheit jede Gewissheit zu untergraben. Dass es an Mut fehlt, geschieht immer wieder phasenweise im menschlichen Leben, nun aber wird das Leben vieler vom Mangel daran dauerhaft überschattet. Darauf reagierte der Theologe Paul Tillich mit seinem Buch *Der Mut zum Sein* (1952, deutsche Ausgabe 1953), mit dem er Mut machen wollte zu einem Dasein, das sich der Wirklichkeit stellt, wie sie gegenwärtig ist und nicht zu ändern ist, jedenfalls nicht jetzt; Mut aber auch dazu, sich für das eigentliche Sein zu öffnen, für die Möglichkeiten, die über jede Wirklichkeit hinausreichen und alles Dasein in sich bergen.

Verzagtheit erfordert keine Kraft und setzt auch keine frei, Mut hingegen ist energetisch aufwändig, bevor er selbst zur Energiequelle wird. Und woher soll die anfängliche Energie kommen? Aus dem *Sinn*, der immer dann zutage tritt, wenn Zusammenhänge erfahrbar werden. Wo Sinn zu finden ist, werden Energien frei, und umgekehrt: Wo es gelingt, ein Potenzial an Energie zu erschließen, entsteht eine Erfahrung von Sinn. Neuer Mut zum Leben überkommt Menschen, sobald ihnen das sinnlos gewordene Leben wieder voller Sinn, voller Möglichkeiten, voller Energie erscheint. Zweifellos fällt das *Ja zum Leben* und zum Schicksal leichter, wenn Sinn darin gesehen werden kann – aber die Voraussetzung dafür ist wiederum das Ja. Einen zwingenden Grund für dieses Ja gibt es nicht. Es als zwingend zu proklamieren, verursacht nicht von ungefähr ein Unbehagen: Im Leben kommt es darauf an, nicht immer zu allem nur Ja zu sagen wie die Duchess of Berwick in Oscar Wildes Stück. Nur dort, wo ein Nein möglich ist, wird ein Ja glaubwürdig. Das *Neinsagenkönnen* verleiht einem Ja erst seinen Wert. Wo, wann, gegenüber wem und unter welchen Umständen ein Ja oder Nein angebracht ist, ist eine Frage der Erfahrung und Besinnung, des wachsenden Gespürs, auf dessen Grundlage treffsicher zu wählen ist. Ein Ja eröffnet Möglichkeiten, ein Nein verschließt sie, seltener ist es umgekehrt, und das gilt auch für die Haltung zum Leben. Dennoch ist dessen Bejahung keine Notwendigkeit, sondern ein Akt der Freiheit, der erst vor dem Hintergrund der ebenso gut möglichen Verneinung Gewicht erhält.

Ein Grund dafür, das Leben nicht bejahen zu können, kann die Omnipräsenz des Negativen in seinen vielfachen Erscheinungsformen und vor allem die »unzumutbare« Tatsache des Todes sein (Martin Neuffer, *Nein zum Leben*, 1992, 34). Steht aus diesem Grund die Sinnleere und Bedeutungslosigkeit des Lebens von vornherein zweifelsfrei fest, sind Resignation und Verzweiflung nicht fern, sei es mit tragischen Zügen wie bei Arthur Schopenhauer oder mit komischen Zügen wie bei Woody Allen. *Melinda und Melinda*, das sind eigentlich *Arthur und Woody*. Ein Kontrastprogramm dazu wäre, die Frage nach dem Sinn offenzuhalten und nicht mit letzten Antworten zu verschließen. Gerade dann kommt eine *mögliche* Fülle des Sinns und Bedeutungsfülle des Lebens in den Blick, die dazu ermutigt, allen Widerfahrnissen des Lebens mit vertrauensvoller Hingabe oder gleichmütiger Gelassenheit zu begegnen.

Die Frage nach dem Sinn und die möglichen Antworten darauf

In welchem Umfang die Sinnfrage virulent wird, wenn alte Sinngewissheiten zerbrechen, war kaum jemandem so früh so klar wie Nietzsche. Im Sommer 1887 zieht er sich für ein paar Tage an einen damals abgelegenen Ort bei Chur in der Schweiz zurück, nach dem die Aufzeichnungen benannt sind, die er dort macht: *Lenzerheide-Fragment* (KSA 12, 211-217). Ihn beunruhigt die Sinnlosigkeit, die entsteht, wenn »der Glaube an Gott und eine essentiell moralische Ordnung nicht mehr zu halten ist«. Dass Sinn sich auflöst, ist eigentlich kein ungewöhnlicher Vorgang, sondern eine gewöhnliche Folge hermeneutischer Veränderungen, wie sie gelegentlich vorkommen: »*Eine* Interpretation gieng zu Grunde« (*sic!*). Ein größeres Problem ist in diesem Fall jedoch, dass diejenigen, die an Gott glaubten, eine Sinnfülle mit ihm in Verbindung brachten, die nicht als Interpretation, sondern als letzte Wahrheit erschien. Infolgedessen entsteht nun der Eindruck, »als ob es gar keinen Sinn im Dasein gebe, als ob alles *umsonst* sei«.

Mit neuen Interpretationen wäre neuer Sinn zu gewinnen, aber es fehlen, stellt Nietzsche auf dem Weg nach Lenzerheide fest, »die neuen interpretativen Kräfte«. Gäbe es sie, würde er ihnen raten, nicht von einer Gewissheit des Sinns, sondern vom Gedanken der Sinnlosigkeit »in seiner furchtbarsten Form« auszugehen, »das Dasein, so wie es ist, ohne Sinn und Ziel, aber unvermeidlich wiederkehrend, ohne ein Finale ins

Nichts«. Dann würde sich die ernste Frage stellen, »bejahen wir *trotzdem* den Prozess?« Eine solche Bejahung hatte Nietzsche selbst Jahre zuvor vorgeschlagen, um dem sinnlos gewordenen Leben neuen Sinn zu geben: Wenn ewig wiederkehren würde, was jetzt geschieht – wäre das nicht ein Ansporn dazu, das Leben so zu gestalten, dass der Wunsch entstünde, es möge ewig so wiederkehren? Mit der Akzeptanz einer *möglichen* grundlegenden Sinnlosigkeit könnte dann eine neue Arbeit am Sinn unternommen werden: »Welche werden sich als die *Stärksten* dabei erweisen? Die Mäßigsten, die, welche keine extremen Glaubenssätze *nöthig* haben, die, welche einen guten Theil Zufall, Unsinn nicht nur zugestehen, sondern lieben«.

Die extremen Glaubenssätze in Sinnfragen, die hier überwunden werden sollen, sind seit langer Zeit bekannt: *Alles hat einen Sinn*, sagen die Einen, wenngleich das niemand wirklich wissen kann. Ein Sinn, also ein Zusammenhang, eine Beziehung, ein Aufeinanderbezogensein des Auseinanderliegenden (Paul Tiedemann, *Über den Sinn des Lebens*, 1993, 4 f.) wird dabei aus heiligen Texten erschlossen oder mangels anderer Deutungsmethoden aus Karten ersehen, aus Händen gelesen, aus Sternkonstellationen abgeleitet. Nichts ist dann noch Zufall, alles vorherbestimmt, erst recht das Los »sterndurchquerter Liebender« (*star-crossed lovers*), von denen Shakespeare im Prolog zu *Romeo und Julia* spricht, um eine kosmische Macht gerade dort ins Spiel zu bringen, wo das Schicksal menschengemacht sein könnte.

Andere glauben ganz im Gegenteil an ein sinnloses Walten ohne jeden Autor, der das Drehbuch zu dem Film »Das Leben und die Liebe« schreiben könnte: *Da ist kein Sinn*, wenngleich das kein Mensch objektiv und definitiv wissen kann. Dem Glauben an den Sinn des Lebens steht der »Glaube an das Absurde« gegenüber, dem Albert Camus anhing, seine Antwort auf »die dringlichste aller Fragen« (*Der Mythos des Sisyphos*, 1965, deutsche Ausgabe 2000, 16 und 73). Und doch kann auch das Absurde zu einem *möglichen* Sinn des Lebens beitragen, denn das Leben lebt von Möglichkeiten: Alle sind nötig, um die eine zu finden, die weiterführt, und das Absurde erweitert das Spektrum der Möglichkeiten bis ins schier Unmögliche.

Offen bleibt die Frage, warum Menschen überhaupt auf die Idee kommen, die Sinnfrage mit einer letzten *Wahrheit* zu beantworten, zu der die Einen gekommen und von der die Anderen abgekommen sind: Wer verfügt über den Maßstab für die zweifelsfreie Erkenntnis, wie etwas letztlich »ist« oder »nicht ist«? Wenn es wahr ist, dass Sinn-Zusammenhänge grundsätzlich aus Deutungen und Interpretationen hervorgehen, die sich im Laufe der Zeit wandeln, dann kann der Sinn immer nur eine subjektive und provisorische *Lebenswahrheit* sein, deren Tragfähigkeit sich im wirklichen Leben erst noch erweisen muss.

Die Vielzahl möglicher Deutungen vermittelt einen Eindruck vom Umfang einer mutmaßlichen Wahrheit. Jede Deutung aber erfordert einen Aufwand an Kraft. Und wenn einem Menschen bei völliger Entkräftung keine Deutung mehr möglich ist? Dann hängt für ihn alles davon ab, irgendwie wieder zu Kräften zu kommen, etwa durch eine Stärkung seiner Sinnlichkeit, mit der er die Sinnleere durchstehen kann, die der notwendige Gegenpol zur möglichen Sinnfülle ist.

Dass Nietzsche die Notwendigkeit einer neuen Sinngebung sah, könnte ein Grund für seinen häufigen Gebrauch der Formel »Eins ist noth« (*sic!*) in vielen Schriften und Briefen sein: Eines ist notwendig, nämlich dem Leben Sinn zu geben. Notwendig ist es, da der Mensch offenkundig ein *sinnbedürftiges*

Wesen ist. Sinnbedürftig ist er, da Sinn die Zusammenhänge herstellt, in denen Energien fließen können. Sinn stillt den Energiehunger des Menschen, dem das naturgegebene Quantum nicht auszureichen scheint, vermutlich weil sein Denken, seine Arbeit an Kunst und Kultur enormer Ressourcen bedarf. In moderner Zeit aber zerbrechen sehr viele Zusammenhänge: Die willentliche Befreiung von vorgegebenem Sinn führt zur vollkommenen Sinnlosigkeit, zur Erfahrung des Nichts. Nietzsche, der die Dynamik der Moderne vorweg bis zum Äußersten durchdachte, sah es daher als Aufgabe der bewussten Lebensführung, der Lebenskunst des Einzelnen an, Zusammenhänge wiederzufinden und neu zu schaffen, dem Leben somit wieder Sinn zu geben, etwa mit einer Setzung von Zielen und Zwecken, um zu sagen: Dafür bin ich da, das ist meine Lebensaufgabe. Nichts und niemand kann dem Einzelnen diese Arbeit abnehmen, »das ›Individuum‹ steht da, genöthigt zu einer eigenen Gesetzgebung«, hieß es bereits 1886 in *Jenseits von Gut und Böse* (Aphorismus 262).

Die Arbeit an den Zusammenhängen betrifft zuallererst das Innere des Selbst, die Festlegung seiner Werte, die Gestaltung seines Charakters. Der ist zwar erst einmal naturgegeben und Ergebnis einer sozialen Formung, nun aber tritt an die Stelle des Befolgens von Vorgaben etwa der Moral eine eigene Wahl, aus Moralfragen werden *Stilfragen*, ausgehend vom Selbst: »*Eins ist Noth.* – Seinem Charakter ›Stil geben‹ – eine grosse und seltene Kunst« (Fröhliche Wissenschaft, 1882, 290). Stil heißt, sich nicht irgendwie zu verhalten, sondern der eigenen Haltung und dem Verhalten Formen zu geben und Grenzen zu ziehen, sich auf etwas Bestimmtes zu konzentrieren, statt sich zu verzetteln und seine Kräfte zu zerstreuen, dieses vorzuziehen und hervorzuheben, jenes nachrangig zu behandeln,

Eines auszuwählen und festzulegen, statt vieles oder alles zu wollen. Alles ist möglich? Kann sein, aber für alles reichen die Kräfte nicht. Sich auf alles zu stürzen heißt, nichts mehr realisieren zu können.

Als das »Eine, was noth thut«, bezeichnete schon der 15-jährige Nietzsche in einem Brief vom 17. März 1860 aus Schulpforta die »heiligsten Entschlüsse und Vorsätze für das zukünftige Leben«. Später denkt er an die Werte, Grundsätze und Regeln, die mit einer eigenen Wahl in Kraft zu setzen und geduldig einzuüben sind, um dem gesamten Leben Stil zu verleihen. Nach der Befreiung von äußeren Normen zu einer eigenen Formgebung fähig zu sein, ist ein Kennzeichen des »souveränen Individuums«, von dem Nietzsche in dem aus den Lenzerheide-Überlegungen hervorgehenden Buch von 1887 spricht: *Zur Genealogie der Moral* (hier II, 2). Basis der Souveränität des Individuums ist die Redlichkeit gegen sich selbst, die auch einen redlichen Umgang mit Anderen ermöglicht: So entsteht der Mensch, der *versprechen darf,* da er in der Lage ist, sein Versprechen auch einzuhalten. Nur mit selbst gewählten Formen sind noch verlässliche Zusammenhänge zu begründen, nur sie können dem Leben neuen Sinn und Halt geben: Das ist Nietzsches Antwort auf den Nihilismus nach der Auflösung alter Normen, ein erster Schritt auf dem Weg zur *postnihilistischen Kultur* einer anderen Moderne.

Wie sehr die Arbeit der Sinnfindung und Sinngebung gerade dann zur existenziellen Aufgabe wird, wenn unter schlimmen und schlimmsten Bedingungen jeder Sinn zerbricht, hat sich im 20. Jahrhundert in Konzentrationslagern zur bitteren Erfahrung verdichtet. Was im Reich der Nationalsozialisten Menschen Anderen antaten, kann als millionenfacher Beleg dafür gelten, dass metaphysisch ausgebrannte Menschen auf der Suche nach dem verlorenen Sinn nicht davor zurückschrecken, Sinn zuletzt noch aus der Verachtung und Vernichtung Anderer zu ziehen, um selbst leben zu können.

Aus eigener Lagererfahrung heraus wirft Viktor Frankl die alte philosophische Frage nach dem Sinn neu auf und versucht sie nicht mehr mit einem kosmischen »Bezugssystem« wie vor ihm Alfred Adler (*Der Sinn des Lebens*, 1933, 178), sondern mit einer Rückbesinnung auf humane Quellen des Sinns zu beantworten, aus denen Menschen auch dann Kraft schöpfen können, wenn ihnen kein transhumaner Sinn mehr zur Verfügung steht. Gedanken über den Sinn des Lebens, des Leidens und Sterbens, sagt Frankl, seien das Einzige gewesen, »was uns noch helfen konnte«. Mit einem Anklang an Nietzsches Art der Lebensbejahung zeigt er sich davon überzeugt, »dass menschliches Leben immer und unter allen Umständen Sinn habe« und dass dieser Sinn auch noch »Leiden und Sterben, Not und Tod in sich mit einbegreife« (… *trotzdem Ja zum Leben sagen*, 1946, Ausgabe 1977, 133).

Den Versuch, nicht mehr von einem Zentralgestirn des Sinns auszugehen, um das sich das ganze Universum dreht und dessen energiereiche Strahlen Menschen mit Sinn versorgen, ohne dass diese sich dessen so recht bewusst wären, deutet Frankl als »kopernikanische Wende«: »Was hier not tut, ist eine Wendung in der ganzen Fragestellung nach dem Sinn des Lebens« (… *trotzdem Ja zum Leben sagen*, 124). Als Sinnressource will er das menschliche Leben selbst verstehen: In ihm Sinn zu finden und ihm Sinn zu geben, wird zur Herausforderung, die nach dem Versiegen metaphysischer Quellen jeden Einzelnen angeht. Die leitende Frage soll dabei nicht sein, was vom Leben zu erwarten ist, sondern »*was das Leben von uns erwartet*«.

Niemand könne sagen, was der Sinn des Lebens im Allgemeinen sei, eine besondere Antwort auf die Frage danach ergebe sich jedoch im Leben jedes Einzelnen aus den »Forderungen des Lebens an uns«. Leben, so Frankl unter der Überschrift »Nach dem Sinn des Lebens fragen«, sei letztlich nichts Anderes als die »Erfüllung der Aufgaben, die jedem einzelnen das Leben stellt«. Wie jeder dem gerecht zu werden versucht, zeichnet die Einmaligkeit und Einzigartigkeit aus, die seinem Dasein erst Sinn verleiht.

Unverkennbar vertritt »das Leben« hier die verwaiste metaphysische Stelle. Um aber von dieser Position aus nicht etwa von Neuem extreme Glaubenssätze zu verkünden, erscheint es sinnvoll, die anstehende Sinnfindung und Sinngebung von vornherein unter einen *Sinn-Vorbehalt* zu stellen: In Frage steht nicht mehr der einzig mögliche Sinn des Lebens und des Schicksals, sondern der eine unter vielen, den ein Mensch für sich selbst für überzeugend hält und auf den er sein Leben zu bauen bereit ist. Vorbehalte gegen »den Sinn« müssen dabei nicht auf eine *Sinn-Abstinenz* hinauslaufen: Sogar dann, wenn das Leben *an sich* keinen Sinn haben sollte, ist es möglich, vielfachen Sinn *im Leben* zu finden. Die Vorbehalte machen es leichter, jeden Sinn bisweilen wieder kritisch zu befragen, neue Überlegungen anzustellen, gemachte Erfahrungen zu berücksichtigen und jegliche *Sinn-Arroganz* zu vermeiden, die über Sinn und Sinnlosigkeit zweifelsfrei Bescheid zu wissen glaubt. Ein Wesen von einem fernen Stern könnte lächeln über den Anspruch des Wesens Mensch auf dem Planeten Erde, letzte Klarheit über Sinn oder Sinnlosigkeit haben zu wollen. Es käme aber wohl selbst nicht darum herum, eine bestimmte Deutung zu favorisieren, die sein Lächeln erst ermöglichen würde.

Auf mehreren Ebenen ist es einem Menschen möglich, Sinn im Leben zu finden und dem Leben selbst Sinn zu geben.

Die elementarsten Sinn-Zusammenhänge zwischen Selbst und Welt, Selbst und Anderen verdanken sich den *körperlichen Sinnen*, vorausgesetzt, sie können sich ausreichend entfalten. Immer und überall stellen die fünf Sinne des Sehens, Hörens, Riechens, Schmeckens, Tastens Sinn zur Verfügung, mit ihnen ist die Vielfalt des Lebens in allen Erscheinungsformen wahrzunehmen, mit einem sechsten Sinn in der Bewegung zu erfahren und mit einem siebten Sinn im Körperinneren selbst zu erspüren. Die Sinnlichkeit eines schönen Anblicks, also einer »Augenweide«, auch eines Musikstücks, eines betörenden Geruchs, eines guten Essens und einer Umarmung regeneriert mühelos die Kräfte eines Menschen und setzt Energien frei, die gerade in Zeiten der Mutlosigkeit direkt in Mut umzusetzen sind. Sehr viel Kraft ist aus der sinnlichen Begegnung mit der Natur zu beziehen, in der auf staunenswerte Weise alles mit allem zusammenhängt und in die ein Mensch sich wenigstens für einen Moment wieder eingegliedert fühlen kann.

In Zeiten voller Sinnlichkeit ist es leicht, das Leben zu lieben, und die einzige Voraussetzung dafür ist, diesen Zeiten eine Chance zu geben, sie auch selbst zu arrangieren und sie tief in sich aufzunehmen. Für den, der der sinnlichen Verführungskraft des Lebens nachgibt, stellt sich die Frage nach dem Sinn des Lebens nicht mehr, ein sicheres Indiz dafür, im Besitz einer Antwort zu sein. Würde ein Mensch aber nichts mehr sehen, hören, riechen, schmecken, tasten können, fände er sich in einem schwarzen Nichts wieder, in dem er nicht lange überleben könnte.

Eine nachhaltige Energiequelle mit sinnlichen Momenten und starken Gefühlen ist der *seelische Sinn*, der gefühlte Zusammenhang mit Anderen und der Welt. Gefühle für Andere und von Anderen für das Selbst intensivieren das Leben, da sie Zugang zu zusätzlichen Energien eröffnen und Mut machen. Bejahende Beziehungen zu Anderen in Form von Liebe, Freundschaft und Kollegialität fordern die Bejahung des Lebens geradezu heraus und für manchen ist damit die Frage nach dem Sinn bereits beantwortet (Terry Eagleton, *Der Sinn des Lebens*, 2007). Was die frei werdende Energie zu bewirken vermag, ist am stärksten in Zeiten der Verliebtheit erfahrbar, in denen alles heller, liebenswerter, *rosiger* erscheint und der Liebende am liebsten »die ganze Welt umarmen würde«, obwohl nicht die Welt selbst rosiger geworden ist, nur der Zustand des Liebenden selbst. Die gleiche Welt erscheint mit der Entbehrung der Liebe dunkler, liebloser, *schwärzer*, das Leben versinkt in Sinnlosigkeit, und doch haben nicht Leben und Welt, nur der Liebende selbst sich verändert: Mit dem Sinn-Zusammenhang der Liebe ist ihm alle Kraft, aller Mut abhandengekommen, Leben und Welt noch anders zu sehen.

In abgemilderter Form ist dies gleichermaßen in der Freundschaft und Kollegialität erfahrbar, während bei verneinenden Beziehungen der Auseinandersetzung und des Ausschlusses Sinn allenfalls noch negativ aus Ärger, Zorn und Verzweiflung zu destillieren ist. Bestenfalls ein Hauch von Sinn ist funktionalen Zusammenhängen abzugewinnen, wenn sie leisten, was Menschen vom Leben, von Anderen und von sich selbst erwarten, nämlich reibungslos zu funktionieren. Jeder Mangel an Funktionalität aber zieht prompt einen Verlust an Sinn und Kraft nach sich, Entmutigung ist die Folge.

Eine reichhaltige Energiequelle offeriert darüber hinaus der *geistige Sinn*, die gedankliche Herstellung von Zusammenhängen: Menschen können sich ermutigen mit Gedanken, die sie sich selbst über das Leben machen, auch mit Gedanken Anderer, die sie aufgreifen, um über das Leben nachzudenken und danach zu fragen, was eigentlich Leben ist. Eine platonische Liebe zum Leben wird möglich, wenn es gelingt, Zusammenhänge besser zu verstehen und sich einen Begriff des Lebens zurechtzulegen, mit dem sich gut leben lässt. Ein mögliches Verständnis des Lebens ist, dass zu seinen Eigenarten *Polarität* zählt, ohne die es an Kontrasten fehlen würde und die Spannung zwischen Gegensätzen entbehrt werden müsste, die immer neue Kräfte für die Lebensbewältigung zur Verfügung stellt. Wer den Grundzug der Polarität akzeptiert, muss vom Leben nicht mehr erwarten, Gegensätze zum Verschwinden zu bringen, und kann sich stattdessen darauf konzentrieren, sie abzumildern und auszuhalten. Er kann damit einverstanden sein, neben dem positiven gelegentlich den negativen Pol des Lebens wieder touchieren zu müssen. Im Gegenzug kann er zu negativen Erfahrungen die positive Seite wieder suchen, zur Überspannung des Geistes die Entspannung des Körpers, zu Arbeitszwängen die erholsame Muße, zur Pflichterfüllung die Freiheit einer selbst gestellten Aufgabe, zur Demütigung durch einen Misserfolg die Ermutigung durch ein Erfolgserlebnis, zur Fremdheit einer anderen Kultur die Vertrautheit der Heimat, zum Schicksal einer Krankheit die Schönheit einer künstlerischen Ausdrucksform.

Die Liebe zum Leben wird von Zielen beflügelt, die in Gedanken vor Augen stehen, und von Zwecken, für die zu leben sinnvoll erscheint. Ziel und Zweck (*telos* im Griechischen) sorgen für *teleologischen Sinn* und bestärken die subjektive Gewissheit: Was ich mache, ist für etwas gut, und mein Glück besteht darin, zu wissen, was es ist, wofür ich lebe, arbeite, vielleicht auch leide. Ein Teil der persönlichen Sinnfindung und Sinngebung besteht darin, sich über dieses Wohin, Wozu, Wofür klarer zu werden und für den Prozess der Klärung vielleicht freundschaftliche oder professionelle Hilfe in Anspruch zu nehmen. Fortan lässt sich sehr viel für das vorgestellte schöne Leben tun: Eine Aufgabe zu erfüllen, die gerne übernommen wird; einer Pflicht nachzukommen, der nicht zu entkommen ist; an einem Werk zu arbeiten, das einer langen Anstrengung bedarf; für die Realisierung einer Idee zu kämpfen, die überzeugend erscheint. Der Mut, Mühen auf sich zu nehmen und Schwierigkeiten zu überwinden, wird gefestigt von Zielen und Zwecken; ein Mangel daran kann jedoch eine Perspektivlosigkeit entstehen lassen, die als Sinnlosigkeit des Lebens erfahren wird. Die innere, seelisch-geistige Leere, die mutlos und kraftlos macht, wirkt sich womöglich auch äußerlich aus, wie bereits Frankl meinte: Mut und Mutlosigkeit beeinflussen die »Immunitätslage des Organismus« (... *trotzdem Ja zum Leben sagen*, 122). Daher kommt individuell und gesellschaftlich so viel darauf an, sich und Anderen Perspektiven aufzuzeigen, und das geschieht zuallererst mit gedanklicher Arbeit, mit Deutung und Interpretation.

Die weitestmögliche Perspektive und reichste Energiequelle tut sich jedoch auf, wenn die gewöhnliche Erfahrungswelt überschritten werden kann. Ein *Sinn über das Leben hinaus* kommt dabei in den Blick, der nicht an die Beweisführung gebunden ist, dass es ihn wirklich gibt. Dass ein transzendenter Sinn *möglich* ist, kann ein Mensch erahnen, wenn er in intensiver Sinnlichkeit, in der starken Bewegtheit durch Gefühle und bei ausgiebigen Exkursionen ins Reich der Gedanken ungewöhnlich tief in die Energien eintaucht, die dem Leben womöglich zugrundeliegen. Zeiten der Selbstvergessenheit lassen den Eindruck wach werden, dass es »noch etwas Anderes gibt«, und die Auflösung des Zeitgefühls in solchen Momenten gibt der Vermutung Nahrung, dass die Energie, die dabei erfahrbar wird, das Eigentliche des Selbst ist, das nicht den Bedingungen der Zeitlichkeit unterliegt. Die *Möglichkeit* der Einbettung des endlichen Lebens in eine unendliche Dimension ermutigt zur Deutung, dass das Leben am Ende nicht in ein Nichts stürzt, sondern in etwas Anderes und Größeres übergeht. Auf die Möglichkeiten eines anderen Lebens und vielleicht einer endlosen Abfolge von Gestalten des Lebens setzen zu können, entlastet mich vom Lebensstress, dem angeblich »einzigen Leben« alles abverlangen zu müssen. Und gerade dann, wenn ich mich nicht ängstlich an das gegenwärtige Leben klammern muss, wird die freieste Liebe zum Leben möglich.

Der mögliche Sinn über das Leben hinaus bringt auch *das große Warum und Wozu* in den Blick, von dem das Denken und Deuten der Menschen seit jeher umgetrieben wird: *Warum* gibt es überhaupt etwas und nicht vielmehr nichts? Vielleicht nur, weil es irgendwann in der kosmischen Entwicklung möglich geworden ist, dass Atome entstehen, die sich zu Molekülen fügen, diese sich zu Ketten von Molekülen, die sich zu reproduzieren beginnen. Unter den zahllosen Möglichkeiten, die blind durchgespielt werden, erwies sich dabei die des Lebens als besonders ausbaufähig.

Und *wozu* gibt es Leben? Vielleicht nur, um vollständig zu verwirklichen, was möglich ist, im Laufe endloser Zeiten alle Möglichkeiten auszuschöpfen und dann wieder von vorne anzufangen: Nietzsches Gedanke der Ewigen Wiederkehr. Und wozu gibt es *menschliches* Leben? Damit auch diese Möglichkeit wirklich wird. Sein evolutionärer Sinn ist ein Beitrag zur Biodiversität, eine Möglichkeit unter vielen, nichts weiter: Da ist eben auch Platz für ein Wesen, das den unerschöpflichen Reichtum des Lebens erweitern und dessen prachtvolle Ent-

393

faltung wahrnehmen und mitgestalten kann. *Der Sinn des Lebens ist die volle Entfaltung des Lebens.*

Jedenfalls kann ein Mensch diesen Sinn im Leben sehen oder dem Leben diesen Sinn geben und mit seiner Lebenskunst die Fragen für sich selbst beantworten: Was kann ich dazu beitragen? Welche Möglichkeit ist meine eigene? Was kann ich zu ihrer Verwirklichung tun? Kann ich die Möglichkeiten Anderer so respektieren, wie ich das von ihnen für mich selbst erhoffe? Wie reagiere ich, wenn Andere meine Möglichkeiten oder die von Anderen zerstören? Wie trage ich Sorge dafür, dies nicht selbst zu tun?

Träume und Phantasien dienen dazu, Möglichkeiten aufzuspüren und einige als die eigenen zu erkennen, die zu verwirklichen sind. Das Gelingen einer Verwirklichung ist wünschenswert, aber nicht notwendig: Auch das Misslingen ist wertvoll, um in Erfahrung zu bringen, was nicht wirklich werden kann, jedenfalls nicht jetzt. Auf den Ergebnissen der *individuellen Evolution* kann die *allgemeine* aufbauen. Aus der Sicht des Ganzen sind die Erfahrungen des Einzelnen nicht bedeutungslos, ganz im Gegenteil: Die allgemeine Evolution profitiert davon, da sie selbst viel zu langsam ist für kurzfristige Reaktionen auf veränderte Bedingungen des Lebens. Jede Abweichung vom Gewöhnlichen bedarf außerdem erst der Erprobung im Kleinen, bevor sie, wie dies in der Geschichte schon oft geschehen ist, große Verbreitung finden kann.

In diesem umfassenden Prozess hat es sich allerdings seit langem als vorteilhaft erwiesen, dass die Natur das Experiment, das jeder Einzelne mit seinem Leben macht, mit seinem Tod abbricht, um Platz für neues Leben mit neuen Experimenten zu schaffen. Viele sehen im Tod dennoch einen Irrtum, der der Natur unterlaufen ist, ein äußerstes Ärgernis, das ihnen die Liebe zum Leben verleidet. Andere können mit dem Tod leben, wenn es denn sein muss. Die Lebenskunst als bewusste Lebensführung ist nicht von vornherein auf diese oder jene Option festgelegt, sondern beruht darauf, mit einer Besinnung die eigene Haltung zu finden. Verschiedene Umgangsweisen mit dem Tod stehen offen.

Liebe zum Tod, Liebe bis in den Tod

Niemand kommt umhin, irgendeine Beziehung zum Tod einzugehen, sei sie positiv oder negativ oder gleichgültig. Die positiven Beziehungen des Liebens, Befreundens, Mögens eröffnen die Möglichkeit, ihn zu akzeptieren, statt gegen ihn (letzten Endes vergeblich) anzukämpfen. Am weitesten geht die *Liebe zum Tod*, die die Nähe zu ihm nicht scheut, sie womöglich ganz im Gegenteil sucht. Und wenn schon nicht Liebe, dann wenigstens Freundschaft oder Kollegialität: Sich zu *befreunden* mit dem Tod oder ihn zu *mögen* wie einen Kollegen, auf den Verlass ist, erleichtert den Umgang mit ihm. Das muss nicht darauf hinauslaufen, in einem finalen Akt willentlich die Vereinigung mit ihm zu vollziehen, aber es wird möglich, ihn in seinem Recht anzuerkennen, ihm *Sinn* zuzubilligen, ihn sogar für schön und bejahenswert zu halten.

Die *Erneuerung des Lebens* kann ein natürlicher Sinn des Todes sein: Das Ende des einzelnen Lebens stellt die Erneuerung des gesamten Lebens sicher. Hätte der Tod nicht auf diese Weise die Entwicklung des Lebens befördert, wäre er nicht zum Erfolgsmodell der Evolution geworden; ihr Standardmodell hätte vielmehr die amöbenhafte Unsterblichkeit werden können. Ein möglicher Sinn des Todes könnte auch sein, dass er den *Wert des Lebens* fühlbar macht und in diesem Sinne dem Leben Sinn gibt. Wertvoll erscheint Menschen nur das, was begrenzt verfügbar ist, Gold beispielsweise, und so verhält es sich auch mit dem Gold des Lebens: Seine zeitliche Begrenztheit macht es kostbar, bei einer Entgrenzung der Zeit wäre ein gravierender Verfall seines Werts zu befürchten.

Die Begrenztheit des Lebens ist so gesehen kein Mangel, sondern eine Bedingung des Lebens, um in diesem zeitlichen Rahmen Fülle erfahren zu können: Nur das lässt sich füllen, was begrenzt ist, und nur dort, wo Grenzen sind, sind Formen möglich, auch die Form des Lebens selbst. Insofern ist der Tod ein Teil der Fülle des Lebens, ein Ansporn zum Leben, um es innerhalb seiner Grenzen voll und ganz zu leben, auch wenn dies nicht bedeuten kann, sämtliche Möglichkeiten auszuleben, denn dafür reicht keine Endlichkeit aus. Fülle ergibt sich daraus, ausgewählte Möglichkeiten *so weit wie möglich* zu verwirklichen. Und hinzunehmen, dass vieles offen bleibt.

Am leichtesten könnte der Umgang mit dem Tod auf der Basis einer *funktionalen* Beziehung fallen, wenn ihm also zugestanden würde, dass er eine Funktion zu erfüllen hat und einfach nur seinen Job macht: Kein Grund, ihm dafür dankbar zu sein, aber auch nicht, sich darüber zu entrüsten, eher ein Grund, gleichgültig gegen das Geschehen zu bleiben, das uhrwerkmäßig seinen Gang geht.

Die weiteste Verbreitung scheint in moderner Zeit jedoch nicht die funktionale, sondern die *agonale* Beziehung eines Kampfes gegen den Tod gefunden zu haben. Diese Beziehung weiß gute Gründe auf ihrer Seite, denn in einer Welt, die auf das ewig junge Leben setzt, hat das Ärgernis des Älterwerdens und Sterbens keinen Platz mehr, am besten, es würde verschwinden. Könnte das bewerkstelligt werden, wäre der

396

Übergang zu einer *ausschließenden* Beziehung zum Tod vollzogen. Kann es gelingen, ihn aus dem Leben auszuschließen? Der Versuch wird unternommen, mit allen wissenschaftlichen und technischen Mitteln wird daran gearbeitet. Die Bedingung dafür ist, zumindest die biologische Erneuerungsfähigkeit des Lebens, die seit unvordenklichen Zeiten durch Werden und Vergehen geleistet wird, dauerhaft in das einzelne Leben integrieren zu können. Dem ist die Telomer-Forschung auf der Spur, die entdeckte, dass die Reproduktion der Zellen durch die Enden der DNS-Fäden gesichert wird, durch *Telomere* (griechisch *telos* für Ende und *meros* für Teil; Nobelpreis 2009 für die Biologen Elizabeth Blackburn, Carol Greider und Jack Szostak). Mit fortschreitendem Alter werden sie abgenutzt, aber das »Jungbrunnenenzym« *Telomerase* kann sie reparieren, und dieser Prozess könnte auch künstlich eingeleitet werden.

Was aber soll aus dem Leben werden, wenn es keinen Tod mehr gibt? Wie fühlt sich ein Leben an, das nicht mehr endet? Kann das ewige Leben spannend sein? Bleibt die Lebensfreude dabei erhalten? Leoš Janáček hat diese Situation in seiner 1926 uraufgeführten Oper *Die Sache Makropulos* nach einem Text von Karel Čapek schon mal durchgespielt: Ohne Tod könnte sich das Leben endlos hinziehen, jeden Reiz verlieren und furchtbar öde werden. Die Unsterblichen hätten einen Preis zu bezahlen, der ihren Gewinn an Jahren wieder zunichtemachte: Tödliche Langeweile.

Sollte der *sterbende Tod* Wirklichkeit werden, müsste diese neue Wirklichkeit außerdem ins Leben der Gesellschaft integriert werden, die einige Zeit brauchen würde, um sich unter den veränderten Bedingungen neu einzuspielen. Im Laufe der Abwesenheit des Todes könnte sich noch die Einsicht einstellen, dass er nicht so sinnlos war, wie viele Menschen einstmals meinten. Nostalgisch würden Menschen sich an die Zeit erinnern, als der Tod dem Leben irgendwann noch von selbst eine Grenze zog, in den meisten Fällen zwar zur falschen Zeit, aber immerhin eine Grenze. Sollte die Grenzziehung ausbleiben und sich dennoch als unverzichtbar erweisen, würde es wohl endgültig zu den Aufgaben der Lebenskunst gehören, die Grenze des eigenen Lebens selbst festzulegen.

Grundsätzlich ist das Verhältnis des Menschen zu seinem Leben ohnehin eine Frage der *Wahl* und eben auch der *Abwahl*. Darüber, ob er die Beziehung zum Leben tatsächlich auflösen will, entscheidet der Einzelne selbst: Dass die Lebenskunst eine Kunst des Sterbens in diesem Sinne umfassen kann, sah bereits Seneca im 1. Jahrhundert n. Chr. so (*Briefe an Lucilius über Ethik*, 70). In der Wiederentdeckung dieser Option in moderner Zeit zeigte sich für Nietzsche ein »neuer Stolz des Menschen, der sich sein Ende setzt und eine neue *Festfeier* erfindet – das Ableben« (*Nachgelassene Fragmente* von 1881, KSA 9, 472).

Strittig kann sein, ob es sich dabei wirklich um eine *freie Wahl* handelt. Zweifellos ist nicht jede Selbsttötung ein Freitod, und doch wäre es anmaßend, jegliche Freiheit in jedem Fall zu bestreiten. Gegensätzliche Gründe können dabei im Spiel sein: Tiefe *Verzweiflung* über das Leben, das nicht mehr lebenswert erscheint, aber auch das Gefühl der *Erfülltheit*, unabhängig davon, dass der, der verzweifelt, sich ebenso täuschen kann wie der, der sich erfüllt fühlt. Der Tod kann als definitiver *Endpunkt* eines verzweifelten oder erfüllten Lebens gesucht werden, aber auch als *Durchgangspunkt* zu einer unendlichen Weite, die die Seele im endlichen Leben nicht zu erreichen vermag.

Mit einer *egoistischen* Selbsttötung kann ein Mensch Anderen die Lasten hinterlassen, die er selbst nicht mehr tragen will, ihnen vielleicht sogar bewusst die Last aufbürden, die dieser Tod für sie sein kann. Eine *altruistische* Selbsttötung hingegen soll Andere eher von der Last befreien, zu der das Selbst aus eigener Sicht für sie geworden ist. Es kann sich um eine kurzschlüssige, *wenig überlegte* Selbsttötung oder aber um eine *lange überlegte* handeln, wenn das Leben nicht mehr auszuhalten ist oder das Sterben im Falle einer unheilbaren Krankheit abgekürzt werden soll. Der Fotograf und frühere Playboy Gunter Sachs setzte seinem Leben 2011 im Alter von 78 Jahren selbst ein Ende, als er eine beginnende Demenz bei sich feststellte: Im Verlust der geistigen Kontrolle sah er einen würdelosen Zustand, dem er entgehen wollte.

Die Selbsttötung kann der Schlusspunkt eines *leidenschaftlichen* Lebens sein, in dem vielleicht die eigenen Kräfte aufgeputscht und ausgepresst wurden und auch ein selbstschädigendes Verhalten gerechtfertigt erschien. Zuweilen markiert sie jedoch auch den planmäßigen Abschluss einer *funktionalen* Beziehung zum Leben oder beendet eine lange *Auseinandersetzung* mit ihm. Sie kann zudem die letzte Konsequenz eines *Selbstausschlusses* aus dem Leben sein, der letzte Akt einer lustvollen oder qualvollen Selbstpeinigung bis hin zur *Selbsthinrichtung*. Freunde wollen den Delinquenten vielleicht noch vor seinem Henker bewahren: »Das kannst du nicht machen!« Aber der Mensch selbst ist der Souverän seines Lebens, auch wenn er nicht mehr souverän sein kann. Mehr als das Leben ist der Tod das Eigentum eines Menschen, das niemand ihm nehmen kann. Er will so handeln und kann vielleicht nicht anders, wer wüsste das letztlich zu beurteilen, etwa bei der Soul-Sängerin Amy Winehouse, die 2011 im Alter von 27 Jahren starb. *You're wondering now* – die letzten Zeilen dieses Lieds sang sie bei ihrem letzten Auftritt in Belgrad nicht mehr selbst, sondern lauschte ihnen entgeistert nach, geradezu empört darüber, was ihr da vorgesungen wurde:

Du fragst dich nun, was du tun sollst, jetzt, da du weißt, dass dies
das Ende ist
Du fragst dich, wie du bezahlen wirst für all das, was du getan hast

Der Todeswunsch wird in manchen Menschen so übermächtig, dass es kaum zu begreifen ist. Gerade nach dem freudigen Ja zum Leben kann ein Mensch zum bewussten Nein übergehen, Alice McGovern beispielsweise, eine 18-jährige angehende Chemiestudentin, die eben erst einen glücklichen Sommer verbracht hatte, als sie sich 2005 von den Klippen der englischen Südküste in East Sussex stürzte. Aus ihren Abschiedsbriefen sprach keinerlei Enttäuschung, keine Depression, eher hielt sie ihr Leben nach einem Sommer des »wahren Glücks«, für das sie sich bei ihrem Freund bedankte, bereits für erfüllt. Sie bemerkte an sich die völlige Abwesenheit des Wunsches weiterzuleben, niemand solle sich dafür verantwortlich fühlen: »Das Leben ist einfach nichts für mich. Ich bin nicht von Gram erfüllt, wenn ich dies schreibe. Ich will einfach nicht länger leben, und der Gedanke an den Tod schreckt mich nicht.«

Bot ihr das Leben keinerlei Herausforderung mehr? Löste sich für sie der Unterschied zwischen der Wirklichkeit des Lebens und der Möglichkeit des Todes auf? Hätte ein Gespräch alles verändert? Diese Fragen beunruhigen die »Hinterbliebenen«, die sich einsam und verlassen fühlen wie in einer tristen Bahnhofshalle, aus der der Zug mit dem geliebten Menschen gerade abgefahren ist. Was ihnen bleibt, ist *Hermeneutik*, die Deutung, ob das Leben für den, der ging, bedeutungslos oder erfüllt von Bedeutung war. Alles Leben endet irgendwann, aber der Mensch, der vorzeitig geht, besiegelt mit seinem Tod die Wahrheit seines Lebens, die er allein kennt, und vielleicht auch er selbst nicht. Er tritt die Reise in sein größtes Abenteuer an, in ein anderes Leben oder ein Nicht-Leben, von dem manche glauben, es sei ein Nichts, aber auch das ist nur eine Deutung. Keiner der Lebenden wird je wissen, was da wirklich geschieht.

Es ist sinnlos, darüber zu diskutieren, ob eine Selbsttötung »erlaubt« ist: Sie ist möglich und ein Mensch kann sie vollziehen. Im Falle einer fehlenden Erlaubnis dürfte es schwierig sein, ihn dafür zur Rechenschaft zu ziehen. Auch gemeinsam kann die Selbsttötung vollzogen werden, eine Liebe bis in den Tod in diesem Sinne: »Jeder von uns möchte den anderen nicht überleben müssen«, schrieb der Sozialphilosoph André Gorz in seinem letzten Buch *Brief an D. – Geschichte einer Liebe*, das 2007 erschien, kurz bevor er und seine Frau Dorine nach fast 60 Jahren Zusammensein gemeinsam aus dem Leben schieden. Allenfalls dann, wenn dem, der in den Freitod gehen will, die Freiheit zu diesem Schritt zugestanden wird, können ihm zur rechten Zeit noch ein paar *Fragen* gestellt werden: Ist er sicher, diesen äußersten Schritt nicht irgendwann noch zu bereuen, wie es vielfach schon nach misslungenen Versuchen geschehen ist? Ist es gewiss, dass nach einem gelungenen Versuch jedes Leben zu Ende ist? Und wenn nicht? Hat er ausreichend bedacht, wie sein Schritt sich auf Andere auswirkt, die mit diesem Tod noch lange zu leben haben?

Fragen stellen sich aber auch für den, der mit dem Sterbewilligen zu tun hat: Ist es ein Akt der Freundschaft und der Liebe, der Menschen- oder Nächstenliebe, ihn von seinem Vorhaben abzubringen, mit welchen Mitteln? Oder besteht ganz im Gegenteil die Freundschaft, Liebe, Menschen- oder

401

Nächstenliebe darin, ihm behilflich zu sein? Könnten Andere darin wiederum eine unterlassene Hilfeleistung angesichts eines Menschen in Not sehen? Insbesondere stellen sich solche Fragen beim Verlangen eines Menschen nach *passiver Sterbehilfe*, wenn ein Anderer ihm *Beihilfe zur Selbsttötung* leisten soll. Die Kunst des Liebens kann diesen letzten Liebesdienst noch umfassen, der keine Tötung und kein Mord ist, da er alle Verantwortung bei dem belässt, der den letzten Schritt geht. Liebe bis in den Tod kann bereits die seelisch-moralische Unterstützung bei einer *passiven Selbsttötung* sein, bei einer Verweigerung des Essens und Trinkens oder bei der Entscheidung, einem ärztlichen Rat nicht länger zu folgen. Erst recht kann dies für den praktischen Beistand bei einer *aktiven Selbsttötung* gelten, die der Sterbewillige selbst vollzieht, für die er jedoch darauf angewiesen ist, dass ein Anderer ihm die Mittel besorgt, wenn er sie sich nicht mehr selbst beschaffen kann.

Sehr im Unterschied zur passiven ist die *aktive Sterbehilfe* allein in der Hand Anderer, wenn der Sterbewillige weder passiv noch aktiv in der Lage ist, den erwünschten Tod selbst herbeizuführen. Es handelt sich um eine *Tötung*, wenn auch auf Verlangen, und womöglich um *Mord*, wenn das Verlangen bezweifelbar ist. Aus guten Gründen trägt die Gesetzgebung eines Landes Sorge dafür, hier enge Grenzen zu ziehen: Die *Autonomie des Einzelnen* zu achten, erfordert auch, ihn vor unliebsamen heteronomen Übergriffen zu schützen. Der selbstverantwortlichen Freiheit eines Menschen, auf eigenen Wunsch aus dem Leben scheiden zu können, steht die *Verantwortung der Gesellschaft* gegenüber, ihn davor zu bewahren, an einer »Überdosis Liebe« sterben zu müssen, wenn Andere beispielsweise danach gieren, möglichst bald erben zu können. Älter werdende Menschen ängstigen sich nicht von ungefähr davor, Anderen hilflos ausgeliefert zu sein. Einer zynischen Sterbehilfe stünde nichts mehr im Weg, wenn ein Mensch von der Sinnlosigkeit seines Weiterlebens überzeugt werden würde, wie Thomas Morus dies bereits 1516 in *Utopia* beschrieb: Er »endigt sein Leben entweder freiwillig durch Enthaltung von Nahrung oder wird eingeschläfert und findet Erlösung, ohne vom Tode etwas zu merken« (Jean-Pierre Wils, *Sterben. Zur Ethik der Euthanasie*, 1999, 103).

Die Vorsicht gebietet allen Beteiligten, bei einer aktiven Sterbehilfe jeden Schritt nur nach reiflicher Überlegung mit vielen Zweifeln und Skrupeln zu tun, damit das selbstbestimmte Lebensende, das als große Hoffnung erscheint, nicht noch zum finalen Entsetzen wird. Das ist der Sinn *gesetzlicher Bestimmungen*, wie sie in den Niederlanden seit 2002 in Kraft sind. Sie sollen sicherstellen, dass der Todeswunsch wirklich der Wille des Patienten ist, der unheilbar krank ist: Nur dieser Grund kommt in Betracht. Der behandelnde Arzt muss für die Erfüllung von *Sorgfaltskriterien* bürgen, deren Einhaltung eine Kontrollkommission überprüft. Andere Ärzte müssen bestätigen, dass der Sterbewillige unheilbar krank ist und seinen Entschluss nicht mehr selbst in die Tat umsetzen kann. In der Beratung mit seinem Arzt muss der Patient zur Überzeugung kommen, dass es keine andere annehmbare Lösung für ihn gibt. Seine Entscheidung muss wohlüberlegt sein und wiederholt bekundet werden, um auszuschließen, dass es sich um eine momentane Gefühlsaufwallung handelt. Dann erst kann die aktive Sterbehilfe von einem Arzt, von niemandem sonst, vollzogen werden.

Aktive Sterbehilfe kann auch die Konsequenz einer *Patientenverfügung* sein, mit der ein Mensch vorweg auf lebensrettende Maßnahmen im äußersten Fall verzichtet, wenngleich schon so mancher, der nach Eintreten dieses Falls doch wieder zu Bewusstsein kam, seine frühere Verfügung widerrief. Andere als der Betroffene sollen hier aktiv werden, aber in keinem Fall kann der behandelnde Arzt dazu gezwungen werden, denn es gibt keine Pflicht zur Tötung eines Menschen, auf welche Weise auch immer.

Sollte ein Mensch nicht mehr entscheidungsfähig sein, da sein Gehirn irreversibel geschädigt ist und die Hirnströme versiegen, können und müssen Ärzte, die Mitglieder einer Ethikkommission und die nächsten Angehörigen eine Entscheidung treffen. Liebe bis in den Tod kann dann heißen, dem Abschalten der lebenserhaltenden Systeme zuzustimmen, und ein Grund dafür kann sein, dem Betroffenen ein Dahinvegetieren zu ersparen, das mutmaßlich nicht in seinem Sinne ist. Unklar bleibt, ob diese Art von Sterbehilfe eine direkte oder indirekte Tötung ist. In diesem Graubereich bewegt sich auch, was in der Praxis häufig geschieht: Die Überdosierung eines schmerzstillenden Medikaments, die mehr oder weniger »versehentlich« zum Tode führt, mit oder ohne Verfügung des Betroffenen, mit oder ohne sein Wissen, mit oder ohne Absicht.

Eine Liebe bis in den Tod, die dem Leben bis zuletzt Sinn geben kann, ist jedoch vor allem der Beistand für einen Menschen in der letzten Phase seines Lebens, der den Wunsch nach Sterbehilfe in den allermeisten Fällen überflüssig macht. Zentrales Element ist dabei die *Ummantelung*, die der *palliativen* Behandlung (lateinisch *pallium* für Mantel) den Namen gegeben hat. Sie zielt anders als eine *kurative* Behandlung nicht länger auf Heilung und umfasst nicht mehr sämtliche Maßnahmen zur Lebenserhaltung und Lebensverlängerung.

Palliativ geht es darum, das technische Arsenal der Medizin in den Hintergrund treten zu lassen und den Sterbenden menschlich zu umsorgen, Schmerzen zu lindern und den äußeren Rahmen, die Ausstattung der Räume, den Rhythmus der Zeiten so zu gestalten, dass ihm ein Wohnen in Gewohnheit und Vertrautheit bis zuletzt möglich wird. Die Liebe bis in den Tod ist hier die Menschen- und Nächstenliebe in *Hospizen*, die seit den 1960er Jahren, initiiert von Cicely Saunders und ausgehend vom St. Christopher's Hospice in London, vielfach gegründet wurden und um die auch Krankenhäuser mit Palliativstationen sich bemühen. Von Liebe bis in den Tod getragen ist ebenso der Beistand *zuhause*, die Ummantelung durch vertraute Menschen, die bis zuletzt beim Sterbenden bleiben und dabei Sterben und Tod aus nächster Nähe miterleben, eine unvergessliche Erfahrung. Das Dabeibleiben, vielleicht ambulant unterstützt von Pflegern und Hospizmitarbeitern, ermöglicht ein Sterben unter Bedingungen, die viele Sterbende sich wünschen (Gian Domenico Borasio, *Über das Sterben*, 2011; Film *Halt auf freier Strecke*, Regie Andreas Dresen, Deutschland 2011).

Bis zum Ende des Lebens kann *Glück* eine Rolle spielen: Niemand kann darüber bestimmen, wie das schicksalhafte oder *zufällige* Glück oder Unglück am Ende ausfällt. Einiges bleibt jedoch für das *Wohlfühlglück* zu tun, wenn ein Mensch weiß, was ihm gut tut, während gegen das, was ihm weh tut, Schmerzmittel eingesetzt werden können. Das *Glück der Fülle* stellt sich am ehesten dann ein, wenn das eigene Leben bei all seiner Gegensätzlichkeit zumindest im Rückblick bejaht werden kann. Aber niemand sollte gegen seinen Willen dem Stress ausgesetzt werden, sich jetzt um jeden Preis noch glücklich fühlen zu müssen. Gerade die letzte Zeit kann auch vom *Unglücklichsein* geprägt sein, etwa darüber, dieses Leben und die Liebsten endgültig verlassen zu müssen.

Wichtiger als das Glück kann in der letzten Phase des Lebens der *Sinn* sein, vorweg der Sinn der Sinnlichkeit: Wenn nicht mehr viel zu sagen ist, bleibt noch die Berührung, denn der Tastsinn, der im Mutterleib als erster Sinn entsteht, ist bis zuletzt ansprechbar. Sinn vermitteln die gefühlten Beziehungen zu Anderen jetzt mehr als je zuvor, aber über die Nähe und Distanz zu ihnen bestimmt der Sterbende selbst. Jetzt wächst auch das Bedürfnis, nachzudenken über das Leben und den möglichen Sinn des Lebens, des eigenen und des Lebens überhaupt, sowie über den möglichen Sinn darüber hinaus.

Es kann eine erfüllte, aber auch eine quälend lange Zeit sein, diese *ontologische Zwischenzeit* mit einem unentschiedenen Hin und Her zwischen der *bestimmten Wirklichkeit*, zu der dieses Leben in seiner Gesamtheit jetzt wird, und der *unbestimmten Möglichkeit* des Todes, von dem unklar ist, wann und wie er eintreffen wird. Das Leben hängt in der Luft, nicht nur das Leben des Sterbenden, sondern auch derer, die bei ihm sind und in dieser Zeit den Boden unter den Füßen verlieren können.

Zu einem größeren Problem als je zuvor wird der *ontologische Übergang*, vergleichbar dem Prozess, bei dem Sandkörner durch die winzige Öffnung in einer Sanduhr rieseln: Gleich einem Sandkorn realisiert ein Mensch nun seine letzte Möglichkeit, sein Leben wird zur abgelebten Wirklichkeit, um daraufhin wie bei einer abgelaufenen Sanduhr, die umgedreht wird, wieder dem Reich der Möglichkeiten zuzugehören und vielleicht von vorne zu beginnen.

Das leichte Erzittern im ontologischen Gefüge, das der Übergang zu verursachen scheint, nehmen Nahestehende als schwere Erschütterung wahr: Bis auf den Grund wühlt der näher kommende Tod auch ihr Leben auf. Nivelliert wird alles, was bisher im Leben wichtig war, fragwürdig alles, was selbstverständlich war, bedeutungslos alles, was bedeutsam erschien. Der Tod verhält sich indifferent gegen Differenzen, die in den Begegnungen und Entfernungen zwischen Menschen eine Rolle spielten. Gleichgültig geht er darüber hinweg und wartet keine Klärung ab, auf die ja wohl auch noch lange zu warten wäre. Ganz so, wie aus der Sicht des Lebens der Tod eine ungeheuerliche Ausnahmeerscheinung darstellt, kann aus der Sicht des Todes das Leben als sonderbare Nichtigkeit in der Weite und Kälte des Alls erscheinen, das Leben der Betroffenen wie auch das aller Anderen, das menschliche Leben, das Leben überhaupt in den unbelebten, unendlichen Weiten des Kosmos.

Die *Liebe bis in den Tod* ist die Liebe dessen, der bleibt, zu dem, der jetzt schon geht, und ebenso die Liebe dessen, der stirbt, zu dem geliebten Menschen, der noch für unbestimmte Zeit bleibt. Der Tod begrenzt das Leben und, weit schmerzlicher noch, das Leben mit dem geliebten Anderen, das sich nur innerhalb dieser Grenzen feiern lässt. Solange der Tod fern zu sein scheint, lassen die Liebenden es an der Feier der Gemeinsamkeit zuweilen fehlen. Wenn er aber näher rückt, wächst das Bewusstsein dafür, wie wertvoll die gemeinsame Zeit doch ist. Eines Tages vom geliebten Menschen Abschied nehmen zu müssen, zumindest für dieses Leben und wohl in jedem Fall als Person, die an diese Verkörperung gebunden ist, schmerzt bereits als Vorstellung zutiefst, umso mehr als reale Erfahrung. Der Tod macht die Liebe fühlbarer, die Liebe wiederum den Tod: Wer liebt, vervielfacht nicht nur das Leben, sondern auch den Tod. Dass Liebe und Tod auf diese Weise untrennbar miteinander verknüpft sind, ist einer der Gründe dafür, dass sie in der Kunstgeschichte so oft gemeinsam Darstellung finden.

Abschied nehmen müssen aber irgendwann nicht nur die Liebenden im engeren Sinne voneinander, sondern auch Freunde, Bekannte, Kollegen, im schlimmeren Fall Kinder von ihren Eltern und im schlimmsten Fall Eltern von ihren Kindern. Nicht immer ist ein Abschied zu Lebzeiten möglich: Bricht der Tod plötzlich herein, bleibt nur noch der Abschied vom Toten. Die *Art des Abschieds* aber hat immer etwas mit der Auffassung zu tun, was Tod ist und was danach kommt. Der Tod ist unabweisbar und zugleich so abstrakt, dass es schwerfällt, sich vorzustellen, was da geschieht, wenn ein Mensch geht. In heilloser Verlorenheit angesichts des Todes suchen Menschen ihr Heil darin, Vorstellungen des Todes von irgendwoher zu übernehmen. Dass es unmöglich ist, jemals wissen zu können, wie es sich wirklich mit ihm verhält, hat immer schon bunte Theorien über ihn hervorgetrieben (Petra Gehring, *Theorien des Todes zur Einführung*, 2010).

So ist er nicht einfach nur eine Tatsache, sondern auch eine *Deutung*, die einzelne Individuen und ganze Kulturen vornehmen und selten als Deutung, meist als Wahrheit verstanden wird: Erscheint der Tod *relativ*, kann der Abschied einer auf Zeit sein, wie dies in vormodernen Kulturen möglich ist. Erscheint der Tod *absolut*, gilt dies auch für den Abschied: Er ist endgültig, »für immer«, es wird kein anderes Leben, kein Zusammensein in irgendwelcher Form mehr geben.

Alles Unwirkliche wird wirklich, alles Unlebbare lebbar durch Formen, das gilt auch für die *Formen des Umgangs mit dem Tod*. Sie resultieren aus seiner völligen Unerklärbarkeit, aus dem grenzenlosen Schmerz über die Trennung, die sich mit ihm vollzieht. Den Lebenden geben sie Halt in einer haltlosen Zeit. Die überbordenden Gefühle der Lebenden begraben sie nicht unter sich, sondern verleihen ihnen Ausdruck. Jede *vormoderne Kultur* kennt solche Formen, die den Tod mit Verhaltensweisen und Ritualen umgeben und dem Toten rituellen Respekt erweisen.

Ein Eindruck davon ist auch im 21. Jahrhundert noch in Georgien zu gewinnen, wo der Tote fünf Tage lang im Kreise der Familie ruht, die sich allmählich daran gewöhnt, dass er nicht mehr da ist, während er noch da ist. Niemand zweifelt daran, dass ein Mensch nach dem Tod auf andere Weise weiterlebt, und so muss er sich nicht aus dem Haus geworfen fühlen. Familienmitglieder, Freunde, Bekannte, Nachbarn geben ihm letzte Worte mit auf den Weg, pflegen die Beziehung zu ihm, sprechen über ihn in seinem Beisein, und man soll auch weinen. Vor dem Begräbnis windet sich eine Menschenschlange von der Straße bis zur Wohnung hoch, in der das Wohnzimmer mit schwarzen Tüchern verhängt ist, in der Mitte der Sarg, in dem mit grauenhafter Leichenfarbe, grüngelbblaugrau, der Tote liegt. Entlang der Wände sitzen schwarz gekleidete Frauen, jeder Besucher umkreist den Toten einmal, verneigt sich vor ihm, flüstert ihm letzte Worte zu und kondoliert den Angehörigen. Es herrscht ein ständiges Kommen und Gehen, zahllose Menschen muten sich die ungeheure Irritation zu, die die Begegnung mit dem Tod ist. »Augen, von denen niemand weiß, was sie noch sehen, werden zugedrückt, man hält dem Blick nicht stand, entsetzt sich, die Ewigkeit schaut einen an« (Ulla Berkéwicz, *Überlebnis*, 2008, 107).

Mit zunehmender Formlosigkeit in *moderner Zeit* machen Menschen die Erfahrung, dass damit Haltlosigkeit und Ratlosigkeit, Verlorenheit und Verzweiflung angesichts des Todes um sich greifen. Nicht etwa zufällig sind Formen des Umgangs mit dem Tod verloren gegangen, vielmehr führte der moderne Anspruch, Freiheit zu realisieren, auch hier zur Befreiung von

Vorgaben der Religion, Tradition und Konvention, die dem Verdacht ausgesetzt waren, das Individuum gefangen zu halten, zu knechten, zu normieren und in seiner freien Entfaltung zu behindern.

In einer *andersmodernen Zeit* ist die freie Übernahme alter Formen des Umgangs mit dem Tod möglich, ebenso die Erfindung neuer, *individueller Formen*, zu denen beispielsweise das »Haus der menschlichen Begleitung« ermuntert, 1993 in Bergisch Gladbach gegründet. Das ist kein bloßes Bestattungshaus mehr, eher ein großes Wohnhaus, das die Räume bereithält, in denen der Tod gelebt werden kann, und die Zeit vorhält, die er braucht und die individuell sehr unterschiedlich ausfallen kann. Zum Haus gehören Werkstätten, um den Sarg selbst zimmern und verzieren zu können. Eine Totenmaske kann angefertigt werden, und Kinder können Bilder malen, während der Tote im Raum liegt, den die Familie zu ihrem eigenen macht. Kabarett wird im Haus gespielt, Schulklassen kommen zu Besuch, Popbands geben Open-Air-Konzerte auf dem Rasen hinterm Haus, unter dem so mancher begraben liegt, der sich dies wünschte. Am höchsten Punkt der Gärten der Bestattung bietet ein »Haus der Klage« dem, der nicht still meditieren will, andere Möglichkeiten, seine bewegenden Gefühle zu äußern.

In einem Saal findet jetzt eine Trauerfeier für eine 50-jährige Frau statt, deren Lieblingsdinge die Angehörigen um den Sarg herum drapiert haben: Eine Schallplatte von Jacques Brel, die ihr wichtig war, eine Blechdose voller Kalenderblätter, die sie aufbewahrte, da sie »keinen Tag wegwerfen« wollte. Am Ende der Trauerfeier wird Fritz Roth, der »begeisterte Bestatter«, wie er sich zeitlebens nannte, den Sarg noch einmal öffnen für alle, die ein letztes Mal Abschied nehmen wollen. Das Mysterium des unbeseelten Körpers wird dabei sinnlich erfahrbar – eine Erfahrung, die keiner, der sie macht, jemals wieder vergisst. Plötzlich wird klar, dass das Wesentliche des Lebens, das den Körper durchdringt, mit dem Tod entschwunden ist. Aber wohin? Was ist mit dem Menschen, der »gegangen ist«? Welche Beziehung zu ihm ist noch möglich?

Liebe über den Tod hinaus:
Von einem möglichen Leben nach dem Tod

Ich stehe am Grab meines Vaters, Wind weht mir ins Gesicht, eine Amsel singt, ein Hahn kräht irgendwo, eine Lerche steigt tirilierend hoch. Hier kann ich die Jahreszeiten riechen, den Fliederduft im Frühling, das Korn im Sommer, die umgepflügte Erde im Herbst, die eisige Luft der nahen Berge im Winter. In der schwarzen Erde des Grabes verströmen »Gedanken« ihren melancholischen Duft, Stiefmütterchen, *pensées* im Französischen. Gedanken gehen mir durch den Kopf, Erinnerungen an meinen Vater, seinen ruhigen Ernst, sein frohes Lachen bis in den Tod. Er starb in der tröstenden Gewissheit, für immer seine Heimat in diesem kleinen Tal zu haben, das er über alles liebte, eingebettet in die Natur, der er sich zugehörig fühlte, umgeben von den Geräuschen des Alltags, nicht nur der Vögel, sondern auch des Verkehrs, der am Friedhof vorbeirollt. An diesen Ort kehre ich stets zurück, um meinem Vater zu begegnen, mit ihm zu sprechen, aufmerksam zu sein auf jeden Wink von ihm. Aber ist er wirklich hier? Mag sein, dass nur Knochen in diesem Grab liegen, sein Geist jedoch, seine Gedanken können nicht tot sein, denn ich denke sie weiter, wo auch immer ich bin.

Meine neunjährige Tochter ist bei mir. Als wir weggehen, beginnt sie leise in sich hineinzuweinen. Ich fühle mit ihr, sie vermisst ihren Opa sicherlich sehr, aber sie sieht *mich* an: »Weil *du* einmal nicht mehr da sein wirst!«»Ja«, sage ich verblüfft, »so wird es sein.« Dabei kann ich mir nicht ernsthaft vorstellen, dass es irgendwann so sein wird. Sterblich fühle ich mich nur an ungewöhnlichen, *ungeraden* Tagen, an denen ich krank und verzweifelt bin: Dann halte ich nichts für realer als den Tod. An gewöhnlichen, *geraden* Tagen hingegen, die nichts Besonderes an sich haben, halte ich mich für unsterblich und den Tod für vollkommen irreal. Mein Leben erscheint mir dann wie ein Traum, als würde ich von außen, von einem fernen Stern darauf blicken, auf dem ich mein eigentliches Leben lebe, abseits aller Endlichkeit.

Aber das hilft meiner Tochter jetzt nicht weiter: Zum ersten Mal wird ihr bewusst, dass es den Tod gibt und dass er das Leben mit den liebsten Menschen begrenzt. Ich will ihr erklären, dass das Leben gerade deshalb so schön ist, weil es irgendwann zu Ende geht, und das Zusammensein so wertvoll, weil es nur für begrenzte Zeit möglich ist, jedenfalls in diesem Leben. Als ich nicht mehr weiter weiß, singe ich ein Frühlingslied, aber das Kind kann sich nicht beruhigen: Ein entscheidendes Stück der kindlichen Unbefangenheit geht mit dem Wissen vom Tod verloren. Die Menschheitsgeschichte wiederholt sich in diesem Moment, denn das Werden des Menschen ging wohl mit dem Bewusstwerden des Todes einher, und mit der Unruhe, wohin ein Mensch dann geht: Was kommt nach dem Tod? Was bleibt? Die Seele? Was ist die Seele? Ein göttlicher Hauch? Was ist Gott? Gibt es ihn wirklich?

Als die Tochter das nächste Spiel entdeckt, vergisst sie ihre Traurigkeit rasch. So behilft sich das menschliche Leben, und auch dies vermutlich schon seit unvordenklicher Zeit. Und doch ist das der philosophische Moment, den schon die antiken Schulen der Philosophie vorsätzlich forcierten: *Memento mori* (*mori* als Kurzform für *moriendum esse*), bedenke, dass du sterblich bist. Das *Denken an den Tod* geschieht von selbst am Grab geliebter Menschen, das dem *Denken an den Toten* einen Ort gibt. Eine abgrundtiefe Traurigkeit kann sich daraus ergeben, dass der geliebte Mensch nicht mehr da ist, auch aus dem neu erwachten Wissen um die Vergänglichkeit des eigenen Lebens und überhaupt allen Lebens. Wie kaum irgendwo sonst kann ich hier erfahren, dass ich es bin, der dieses Leben lebt. Und hier ist die Erkenntnis unabweisbar, dass es einmal vorbei sein wird mit diesem Ich. Eine *existenzielle Reduktion* findet statt, das Leben wird auf seine wesentlichen Koordinaten zurückverwiesen: Dass ich geboren bin, dass ich Geburt und Heranwachsen meinen Eltern verdanke, im Guten wie im Schlechten; dass ich ein endliches Wesen auf diesem Gestirn bin, mit ihm unterwegs durch unendliche Räume und Zeiten; dass ich dankbar sein kann für die angenehmen, vielleicht auch für die anderen Seiten des Lebens, im vollen Bewusstsein, dass dieses Leben irgendwann zu Ende geht und ich dann womöglich todtraurig sein werde, da ich diese Welt nicht gerne verlassen will, mich aber zugleich freuen werde, dass ich in ihr leben durfte, was auch immer dann kommt.

Eine Form des Umgangs mit dem Tod, aber ebenso mit dem Leben, ist das Grab, ein Ort der Subjektivierung, Entsubjektivierung und Resubjektivierung, noch dazu der Intersubjektivität, des sozialen Lebens, denn hier am Grab begegne ich Anderen, in deren Erinnerung der Tote ebenfalls lebt: Kulturen wie die mexikanische machen am Allerseelentag ein Fest daraus. Das Grab wird zum Anlass für eine *Neuorientierung des Lebens*, der sinnliche Eindruck des Ortes trägt dazu bei: Wofür und für wen lebe ich? Wie lebe ich mit den Menschen, die mir wichtig sind? Lebe ich so, wie es mir selbst schön und bejahenswert erscheint? Und wenn nicht, was könnte ich dafür tun? Es ist hilfreich für die Orientierung im Leben, sich in Gedanken immer wieder an seiner Grenze aufzuhalten.

Das Grab ist, wie schon das Sterben des geliebten Menschen, eine Konfrontation mit der eigenen Endlichkeit, eine Begegnung mit dem eigenen künftigen Tod, der die Frage aufwirft, was von ihm aus gesehen das eigene Leben gewesen sein wird. Das Denken an den Tod und den Toten ist die Voraussetzung dafür, wieder *Sinn* im Leben zu finden und neuen Mut zu schöpfen, mit Freuden zurück ins Leben und hinaus in die Welt zu gehen. Gräber, in welcher Form auch immer, wird es so lange geben, wie es Menschen gibt, die an Tote denken und über Leben und Tod nachdenken wollen.

In seiner langen Geschichte hat das Grab in vielen Kulturen viele Formen angenommen, alle Friedhöfe und manche Museen erzählen davon (*Museum für Sepulchralkultur*, Kassel, Sammlungsschwerpunkt deutschsprachiger Raum), und diese Geschichte wird fortgeschrieben. Gewöhnlich ist das Grab der Ort, an dem der Verstorbene im Erdreich vergraben wird oder seine Asche ihren Platz findet. Genauso gut kann es der ungefähre Ort sein, an dem der tote Körper oder die Asche bei einer Seebestattung oder auf einem indischen Fluss den Augen entschwindet, sowie der Ort der Aschenurne, die etwa als Schmuckvase auf der Fensterbank zuhause oder sonst wo steht. In fortgeschrittener moderner Zeit kann der Diamantring zum Grab werden, wenn der Kohlenstoff aus der Asche der »sterblichen Überreste« bei hohen Temperaturen und hohem Druck gepresst, sodann geschliffen wird: Den Ring zu tragen, bringt eine intime Verbindung mit dem Toten zum Ausdruck.

Meist entspricht die Art des Grabes dem letzten Willen eines Menschen, mit welchem Element er nach seinem Tod verschmelzen will: Erde, Feuer, Wasser, Luft, in selteneren Fällen mit dem Kosmos, wenn die letzte Reise ins All bezahlbar ist, die keinen konkreten Ort des Gedenkens mehr hinterlässt. Aber auch virtuelle Gräber im Internet machen deutlich, dass es das Wesen des Grabes ist, zum Innehalten und Nachdenken, zur Meditation und zum Gebet anzuregen, um sich auf die Fragen von Leben und Tod einzulassen und dabei neue Kräfte zu sammeln.

Und noch etwas haben alle Gräber gemeinsam: Nicht wirklich ist der Tote hier. Ein Grund dafür könnte sein, dass nichts an ihm tot ist. Denn wohin sollte sein Leben entschwunden sein? Ins Nichts? *Materiell* gesehen, gehen die Atome und Moleküle in andere Atom- und Molekülverbände über, kein einziges Atom oder Molekül geht verloren. Der Körper hört in der gegebenen Form zu existieren auf, seine Bestandteile erleben jedoch eine Verwandlung in andere Formen. Die Annahme liegt nahe, dass sich dies mit Seele und Geist ganz ähnlich verhält. Wenn das Wesentliche eines Wesens die *Energien* sind, die es beleben, dann gilt: Energie stirbt nicht. Das besagt der Energieerhaltungssatz, den Hermann von Helmholtz 1847 für die Physik formulierte und der auch für die Energieformen gelten könnte, die dem Körper, der Seele und dem Geist eines Menschen zugrundeliegen, für die bekannten (elektrische Energie, Wärmeenergie, Bewegungsenergie) und für die unbekannten.

Die *Energie des Lebens*, die mit dem Tod entschwindet, ist dann weiterhin »da«, ohne genau lokalisierbar zu sein. Sie bleibt im Raum, unsichtbar und doch spürbar, kein Quantum geht verloren. Vorstellbar ist jedoch, dass nun ein anderes Leben damit auflebt, andere Menschen, Wesen und Dinge davon durchpulst werden und der Tote auf diese Weise weiterlebt. Die Lebenden, die den Tod nicht fliehen, können die Energie wahrnehmen, aufnehmen und mit ihr ins Leben zurückkehren. Der neue Mut, der sie überkommt, verdankt sich womöglich der Energie, die der Tote nicht mehr für sich beansprucht, sondern dem überlässt, der in Beziehung zu ihm bleibt. Die Ummantelung, die dem Sterbenden gewährt worden ist, schenkt dieser in anderer Form nach seinem Tod den Lebenden. Es ist, als trage er mit seiner Präsenz, die sich vom Körper gelöst hat, ihre Ichs, geleite sie auf allen Wegen und halte schützend die Hand über sie. So lebt das Wesentliche eines Menschen vielleicht weiter in den Lebenden und trägt zu ihrem inneren Reichtum bei. Der Umgang mit dem Tod ist der Schlüssel zum Leben.

Dass es keinen wirklichen Tod gibt, dass da noch ein anderes Leben ist, auch wenn sich ein Mensch in dieser Gestalt auflöst, ist freilich nicht nachweisbar, nur *annehmbar*. Entscheidend dafür ist nicht die Wahrheit, die wohl nie zweifelsfrei ausfindig zu machen ist, sondern die *Lebenswahrheit*, mit der sich leben lässt. Sie hängt ab von der *Deutung*, die jeder selbst vornimmt und für die er, wenn er Beliebigkeit vermeiden will, nach der *Plausibilität* der Zusammenhänge fragt und im Übrigen danach, was ihm *schön* und bejahenswert erscheint. Auch die Wahrheit, auf die manche Individuen und ganze Kulturen sich kaprizieren, kann nur eine Deutung sein. Veränderungen der Deutung aber sorgen im Laufe der Zeit dafür, dass der Tod eine Geschichte hat, die von Menschen geschrieben wird (Philippe Ariès, *Geschichte des Todes*, 1978).

Den *vormodernen Tod* sandte ein Gott, sobald es ihm gefiel, den Menschen, dem er das Leben geschenkt hatte, wieder zu sich »heimzurufen«. Dieser Tod konnte in den langen Zeiten der Geschichte, in denen es charakteristisch für das menschliche Leben war, nichts als harte, nackte Wirklichkeit vorzufinden und über wenige oder gar keine Möglichkeiten zu verfügen, als Erlösung empfunden werden. Ein besseres Leben folgte ihm in jedem Fall, sofern nicht Fegefeuer oder Hölle drohten: Eine große Unruhe empfanden vormoderne Menschen das ganze Leben hindurch bei der Frage, in welcher Weise Gott sie für all ihr Tun und Lassen am Ende noch zur Rechenschaft ziehen würde.

Der *moderne Tod* hingegen durchkreuzt eine hoffnungsvolle Wirklichkeit des Lebens mit einer Rücksichtslosigkeit, die viele Möglichkeiten zerstört und Projekte abbricht. Selten erscheint er als Erlösung, häufiger als Zumutung: Immer bleibt etwas ungelebt. Wo Menschen selbst Einfluss auf ihr Leben nehmen können und sich nicht mehr als Marionetten eines blinden Schicksals oder einer weisen Vorsehung verstehen müssen, kommt dem Tod die Rolle zu, Wünsche und Träume zunichtezumachen, sodass die Frage aufbricht: *Warum?* Schon zu Lebzeiten bedrängt der Tod die Lebenden mit den Fragen: Lebst du wirklich? Was hast du noch vor? Der moderne Glaube, dass das Leben mit dem Tod zu Ende sei, verstärkt bei vielen Menschen die Angst vor dem Tod, der für immer gestorben wird, sodass sie schon im Leben zu Tode betrübt sein können. Was einst der ritualisierte Übergang zu einer anderen Ebene der Existenz war, mit detailreichen Vorstellungen von einer jenseitigen Welt, kann für moderne Menschen nur noch ein Fallen ins Undenkbare und Unvorstellbare, ins Nichts sein. Dieser Tod hat kein Recht auf Leben, mit aller Macht muss er, solange er sich nicht abschaffen lässt, vor den eigenen Augen und den Augen Anderer verborgen werden. Dem Sterbenden

417

wird »das Recht verweigert, zu erfahren, daß er stirbt, und bis in den Tod hinein von ihm verlangt, sich zu verhalten, als ginge es ums Überleben« (Ulla Berkéwicz, *Überlebnis*, 2008, 77).

In einer *andersmodernen* Kultur steht es dem Einzelnen frei, auch ohne Berufung auf einen Gott und ohne letzte Wahrheit nicht mehr das Ende des Lebens im Tod zu sehen (Bob Dylan, *Death is not the end*, Popsong, 1988). Dieser Deutung zufolge gehen Menschen, wie alle Wesen, aus einem allumfassenden Meer von Energie hervor, leben aus ihm heraus und kehren zu ihm zurück. Die Konturen von Menschen, des Menschen überhaupt, zeichnen sich für eine kleine Weile am Meeresufer der wirklichen Welt ab und werden wie das »Gesicht im Sand«, von dem Michel Foucault einmal sprach (Schlusssatz in: *Die Ordnung der Dinge*, 1966) von einem Wellenschlag wieder ausgelöscht. Was für einen Moment die Lebensenergie und Seele eines menschlichen Selbst war, geht wieder in die kosmische Energie und Weltseele über, die alles erfüllt und allem zugrunde liegt. Schon zu Lebzeiten spürt ein Mensch in seinem Innersten diese namenlose, grenzenlose *eigentliche Seele*, die Energie, die auch dann bleibt, wenn keine Person mehr da ist, während die *persönliche Seele* mit ihren charakteristischen Ausprägungen von Energien in Gefühlen, Wahrnehmungen, Erinnerungen, Sehnsüchten in dieser Form nur diesem Menschen eigen und an sein körperliches Dasein gebunden ist.

Aus der Binnensicht des Todes fühlt sich die äußerste Erfahrung daher womöglich ganz anders an als von außen. Sie könnte der Erfahrung ähneln, nach der die Liebenden sich sehnen und die sie in manchen Augenblicken auch erlangen: Wie die Liebe könnte der Tod eine Rückkehr zum energetischen Zustand sein, um auf dieser Ebene miteinander und mit allem zu verschmelzen, nur noch Energie zu sein, reine

Möglichkeit, denn Energie ist Möglichkeit – je mehr Energie, desto mehr Möglichkeiten.

Was in einzelnen Momenten beim Einswerden mit einem Anderen erfahrbar ist, wird zur *unio mystica* mit dieser anderen Dimension: Der »kleine Tod« der Liebesekstase könnte eine Vorahnung des großen Aktes sein, der der Tod selbst ist, der gewaltigste Moment des Lebens mit einem Hinausströmen des Selbst aus sich, einer rauschhaften Auflösung, einer Zerlegung des Lebens in dieser Gestalt. Diese *ultimative Ekstase* hat nicht mehr nur ein »Hinausstehen« (*ekstasis* im Griechischen), sondern ein völliges Hinausgehen aus sich und diesem Leben zur Folge. »Freilich ist es seltsam, die Erde nicht mehr zu bewohnen« (Rilke, *Duineser Elegien*, Die erste Elegie).

Dass die Abwesenheit des geliebten Anderen nach seinem Tod so *unwirklich* erscheint, wäre dann erklärbar: Er lebt nicht mehr in dieser Wirklichkeit, sehr wohl jedoch in einer anderen. Etwa »im Himmel«, wie den Kindern gesagt wird? Ja, wenn unter Himmel die Unendlichkeit der Möglichkeiten verstanden wird, ein unfassbarer Raum. Daher kann der, der zurückbleibt, sich hin- und hergerissen fühlen zwischen dem *unendlichen Schmerz* über den Verlust, der nicht mehr rückgängig zu machen ist, und der *unendlichen Euphorie* über das Sein, in dem das gemeinsame Leben geborgen ist: Novalis machte am Grab seiner jungen Geliebten Sophie von Kühn diese Erfahrung. Das Erschaudern vor der Wucht des metaphysischen Abschieds ist verständlich, aber zugleich ist die subjektive Gewissheit möglich, dass es ein Zusammensein über den Tod hinaus gibt, sodass es nicht mehr unsinnig erscheint, sich leichten Herzens für eine Weile *Adieu* zu sagen bis zur immerwährenden Vereinigung im Kontinuum der Energie.

Inmitten der wirklichen Endlichkeit tut sich ein Fenster zur möglichen Unendlichkeit auf, in der selbst dann, wenn der geliebte Andere »nicht mehr da ist«, eine Gemeinschaft mit ihm möglich erscheint, in welcher Form auch immer. »Bis dass der Tod euch scheidet«: Das war schon immer eine wunderliche Formulierung, zumal in christlichem Kontext, in dessen Rahmen doch angenommen wird, dass der Tod nichts scheidet, dass es vielmehr ein Leben über den Tod hinaus gibt. Die Wahrheit selbst ist unzugänglich, aber die Lebenswahrheit, die der Einzelne für sich gewinnt, ermöglicht die Annahme, dass die Lebenden und die Toten ein und dieselbe Welt bewohnen, wenngleich auf unterschiedlichen ontologischen Ebenen: Ebene der *Materie* und ihrer jeweils begrenzten, endlichen Wirklichkeit, Ebene der *Energie* und ihrer unbegrenzten, unendlichen Möglichkeiten. Die reale Gestalt stirbt, nicht jedoch die Seele und der Geist, die im Grunde reine Energie, reine Potenz sind.

Niemand kann definitiv wissen, in welchem Status ein Toter lebt, Annahmen sind jedoch möglich: Tot ist ein Mensch nur in Bezug auf dieses Leben, das er gelebt hat. Vergangen ist lediglich die einmalige Zusammensetzung der materiellen und immateriellen Bestandteile dieses Menschen, die Integrität, die ihn als *Person* charakterisierte. Dann gilt: Es gibt keinen wirklichen Tod außer dem Tod der Person. Die Person in dieser Komposition, die ihre begrenzte Zeit hat, löst sich auf, aber alle Bestandteile leben in anderen Zusammenhängen weiter, körperlich, seelisch, geistig. Nichts von dem, was durch diesen Menschen geprägt wurde, verschwindet jemals wieder, es sei denn auf lange Sicht der Name, der für die Prägung steht, und das Wissen Anderer, dass überhaupt eine Prägung stattgefunden hat.

Jeder Mensch, der aus der energetischen Möglichkeit

kommt und in sie zurückkehrt, hinterlässt eine Spur in der materiellen Wirklichkeit. »Warum habe ich überhaupt gelebt?« schreit eine 17-jährige verzweifelt in ihrer Todesstunde. Aber sie hat geatmet, also hat sie die Welt verändert, und was rein chemisch kaum zu bestreiten ist, verhält sich wohl auch seelisch und geistig so. Die Ich-Konstellation wird verwischt und ausgelöscht, aber einige Moleküle, Gefühle und Gedanken haben sich anders bewegt, als sie sich ansonsten bewegt hätten. Mag es sich auch nur um eine Winzigkeit handeln, aber etwas bleibt übrig, das unauslöschlich ist.

Über den Tod hinaus kann im *Gespräch mit dem Toten* die Beziehung zu ihm weiterleben, vielleicht in ähnlicher Weise wie in dem Sketch für zwei Personen von Lauri Wylie aus den 1920er Jahren, *Dinner For One*. Das Stück wurde nach großen Erfolgen in England in vielen anderen Ländern seit den 1960er Jahren bekannt durch eine TV-Aufnahme mit dem Schauspieler Freddie Frinton als Butler James. Die 90-jährige Miss Sophie (May Warden) feiert darin, wie alle Jahre, anlässlich ihres Geburtstags die Anwesenheit ihrer lange schon verstorbenen Freunde Sir Toby, Admiral von Schneider, Mister Pommeroy und Mister Winterbottom, und sie treibt ihren Butler dazu an, dieses Setting ernst zu nehmen: »Just to please me!« Kann es wirklich solche Gespräche geben? Zumindest kann es die lebhafte Vorstellung geben, wie sie verlaufen würden, könnte es sie geben. Sollten sie tatsächlich stattfinden, fehlt es an Methoden, dies zu bewahrheiten; umgekehrt lässt sich die Möglichkeit solcher Gespräche nicht gänzlich ausschließen.

In jedem Fall kann der Tote als *imaginärer Gesprächspartner* eine immense *Bereicherung* für das Leben sein: Mit dem Blick von außen, der ihm eigen ist, trägt er zur Orientierung der Lebenden bei, jedenfalls dann, wenn sie bereit sind, diesen Blick von ihm zu übernehmen. Unter anderen Bedingungen kann er jedoch zur *Belastung* für sie werden, vor allem in der modernen Kultur, die davon ausgeht, dass der Tote tot ist und kein Gespräch mehr mit ihm möglich ist, auch sonst kein irgendwie gearteter Austausch, sodass alles, was noch zu sagen wäre, zu Lebzeiten hätte gesagt werden müssen, um nicht für immer im kosmischen Nichts zu verhallen. Was ungesagt und ungelebt bleibt, kann zur Last werden, die nicht aufhört, einen Menschen zu bedrücken. Ungeklärte Fragen bleiben über den Tod hinaus offen und hinterlassen eine traumatische Erfahrung, die nicht mehr ungeschehen gemacht werden kann.

Unweigerlich sind *Phasen des Umgangs mit dem Tod* zu durchlaufen, wenn ein Mensch gestorben ist, zu dem eine enge Beziehung bestand. Nach der ersten Weigerung, den Tod wahrhaben zu wollen, tut sich das Chaos der Gefühle auf, das Wanken zwischen Wut, Enttäuschung, Empörung, Bitterkeit, Leiden an der Sinnlosigkeit, Mitleid, Selbstmitleid, tiefer Trauer, bevor der Tod akzeptiert werden kann und eine große Ruhe sich einstellt (Verena Kast, *Trauern*, 1982). Die Trauer kann ein Ausdruck von Liebe sein, manchmal von nachgetragener Liebe, die zu Lebzeiten keinen rechten Ausdruck zu finden vermochte. In moderner Zeit wurde die Trauer dynamisiert zur »Trauerarbeit«, um zu signalisieren, dass der Zustand aktiv angegangen wird, statt ihn passiv geschehen zu lassen. Manche wollen rasch mit dem Tod »fertig werden«, um die Unruhe, die von ihm ausgeht, nicht länger aushalten zu müssen. Den Toten endgültig »gehen zu lassen«, wie dies oft gefordert wird, könnte auch ein Ausdruck dafür sein, selbst von ihm weggehen zu wollen, um zügig ins eigene Leben zurückzukehren.

Aber die Trauer braucht Zeit, sie kann lange währen, abzukürzen nur um den Preis ihrer unvermuteten Wiederkehr. In

Erinnerungen und an gemeinsam frequentierten Orten kann die Nähe zum Toten gesucht und wieder gefunden werden. Sich über Probleme in der Beziehung zu ihm klarer zu werden, hilft, auf realistischer Grundlage so viel wie möglich von ihm in sich zu bewahren, ihm einen festen Platz im eigenen Selbst zu geben und weiter mit ihm zu leben. Es ist die ausgehaltene Nähe zum Tod, zu diesem radikalen Anderssein, die dazu führt, das Leben mehr als je zuvor bejahen zu können.

Auf die Zeiten der Ungewissheit und Verzweiflung folgen Zeiten der *Gelassenheit und Heiterkeit*. Sie ergeben sich aus dem Eindruck, dass das Leben weit umfassender ist als das individuelle Leben hier und jetzt, ja, dass es sogar seinen Gegensatz noch mit umgreift, den Tod, der selbst ein Leben ist, wenngleich er nicht die Form eines Daseins annimmt. Inmitten der Trauer wird dies zur Gewissheit: Dass da ein *Sein* ist, das von alledem unberührt bleibt, ein ewiges Sein durch alle kommenden und gehenden Ichs hindurch, an dem jedoch jedes Ich teilhat. Die Endlichkeit erscheint dann als Ende des Lebens in seiner jeweiligen Gestalt und in dieser Person, die Unendlichkeit als nicht endendes Sein über alle Gestalten und Personen hinaus. In jedem Augenblick und mit jedem Tun und Lassen wird Unendlichkeit zur Endlichkeit, Möglichkeit zur Wirklichkeit. In jedem Augenblick geht Wirklichkeit zugleich vorbei und wird wieder zur Möglichkeit. Über alle Traurigkeit hinaus ist Heiterkeit das Gefühl und der Gedanke, mit der Endlichkeit versöhnt zu sein und sich in einer Unendlichkeit geborgen zu wissen, unabhängig davon, welcher Name ihr gegeben wird.

Wenn Shakespeares *Hamlet* die berühmte Frage nach dem *Sein oder Nicht-Sein* aufwirft, wird das Sein meist mit Leben, das Nicht-Sein mit Nicht-Leben identifiziert. Hatte nicht auch schon Seneca den Tod als Nicht-Sein verstanden? »Tod ist Nicht-Sein« (*Mors est non esse, Briefe an Lucilius*, 54, 4). Aber mit dem *Nicht-Sein* kann ganz im Gegenteil das Leben, mit dem *Sein* der Tod gemeint sein. Das Dasein in der endlichen Wirklichkeit ist dann ein Nicht-Sein im Vergleich zum eigentlichen Sein der unendlichen Möglichkeiten, das sich mit dem Tod auftut. Der Tod ist in dieser Sicht nur das Ende des Daseins in der bestimmten Wirklichkeit, die es vom ersten Moment an gewonnen hat, nicht jedoch das Ende des Seins mit allen seinen Möglichkeiten, in denen alles, was wirklich ist, beheimatet ist. Er ist kein Lebensende, sondern ein Lebensübergang, nicht etwa ein Übergang vom Sein zum Nicht-Sein, sondern von einem bestimmten, begrenzten Dasein in dieser oder jener Gestalt zum unbestimmten, unbegrenzten, gestaltlosen Sein, das als Kontinuum der Möglichkeiten vorstellbar ist, aus denen die gegenwärtige Gestalt ursprünglich auch hervorging. Durch die Seinsweise der Möglichkeiten hindurch vollzieht sich der Übergang zu anderen Wirklichkeiten. *To be or not to be* ist für Shakespeare in der Tat auch abseits von *Hamlet* die Frage, ob ein Leben über das eigene Leben hinaus möglich ist (*Sonette* 3 und 4), wenn schon nicht als Person, so doch als Teil des Seins, aus dem heraus ein anderes Dasein seinen Anfang nehmen kann. Über jedes Dasein in dieser Gestalt hinaus ist ein Dasein in einer anderen Gestalt möglich, und keine Gestalt erschöpft das Sein als Gesamtheit aller Möglichkeiten.

Vielleicht kann der Aufenthalt in der *surrealen* Dimension des Seins als *ontologischer Schlaf* verstanden werden, der dem allnächtlichen Schlaf ähnelt, dem Übergang aus der alltäglichen Wirklichkeit in die Traumwelt der Nacht. Auch für den *Seinsschlaf* könnte Erholung ein Grund sein, die aber anders als beim gewöhnlichen Schlaf nicht nur Körper, Seele und Geist in momentaner Verfassung, sondern dem gesamten Wesen zuteilwird. Mit der Auflösung seiner festen Gestalt erholt und verjüngt es sich und kehrt vermutlich nicht als dasselbe aus dem Möglichsein ins Wirklichsein zurück.

Handelt es sich um eine Wiedergeburt? Vielleicht, aber wohl in veränderter Gestalt. Zumindest ist es denkbar, dass aus dem Energiefeld heraus eine Gestalt *reinkarniert*, also wieder zu Fleisch, zu einem Körper wird. Ähnlich wie beim Erwachen aus einem Traum könnten dabei bruchstückhafte Erinnerungen an ein früheres Leben wach werden, wie manche Menschen dies an sich beobachten, sodass sie glauben, in anderer Zeit »schon einmal da gewesen zu sein«. Erklärbar wäre mir selbst auch die gelegentliche merkwürdige Empfindung, mich zwar in dieser Wirklichkeit aufzuhalten, die mich umgibt, mich aber fremd in ihr zu fühlen, da ich meine Heimat anderswo sehe, nicht in der Bestimmtheit dieser wirklichen Welt, sondern in der Unbestimmtheit einer anderen. Das wäre dann kein Spuk, der wieder vergeht. Ein Spuk wäre eher das Hier und Jetzt, dem gewöhnlich so viel Bedeutung zugemessen wird und das doch morgen schon von gestern ist.

Dass viele Menschen sich ein anderes Leben über das gegebene hinaus nicht vorstellen können, ist kein Beweis dafür, dass es dieses Leben nicht gibt. Aber auch die, die es sich vorstellen können, können es nicht beweisen, nur annehmen. Wird ein anderes Leben jenseits des Todes angenommen, kann der Tod als ein Hinübergehen von einem Leben zum anderen verstanden werden. Es lässt sich sogar von einem »Heimgehen« sprechen, wie es angesichts des Todes auf der Zunge liegt, und dies nicht nur aus religiösen Gründen: Wenn Menschen heimgehen, so kann das heißen, dass sie zurück zur ewigen Welt der Möglichkeiten gehen, aus der sie gekommen sind, da Möglichkeiten aller zeitlichen Wirklichkeit zugrundeliegen, denn woher sonst sollte eine Wirklichkeit kommen?

Der Einzelne geht *zugrunde*, aber damit kehrt das Wesentliche an ihm, das ihn leben ließ, *zum Grund* des großen Potenzials zurück. Vom energiegeladenen Pol, aus dem jedes Leben anfänglich hervorgeht, wandert es zum entgegengesetzten Pol des Energieverlusts, bevor mit dem Tod der Zustand reiner Energie wieder hergestellt wird, der ein neues Werden ermöglicht. So kreist das Leben zwischen Materialisierung, Entmaterialisierung und neuerlicher Materialisierung; es vollendet sich immer wieder dort, wo alle Möglichkeiten schlummern, bevor die Wirklichkeit eines anderen Lebens daraus hervorgehen kann. In der gesamten Natur ist dieser Kreislauf von Werden und Vergehen zu sehen, also kann es sich damit beim Menschen, der doch Teil der Natur ist, wohl kaum anders verhalten. Kann das angesichts des Todes ein Trost sein?

Was kann Menschen trösten?

Diesen Schrei hörte die ganze Stadt. Ein Wohnhaus stürzte bei einer Gasexplosion in sich zusammen. Im Haus der 13-jährige Sven mit seinem Hund Bobby, die Eltern irgendwo anders. Zahlreiche Helfer tragen Stein für Stein den Trümmerhaufen ab, in dem, wie Sensoren anzeigen, noch ein Herz schlägt. Aber es ist das Herz des Hundes, der unverletzt geblieben ist. Den entsetzlichen Schrei stößt die Mutter aus, die nach endlos langen Stunden des Wartens vor den Trümmern davon erfährt. Das Ende jeder Hoffnung. Das Gesicht des Vaters bleibt stumm, versteinert. Als beide gemeinsam über die Trümmer steigen, um ihren toten Sohn zu sehen, legt sie den Arm um ihn, und eine Anwohnerin sagt, vielleicht seien Frauen eben doch stärker, wenn man sehe, wie sie ihn noch tröste. Aber vielleicht hält sie auch einfach nur fest, was ihr geblieben ist, und sie finden beide keinen Trost. Es kann keinen Trost geben in der grenzenlosen Leere, die der Verlust eines geliebten Menschen hinterlässt. Es hat keinen Sinn mehr weiterzuleben. Im unvorstellbaren, untröstlichen Schmerz ist ein Mensch irgendwelchen Gedanken und wohlmeinenden Worten, die ihn trösten sollen, nicht mehr zugänglich. Das Leben steht still, es gibt keine Zukunft mehr.

Dass das Leben in einer solchen Situation nicht einfach weitergeht, ist der innigen Beziehung zum Toten geschuldet, die jetzt nicht endet. Viel später erst kann es vielleicht doch noch um den Trost gehen, der ein Weiterleben ermöglicht, vorausgesetzt, dass ein Mensch überhaupt Trost finden will. Er könnte auch darauf verzichten wollen und wie Rilke allen Trost für »trübe« halten (*Die Briefe an Gräfin Sizzo*, Brief vom 6. Januar 1923). Trost ist trübe, wenn er nur auf Ablenkung und Zerstreuung setzt und damit das klare Wasser des Leids trübt, das den Blick in die abgründige Tiefe erlaubt. Nur dann, wenn die Trauer nicht unterdrückt und übertölpelt wird, ist mit ihr das Leben in all seinen Dimensionen auszumessen. Wenn die Trauer dann ihre Zeit hatte, kann die Suche nach Trost beginnen, und dies nicht etwa nur angesichts des Todes, sondern in vielen Situationen des Lebens, in denen ein Mensch trostbedürftig ist. Rilke fragt in den ebenfalls 1923 publizierten *Sonetten an Orpheus* (Zweiter Teil, XVII) selbst danach:

Wo, in welchen immer selig bewässerten Gärten, an welchen
Bäumen, aus welchen zärtlich entblätterten Blüten-Kelchen
reifen die fremdartigen Früchte der Tröstung? (…)

Schon das Kind, das sich weh getan hat, verlangt nach Trost und fühlt sich getröstet, wenn sein Schmerz ernst genommen und irgendwie »behandelt« wird. Für so bedeutsam hält es den Trost, dass es einen alleinstehenden Menschen besorgt fragen kann: »Und wer tröstet dich?« Die Erfahrungen, die ein Mensch von klein auf damit macht, getröstet zu werden, seine Fähigkeit, sich beispielsweise mit Phantasiewelten selbst zu trösten, aber auch sein Schmerz, ungetröstet zu bleiben, fügen sich zu seiner »Trostgeschichte« (Irmtraud Tarr, *Trost,* 2007, 48). Davon hängt es ab, ob und wie jemand in seinem Leben Trost finden kann, wenn etwas schmerzt, etwa ein Misserfolg, eine Missachtung durch Andere, eine Enttäuschung, ein Liebeskummer, eine Trennung von einem geliebten Menschen, und sei sie nur für kurze Zeit, erst recht bei einem ernsthaften Verlust, etwa wenn eine Liebe verlorengeht. Menschen scheinen unter allen Wesen diejenigen zu sein, die am meisten des Trostes bedürfen, eine Besonderheit, die mit den Eigenschaften ihrer Seele, ihres Geistes zu tun haben muss.

Vermutlich sind Menschen mehr als andere Wesen imstande, die *ontologische Differenz* zwischen der Wirklichkeit des Lebens und seinen Möglichkeiten wahrzunehmen: Dass nicht alles, was möglich ist, wirklich wird und dass selbst das, was wirklich wird, nicht immer den besten Möglichkeiten entspricht. Moderne Menschen vergrößern die Differenz noch durch ausufernde Erwartungen an ein mögliches Leben, mögliche Beziehungen, ein mögliches Glück, aber je größer die Erwartungen sind, desto größer ist die Trostbedürftigkeit, wenn die Wirklichkeit enttäuschend ausfällt. Nach Trost verlangt auch der schmerzliche Abschied von einer Wirklichkeit, in der ein Mensch gerne lebte, die er aber zugunsten neuer Möglichkeiten hinter sich lassen muss. Und nach Trost verlangt der

Abschied von vermeintlichen oder tatsächlichen Möglichkeiten, wenn ein Mensch den Mut zu den nötigen Veränderungen nicht aufbringt und an der bestehenden Wirklichkeit festhält.

Trostbedürftig ist jedoch vor allem die *Erfahrung der Tragik*, der Unabänderlichkeit, die einem Menschen bewusst wird, sobald eine Wirklichkeit endgültig besiegelt ist und keine Möglichkeit mehr offensteht. Tragisch ist, dass etwas Ungutes geschieht, das nicht mehr aus der Welt zu schaffen ist. Dass etwas weh tut, das nicht wiedergutzumachen ist. Dass allenfalls die Verletzung, nicht jedoch die Verletzlichkeit heilbar ist. Dass eine Enttäuschung zu groß ist, um noch bewältigt werden zu können. Dass es Ungutes und Unwahres überhaupt gibt. Dass Liebende irgendwann voneinander scheiden müssen. Dass das Leben unheimlich abgründig ist und der Tod das Leben begrenzt, mehr noch, dass ein Leben ohne Tod wohl tödlich langweilig wäre.

Was auch immer die Gründe für das Bedürfnis nach Trost im Einzelfall sein mögen – im Grunde handelt es sich wohl immer um *energetische Gründe*. Trost braucht der, dem Lebensenergie abhandengekommen ist. Mit dem Trost gewinnt er Energie, fasst wieder Vertrauen zu sich und Anderen, zum Leben und zur Welt. Was geschehen ist, kostet Kraft, und Trost bewirkt eine neuerliche Zufuhr von Kraft, die heilsam wirkt und dem Selbst eine innere Festigkeit wie ein Baum verleiht (im englischen *tree* hat sich die indogermanische Herkunft des deutschen Wortes »Trost« erhalten). Findet ein Mensch aber keinen Trost, bleibt er heillos allein mit seiner Verletzung, seinem Schmerz und seiner Verzweiflung: Die Trostlosigkeit ist gleichbedeutend mit Kraftlosigkeit.

Entscheidend für eine Antwort auf die Frage, was Menschen trösten kann, ist also der *Zugang zu Energien*, den sie sich verschaffen oder der ihnen von Anderen verschafft wird. Energien müssen fließen, um erfahrbar zu werden, fließen aber können sie dort, wo Zusammenhänge sind, die »Sinn« genannt werden. Noch einmal kommt damit Sinn ins Spiel, und erneut auf allen Ebenen, auf denen er gefunden und dem Leben gegeben werden kann: *Sinn tröstet*, darin besteht das Wesen des Trostes. Sich das ganze Panorama des möglichen Sinns zu vergegenwärtigen, ist hilfreich, um für sich herauszufinden: Was kann mich trösten? Und wie kann ich versuchen, Andere zu trösten?

Trostreich sind zuallererst die *sinnlichen Erfahrungen*, die sehr viel Sinn bereithalten, da sie Zusammenhänge zwischen Selbst und Welt, Selbst und Anderen herstellen und mit Lüsten und Genüssen bestärken, wenigstens für einen Moment, sofern die Schmerzen nicht sämtliche Sinne betäuben. Viele sinnliche Eindrücke erscheinen schön und bejahenswert, und diese *Schönheit tröstet*, auf vielerlei Art: Ein *Augentrost* sind Blumen, Farben, ein schöner Anblick, eine schöne Umgebung, die keine »trostlose Gegend« ist, ein gemütlicher Raum, ein Ort, der mit schönen Erfahrungen verbunden ist, ein Naturerlebnis. Trost vermittelt jeder sinnliche Umgang mit schönen Dingen, und seien sie noch so unscheinbar, kunstlos oder kunstvoll, neu oder seit langem schon vertraut (Daniel Miller, *Der Trost der Dinge*, Berlin, 2010). Trösten kann ebenso ein bestimmter Duft, eine angenehme Berührung, eine Umarmung, eine gern gehörte Stimme, jede Art von Bewegung, Gehen, Rennen, Tanzen. Und nicht zuletzt tröstet ein gutes Essen, mit dem die Welt schon gleich wieder anders aussieht: Jeder Mensch kennt seine eigene *Trostkost*, viele finden bei Suppen und Süßigkeiten neue Zuversicht.

So sehr kann Sinnlichkeit trösten, dass manche sich kopfüber in diese Lüste stürzen, egal in welche. Es können ohne Weiteres einsame Lüste sein, denn nicht immer ist der Trost an gemeinsame Erlebnisse mit Anderen gebunden. Starken Trost gewähren jedoch Lüste eines guten Gesprächs und insbesondere *erotische Lüste*, die so intensiv sein können, dass sie eine bedrückende Situation völlig vergessen machen. Erotik ist die intime Erfahrung der Fülle des Lebens, die weltliche Erlösung von allem Kummer und allen Problemen der Welt. Daher liegt die Versuchung so nahe, sich »mit jemandem zu trösten«, nicht nur, aber auch in der Form von Sex: *Sex tröstet* (Charlotte Roche, *Schoßgebete*, 2011).

Mag sein, dass dieser Trost eine zeitliche Grenze hat, da alle Sinnlichkeit vergänglich ist und Gefühle wankelmütig sind. Aber wo sinnliche Zusammenhänge erfahrbar werden, setzen sie Kräfte frei, die inmitten der Endlichkeit aus einer Unendlichkeit zuwachsen. Das Einssein mit einem Anderen befreit den Einzelnen für einen Moment aus dem Gefängnis seiner momentanen Wirklichkeit, sodass es für ihn wieder möglich wird, im vollen Bewusstsein des Todes das Leben zu lieben.

Mit sinnlichen Erfahrungen ist außerdem meist *seelischer Sinn* verbunden, denn was sinnlich schön ist, macht auch gute Gefühle. Seelischer Sinn beruht vor allem auf den gefühlten Zusammenhängen einer Beziehung: *Beziehung tröstet*. Zumindest jede bejahende Beziehung zu Menschen, Wesen und Dingen bringt dies zustande, und zuallererst die Beziehung zu sich selbst: Wer sich selbst mag, findet bei sich bereits Trost. Und mehr noch in den Beziehungen zu Anderen: Menschen fühlen sich getröstet, wenn sie mit ihrem Schicksal nicht allein sind. Das macht den Erfolg von Selbsthilfegruppen aus, und das gilt erst recht für die Beziehung zu dem einen Anderen, der für mich da ist, mir zur Seite steht, meine Hand hält, über meine

Wangen streicht und in dessen Fürsorge ich mich aufgeben kann, wenigstens vorübergehend, bis ich wieder zu Kräften komme. Tröstlich ist das Wissen, dass da ein Mensch ist, dem ich nicht gleichgültig bin, bei dem Geborgenheit fühlbar wird, wenn ich bei ihm bin, und Vertrautheit, wenn ich ihn ansprechen und berühren darf.

Nicht nur am Ende des Lebens hat die Ummantelung durch einen Anderen Sinn, sondern immer dann, wenn ein Selbst nicht zur Sorge für sich in der Lage ist. Was tröstet, ist die *Großmut*, die in der Aufmerksamkeit und Einfühlung des Anderen zum Ausdruck kommt, ein wahres Geschenk. Trösten kann die *Sanftmut*, die eigene wie die des Anderen, die gleichsam mit Milch und Honig jede Härte und Bitterkeit vergessen macht. Tröstlich ist die *Langmut*, die Geduld, die ich für mich selbst aufbringe und mit der ein Anderer mir beisteht und in der bedrückenden Gegenwart einen völlig anderen Zeithorizont eröffnet. Trost vermittelt die *Demut*, mit der ich selbst und Andere etwas hinnehmen können, das sich ohnehin nicht ändern lässt. Und ein enormer Trost ergibt sich daraus, *Andere* trösten zu können: Aus dem Gefühl heraus, ihnen beistehen zu können, erwächst ein starker Zusammenhang mit ihnen.

Trostreich ist alles, was seelische Energien in Bewegung bringt und einen Menschen davon abbringt, sich in sich selbst zu vergraben: Das *Weinen* treibt nicht nur die Tränen, sondern auch die Energien der Seele aus dem Inneren hervor, das beklemmend eng geworden ist. Die Tränen sind ein Ausdruck des Schmerzes und zugleich eine Erfahrung des Trostes, denn sobald sie geweint sind, wird einem Menschen wie von Zauberhand plötzlich »ganz leicht ums Herz«. Etwas Ähnliches geschieht beim *Lachen*, das das Innere nach außen kehrt und nicht einfach nur Ausdruck einer oberflächlichen Fröhlichkeit, sondern einer abgrundtiefen Heiterkeit ist, die mit der Traurigkeit verschwistert ist. Reichen Trost bietet der Humor, der es ermöglicht, sich aus einer festgefahrenen Situation herauszukatapultieren und sie wie von außen zu sehen. Zwar lässt sich der Humor im eigenen Selbst nicht beliebig herbeiwünschen, aber die Offenheit für den Humor Anderer ist jederzeit möglich.

Alle Kunst und Kultur tröstet damit, Gefühlen Ausdruck zu verleihen, insbesondere jede Art von *Musik*, in der sehr viel Energie spürbar wird: Sie vermittelt einem Menschen Sinn, da er sich in kunstvoll komponierte Zusammenhänge eingebettet fühlen kann, erst recht, wenn er die Musik selbst macht, selbst singt oder ein Instrument spielt. Ein einzelnes Musikstück kann voller Trost sein, etwa das gleichmäßige Dahinplätschern der 24 *Préludes* von Frédéric Chopin, ein Vorspiel für jede Stunde des Tages, Nachklang der wohltemperierten Präludien und Fugen von Johann Sebastian Bach: Im vollen Wohlklang kann die Seele mitschwingen, der Wechsel zwischen Dur und Moll gibt der ganzen Spannweite der Empfindungen eine Sprache. Alle Negativität, die erfahren worden ist, reduziert sich wieder darauf, Element einer Polarität zu sein, die nun mal die Bedingung des Lebens ist. Alles Aufbäumen legt sich, aller Schmerz erscheint aushaltbar unter dem Eindruck dieser Musik, deren genaue Bemessenheit dem aus den Fugen geratenen Leben ein Maß gibt. Nietzsche war sich sicher, dass es keinen Trost gibt außer »in Tönen« (Brief vom 22. Juni 1887 aus Sils-Maria an Heinrich Köselitz).

Mehr braucht ein Mensch eigentlich nicht fürs Leben. Und wenn doch, bietet der *geistige Sinn* Trost, das Denken und Deuten, das wirkliche und mögliche Zusammenhänge zwischen den herumliegenden Scherben des Lebens ausfindig macht, um ein Geschehen erklären und verstehen zu können. Nicht immer ist klar, *warum* etwas geschieht, denn das Geflecht kausaler Zusammenhänge ist kaum je vollständig zu entwirren. Fast immer aber lässt sich klären, *wozu* etwas gut sein kann, denn unabhängig von *wirklichen* können Menschen sich *mögliche* teleologische Zusammenhänge ausdenken, um daraus Kraft zu schöpfen. Trösten kann die Deutung, dass eine Herausforderung zu bestehen ist, dass das eigene Schicksal »für irgendetwas gut sein wird« und wenn schon nicht dem Selbst, so doch Anderen zugutekommt; dass es auch »schlimmer hätte kommen können« und dass grundsätzlich nicht nur positiven, sondern auch negativen Erfahrungen Sinn zukommt.

Zwar liegt nichts näher, als gegen alles *Negative*, Angst, Verrat, Schmerz, Leid, Krankheit, Tod aufzubegehren, aber es lässt sich nicht restlos aus der Welt schaffen, ja, mehr noch: All das *Positive*, Angenehme, Gute und Lustvolle, das allein übrig bliebe, ergäbe wohl selbst ein unerträgliches Leben. Wer das Leben gänzlich schmerzfrei haben will, läuft überdies Gefahr, beim kleinsten Schmerz schon schrecklich zu leiden. Wer aber dem Schmerz einen Platz im Leben zugesteht, macht ihn erträglicher. Und wer schmerzliche Zeiten erlebt, weiß lustvolle erst wirklich zu schätzen.

In Gedanken kann trösten, was in Gefühlen oft Untröstlichkeit verursacht: Dass offenkundig *Polarität* für das Leben grundlegend ist, auch wenn es noch so verschieden interpretiert werden kann, und dass dies deswegen so ist, weil das Leben daraus seine Spannung bezieht. Für das Hin und Her zwischen den Gegensätzen wiederum scheint *Zyklizität* typisch zu sein, ähnlich dem Zyklus der Tages- und Jahreszeiten, und das könnte auch für den fundamentalen Gegensatz von Werden und Vergehen gelten: Alles, was wirklich ist, ist vergänglich, und alles, was lebt, stirbt, während unentwegt neues Leben entsteht. Das Leben und die Welt atmen und pulsieren auf diese Weise im Kleinsten und im Größten. Wer dementgegen auf der *Linearität* des Werdens, des ewig jungen, nie alternden Lebens beharrt, wie es der »absolut modern« gewordene Mensch versucht, kann mit der Vergänglichkeit nicht leben: Sie ruft in ihm nur den Eindruck einer großen Sinnlosigkeit hervor. Bereitwillig mitzufließen im Meer des Lebens und seinen Gezeiten, kann hingegen als große Erfüllung erfahren werden.

Im Geistigen Trost zu finden, fällt leichter mithilfe von *Gedanken, Worten und Sentenzen*, die einem Menschen zur rechten Zeit von irgendwoher zufliegen. Da sie oft genau zur fraglichen Situation passen, führen sie zu der Überzeugung, es müsse ein Sinn darin liegen, ihnen gerade jetzt zu begegnen. Aber im Grunde sind sie immer da, nur die Aufmerksamkeit auf sie ist neu, und was ein Mensch am meisten braucht, das elektrisiert ihn auch am meisten. Tröstende Gedanken sind Büchern zu verdanken: *Lesen tröstet.* Die beschriebenen Wirklichkeiten erlauben die Einordnung eigener Erfahrungen; die erfundenen Möglichkeiten führen vor Augen, dass es noch so viel Anderes gibt. Und *Schreiben tröstet*, in erster Linie das Aufschreiben all dessen, was geschieht, um sich eine bedrückende Wirklichkeit »von der Seele zu schreiben« und mit jeder Äußerung das Innere von einer Last zu befreien. Bei der Suche nach dem angemessenen sprachlichen Ausdruck kommen verborgene Zusammenhänge einer Situation ans Licht, die Wirklichkeit gerät in Bewegung, und neue Möglichkeiten leuchten auf, zumindest solche der Deutung. Mit der geistigen Arbeit, die das Schreiben abverlangt, macht ein Mensch zum Objekt, was ihn bewegt, und er gewinnt wieder die Weite, die er in der Enge der Verzweiflung zu verlieren drohte. Und *Reden tröstet*, denn jedes gesprochene Wort, beinahe egal welchen Inhalts, kann Schmerzen lindern und ein Leiden besänftigen, oft auch das Reden ohne Worte: Reden stellt einen Faden der Verbindung zwischen Menschen her und entreißt sie allein damit schon ihrer Einsamkeit und Verlorenheit.

Sinnerfüllend und voller Trost ist darüber hinaus der gefühlte und gedachte *transzendente Sinn*, der sich aus der Annahme eines Zusammenhangs über die Gegenwart, womöglich über die Endlichkeit des Einzelnen hinaus ergibt, zunächst auf ganz weltliche Weise: Trösten kann nun doch, dass das Leben »weitergeht«, in einer alltäglichen und einer tieferen Bedeutung. Das Leben geht weiter *im Alltag und in den Gewohnheiten*, in denen ein Mensch sich wohnlich einrichtet. Der *Alltag tröstet*, wenn das Leben kaum noch auszuhalten ist, denn durch alle Brüche und Umbrüche hindurch hält er den Zusammenhang der Kontinuität aufrecht und ermöglicht einem Schmerz die Zerstreuung in der Zeit. Als tröstlich und heilsam wird im Alltag die *Arbeit an einer Aufgabe* erfahren, die über das eigene Ich hinausreicht und größer ist als das Unheil, das so leidvoll ist: Ich bin für etwas oder jemanden da, das ist jetzt der Sinn meines Lebens. Gehört es zur Aufgabe, etwas zu ordnen, ist das damit verbunden, sich selbst wieder zu ordnen. Auf jede Weise geht das Leben weiter, auch weiter als bisher, letztlich über das bestehende Leben hinaus, wenn das eigene Leben *in Anderen und anderswo* neu auflebt. Was traurig macht, ist der wirkliche Tod. Was tröstet, ist das mögliche Leben darüber hinaus. Nichts tröstet angesichts des Todes so sehr wie der Anblick der Kinder, die das Leben weitertragen: Im immer neuen Dasein manifestiert sich das Sein, personale Sterblichkeit, ontologische Unsterblichkeit.

Der größtmögliche Trost, der erreichbar ist, wird auf diese Weise erfahrbar, erst recht aber in der Beziehung zu einer *Dimension der Transzendenz*, unabhängig davon, ob sie säkular oder religiös verstanden wird. Menschen können sich im Denken und Deuten zumindest die *Möglichkeit* einer solchen Dimension offenhalten, um sich in äußerster Einsamkeit in »etwas Größerem« geborgen zu fühlen, in einem Allumfassenden, das niemanden allein lässt, da es allgegenwärtig ist. Den übergroßen *metaphysischen Schmerz*, der entsteht, wenn Menschen sich ihrer Sterblichkeit bewusst werden und mit dem Tod konfrontiert sind, kann am besten ein *metaphysischer Trost* auffangen, der nicht »jenseits der Natur« sein muss: Trösten kann das Aufgehobensein in der *Geschichte der Menschheit und der Welt*, die nicht mit dem Einzelnen zu Ende geht; kein Mensch fällt mit seinem Tod aus ihr heraus. Trösten kann die Einbettung der irdischen in die *kosmische Natur*, wie dies der Maler Giovanni Segantini kurz vor seinem Tod 1899 im Bild *La Morte* darstellte (Segantini-Museum, St. Moritz): Rechts am Bildrand ist zu sehen, wie ein toter Mensch aus dem Haus getragen wird, aber der Tod ist nur ein Detail des Lebens in der mächtigen Natur der Berge (hier im Engadin bei Maloja), die ihrerseits nur ein Detail des Planeten verkörpern, der in die übermächtige Natur des Universums eingebettet ist, das im betörenden Sonnenlicht eines Wintertages präsent ist, wenngleich jetzt ein bedrückender Schatten über der Szene liegt. Der kosmische Horizont führt die begrenzte Bedeutung des Irdischen vor Augen und macht eine andere Dimension sichtbar, in deren unendlicher Weite sich alles verliert, was im Leben jetzt schmerzt.

Seit uralten Zeiten haben Menschen im Unendlichen die Freiheit gesucht, die den Blick über die momentane Situation, die gegenwärtige Wirklichkeit, das gesamte Leben hinaus weitet, um einem abgrundtiefen Schmerz zu entfliehen und in einer aussichtslosen Situation neue Perspektiven zu erschließen. Um nichts Anderes geht es auch in den Trostschriften der Philosophie, wenn beispielsweise Seneca im 1. Jahrhundert n. Chr. die ihm nahestehende Marcia tröstet, die ihren Sohn verloren hat: »Von dem Augenblick an, da er zuerst das Licht der Welt erblickte, hat er den Weg des Todes betreten« (*Trostschrift an Marcia*, 21). Aber nur seine äußere Gestalt sei verschwunden, er selbst gehöre nun der Ewigkeit an und erfreue sich eines besseren Zustandes als im ständig bedrohten sterblichen Leben. Alles Menschliche sei kurz und hinfällig und mache nur einen verschwindend geringen Teil der unendlichen Zeit aus, führt Seneca in einer großartigen Kosmologie vor Augen. Im 6. Jahrhundert n. Chr. tröstet der neuplatonische Philosoph Boethius sich selbst, als er, wegen des Verdachts der Teilnahme an einer Verschwörung zum Tode verurteilt, auf seine Hinrichtung wartet. In seiner Schrift *Vom Trost der Philosophie* zeigt er sich von den unantastbaren Eigenschaften der unsterblichen Seele überzeugt, die mit dem Tod in ihre göttliche Heimat und somit zur vollkommenen Glückseligkeit (*beatitudo* im Lateinischen) zurückkehrt. Für sinnlos könne ein Mensch ein Geschehen nur deshalb halten, weil ihm der Einblick in die Gesamtheit der Zusammenhänge der göttlichen Vorsehung fehle, in der alles genau geordnet sei.

Trösten können alle *transzendenten Fähigkeiten*, die der Seele und dem Geist eines Menschen zur Verfügung stehen, denn sie ermöglichen ein Denken, Fühlen und Handeln über die Gegenwart hinaus, und ihre vorsätzliche Kultivierung macht eine energetische Intensität erfahrbar, die aus subjektiver Sicht dem Leben Sinn gibt. Einige dieser Fähigkeiten fanden als *Kardinaltugenden* (*cardo* im Lateinischen für Türangel), also als

438

Dreh- und Angelpunkte des menschlichen Lebens, Eingang in die abendländische Kultur, etwa mit der Trias von Glaube, Liebe, Hoffnung, die seit dem 4. Jahrhundert n. Chr. von christlichen Autoren tradiert wurde, aber nicht allein von ihrer Wertschätzung abhängt.

Jeder Mensch kann sich für den *Glauben* entscheiden, dass ein Leben und Zusammenleben über das menschliche Leben hinaus möglich ist und dass etwas oder jemand in diesem Darüberhinaus dem Ganzen einen Sinn gibt. Auf einer Entscheidung beruht auch die *Liebe* über das eigene Selbst hinaus zu anderen Menschen, zum Leben, zur Welt überhaupt und zu etwas Größerem jenseits aller Endlichkeit und Wirklichkeit: Jede dieser Lieben hält so viel Intensität bereit, dass sich die Frage nach dem Sinn nicht mehr stellt. Und mit seiner *Hoffnung* vertraut ein Mensch darauf, dass es sinnvolle Zusammenhänge gibt und dass etwas, das aus dem Lot geraten ist, wieder gut wird, wenngleich nicht schon jetzt. Ist Leben nicht immer die Hoffnung darauf, dass in einer anderen Zeit noch etwas Anderes wirklich werden wird? »Leben ist Hoffnung« (*Life is a hope*, Oscar Wilde, *Eine Frau ohne Bedeutung*, 1894, Erster Akt). Hoffnung ist immer möglich, beispielsweise die Hoffnung darauf, dass Liebe sich einstellt oder dableibt oder wiederkommt. Die Hoffnung gefährdet die bestehende Wirklichkeit nicht, sie begnügt sich mit der Aussicht auf eine künftige Wirklichkeit und brennt nicht lichterloh für deren Verwirklichung. Der Blick auf andere, bessere Zeiten, Beziehungen und Möglichkeiten hält den ontologischen Horizont offen, ohne einen konkreten Zeithorizont damit zu verbinden.

Anders verhält es sich mit der *Sehnsucht*, die das Spektrum der transzendenten Fähigkeiten erweitert: Dieser unduldsame Impuls ist, anders als die geduldige Hoffnung, nicht willentlich verfügbar: Niemand kann entscheiden, Sehnsucht zu haben, jeder kann ihr jedoch Raum geben, sobald sie sich einstellt. Je unverrückbarer eine Wirklichkeit erscheint, desto heftiger befällt dieses Heimweh nach dem Möglichen einen Menschen und gefährdet das Wirkliche, denn die Sehnsucht bescheidet sich nicht mit dem, was ist: Wer etwa von Sehnsucht nach Liebe umgetrieben wird, kommt nicht mehr zur Ruhe. Und sogar die *Melancholie*, die auf die Erfüllung wie auf die Unerfüllbarkeit einer Sehnsucht folgt, ist eine transzendente Fähigkeit, denn sie bewahrt die Sensibilität für das Mögliche, das schmerzlich abwesend erscheint. Sollten sich aber nirgendwo zwischen endlichem Dasein und unendlicher Seinsfülle sinnvolle Zusammenhänge zeigen, kann gerade das Eingeständnis der Sinnlosigkeit tröstlich sein: Es entlastet davon, unbedingt Sinn finden zu müssen. Transzendente Fähigkeiten sind außerdem *Schlaf und Traum*, die nicht einfach herbeizuführen, aber bewusst wertzuschätzen sind: Heilsam überkommen sie den Menschen und lassen ihn neue Kraft schöpfen. Der Sinn des Traumes liegt dabei weniger in der konkreten Bedeutung, die ihm zugesprochen wird, mehr in den denkbaren und undenkbaren Zusammenhängen, die er durchspielt und von denen einige so faszinierend sind, dass ein Mensch ihnen fortan gerne folgt, andere so erschreckend, dass er ihnen unbedingt zu entkommen sucht.

Den transzendenten Fähigkeiten kann mit *Rauschmitteln* aller Art nachgeholfen werden, die freilich trügerischen Trost vermitteln: Je mehr sie eine schmerzliche Wirklichkeit vergessen machen, desto schmerzlicher ist die Konfrontation mit ihr, sobald der Rausch nachlässt. Die transzendente Fähigkeit der *Phantasie* kommt ohne Rauschmittel aus: Sie bedarf nur einer Anstrengung der Vorstellungskraft und einer Arbeit an der Herstellung des Vorgestellten, wenn daraus Wirklichkeit werden soll. Mehr als je zuvor hat in moderner Zeit die Phantasie zu bewerkstelligen, was in anderen Kulturen Aufgabe der Religion war und ist: Über die bestehende Welt hinaus eine transzendente zu erschließen. Und trösten kann schließlich jede *Begeisterung* für etwas oder jemanden, jeder *enthousiasmos*, den Platon in seinem Dialog *Phaidros* bereits als transzendente Fähigkeit rühmte; ebenso die Bereitschaft, sich anstecken zu lassen von der Begeisterung Anderer. Es kann sich um die Begeisterung für eine individuelle oder gesellschaftliche *Utopie* handeln, mit der Menschen sich über eine betrübliche Gegenwart hinwegtrösten, indem sie eine andere, mögliche Welt ins Auge fassen, die gegenwärtig noch keinen konkreten Ort hat. Trostlos ist lediglich die »Atopie«, da sie keinen Ort, nirgends, niemals für etwas Anderes bereithält.

Transzendenten Trost vermitteln sogar *Rituale*, wie Menschen sie zu allen Zeiten und in allen Kulturen erfunden haben. Sie bieten *Formen* an und schreiben mit festgefügten Abläufen vor, wie ein Mensch sich zu verhalten hat und seine Gefühle zum Ausdruck bringen soll, und gerade dann, wenn er weiß, was zu tun ist, fühlt er sich weniger verloren. Für den sprachlichen Ausdruck offerieren Rituale *Formeln*, beispielsweise Gebetsformeln, die nicht neu erdacht, nur wieder aufgegriffen werden müssen.

In mehrfacher Hinsicht überschreiten Rituale das Leben des Einzelnen: An ihrem Vollzug können viele teilhaben und sich auf diese Weise in einer Gemeinschaft aufgehoben fühlen. Wenn die Formen und Formeln sehr alt sind, stellen sie eine Verbindung zu unvordenklichen Zeiten her, seit denen sie endlos wiederholt werden, und zu fernen, künftigen Zeiten, bis zu denen sie immer weiter wiederholt werden. Indem sie die Gegenwart transzendieren, überbrücken sie die ontologische Lücke zwischen einer Wirklichkeit, die nicht mehr verändert werden kann, und Möglichkeiten, die noch nicht wirklich werden können. Zum Problem wird in moderner Zeit jedoch die Annahme vieler, dass Rituale an einen Glauben gebunden sind, auch wenn das nicht wirklich der Fall ist. Zum Problem wird ebenso die Ablehnung traditioneller Rituale, die nicht neu sind. Da es das Wesen von Ritualen ist, nicht neu zu sein, bleibt als Möglichkeit nur noch, sie neu zu erfinden und bei der zweiten oder dritten Wiederholung bereits von einer alten Tradition zu sprechen, die dann alsbald der Vergessenheit anheimfällt.

Die Vielzahl von Trostmöglichkeiten zeigt: Im Grunde steht jedem Menschen in jeder Situation Trost in reichem Maße zur Verfügung. Die Frage ist nur, ob er das auch so sieht und die Anregungen Anderer dazu aufnimmt. Wenn nicht, kann Trostlosigkeit und Untröstlichkeit die Folge sein. In moderner Zeit scheint diese Erfahrung um sich zu greifen, denn der moderne Traum sieht vor, mithilfe von Erkenntnis, Analyse und Arbeit an Veränderungen jede Situation zu überwinden, die trostbedürftig sein könnte. Dieses Ziel rückt aber nicht näher, und zugleich erschließt sich dem säkularen modernen Menschen der Trost nicht mehr, den eine transzendente Dimension angesichts schmerzlicher Erfahrungen bieten kann.

Um neuen, diesseitigen Trost zu finden, kommt es zur verstärkten Suche nach *Glück*, das mit Vorstellungen befrachtet wird, die dem alten, jenseitigen Heil verdächtig ähnlich sehen. Der moderne Mensch sucht sein Heil im Glück und ist bitter enttäuscht, wenn seine Erwartungen unerfüllt bleiben. Aus Furcht vor Heilserwartungen bestand Sigmund Freud darauf,

»keinen Trost zu bringen« (*Das Unbehagen in der Kultur*, 1930, Schluss), und so hieß die Devise fortan: Therapie statt Trost. Wenn aber die Therapie an Grenzen stößt, ist von Neuem danach zu fragen, worin der Trost denn besteht. Was ist insbesondere mit dem göttlichen Trost gemeint, von dem Meister Eckhardt im *Buch der göttlichen Tröstung* (etwa 1313-1323) einst sprach? Im *Johannes-Evangelium* wird dieser Trost dem Heiligen Geist zugeschrieben, der »in Ewigkeit bei euch bleibt«: Ist Gott auf diese Weise erfahrbar? Aber was ist dieser Gott? Wie konnte sogar Immanuel Kant sich getröstet fühlen von diesem Vers aus Psalm 23: »Der Herr ist mein Hirte, mir wird nichts mangeln«? Ist es ein Trost, sich von einer beherrschenden Macht geführt zu wissen? Was hat die Beziehung zu einer solchen Macht mit Liebe zu tun?

Die mögliche Liebe Gottes und die wirkliche Liebe zu Gott

Immer scheint es Menschen bei einer Religion um eine Beziehung der Zuwendung und Zuneigung zu etwas oder jemandem über sich hinaus zu gehen, das oder der als grundlegend für alles Leben und alle Welt angenommen wird. Sich darauf zurückzubeziehen, sich daran »zurückzubinden« oder, wenn eine einstmals bestehende, aber aufgelöste Verbindung vorausgesetzt wird, sich damit »wiederzuverbinden« (*religare* im Lateinischen), auf das Grundlegende aufmerksam zu sein und die entsprechenden Glaubenssätze und Rituale sorgfältig zu beachten (*relegere* im Lateinischen), gilt traditionell als Religion. Lange in ihrer Geschichte war sie mit äußeren Formen der Tradition und Konvention verschmolzen, bevor sie immer mehr ins Innere des Einzelnen gewandert ist, für den der

443

Glaube an eine Dimension über das eigene Leben hinaus ein Grund sein kann, eine Beziehung dazu einzugehen.

In überlieferten Religionen trägt das Grundlegende den Namen »Gott«, aber das kann ein Verlegenheitsbegriff sein. Eigentlich sollte da kein Name sein, kein Begriff, denn jeder Begriff fasst etwas; ein Etwas namens Gott jedoch, wenn es Sinn hat, ist unfassbar. Niemand weiß wirklich, wer oder was das ist: »Gott hat kein Mensch je gesehen«, heißt es aus guten Gründen im *Neuen Testament* (*Johannes-Evangelium*, 1, 18). »Niemand hat Gott je geschaut« (1. *Johannesbrief*, 4, 12).

Was mit Gott gemeint ist, dürfte in jeder Hinsicht jenseits menschlicher Attribute sein, die ihm trotz allem so gerne nachgesagt werden. Dass er selbst sich für diese Zuschreibungen interessiert, ist kaum vorstellbar, eher interessiert er sich für nichts, denn sich für etwas zu interessieren, ist typisch für endliche Wesen. Alle Wirklichkeit, wie Menschen sie kennen, unterliegt der Endlichkeit, also kann Gott, wenn er unendlich sein soll, nicht wirklich sein, allenfalls kann Wirklichkeit eine seiner Möglichkeiten sein, ein kleiner Teil seines Seins. Wahrscheinlich ist ihm auch keine Geschlechtlichkeit eigen, wie sie für Menschen typisch ist, kein *Er*, kein *Sie*, allenfalls ein *Es*, etwas Unbestimmtes. Und »es« befindet sich wohl jenseits von Kategorien wie Gut und Böse, deren Geltung außerhalb der menschlichen Sphäre kaum vorstellbar ist; jenseits auch von Gerechtigkeit, wenngleich viele mit einer Inbrunst an die Gerechtigkeit Gottes glauben, als könnte diese Dimension ernsthaft nach menschlichen Maßstäben organisiert sein, um irdische Ungerechtigkeiten auszugleichen und im Ganzen und im Detail den Menschen den Weg zu weisen. Womöglich ist Gott noch dazu jenseits von Intelligenz, wie sie Menschen, aber nicht unbedingt dem *Designer* eigen sein kann, der entweder hyperintelligent ist oder ohne jede Intelligenz auskommen muss. Was will Gott? Möglicherweise nichts, denn auch das Wollen ist eher eine menschliche Kategorie.

Jede Definition Gottes bringt das Problem mit sich, etwas festzulegen, von dem zugleich behauptet werden muss, dass es nicht festzulegen ist, und etwas einzugrenzen, von dem Grenzenlosigkeit angenommen werden muss: Problem jeder Theologie, die dogmatisch statt hermeneutisch, also deutend verfährt. »Gottesbeweise« sind in der Geistesgeschichte immer wieder versucht worden, aber jede Beweisführung für die Existenz Gottes ist eine unzulässige Engführung dessen, was bewiesen werden soll. Beweise liefern bestenfalls *Hinweise* darauf, dass die Frage nach einer anderen Dimension des Lebens und der Welt nicht schon mit einem Durchstreichen des Wortes »Gott« beantwortet ist. Gegenbeweise wie beispielsweise die Beobachtung, dass beim Denken an eine solche Dimension einige Hirnregionen aktiver sind als andere (Ulrich Schnabel, *Die Vermessung des Glaubens*, 2010), lassen nicht den Schluss zu, es handle sich um eine bloße Projektion von Neuronen, denn sonst ist alles nur Projektion. Gott könnte auch die große Gleichgültigkeit des unendlichen Raumes sein, dessen Kälte und Leere zu Aussagen anregt, die wärmen sollen, und zu Deutungen anleitet, die Fülle verheißen.

Der menschlichen Fassbarkeit wegen wird das Unfassbare in Geschichten zu fassen versucht, die stets weiter ausgeschmückt werden und von exemplarischen Inkarnationen des Unendlichen im Endlichen erzählen, etwa in der Gestalt eines Moses, Krishna, Buddha, Jesus, Mohammed und aller Heiligen. Die Gründe für diese *Narrativierung und Personalisierung* des Unendlichen sind auf der Seite des Menschen selbst zu finden: Das Denken in Kategorien der Unendlichkeit, die

445

alle Möglichkeiten umfasst, bleibt zu abstrakt, es bietet keinen Anhaltspunkt für eine Beziehung. Geschichten und Bilder hingegen erlauben eine konkrete *Vorstellung* von »ihm« und ermöglichen eine persönliche *Beziehung* zum Unendlichen, das wie ein Mensch angesprochen und geliebt werden kann, selbst auch wie ein Mensch spricht und antwortet und seinerseits liebt. Das ganz Andere, das absolute Darüberhinaus erscheint in der Vorstellung vertraut wie ein jederzeit ansprechbares Gegenüber, zu dem gesagt werden kann: »Meine Zeit ist in deinen Händen« (Psalm 31, 16).

Einer solchen Beziehung wegen versuchen Menschen sich vorzustellen, was unvorstellbar ist, und zu poetisieren, was womöglich sehr prosaisch ist. Den Intellekt spricht vielleicht die Deutung an, dass Gott etwas ist, das alle Einzelphänomene umgreift, das Ganze aller Wirklichkeit und Möglichkeit, ein Name für die Fülle des Sinns, für alle Zusammenhänge, aus denen heraus alles Einzelne für begrenzte Zeit auflebt und nach dieser Zeit zu ihnen zurückkehrt. Das poetische Gefühl aber wird eher berührt, wenn Rainer Maria Rilke in seinem *Herbstgedicht* (*Buch der Bilder*, 1902/1906) von der Erfahrung der Vergänglichkeit und zugleich der Geborgenheit spricht:

Wir alle fallen. Diese Hand da fällt.
Und sieh dir andre an: es ist in allen.

Und doch ist Einer, welcher dieses Fallen
unendlich sanft in seinen Händen hält.

Die Deutungen und ihre Veränderungen durch die Zeiten und Kulturen hindurch sorgen dafür, dass auch Gott eine

Geschichte hat, die geschrieben werden kann, wenngleich sie nicht auf sein Leben in einer einzigen heiligen Schrift beschränkt werden sollte (Jack Miles, *Gott. Eine Biographie*, 1996). Seine Wandelbarkeit ist erstaunlich, signifikant ist in der hinduistischen Kultur seine opulente *Vielheit*, in der jüdischen sein *Zorn*, in der christlichen seine *Güte*, in der islamischen seine *Schönheit*. Es ist müßig zu fragen, welches Gottesbild das richtige ist, eher wäre zu fragen, wie sich die unbegrenzten Ansprüche seines Begriffs, der von Menschen gemacht wird, mit der Begrenztheit menschlicher Wahrnehmung und Erfahrung vertragen: Soll Gott für *Allmächtigkeit* stehen, kann er nichts mit einer begrenzten menschlichen Macht zu tun haben. Soll ihn *Allgegenwärtigkeit* auszeichnen, entzieht er sich jeder begrenzten Gegenwart. Als *Schöpfer* konkurriert er zwangsläufig mit Kosmologie und Evolution.

Möglich wäre jedoch auch eine Deutung, die bei der Beobachtung ansetzt, dass in heiligen Texten auffällig häufig *energetische Bilder* etwa von einer Flamme und *energetische Begriffe* etwa von einer unendlichen Kraft verwendet werden, um das Göttliche oder Gott zu charakterisieren. Das legt die Deutung nahe: *Gott ist Energie*, reine Potenz, unendliche Möglichkeit, aus der heraus alle Wirklichkeit erst entsteht. Energie ist das Eine, das allem zugrundeliegt, dasjenige, was alles erfüllt und in jeder Beharrung, Bewegung, Veränderung und Entwicklung wirksam ist. Auf dieser Basis schwindet die angebliche Unvereinbarkeit von Physik und Metaphysik.

Eine Aussage wie »Gott ist Liebe« (1. *Johannesbrief*, 4, 16) kann dann als ein anthropomorpher Ausdruck für Energie gelten, denn für Menschen ist Liebe das Phänomen, das Energie in besonderem Maße erfahrbar macht. Für die Gesamtheit der Energie kann zutreffen, was von Gott behauptet wird:

Dass bei ihm möglich ist, was bei Menschen unmöglich ist (*Lukas-Evangelium*, 18, 27). So manche theologische Diskussion ist im Lichte dieser Deutung besser zu verstehen, etwa die Diskussion über die »Emanation«, das Hervorgehen oder Herausfließen (*emanere* im Lateinischen) der endlichen und wirklichen Dinge und Wesen, der Welt und des Menschen aus einem göttlichen Ursprung, der hierfür einer Omnipotenz bedarf, wie sie nur dem Gesamtpotenzial der Energie zuzutrauen ist.

Dieser Deutung zufolge liegen *unendliche Möglichkeiten* aller Wirklichkeit zugrunde, die sich wiederum in Möglichkeiten auflöst. Die verschiedensten Kulturen haben das Reich der Möglichkeiten bildhaft als phantastisches Paradies ausgemalt, in dem Schmerz und Leid unbekannt sind, die es tatsächlich nur in einer Wirklichkeit geben kann. Die Vertreibung der Menschen aus dem Paradies lässt sich als Bild für das Aufbrechen der *ontologischen Differenz* zwischen Wirklichkeit und Möglichkeit deuten. Fraglich ist nur, was daran »Schuld« des Menschen sein soll, dem es nie freistand, die ewige Welt der Möglichkeiten zu verlassen und in der Zeit wirklich zu werden, kein Mensch hatte je diese Wahl. Gott hingegen wird vorstellbar als Inbegriff der Unendlichkeit und Möglichkeit eines Seins *jenseits* aller Zeit, auch *diesseits* der Zeit präsent in allem, was war, ist und sein wird. Als Vergangenheit erscheint die Anhäufung der abgelebten Möglichkeiten, als Gegenwart die sehr begrenzte Zahl der jetzt gelebten Möglichkeiten, als Zukunft die Unzahl derer, die noch zu leben bleiben. Das überzeitliche Sein kommt im momentan Seienden zum Vorschein, auch im Dasein eines Menschen mit allen Facetten (dafür steht die Geschichte der Menschwerdung Gottes). Das Sein entfaltet sich auf diese Weise in der Zeit, denn nur zeitlich kann das Mögliche wirklich werden. Die Rede von »Sein und Zeit«, Heideggers Rede, erweist sich so gesehen als Versuch, auf weltliche Weise von Gott zu reden, ohne von ihm zu reden.

Die Lebenskunst im Umgang mit Anderen und der Welt umfasst auch den Umgang mit diesem ganz Anderen, aber auf der Basis einer *Deutung*, die keine Frage der objektiven Wahrheit ist, sondern eine der subjektiven Lebenswahrheit, für die außer individuellen und kulturellen Vorlieben Überlegungen zur *Plausibilität* sprechen können: Müsste es nicht, der Polarität aller Phänomene entsprechend, zum Pol der Endlichkeit und Wirklichkeit einen Gegenpol der Unendlichkeit und Möglichkeit geben? Woraus sollte alle Endlichkeit und Wirklichkeit hervorgehen, wenn nicht aus einer Unendlichkeit und Möglichkeit, in der die gegenwärtige Endlichkeit und Wirklichkeit als ein Punkt enthalten ist?

Nur der Einzelne selbst kann entscheiden, was ihm plausibel erscheint und ob er einer möglichen anderen Dimension Bedeutung für sich und sein Leben zuerkennt. Wenn es ihm aber plausibel erscheint, einen allumfassenden Zusammenhang zwischen Wirklichem und Möglichem, Endlichem und Unendlichem, Einzelnem und All anzunehmen, kann damit der umfassendste *Sinn* begründet werden. Und sollte er daran interessiert sein, dass Andere seine Sichtweise respektieren, dürfte er keiner anderen Sichtweise ihr Recht absprechen: Goldene Regel aller Religiosität und Areligiosität. So wäre die verbreitete *Transzendenz-Ignoranz* aufzufangen, die eine zweifache ist, jeweils an einen bestimmten Glauben gebunden: Die Einen glauben, dass es Transzendenz gibt, von der sie meist sehr genaue Vorstellungen haben, alles Andere ignorieren sie. Die Anderen glauben, dass da nichts ist und sind sich dessen sehr sicher, alles Andere ignorieren auch sie. Über ein Wissen verfügen beide Seiten nicht – und auch sonst niemand. Eine Entscheidung hat dennoch jeder Einzelne für sich zu treffen.

Die Entscheidung für oder gegen die Annahme einer Transzendenz ist eine *intime Frage* des jeweiligen Ich, die das Eigentliche seiner Existenz berührt, intimer noch als andere Fragen: Kann ich mich mit der gegebenen Endlichkeit bescheiden, von der ich glaube, dass sie nicht zu überschreiten ist, oder will ich mich in eine mögliche Unendlichkeit eingebettet glauben, in der auch ein anderes Leben möglich ist? Wenn Letzteres, nehme ich dieses Mögliche in mein Innerstes auf, gebe meinem Glauben also einen Platz in meinem Kern, »im Herzen«, nicht nur in der Peripherie meiner selbst.

Nach außen hin muss nicht definiert werden, welcher Art die Beziehung zu diesem Möglichen ist. Sie kennt ein »unter uns«, wie jede Beziehung, in der Vertraulichkeiten miteinander geteilt werden, die Andere nichts angehen. Wer im Denken und Fühlen diesem Möglichen Wahrheit zuerkennt, muss dies weder sich noch Anderen ständig versichern. Bei ihm selbst brechen ja immer wieder Zweifel auf, er fühlt sich hin- und hergerissen zwischen äußerster Gewissheit und der Unmöglichkeit einer letzten Gewissheit. Das hat er mit denen gemein, die daran glauben, dass an der Stelle des ganz Anderen nichts sei. Auch das könnte ein Grund für die Heftigkeit und Unversöhnlichkeit der Diskussionen zu diesem Thema sein: Es sind Auseinandersetzungen des jeweiligen Menschen mit sich selbst.

Wichtiger als die Wahrheit, die leicht bestritten werden kann, ist ohnehin die *Schönheit*, die nicht begründungspflichtig ist. Was ist in meinen Augen schön? Diesem Bejahenswerten kann ich den Wert abgewinnen, an dem ich meine Haltung orientieren kann. Ich bedarf dafür keines besonderen Bekenntnisses, nur einer individuellen Sichtweise, von der niemand sonst überzeugt werden muss. Nicht zwingend ist die Schönheit auf der Seite Gottes zu finden, auch seine Negation kann schön sein, je nach subjektiver Überzeugung. Sollte es jedoch Gott sein, der als schön erscheint, die Schönheit göttlich, dann deswegen, weil diese andere Dimension bejaht wird, ja, als das Bejahenswerte schlechthin gilt, immer angeleitet von der Frage: Wo ist die größte Intensität? Dort ist Gott. Aber auch das ist eine Deutung.

Für die Lebensführung kann es einen beträchtlichen Unterschied machen, ob eine Beziehung zu diesem absolut Schönen eingegangen werden kann: Wenn ja, steht womöglich mehr Energie für die Lebensbewältigung zur Verfügung, und eine größere *Gelassenheit* ist möglich, da vieles dieser anderen Dimension überantwortet werden kann und nicht alles in einem einzigen Leben realisiert werden muss. Sich in Gedanken und Gefühlen auf etwas oder jemanden zu beziehen, das oder der einen nie verlässt, mag das Selbst auch noch so sehr von aller Welt verlassen sein, lässt alle Bedrückung, Widrigkeit und Ungerechtigkeit nichtig erscheinen; ein ähnlicher Effekt wie bei der Einbettung in bejahenswerte Beziehungen zu anderen Menschen. Aller Ärger kann an diesem Menschen abprallen: »Ärgre dich, o Seele, nicht« (*Bach-Kantate* 186); eine stoische »innere Burg« entsteht auf diese Weise. Da die Antwort auf die Frage nach dem Darüberhinaus nicht gleichgültig für das Leben ist, sind einzelne Menschen, auch ganze Kulturen und spezifische Zeiten in der Geschichte *religiös nervös*, unruhig über die Beziehung zu diesem Bejahenswerten, das dem Leben Orientierung geben kann, unruhig darüber, ob das Leben mit Blick darauf richtig gelebt wird.

Die längste Zeit in der Menschheitsgeschichte war die religiöse Beziehung keine Frage der *Wahl*, sondern eine Vorentscheidung der jeweiligen Kultur. Dass aus ihr in moderner Zeit eine Frage der Wahl wurde, führte zunächst zu einer massenhaften *Abwahl*, einer Freiheit *von* aller Religion. Jede negative Freiheit aber verlangt nach einer positiven Freiheit, einer Form, in der Freiheit lebbar wird. Diese Formgebung ist eine Selbstgesetzgebung, ein Akt der Autonomie des Menschen und kann neben der Freiheit *zu* einem Leben ohne Religion auch als Freiheit *zur* Religion gelebt werden, die das Charakteristikum einer anderen Moderne sein könnte.

Mit einer *aktiven Wahl* entscheidet ein Mensch, ob und welche Beziehung er zu dieser angenommenen anderen Dimension eingeht, ob und wie er sie benennt. Der Einzelne selbst legt fest, ob eine solche Beziehung *existenziell* für ihn ist oder lediglich ein *Surplus*, das auch verzichtbar wäre, oder gar eine *Zumutung*, die vermeidbar ist. Nicht die theoretisch bekundete Beziehung ist dafür entscheidend, sondern die praktisch gelebte, denn nur die Beziehung, die wirklich eingegangen wird, verleiht etwas oder jemandem Bedeutung, das ist nicht anders in der Beziehung zu Gott. Bei aller Vorbereitung durch theoretische Überlegungen kann nur die praktische Einübung in die eine oder andere Variante zeigen, was wirklich lebbar ist.

Und in jedem Fall ist eine *passive Wahl* möglich: Passiv zu bleiben, nichts zu unternehmen, keine Beziehung einzugehen – oder sich wählen zu lassen, sich sogar »auserwählt« zu fühlen von einer transzendenten Dimension, unwichtig, ob sich dies tatsächlich oder nur in der Vorstellung so verhält: Auch eine vorgestellte Beziehung kann im Leben wirksam werden.

Eine Möglichkeit der aktiven oder passiven Wahl ist die Gründung einer *Beziehung der Liebe*, die die Kunst des Liebens noch einmal erweitert und auf dreierlei Weise zustande kommt: 1. Auf anfängliche, *naive Weise*, als kindliche Liebe, die auch über die Kindheit hinaus bewahrt werden kann und in der sich Göttliches und Kosmisches vermengt. Von ihrer großen »Liebe zu den Gestirnen« schreibt etwa Bettine von Arnim: »Was mir Menschen je lehren wollten, das glaubte ich nicht, was mir aber dort oben in nächtlicher Einsamkeit in die Gedanken kommt, das muß ich wohl glauben« (*Die Günderode*, 1840, Ausgabe 1983, 422). 2. Auf plötzliche, *offenbarte Weise*, als Saulus-Paulus-Erfahrung, die danach verlangt, ja geradezu dazu zwingt, den Einfluss einer außermenschlichen Dimension auf das eigene Menschsein anzuerkennen, mit dem überwältigenden Gefühl, dass etwas, das unendlich größer ist als ich, nach mir greift, sodass ich in jedem Sinne »ergriffen« sein kann. 3. Auf allmähliche, *reflektierte Weise*, aufgrund von Überlegungen und Gründen, die plausibel erscheinen und in einer Art von nüchterner Mystik für die Existenz von Transzendenz sprechen, etwa weil Endlichkeit ohne Unendlichkeit nicht denkbar ist und weil die vorgestellte und gefühlte Beziehung zur Transzendenz ganz andere Räume fürs Leben eröffnet.

Wie bei anderen Lieben kommt es den meisten Menschen freilich auch bei dieser darauf an, *geliebt zu werden*. Die Liebe zu Gott kann einseitig sein, aber sie will, wie nahezu jede Liebe, Wechselseitigkeit. Wer Gott liebt, hofft und vertraut darauf, unendliche Liebe zurückzubekommen, um aus diesem Gefühl und Bewusstsein der Liebe heraus leben zu können: Weil da einer ist, der mich großartig findet, sodass ich mich großartig fühlen kann. Da trifft es sich gut, dass die Liebe Gottes ohnehin immer präsent ist, wie dies im Christentum angenommen wird. Wenn ein Mensch das auch so wahrnimmt, wird die Liebe erfahrbar als Aufmerksamkeit, die Gott ihm widmet, sowie als Gefühl und Gedanke, von etwas umfangen zu sein, das unendlich größer ist als das Ich, durch alle Endlichkeit hindurch im Horizont dieser Unendlichkeit zu leben und über alle Begrenztheit des momentanen Lebens hinaus die Fülle eines ewigen Lebens in sich zu spüren. Sich von Gott geliebt zu fühlen, hat zur Folge, von der gedanklichen Vorstellung oder der gefühlten Gewissheit durchdrungen zu sein, dass dieses All, für das Gott steht, mir persönlich zugewandt und zugeneigt ist, denn wie sonst sollte ich inmitten zerbrechlicher Bedingungen und unwahrscheinlicher Zufälle, denen die menschliche Existenz ausgesetzt ist, existieren können?

Die so vorgestellte *Liebe Gottes* könnte eine poetische Beschreibung dessen sein, was in der Prosa der Wirklichkeit tatsächlich geschieht: Unentwegt umflutet zu sein von Energie, sodass es nur darauf ankommt, sich ihr zu öffnen. Von Gott geliebt zu sein, heißt ins Weltliche übersetzt: Menschen können sich getragen fühlen von der Energie, die ihrem Leben zugrundeliegt und nie versiegt, sodass sie ihnen als göttliches Wesen erscheint. Der Mensch, der sich als Geschöpf Gottes versteht, hat Zugang zu dieser unerschöpflichen Quelle, aus der sich seine Lebenskraft und Liebesfähigkeit speist. »In Gott zu leben« heißt dann, verkürzt gesagt: Erfüllt zu sein von dieser Energie, ihr in sich Raum zu geben, ihre Unendlichkeit zu denken und zu fühlen, sie im Reichtum der Sinnlichkeit, in seelischer Weite und geistiger Offenheit zu erfahren. In der vierfachen Liebe zu Gott, zu sich selbst, zu Anderen und zur Welt kommt ein Mensch vollständig zu sich und erfüllt den Sinn seines gesamten Seins.

Die Voraussetzung dafür, geliebt zu werden, ist jedoch die Bereitschaft, selbst zu lieben, hier also sich Gott und allen aus göttlicher Energie heraus existierenden Geschöpfen und Dingen zuzuwenden. Mit der *Liebe zu Gott* öffnet sich der endliche Mensch für das Unendliche und erschließt sich damit ein unabsehbares Potenzial des Lebens. Auch die Liebe zu Gott bedarf zu ihrer Pflege allerdings einiger Rituale im Alltag. Ein solches Ritual ist beispielsweise das *Gebet*, im weltlichen Sinne die *Meditation*; in jedem Fall geht es um eine *Vergegenwärtigung des Unendlichen im Endlichen.*

Es ist kein Zufall, dass dabei meist, wie bei einem Kuss und einem Akt der körperlichen Vereinigung, die Augen geschlossen werden: Wenn die sichtbare Wirklichkeit verschwindet, die die gewöhnliche Wahrnehmung beherrscht, scheint vor dem inneren Auge das Reich der Möglichkeiten auf. Und wenn es gelingen sollte, sich dieser anderen Dimension unentwegt bewusst zu sein, wird es möglich, das Leben als »immerwährendes Gebet« zu verstehen. Die anhaltende Pflege der Beziehung führt zur Herstellung einer starken Bindung, einer innigen Beziehung, eines festen Zusammenhangs, und auch dieser Zusammenhang stiftet *Sinn*, so viel Sinn, dass das gesamte Leben mit all seinen schwierigen und problematischen Seiten mühelos damit gelebt werden kann.

Von welcher Bedeutung das ist, wird deutlich, wenn ein Mensch die Beziehung verliert, auf die er gesetzt hat: Die *Sinnlosigkeit*, die er empfindet, macht die negativen Seiten des Lebens unerträglich. Kann er aber die Beziehung bewahren, ist die *Sinnfülle* so groß, dass er dazu imstande ist, alles Mögliche zu tun: Großartiger und zugleich gefährlicher Wesenszug der religiösen Beziehung. Sie befähigt zu jeder Hingabe, auch zu jeder Hinnahme, denn alles, was geschieht, kann durchweg als von Gott kommend akzeptiert werden und ist keiner weiteren Erklärung bedürftig. Aus der Missbrauchbarkeit resultiert die Notwendigkeit, diese Liebe im Maß zu halten und nicht zur blinden Leidenschaft werden zu lassen: Zu oft haben Menschen biographisch und historisch gezeigt, dass sie im Eifer dieser Liebe alle Moral vergessen können. Gerade diejenigen, die die Liebe zu Gott predigen, sind in Gefahr, missliebigen Anderen jedes Lebensrecht abzusprechen. Um nicht im Überschwang unendlicher Energien zur Verachtung der Endlichkeit des eigenen Selbst und Anderer zu neigen, ist eine *kritische Ergänzung* der religiösen Beziehung sinnvoll, eine immer neue Reflexion und Selbstreflexion im Gespräch mit sich und Anderen, ob der eingeschlagene Weg der richtige ist.

Dann aber tut sich die Option auf, pathetisch formuliert, *ein Leben im Angesicht Gottes zu führen.* Das eigene endliche Leben von diesem Unendlichen überwölbt zu sehen, kann heißen, »sein Auge« auf sich ruhen zu fühlen, wohlgefällig oder missbilligend, und daraus Orientierung fürs Leben zu beziehen. In lebenspraktischen wie in moralischen Fragen ist dann zu erspüren, was getan und gelassen werden soll: Welches Verhalten ist richtig und sogar geboten, welches hat über die eigene Endlichkeit hinaus Bestand, welches nicht?

Welche Bedeutung dieser Blick hat, zeigt sich ausgerechnet in der modernen Zeit, in der viele Menschen ihn nicht mehr für wahr halten können, sodass mit technischer Hilfe Ersatz dafür geschaffen werden muss: An allen möglichen und unmöglichen Orten sollen die Augen einer Videoüberwachung die Verbesserung der öffentlichen Moral sicherstellen. Ein humanerer Ersatz für den Blick Gottes ist der prüfende, wohlwollende oder skeptische Blick des Anderen in einer Beziehung der Liebe, der Freundschaft und der Kollegialität: Auch er kann das eigene Tun und Lassen in Frage stellen und dabei dennoch ein Gefühl der Geborgenheit vermitteln. Ein Ende der Beziehung kann jedoch dazu führen, mit der Abwesenheit dieses Blicks in die völlige Ungeborgenheit zu fallen, statt sich wie beim Blick Gottes sagen zu können, dass der Andere dennoch immer »da ist«, auch wenn er zeitweilig verloren zu sein scheint.

Die Zuwendung und Zuneigung zu Gott muss dabei nicht zwangsläufig eine Beziehung der Liebe im leidenschaftlichen Sinne sein, die immer mit der Wankelmütigkeit der Gefühle zu kämpfen hat. Manche Menschen bevorzugen eher eine *Beziehung der Freundschaft*, die im Unterschied zur intimen Nähe der Liebe mehr Distanz wahren kann, auch skeptische Distanz, sodass ein größerer Freiraum entsteht. Eine Freundschaft könnte der Beziehung zwischen Mensch und Gott sogar angemessener sein als die Liebe, die ihm zu nahe kommt. Der Freund erkennt den Anderen in seiner Andersheit an und umklammert ihn nicht, bis sich das wirkliche oder vorgestellte Einssein mit ihm noch zur Auflehnung gegen ihn verkehrt. Den Gedanken, die Beziehung zwischen Mensch und Gott könnte eine »göttliche Freundschaft« sein, hat bereits Thomas von Aquin gedacht (*divina amicitia, Summa theologiae*, II, 24, 12), schließlich habe der Gottessohn Jesus seine Jünger »Freunde« genannt (*philoi; Johannes-Evangelium*, 15, 14). Ohnehin sei es, wie Thomas meint, »unmöglich, unaufhörlich an Gott zu denken und von der Zuwendung zu ihm bewegt zu werden«. Könnte es sein, dass Gott seinerseits Wert darauf legt, nicht unentwegt für eine »Einheit« bereit sein zu müssen, die ihn über Gebühr beansprucht? Auch ein Gott bedarf der Schonung.

Ein Problem der Freundschaft ist lediglich, dass sie sich nicht gut mit der theologischen Auffassung verträgt, der Mensch solle Gott gehorchen und sich ihm unterwerfen. Und kann es bei der extremen Ungleichheit zwischen einem endlichen und unendlichen Wesen wirklich Wechselseitigkeit geben, wie sie zur Freundschaft gehört? Bleibt als weitere bejahende Möglichkeit noch die *kooperative Beziehung* zu Gott: Ihn zu mögen, ihm wohlgesonnen zu sein und sich dies auch von ihm zu erhoffen; sich im Gebet an ihn zu wenden in der Hoffnung, von ihm erhört zu werden, wenn aber nicht, dann eben nicht, nicht alles hängt allein davon ab.

Vielen modernen Menschen scheint das gleichwohl keine gute Geschäftsgrundlage zu sein, allenfalls lassen sie sich, analog zu ihren irdischen Beziehungen, auf eine *funktionale Beziehung* ein: Gott hat »einen Job zu machen«, vor allem gerecht hat er zu sein, um der Arbeitsplatzbeschreibung der zuständigen Experten zu entsprechen, und sollte er den Forderungen nicht genügen, steht ihm eine Kündigung ins Haus. Geehrt fühlt Gott sich da wohl eher von einer *agonalen Beziehung*, einer kämpferischen Auseinandersetzung mit ihm, gerade nicht einer fraglosen Unterordnung unter ihn; schon der Kampf Jakobs im Alten Testament (*Genesis* 32, 23-32) liefert ein Beispiel dafür. In moderner Zeit aber wird Gott oft nicht einmal mehr einer Auseinandersetzung für wert befunden: Dann ist die Beziehung zu ihm eine *ausschließende*, explizit im Falle des Atheismus, implizit im Falle der Ignoranz.

Ist darüber hinaus auch eine *virtuelle* Gottesbeziehung möglich? Zumindest lässt sich eine Applikation (*App*) im Smartphone installieren, *iTalk to God*, in der Hoffnung auf göttliche Eingebungen in schwierigen Angelegenheiten: »Meine Frau hat mich missachtet, was soll ich tun?« Die Antwort kommt prompt: »Vermutlich hattest du mal wieder nur Sex im Sinn. Mehr Enthaltsamkeit gibt deiner Frau weniger Gelegenheit zur Missachtung. Vielleicht hast du zuallererst deine Frau missachtet. Du siehst den Splitter in ihrem Auge, den Balken im eigenen Auge siehst du nicht.« War das jetzt meine eigene

Stimme? Oder doch die Stimme aus dem Jenseits? Das lässt sich in der virtuellen Welt nicht immer zuverlässig sagen. Aber auch in der realen Welt wirft die Beziehung zu Gott noch einige Fragen auf, gerade dann, wenn es Liebe ist. Es gibt sehr gegensätzliche Modelle dafür, wie sie gelebt werden kann.

Leidenschaft und Alltag der Gottesliebe: Aurelius und Isidor

»Was also liebe ich, wenn ich meinen Gott liebe?« Der Fragesteller nimmt die Antwort mit seiner Frage teilweise schon vorweg: Er denkt an ein *Was*, wenngleich er sich von der Vorstellung einer Person nicht gänzlich lösen kann, denn schon im nächsten Satz fragt er danach, *wer Er* denn sei. Auf die Depersonalisierung des Objekts der Liebe antwortet eine neuerliche Personalisierung, und dieses Was oder Wer ist für das *Ich* so bedeutsam, dass die Beziehung zu ihm geradewegs zu einer umstandslosen Aneignung führt: Es ist *mein Gott (deus meus)*. Dieses persönliche, possessive Verhältnis durchzieht wie ein roter Faden die *Bekenntnisse (Confessiones)*, in denen Aurelius Augustinus sein Zwiegespräch mit dieser anderen Dimension führt, die er Gott nennt. Verteilt auf 13 Bücher spricht er, oft in der Form eines Gebets, als Ich mit dem Du, das »sein Gott« ist. Und auch Gott selbst spricht, nämlich in der Form von Zitaten aus dem *Alten* und *Neuen Testament*, aber von Anfang an wird deutlich, dass es sich nicht um einen abgrenzbaren und bestimmbaren Gott handelt, sondern um etwas ungeheuer Großes, Unfassbares. In endlosen Kaskaden von Worten, Sätzen und Zitaten scheint der Autor die Unendlichkeit Gottes sprachlich darstellen zu wollen. Seine Besorgnis gilt dabei durchgängig dem Ort, den er für diese Dimension im eigenen Ich bereithalten kann, denn was wäre dafür geräumig genug, was wäre letztlich von unendlicher Weite im eigenen Ich? »Und welches ist der Ort in mir, wohin er kommen soll, mein Gott?« (I, 2)

Danach fragte Augustinus nicht von Anfang an. Seine Bekenntnisse zeichnen die Um- und Abwege nach, auf denen er zum christlichen Kirchenvater wurde, der tausend Jahre später für den Augustinermönch Martin Luther in Erfurt noch Bedeutung hatte. 354 n. Chr. in der nordafrikanischen Stadt Tagaste (Souk Ahras im späteren Algerien) geboren, führt ihn sein weltlicher Weg als Rhetoriker über Karthago und Rom nach Mailand. Er ist ein sinnenfroher Mensch mit wechselnden Gefährtinnen; mit der Frau, mit der er einen Sohn hat, verbindet ihn lediglich ein »Abkommen zu geschlechtlicher Liebe« (*pactum libidinosi amoris*, IV, 2). Als der Tod eines engen Freundes ihn, der den heilsamen Horizont der Unendlichkeit nicht kennt, mit der unheilvollen Trostlosigkeit der Endlichkeit konfrontiert, orientiert er sich von Grund auf neu.

Er, der immer danach suchte, »das Lieben liebend« (*amans amare*, III, 1), was er denn lieben könnte, findet im Laufe einer philosophischen Neubesinnung in der Hinwendung zum christlichen Gott das wahre, geistige Glück, das er umgehend in der Schrift *Vom glücklichen Leben* (*De vita beata*) beschreibt. Die neue Liebe erlöst ihn von der vorherigen, er fühlt sich befreit von »der Fessel des Verlangens nach dem Beischlaf« (VIII, 6, 13). Warum ist der Beischlaf ein so großes Problem für ihn? Weil ihn die Faszination der Sinnlichkeit dazu drängt, am Leben zu hängen, das aber vergänglich ist. Nach seiner Konversion kehrt er zurück nach Tagaste, bevor er in der Küstenstadt Hippo ein Kloster begründet, zum Bischof geweiht wird und schließlich 430 während einer Belagerung durch die Vandalen stirbt.

460

Ein großer Liebender war Augustinus im Laufe seines Lebens in jeder Hinsicht, eine anders große Liebende schrieb darüber (Hannah Arendt, *Der Liebesbegriff bei Augustin*, 1929). Für seine Liebe zu Gott aber lässt er jede sonstige Bindung und Beziehung der Liebe hinter sich: »Weniger liebt Dich, wer neben Dir etwas anderes liebt, was er nicht Deinetwegen liebt«, schreibt er im grundlegenden 10. Buch der *Bekenntnisse*. Auch die Liebe zu sich selbst (*amor sui*), die doch die Grundlage für die Nächstenliebe sein müsste, hält er für verhängnisvoll, eigentlich soll da nur die Liebe zu Gott (*amor dei*) sein.

Aber nur theoretisch erscheint ihm das Ich nachrangig, praktisch ist endlos vom *ego* die Rede, er weiß das: »Diese Liebe ist noch meine Versuchung.« Die *Bekenntnisse* sind eine einzige Orgie des Ich, das aus sich heraus und über sich hinaus will, nicht etwa hin zu einem anderen Menschen, sondern zu jenem ganz Anderen namens Gott: Im Zentrum steht allein das Ich mit seiner Gottesliebe, fast muss von einer egoistischen Gottesbeziehung die Rede sein. Das Ich blüht auf in der Beziehung zu diesem Du, die Sprache legt Zeugnis davon ab und zeigt, wie Selbstbeziehung und Gottesbeziehung sich parallel entfalten können. Augustinus hofft, mit der Liebe zu Gott die Schwäche seines Ich durch eine neue Zufuhr von Kräften heilen zu können, und dieses *Heil* besteht darin, nicht mehr in sich selbst zerstritten zu sein. Mit Blick auf Gott verspürt das Ich in sich einen neuen starken Zusammenhang, somit *Sinn*, mit dessen Hilfe ein wohlgebautes Ich zustande kommt. Das Ich verdankt Gott seine innere Integration, nachdem es die größte innere Zerrissenheit durchlebt hat: Gott markiert »den Ort der Sammlung für alles in mir Verstreute«. Im Angesicht Gottes wird Augustinus erst zum Individuum, und dass er den Mut hat, dies so darzustellen, wo doch das Individuum gewöhnlich zugunsten der Institution der Kirche zurückzustehen hatte, wirkte lange nach und gewann kulturbildende Kraft.

Und was liebt Augustinus an seinem Gott? Den Inbegriff der Schönheit (*pulchritudo*). Für ihn ist Gott jenseits aller Endlichkeit das absolut Bejahenswerte, an dem alle endlichen Wesen und Dinge teilhaben. Er ist das Innerliche, Antreibende, Lebenmachende, das »Leben des Lebens« (*vitae vita*). Wie sehr das von Platons *Symposion* beeinflusst ist, wird allein schon daran deutlich, dass er »Stufe um Stufe« (VII, 17, 23) zu dieser Anschauung emporsteigt. Gott ist jedenfalls ein Ausdruck für das, was er absolut bejahen kann, und das glückliche Leben besteht darin, sich an dieser Schönheit zu erfreuen und mit dem Blick auf sie neu aufzuleben. »Du hast mich berührt«, sagt Augustinus im 10. Buch, und es ist diese Berührung, die ihn »entflammt«, Metapher für ein Maß an Energie, das die irdische Gestalt in eine andere Daseinsform zu transformieren vermag. Oder ist es Augustinus, der mit seiner Berührung Gott entzündet, zumindest ein Bild Gottes, eine Vorstellung von ihm entstehen lässt? Das bleibt hier so offen wie Jahrhunderte später bei Michelangelo, der in der Sixtinischen Kapelle die wechselseitige Berührung von Mensch und Gott malt.

Alle Vorstellungen von Gott, die Menschen sich machen, und alle Aussagen über ihn zeigen eines: Gott ist *auch* ein Kunstwerk, an dem Menschen mit enormer Energie arbeiten. Mit der Arbeit an diesem Werk wird das arbeitende Ich, wie bei anderen Werken, selbst bearbeitet, *fabricando fabricamur*, wie dies im Lateinischen heißt. Das Subjekt braucht ein Objekt, mit dessen Gestaltung es sich selbst gestaltet, und das geschieht beim *produktiven*, herstellenden Akt der Gestaltung ebenso wie beim *rezeptiven*, aufnehmenden.

Den Ort in sich, den Gott bewohnen kann, findet Augustinus schließlich in der aufnahmebereiten Weite seines Geistes, insbesondere im »ungeheuren Raum des Gedächtnisses«, dessen genauer Beschreibung er viele Seiten widmet. Es ist aber nicht nur das Erinnern-, sondern auch das Vorstellenkönnen, das dem menschlichen Geist erlaubt, sich als Teil der ungeheuren göttlichen Schöpfung zu begreifen. Vielleicht markiert dies den entscheidenden Unterschied, der auf lange Sicht zur Entwicklung der abendländischen Kultur beigetragen hat: Dass die schöpferischen Kräfte des Individuums freigesetzt worden sind von der persönlichen Beziehung zu Gott, von dem es sich geliebt wusste und durch den ihm eine Fülle von Sinn zuteilwurde. Das selbstbewusste Ich der Renaissance ist ohne diese Vorarbeit nicht denkbar, erst recht nicht das stolze moderne Ich. Bis sich dieses Ich im Fortgang der Geschichte immer mehr von Gott befreit und mit der Befreiung von vielen weiteren Bindungen wieder in der Sinnlosigkeit versinkt.

Für eine neuerliche Sinngebung könnte es von Interesse sein, neben der Gründung und Bewahrung vieler anderer Bindungen und Beziehungen auch mit der Beziehung zu einer transzendenten Dimension einen neuen Anfang zu machen. Das von Transzendenz inspirierte Leben hat freilich mit einem Problem zu kämpfen, das schon Augustinus wohlbekannt war: Dass der Liebende immer dann, wenn die Gottesliebe ihm einen »ungewöhnlichen Zustand unsäglichen Glücks« beschert hat, wieder zurückfällt ins alte Leben, »der Alltag schlingt mich wieder ein und nimmt mich wieder fest in seine Bande« (X, 40), ähnlich wie bei der irdischen Liebe.

Jede *Entweltlichung* zieht eine umso härtere Konfrontation mit der Weltlichkeit nach sich. Augustinus ist sich darüber im Klaren, dass die ontologische Differenz zwischen dem unsterblichen Gott in seiner anderen Dimension und dem sterblichen Ich in seinem alltäglichen Leben, zwischen unendlicher Energie und endlicher Form, allenfalls zeitweilig zu überwinden ist. Dass sich die Differenz so hartnäckig hält, ist in seiner Sicht vom Ich allein zu verantworten. Fühlt es sich nach der Ekstase wieder zurückgeworfen auf sich selbst, hat es alle Schuld dafür bei sich zu suchen. Das ist für ihn der Grund der so genannten Sünde, der Loslösung des Menschen von Gott, mit der ein Mensch das Eigentliche verfehlt und eingeschlossen bleibt in Endlichkeit, Engstirnigkeit, Kleinmütigkeit, Ich-fixiertheit.

Für sein eigenes Leben beharrt Augustinus etwas penetrant darauf, unablässig gesündigt zu haben, schon ein kindlicher Birnendiebstahl ähnelt auffällig der Entwendung der Äpfel vom paradiesischen Baum durch die ersten Menschen, die die Sünde angeblich weitervererbten. Mit seiner Erbsündenlehre geht er von einer *ontologischen Schuld* aus, die dem *Dasein* des Menschen innewohnt, der sich willentlich vom *Sein* löst. Die weitere Voraussetzung, dass der Mensch selbst daran nichts ändern kann, zwingt den Gedanken der »Gnade« (*gratia*) herbei, in der die göttliche Aufhebung der Differenz, die Vergebung der so genannten Schuld, wirksam wird. Der Schwache kommt dadurch wieder zu Kräften, denn er schöpft nun aus einer Energie, die unerschöpflich ist. Die Gnade ist das Element, in der die Liebe Gottes für den Menschen fühlbar wird, der Lohn der unbedingten Liebe des Menschen zu Gott, von Johann Sebastian Bach in der Kantate 113 besungen: »Süßes Wort voll Trost und Leben!«

Es kommt Augustinus nicht in den Sinn, dass von einer Erbsünde in Wahrheit keine Rede sein kann, allenfalls von einem Erbproblem, und dass er mit seiner *Deutung* die Moralisierung eines moralfreien ontologischen Geschehens betreibt: Dass mit jeder Geburt eines Menschen von Neuem die ontologische Differenz zwischen Sein und Dasein aufbricht, zu überwinden nur hier und da durch Kontemplation, durch das Einssein mit Anderen und letztlich den Tod. Die Heilung der Wunde Endlichkeit, die ein Leben lang schmerzen kann, geschieht durch die Einbettung in eine Unendlichkeit, für die ein Mensch keiner Dogmatik bedarf. Die braucht nur eine Institution, um divergierende Interessen zusammenzuhalten.

Auf die Gottesliebe des Augustinus fällt ein erdumspannender Glanz durch die Jahrhunderte hindurch, in denen Menschen sich von dieser beredten Liebe angesprochen fühlten. Von Interesse für den Lebensvollzug ist jedoch der weniger glanzvolle *Alltag der Gottesliebe*, da auch ein religiöses Leben nicht in jedem Moment von metaphysischem Licht erleuchtet wird. Augustinus sorgt sich um das ewige Heil seiner Seele, aber eine gute Seelsorge entscheidet sich im alltäglichen Daseinkönnen für sich selbst und Andere. In der Praxis der Pastoraltheologie steht das religiöse Leben gerade in diesen Zeiten in Frage, um die sich die Theorien der Fundamentaltheologie wenig bekümmern. Eine pragmatische, alltäglich lebbare Gottesliebe ist mit der Begrenztheit der Endlichkeit und Wirklichkeit konfrontiert, in der der unbegrenzte Horizont der Unendlichkeit und Möglichkeit nicht immer präsent sein kann. Das erfährt beispielsweise Isidor, kein gefeierter Kirchenvater auf den Höhen der Weltliteratur, sondern ein vergessener Gemeindepfarrer im tiefsten Bayerischen Wald.

In ihrem Roman *Gottesdiener* (2004) erzählt Petra Morsbach von ihm; einige reale Personen haben, wie sie im Gespräch verrät, in diese fiktive Gestalt Eingang gefunden. Isidor von Bodering lebt die gleiche Religion anders als Aurelius von Hippo, der zu den Heiligen gehörte, die er bei seiner Priesterweihe betend anrief. Anders als Augustinus verachtet er den Alltag des religiösen Lebens nicht und ist trotz aller Widrigkeiten damit einverstanden, Menschenversteher, Moralprediger, Seelentröster, Coach, Mediator, Supervisor, Organisator, Stratege, Gemeinde- und Kirchenpolitiker in einem sein zu müssen, auch wenn ihm das gelegentlich zu viel wird.

Mit der Polarität des Lebens ist er bestens vertraut, neben den hellen kennt er dessen dunkle Seiten zur Genüge und verwirft sie dennoch nicht. Die Sündenlehre seiner Kirche erscheint ihm reichlich fragwürdig. Nie urteilt er über jemanden moralisch, niemand ist »verflucht«. Nichts Menschliches ist ihm fremd, ihn beflügelt ganz im Gegenteil eine übergroße Neugierde und Offenheit dafür, denn jedes Mal ist es ihm, »als öffne sich eine Tür in eine neue Welt«. Untrennbar ist seine Liebe zu Gott mit der zu Menschen verknüpft, die doch alle Gottes Geschöpfe sind, an denen er nichts Verwerfliches erkennen kann, nur Bedauernswertes. In seiner ganzen widersprüchlichen Fülle erscheint ihm das Menschsein selbst sogar göttlich.

Sozusagen stellvertretend für Gott liebt Isidor die Menschen, manchmal aber auch nicht, und das nimmt er sich nicht übel, denn er ist nun mal nicht Gott. Die besonders Aufrechten im Glauben erscheinen ihm oft suspekter als die, die an nichts glauben. Und sollten bigotte Gläubige ihn verdrießen, Versagensängste ihn plagen oder Zweifel am Glauben, Überdruss am Amt, Schwierigkeiten mit dem Neinsagen, mit dem Zölibat, mit der anwesenden Haushälterin, mit der abwesenden Haushälterin, dann trinkt er zuweilen ein Glas zu viel. Jahrelang macht er das, bevor er sich besinnt und sich doch lieber wieder den Schicksalen widmet, angesichts derer es nicht weiter verwunderlich wäre, wenn er in Depressionen versinken würde. Aber er verweigert sich der Niedergedrücktheit und pflegt vorsätzlich die Heiterkeit, macht an manchen Abenden eine gute Flasche Wein auf und isst bei Kerzenlicht ein wenig Käse dazu. Die Zuwendung zu sich selbst erlaubt ihm wieder die aufrichtige Zuwendung zu Anderen und zu Gott. Begeistert kann er am Sonntag das Lob Gottes singen.

Der Alltag ist sein Ankerpunkt. Keine Revolution wird jemals etwas daran ändern, dass das Leben vom Alltag regiert wird, in dem sich jede Aufwallung wieder zerstreut. Wer revolutionär gesinnt ist, sieht im Alltag einen Verräter und träumt lieber von einem anderen Leben, das ein einziger Ausbund an Intensität ist. Aber das Problem ist nicht der Alltag, sondern die Weigerung, ihn anzuerkennen, geschweige denn zu lieben. Jede Liebe verleiht Kraft, auch diese, bei ihrem Ausbleiben aber entsteht eine innere Leere, die den Alltag mühselig erscheinen lässt und zu einem Gefängnis macht, aus dem es kein Entrinnen gibt. Diejenigen hingegen, die dem Alltag nicht gram sind, sich vielmehr bereitwillig in ihn einfügen, erfreuen sich an den zahllosen göttlichen Momenten, die er bereithält und die wirklich zum Brüllen sind: Im bewegten Leben Isidors ist daran kein Mangel. Zu seinem Alltag gehört auch die Seelsorge im Krankenhaus, bei der er Menschen begegnet, die so aufgewühlt und einsam sind, dass sie gerne über ihr Leben reden. Er ist ihnen behilflich, sich wiederzufinden, wenn sie durcheinandergeraten sind. Er ist ihr Gesprächspartner bei ihrem Nachdenken über ein »richtiges Leben«, wenn sie das Gefühl haben, ein »falsches« zu führen, aber er belehrt sie nicht, schon weil sie letztlich sowieso machen, was sie wollen.

Ihm hilft eine gewisse Systematik, mit der er an alles herangeht: Er legt sich »Konzepte« zurecht, die Zusammenhänge und somit Sinn erkennen lassen, und was sinnvoll erscheint, gewährt Glück: »Ohne Sinn kein Glück« (296). Er findet und erfindet Kunstgriffe, um die Situationen zu bewältigen, in die ihn das Leben unvermutet versetzt. Beispielsweise gewinnt er Kraft daraus, dass er sich manchmal willentlich dem Negativen aussetzt: »Er konfrontierte sich so hart mit seiner Unfähigkeit, bis er sich auf seine Fähigkeiten besann.« Als er noch weitere Gemeinden mitbetreuen muss und ungehalten darüber ist, ständig unterwegs sein zu müssen, beschließt er kurzerhand, »seine Einstellung zu ändern, wenn er schon seine Lage nicht ändern konnte«. Die lästigen Fahrten sieht er fortan als willkommene Gelegenheit zur Meditation, um über das Leben nachzudenken, über »die vielen unbegreiflichen Dinge«, die sich vor seinen Augen abspielen, die Komödien und Tragödien, Kuriositäten und Absurditäten.

Er hat mit den Heranwachsenden in den Schulen zu tun, die sich kindisch gebärden, und er besucht die Menschen im Altersheim, die wieder kindisch werden. In der Beichtstunde erlebt er, wie manche sich um jeden Preis schuldig fühlen wollen an allem, Andere an nichts. Auf dem Totenbett sind manche mit ihrem Schicksal einverstanden, Andere weinen, klagen und schreien. Der Eine tut sich schwer mit dem Sterben, weil er meint, zu viel Unkeusches getan zu haben, der Andere, weil es ihn reut, zu viel davon ausgelassen zu haben. Nicht allen begegnet er mit der gebotenen christlichen Liebe: Als sich am Totenbett eines Familienoberhaupts die Hinterbliebenen heillos zu zerstreiten beginnen, »dachte er an sein Wiener Schnitzel und hasste sie alle von Herzen« (81).

Isidor liebt es, dieses Leben mit den bescheidenen Mitteln zu leben, die ihm zur Verfügung stehen. Er hat kein Problem damit, kein großer Geist zu sein, des Öfteren begeistert es ihn geradezu. Er hält es für erstrebenswert, zum Lebensphilosophen zu werden, und er widmet sich diesem »philosophischen Privatprojekt«. Die menschlichen Angelegenheiten sind vertrackt, und in seinen Augen ist es »gut, sich da rauszuhalten«. Kompliziert werden sie meist durch die Liebe und ihre Folgen. Die Liebe verleiht Flügel, stürzt Menschen jedoch auch in ungeahnte Abgründe. Alle wollen geliebt werden und glücklich sein, aber nicht alle wollen etwas dafür tun. Vielen Menschen, sowohl Männern als auch Frauen, geht es im Leben nur um »das Eine«, und wenn sie es finden, ist die Beziehung oft keine offizielle, was wiederum die Frage, »wer mit wem«, zum Gesprächsthema schlechthin macht. Isidor beobachtet das Entstehen der Liebe zwischen zweien, ihr Aufblühen, aber auch ihr Dahinwelken. Er kennt ihr Erscheinungsbild in den Familien, ihre liebevolle Pflege, aber auch ihr Aussetzen und ihren Umschlag ins Gegenteil zwischen Eltern, Kindern, Geschwistern und Großeltern: »Um Gottes willen, was tun die Menschen einander an?«

Dass Isidor selbst wenig Probleme mit der Ehelosigkeit hat, die seine Kirche ihm abverlangt, liegt daran, dass er sie als Schutz empfindet: Sie bewahrt ihn davor, den Hitzewallungen verschiedenster Art, die er an Anderen wahrnimmt, zu sehr ausgeliefert zu sein. Nicht dass er nicht auch selbst Anfechtungen erleben würde; er könnte sich zum Beispiel vorstellen, eine Frau in seine Arme zu schließen, »falls sie stolpert auf einem glitschigen Weg«. Aber die gelegentlichen »Erwärmungen«, die er an sich selbst bemerkt, behandelt er ähnlich wie Erkältungen: Einfach abwarten, bis sie von selbst vorbeigehen. Diejenigen unter seinen Kollegen, die ein stets bedrohtes Doppelleben führen oder um der Liebe willen ihren Beruf aufgeben, bedauert er aufrichtig. Weit mehr zu schaffen macht ihm die »Sehnsucht nach Vertrauen«, nach Vertrautheit mit einem Menschen, unabhängig von erotischer Intimität: Er würde gerne jemanden kennen, dem er alles erzählen könnte und der vielleicht sogar alles verstünde, dem er umgekehrt seinerseits gerne zuhören würde, um die Nähe und Wärme zu empfinden, in der er die eigentliche Erfüllung zwischen Menschen sieht.

Ohne Liebe in irgendeinem Sinne zu leben, hält er für unmöglich: »Die Liebe ist das einzige, was uns rettet« (131). In seinem eigenen Leben hat er eigentlich immer »Liebe gespürt«. Wenn nicht die der Eltern, dann die der Großmutter, und zum Beruf führte ihn die großväterliche Liebe eines alten, weisen Dorfpfarrers, dem er bis zuletzt verbunden bleibt. Er schätzt die freundschaftliche und kollegiale Liebe der anderen Pfarrer, mit denen er sich von Zeit zu Zeit austauscht. Ganz außerordentlich liebt er die alten Rituale und die heimatliche Landschaft, und wenn es ihm mal an Liebe fehlen sollte, bleibt ihm noch die Liebe zu Gott, denn Gott kann immer geliebt werden. Gott ist ein Gegenüber, mit dem Isidor in Gedanken spricht und von dem er sich angesprochen fühlt, jedenfalls stellt er sich das so vor. Ob es sich wirklich um Gottes Wort handelt, wer weiß das schon! Einen Gottesbeweis findet er nicht in irgendwelchen Argumenten, sondern in der Musik, insbesondere in der 8. Sinfonie Anton Bruckners, speziell im *Adagio*. Über die Schwächen des irdischen Erscheinungsbildes seiner Kirche ist Isidor sich völlig im Klaren, er kennt die Kirchengeschichte und hat Verständnis dafür, dass sie »jeden in helle Aufregung versetzen muss«. Die Widersprüche sind so groß, dass auch er manchmal fast zum Ungläubigen wird, um dann aber erstaunt zu bemerken, »dass etwas in ihm unbeeindruckt weiterglaubte«.

Im Übrigen hat er zur Theologie ein entspanntes Verhältnis: »Er sah es nicht als seine Aufgabe an, die Rätsel Gottes zu lösen, sondern sie wahrzunehmen« (291). Die Liebe zu Gott macht es manchmal erforderlich, »allen möglichen Unsinn« zu vertreten, sich Beleidigungen gefallen zu lassen und die üblichen Theodizee-Vorwürfe anzuhören: Wie kann Gott so etwas zulassen, wo er doch gerecht zu sein hat – statt zu bedenken, dass Gott ja auch Sorge dafür tragen muss, Gutes in der Welt nicht überhandnehmen zu lassen, um gewisse Unterschiede zum Jenseits aufrechtzuerhalten. Isidor ist damit einverstanden, dass die meisten Menschen nicht aus Kirchenfrömmigkeit zum Gottesdienst kommen, sondern »um vorübergehend eine Ahnung von Erhabenheit und Sinn zu spüren«. Für ihn selbst ist Gott nur ein anderes Wort für die rätselhafte Unendlichkeit und Ewigkeit des Alls. Manchmal widerfährt es ihm, mit aufgeschlagenen Augen ein »Danke!« zum Himmel zu schicken. Ohne Beziehung zu diesem Gott, mochte sie vielleicht auch einseitig sein, »war sein Leben ohne Sinn«. Und wenn das alles nur ein Wahn wäre? Dann wäre es eben »das schönste Wahnsystem der Welt« (351).

Ist das ein beunruhigender Gedanke? Dient alle Sinngebung letztlich dazu, Wahnsysteme zu etablieren? Der Sinn, ein Wahn? Aber auch im Wahn ist noch ein Sinn, genauer gesagt eine Explosion von Sinn, eine transzendente Fähigkeit, die es ermöglicht, alle Endlichkeit und Wirklichkeit zu überschreiten. Auch dieser Sinn ist von Bedeutung für das menschliche Wesen, das die Überschreitung liebt, wenngleich es um des Lebens willen gut daran tut, nicht jedem Wahn zu folgen. Es scheint zu den Eigenarten dieses eigenartigen Wesens Mensch zu gehören, Möglichkeiten und Unmöglichkeiten so weit wie nur irgend möglich zu erkunden. Insbesondere mit der Liebe in all ihren Spielarten und Variationen bemühen Menschen sich aufopfernd darum, diesem möglichen Sinn der menschlichen Existenz gerecht zu werden. Vermutlich geschieht dies im Rahmen der Einbettung in die Evolution, die auf solche Erkundungen angewiesen ist und in deren Verlauf nie von vornherein schon feststeht, was alles wirklich werden kann. Nichts ist abseitig und absurd genug, um diesen evolutionären Zweck zu erfüllen. Zugespitzt lässt sich sogar sagen: Die Menschen spinnen, aber das ist ihr Job.

Ich liege noch immer auf der grünen Wiese inmitten der großen Stadt, blicke in den Nachthimmel über mir und fühle grundlosen Frieden in mir: Wenn es Gott gibt, denke ich, dann ist dies sein Anblick. Den Sternenhimmel zu betrachten, ist selbst eine Art von Gottesdienst. Wie bei jedem Anblick ist das Eigentliche jedoch unsichtbar: Die Energie, in diesem Fall die Energie, die die Sterne bewegt, sie auflodern lässt und wieder auslöscht in Zeiten, die jenseits jeder menschlichen Erfahrung liegen. In jedem Gedanken, den ich denke, in jeder Empfindung, die mich bewegt, ist diese Energie wirksam. Diesem »Einen« entstammt alles, auch Körper, Seele und Geist des Menschen, und diesem Einen »strebt alles zu«, jedenfalls ist dies die Bedeutung der Rede vom *Universum*, das seinerseits nur eine von zahllosen kosmischen Möglichkeiten darstellt, wenn der Theorie von *Pluriversen* Glauben zu schenken ist, die das bisher bekannte und womöglich endliche Universum noch unendlich überschreiten. So denke ich jedenfalls. Ob das die Wahrheit ist, weiß ich nicht.

Was ist der Mensch? Ein Wesen, *das in konzentrischen Kreisen lebt.* Ich bewohne nicht nur den Ort, an dem ich lebe, und nicht nur den Planeten, der mir das Leben ermöglicht, sondern auch den Kosmos, den ich an Bord des Raumschiffs Erde durchquere. In nächtlichen Gedanken setze ich mich in Bezug zu diesem weitestmöglichen Kreis des Lebens. Und zugleich lebe ich im engsten Kreis der Beziehungen, im Umgang mit mir selbst und im liebevollen, freundschaftlichen und kollegialen Umgang mit Anderen, ohne den kein Leben möglich ist, vor allem dann, wenn das Leben schwer wird, zu schwer zu bewältigen für einen allein. Bejahende Beziehungen ermöglichen mir, im Leben Sinn zu sehen und dem Leben Sinn zu geben. Funktionale Beziehungen sorgen dafür, dass vieles in diesem Leben einfach nur funktioniert, auch wenn es lieblos erscheint und allenfalls rationalen, keinesfalls emotionalen Sinn vermittelt. Ärgerliche Beziehungen und gehässige Auseinandersetzungen und Ausschlüsse kann ich nicht restlos vermeiden.

Das ganze Spektrum des Lebens ist auch erfahrbar beim Leben über den engsten Kreis hinaus, an allen Orten, an denen Menschen arbeiten, sich begegnen, miteinander und gegeneinander ihr Leben bewältigen, auch ohne sich persönlich zu kennen, etwa in Schulen, Behörden, Betrieben, Krankenhäusern. Auch für dieses Leben mit Anderen und der Welt brauchen Menschen Lebenskunst. Aber das ist ein Thema für morgen. Für heute habe ich mich müde gedacht und kann mich schlafen legen, eingebettet in den Sinn, der mir in der befremdlichen Weite des Alls ein vertrautes Zuhause gibt.

Zum Autor

Wilhelm Schmid, geboren 1953 in Billenhausen (Bayerisch-Schwaben), lebt als freier Philosoph in Berlin und lehrt Philosophie als außerplanmäßiger Professor an der Universität Erfurt. Umfangreiche Vortragstätigkeit, seit 2010 auch in China. 2012 wurde ihm der Meckatzer-Philosophiepreis für besondere Verdienste bei der Vermittlung von Philosophie verliehen. Er studierte Philosophie und Geschichte in Berlin, Paris und Tübingen. Viele Jahre war er regelmäßig tätig als Gastdozent (Deutscher Akademischer Austausch-Dienst) in Riga/Lettland und Tiflis/Georgien sowie als »philosophischer Seelsorger« an einem Krankenhaus in der Nähe von Zürich/Schweiz.
Homepage: www.lebenskunstphilosophie.de

Buchpublikationen:

Unglücklich sein. Eine Ermutigung, 2012, Insel Verlag.

Liebe. Warum sie so schwierig ist und wie sie dennoch gelingt, 2011, Insel Verlag.

Die Liebe atmen lassen. Von der Lebenskunst im Umgang mit Anderen, 2013, Suhrkamp Taschenbuch. Erstpublikation unter dem Titel: *Die Liebe neu erfinden*, 2010.

Ökologische Lebenskunst. Was jeder Einzelne für das Leben auf dem Planeten tun kann, 2008, Suhrkamp Taschenbuch.

Glück. Alles, was Sie darüber wissen müssen, und warum es nicht das Wichtigste im Leben ist, 2007, Insel Verlag.

Die Fülle des Lebens. 100 Fragmente des Glücks, 2006, Insel Taschenbuch.

Die Kunst der Balance. 100 Facetten der Lebenskunst, 2005, Insel Taschenbuch.

Mit sich selbst befreundet sein. Von der Lebenskunst im Umgang mit sich selbst, 2004, Suhrkamp Taschenbuch.

Schönes Leben? Einführung in die Lebenskunst, 2000, Suhrkamp Taschenbuch.

Philosophie der Lebenskunst – Eine Grundlegung, 1998, Suhrkamp Taschenbuch Wissenschaft.

Was geht uns Deutschland an? Ein Essay, 1993, Edition Suhrkamp.

Auf der Suche nach einer neuen Lebenskunst, 1991, Suhrkamp Taschenbuch Wissenschaft.

Die Geburt der Philosophie im Garten der Lüste, 1987, Suhrkamp Taschenbuch.